深度学习与交通图像感知应用基础

徐慧智　程国柱　**主　编**
宋成举　王连震　**副主编**
　　　　蒋贤才　**主　审**

人民交通出版社
北京

内 容 提 要

本书选取交通图像和视频为研究对象，采用深度学习方法，提取图像和视频中的特征信息，实现交通目标的识别、跟踪、检测和分割功能。通过对本书的学习，读者可提升对交通领域深度学习网络的理解和应用能力。

本书可供交通运输行业相关技术人员参考，也可作为高等院校交通工程、交通运输专业的高年级本科生和研究生教材使用。

图书在版编目（CIP）数据

深度学习与交通图像感知应用基础 / 徐慧智，程国柱主编. — 北京：人民交通出版社股份有限公司，2024.8. — ISBN 978-7-114-19642-3

Ⅰ. U491-39

中国国家版本馆 CIP 数据核字第 2024SY2460 号

书　　　名：	深度学习与交通图像感知应用基础
著 作 者：	徐慧智　程国柱
责任编辑：	郭晓旭
责任校对：	赵媛媛　宋佳时
责任印制：	刘高彤
出版发行：	人民交通出版社
地　　　址：	（100011）北京市朝阳区安定门外外馆斜街 3 号
网　　　址：	http://www.ccpcl.com.cn
销售电话：	（010）59757973
总 经 销：	人民交通出版社发行部
经　　　销：	各地新华书店
印　　　刷：	北京建宏印刷有限公司
开　　　本：	787×1092　1/16
印　　　张：	19
字　　　数：	455 千
版　　　次：	2024 年 8 月　第 1 版
印　　　次：	2024 年 8 月　第 1 次印刷
书　　　号：	ISBN 978-7-114-19642-3
定　　　价：	68.00 元

（有印刷、装订质量问题的图书，由本社负责调换）

前言

本书以深度学习在交通图像感知领域应用为对象，介绍了 Python 编程语言和 Pytorch 深度学习框架，梳理了神经网络和深度学习模型的典型结构，提供了代表性交通目标识别、跟踪、检测和分割模型算法的基本原理。

本书的内容安排如下：第 1 章为交通图像感知概论，第 2 章介绍了计算机编程基础，第 3 章介绍了图像处理基础，第 4 章介绍了神经网络与深度学习，第 5 章介绍了交通目标识别理论与方法，第 6 章介绍了交通目标检测理论与方法，第 7 章介绍了交通目标轨迹跟踪理论与方法，第 8 章介绍了交通场景分割理论与方法，第 9 章介绍了交通感知评价指标及预训练模型应用。本书在介绍深度学习模型基本原理的同时，提供了程序供同学实际操作验证，加深对算法和理论的理解，具备理论与实践相结合的特点。本书同步配套了验证数据集和辅助程序，配合本书中的程序使用。

本书由东北林业大学交通学院徐慧智和程国柱任主编，宋成举和王连震为副主编。具体分工为：徐慧智具体编写第 3 章、第 4 章、第 5 章、第 6 章、第 7 章、第 8 章，程国柱编写第 1 章，王连震编写第 2 章，宋成举编写第 9 章。全书由蒋贤才教授主审，并提出了大量宝贵意见。东北林业大学交通学院研究生徐小婷、邢照昊、闫卓远、蒋时森、陈昱龙、吕佳明、郝东升参与完成了部分程序及验证工作，研究生陈爽、陈祎楠、古旭楠、张原铭、王秀青参与了本书部分章节的文字校对工作，研究生李亚玫完成部分插图的绘制工作，博士生常梦莹校核了文稿。

由于编者水平有限，书中难免依然存在不妥和疏漏之处，恳请本书的使用者不吝指正。

注：实现本书案例，要求安装 Python3.10、PyTorch1.13 和 Anaconda3 版本，部分程序应按照提示安装外部库。本书同步提供配套资料（下载链接为 https：//pan.baidu.com/s/1bcKXkrGAjYd5z2p3v7GBQ，提取码为 JTGZ），解压缩后复制至桌面。

作　者
2023 年 11 月

目录

第 1 章 交通图像感知概论 · 1
1.1 相关概念 · 1
1.2 交通图像感知的应用 · 6

第 2 章 计算机编程基础 · 13
2.1 编程语言发展概述 · 13
2.2 Python 编程 · 16
2.3 PyTorch 框架 · 33

第 3 章 图像处理基础 · 55
3.1 GUI 功能 · 55
3.2 核心操作 · 57
3.3 图像处理 · 62
3.4 特征检测和匹配 · 76
3.5 相机校准与坐标系转换 · 82

第 4 章 神经网络与深度学习 · 85
4.1 概述 · 85
4.2 神经网络 · 85
4.3 深度学习 · 109
4.4 编程实现 · 110

第 5 章 交通目标识别理论与方法 · 123
5.1 概述 · 123
5.2 卷积神经网络组成和实现 · 125
5.3 典型卷积神经网络结构 · 140
5.4 Transformer 模型 · 156

5.5 迁移学习 ··· 180

第6章 交通目标检测理论与方法 ·· 185
6.1 概述 ··· 185
6.2 X-CNN 目标检测算法 ·· 187
6.3 YOLO 目标检测算法 ·· 206
6.4 SSD 目标检测算法 ·· 215

第7章 交通目标轨迹跟踪理论与方法 ·· 225
7.1 概述 ··· 225
7.2 SORT 算法目标轨迹跟踪算法 ·· 238
7.3 Deep SORT 算法目标轨迹跟踪算法 ··· 241

第8章 交通场景分割理论与方法 ·· 253
8.1 概述 ··· 253
8.2 交通场景语义分割 ·· 253
8.3 交通场景实例分割 ·· 260

第9章 交通感知评价指标及预训练模型应用 ·································· 276
9.1 评价指标 ··· 276
9.2 超参数调优 ··· 278
9.3 预训练模型 ··· 283
9.4 开源数据集 ··· 290

参考文献 ··· 295

第1章　交通图像感知概论

1.1　相关概念

1.1.1　人类视觉

人类视觉是指人类通过眼睛和大脑处理光线信号的过程,包括光线的折射、传递和转换,以及大脑对这些信号的解释和分析。在视觉过程中,眼睛会将光线聚焦在视网膜上,视网膜上的感光细胞会将光线转化为神经信号,然后这些信号会传输到大脑的视觉皮层进行进一步的处理和解释,最终形成视觉体验。人类视觉系统具有高度的复杂性和灵活性,能够适应不同环境和任务的要求,同时也受到许多生理和心理因素的影响。

1.1.2　计算机视觉

计算机视觉是一种利用计算机和数学算法对图像和视频进行处理和分析的技术,旨在让计算机能够模仿和理解人类的视觉系统。计算机视觉涉及许多领域,包括图像处理、模式识别、机器学习和计算机图形学等。计算机视觉可以应用于许多领域,如自动驾驶、安防监控、医学图像处理、人机交互、机器人控制等。通过计算机视觉,计算机可以对图像进行分割、识别、分类、跟踪等处理,进而实现目标检测、目标跟踪、人脸识别、文字识别等应用。同时,计算机视觉也为图像处理和计算机图形学等领域的发展提供了新的思路和方法。

1) 图形和图像

计算机视觉领域,图形和图像的概念及异同点为:

(1) 图形。

图形是一种使用计算机生成、显示和处理的图像或图表。图形包括二维或三维图像、矢量图像或光栅图像等多种形式。在计算机科学中,图形技术是一个重要的领域,包括图像处理、计算机图形学、人机交互等多个子领域,并广泛应用于游戏、电影、广告、设计等领域。图形技术的发展不断推动着计算机图形学、图像处理等领域的发展,为人们提供了交互性更强、更加丰富、直观的视觉体验。

(2) 图像。

图像是指由像素(Pixel)组成的二维数字矩阵,每个像素代表着图像中某个点的颜色和亮度等属性。图像可以是静态的,如照片、插图、图表等,也可以是动态的,如视频、动画等。在计算机科学领域,图像处理技术是一种重要的技术,涉及对图像进行处理、分析和识别等多个方面。图像处理技术可以应用于医学影像、遥感图像、安防监控、计算机视觉、机器学习等多个领域,为人们提供了更加准确、快速和方便的图像处理和分析方法。

在计算机科学中,图形和图像这两个概念存在区别。图形一般指用计算机绘制的画面,如直线、圆、圆弧、任意曲线和图表等;图像则是指由输入设备捕捉的实际场景画面或以数字化形式存储的任意画面。图形和图像的区别在于它们的生成方式和表达方式不同。图形是一种构建出来的可视化元素,而图像是现实世界中捕获或生成的可视化信息。

2) 图像存储

计算机视觉一般以图像为处理对象,图像的存储方式可分为位图存储和矢量图存储。

(1) 位图存储。

位图也称点阵图,是由像素组成的图像。在位图存储方式中,图像被分成一个个像素,并以二进制形式储存在计算机内存中或者存储设备中。每个像素的颜色和亮度等信息都用数字来表示,通常使用 24 位或 32 位的数字表示一个像素的颜色和亮度信息。位图的存储方式简单,易于处理和编辑,但在放大或缩小图像时,像素会变得明显,导致图像质量下降。

(2) 矢量图存储。

矢量图是由数学公式和图形属性来描述图像的。在矢量图存储方式中,图像被表示为一组线条、曲线、点和多边形等基本几何形状,并保存它们的位置、颜色和大小等信息。与位图不同,矢量图可以无限放大或缩小,而且不会失去图像的清晰度和质量。矢量图存储方式适用于对线条和几何形状的处理和编辑,如绘图、图表等,但对于图像中的自然元素,如照片等,处理和编辑的效果较差。

总的来说,位图存储方式适用于处理自然图像,矢量图存储方式适用于处理线条和几何形状。

3) 图像处理

图像处理是指对数字图像进行操作和变换以改变其视觉特征或提取信息的过程。图像处理按照应用场景和处理需求,可分为以下几类:

(1) 点操作。

点操作是对图像中每个像素进行处理的方式,这种方式包括亮度调整、色彩平衡、对比度增强、降噪等。点操作是最基本的图像处理方式之一,通常能够在不改变图像内容的情况下改变图像的质量和外观。

(2) 图像增强。

图像增强是指增强图像的对比度、亮度、锐度、颜色等特征,以改善图像的视觉效果和提高图像的质量。常见的增强方法包括直方图均衡化、对比度拉伸、滤波、色彩平衡等。

(3) 空间滤波。

空间滤波是一种基于像素周围区域的处理方式。这种方式通常使用卷积核对图像进行处理。常见的空间滤波包括平滑滤波、锐化滤波、边缘检测滤波等。

(4) 频域处理。

频域处理是一种基于图像的对频域信息进行处理的方式。这种方式通常使用傅里叶变换(Fourier transform)将图像转换到频域,并对频域信息进行处理。常见的频域处理包括滤波、噪声去除等。

(5)数学形态学处理。

数学形态学处理是一种基于集合论的图像处理方法,主要使用形态学操作,如膨胀、腐蚀、开运算、闭运算等,对图像进行处理。数学形态学处理常用于去除噪声、分离目标、形状检测等方面。

(6)特征提取。

特征提取是指提取图像中的关键特征,如边缘、角点、纹理等,以便进行识别和分类等任务。常见的特征提取方法包括 SIFT、SURF、HOG、LBP 等。

(7)目标检测和识别。

目标检测和识别是通过对图像中的特征进行分析和比较,判断图像中的物体或场景等信息,对图像中的目标进行检测和识别。常见的识别方法包括模板匹配、机器学习、支持向量机、神经网络、深度学习等。

(8)图像分割。

图像分割是将一幅图像分成多个不同区域的处理方式。这种方式通常使用聚类、阈值分割、分水岭算法、区域生长、边缘检测等方法,将图像分为多个具有相同特征的区域,如边缘、纹理、颜色等。

(9)图像重建。

图像重建是通过对图像进行处理和修复,从而使图像达到更高质量的方式。如从位图转换为矢量图,通常使用插值、去噪、变换、修复等方法,对图像进行重建。

总的来说,图像处理方式的选择通常根据所需的应用场景和处理需求来确定。不同的图像处理方式可以相互组合使用,以达到更好的处理效果。

4)图像感知

图像感知指的是人们在观察和理解图像时,所采用的视觉认知模型。

(1)从人类理解认知角度出发分类。

低层次特征:指图像中的基本元素,如颜色、纹理、边缘等。这些特征通常是由图像的像素构成的,对图像的识别和理解起到了基础作用。

中层次特征:指通过对低层次特征的组合和整合,形成更为复杂的特征。中层次特征通常包括形状、轮廓、纹理、运动等,这些特征对识别和理解图像中的物体和场景起到了重要作用。

高层次特征:指通过对中层次特征进行分析和推理,形成的更为抽象的特征。高层次特征通常包括语义信息、概念、场景等,这些特征对于图像的理解和认知更加深入和综合。

以上三种感知形式的特征层次逐渐升高,对应着人们在观察和理解图像时,从最基础的视觉特征到更加抽象和复杂的概念和场景的逐步认知过程。这些感知形式和特征对于计算机视觉和图像处理的研究和应用有着重要的意义。

(2)从人类器官感受角度出发分类。

在计算机视觉中,人类对图像的感知形式被用来设计和开发图像处理算法,以更好地模拟人类视觉系统的工作方式,从而提高计算机对图像的理解和处理能力。

亮度和色彩:人类可以感知图像中像素的亮度和颜色,这些信息是通过视锥细胞和色素细胞在眼睛中处理得到的。

空间分布：人类可以感知图像中不同区域之间的空间分布和位置关系，从而对图像进行空间分析。例如，人们可以分辨出一个物体在图像中的位置、大小和形状等特征。

形状和纹理：人类可以感知图像中物体的形状和纹理特征，这些特征是通过大脑对图像进行高级处理得到的。例如，人们可以分辨出物体的轮廓、边缘和纹理等特征。

运动和深度：人类可以感知图像中物体的运动和深度信息，这些信息是通过视网膜上的运动感受器和双目视差等视觉技术处理得到的。例如，人们可以分辨出物体的运动轨迹和深度、距离等信息。

1.1.3 计算机感知

计算机感知指的是计算机利用各种传感器和设备获取外界信息，并通过算法和模型对这些信息进行处理和分析的能力。计算机感知可分为：

(1) 基于图像处理的计算机感知。

基于图像处理的计算机感知是指利用计算机算法和模型，分析和处理图像和视频，从而实现计算机对物体、场景、动作等视觉信息的识别、理解和模拟。

在计算机视觉领域，基于图像处理的计算机感知技术包括以下几个方面：

物体检测：利用计算机算法和模型对图像中的物体进行检测和定位，从而实现计算机对物体的识别和理解。

物体识别：利用计算机算法和模型对图像中的物体进行分类和识别，从而实现计算机对不同物体的识别和区分。

目标跟踪：利用计算机算法和模型对视频中的目标进行跟踪，从而实现计算机对运动目标的识别和跟踪。

三维重建：利用计算机算法和模型对多个图像或视频进行处理和分析，从而实现计算机对场景、物体的三维重建和模拟。

图像增强：利用计算机算法和模型对图像进行增强和处理，从而提高图像质量和可视性，使图像更易于被计算机识别和理解。

基于图像处理的计算机感知技术在智能监控、智能安防、智能交通等领域得到了广泛应用，并且在人工智能技术的快速发展中起着重要的作用。

(2) 基于深度学习的计算机感知。

基于深度学习的计算机感知是指利用神经网络模型，分析和处理图像和视频，实现计算机对物体、场景、动作等信息的识别、理解和模拟。

在基于深度学习的计算机感知中，深度神经网络模型扮演着至关重要的角色。这些模型通常由多个层次组成，每个层次都包含多个神经元，并通过训练数据、学习和调整参数，实现对感知数据的特征提取和分类。

特征提取是基于深度学习的计算机感知的核心过程之一。在图像处理领域，深度神经网络模型通常会对图像进行卷积操作，从而提取图像的低级特征，如边缘、纹理等，然后逐渐提取更高级别的特征，如物体的形状、轮廓、颜色等。这些特征可以用来对图像进行分类、目标检测、目标跟踪、语义分割等任务。

在语音处理领域,深度神经网络模型通常会对语音信号进行傅里叶变换或小波变换等处理,从而提取语音的频域或时域特征,如音高、音调、能量等。这些特征可以用来对语音进行识别、语音合成、语音转换等任务。

在自然语言处理领域,深度神经网络模型通常会对文本进行词向量表示,从而将文本转换为向量形式,使其可以被深度神经网络处理。这些向量通常会考虑词义、上下文等信息,从而可以用来进行文本分类、情感分析、机器翻译等任务。

基于深度学习的计算机感知通过深度神经网络模型对感知数据进行特征提取和分类,从而实现计算机对物体、场景、动作等信息的识别和理解。

1.1.4 交通图像和视频

交通图像和视频是交通场景中最常见的感知数据,对于交通安全和交通流量的监测、管理、控制具有重要意义。

1) 交通图像

交通图像通常包括交通场景中的各种元素,例如车辆、行人、交通信号灯、路标、路面等。具体来说,交通图像可能包含以下内容:

(1) 车辆。

各种类型的车辆,包括小汽车、货车、公交车、摩托车等。

(2) 行人。

行走在道路或人行道上的行人等。

(3) 交通信号灯。

机动车信号灯、非机动车信号灯、人行横道信号灯、方向指示信号灯、车道信号灯、道路与铁路平面交叉道口信号灯等。

(4) 路标。

交通标志、指示牌、路牌等。

(5) 路面。

路面状况、路面标线、路口、车道等。

2) 交通视频

交通视频是由交通监控摄像机或其他设备捕捉到的视频流数据。交通视频数据量庞大,而且包含着丰富的动态信息,对于交通安全和交通流量的监测、管理、控制具有重要意义。交通视频通常包括以下内容:

(1) 路况。

交通视频可以展示交通场景中的路况情况,例如车辆密度、道路拥堵情况、交通事故等。

(2) 车辆。

各种类型的车辆在道路上的运动轨迹和行驶速度等信息。

(3) 行人。

行人等在交通场景中的移动轨迹和行为信息。

（4）交通信号灯。
感知信号灯的动态变化信息。
（5）路标。
交通标志、指示牌、路牌等在交通场景中的位置和信息。
（6）路面。
道路的路面状况、路面标线、路口、车道等的动态变化信息。

1.2 交通图像感知的应用

交通图像感知是指利用计算机视觉，对交通场景中的图像进行处理和分析，从而实现目标识别、物体检测、行为跟踪、交通流量统计等功能。

交通图像感知的应用可以分为三个方面：交通流感知、交通环境目标感知和驾驶人行为感知。交通流感知可以用于交通拥堵检测、交通事故预警等应用；交通环境目标感知可以用于车辆识别、行人检测、交通标志识别等应用；驾驶人行为感知可以用于疲劳驾驶检测、异常驾驶行为检测等应用。这些应用都可以提高交通的安全性和效率。

1.2.1 交通流感知

1）交通流速度感知

交通流速度感知是一种利用传感器、摄像头和其他交通监测设备来获取交通速度信息的技术。通常，交通流速度感知的目的是实时地了解交通状况，以便帮助交通管理者更好地规划交通系统和改善交通运行环境。交通流速度感知通常通过在道路上安装传感器和摄像头来实现。这些设备可以检测车辆的速度、位置和数量等信息，并将这些数据传输到交通管理中心进行分析和处理。交通管理中心可以根据这些数据估计交通流速度、密度和流量等信息，以便更好地了解和控制交通状况。交通流速度感知是交通图像感知技术中的一项重要应用，通过计算车辆在道路上行驶的时间和距离获得交通流速度信息。具体来说，交通流速度感知主要包括以下步骤：

（1）数据采集。

交通流速度感知的第一步是采集交通图像数据，这可以通过摄像机、雷达、激光雷达等传感器来实现。采集数据时需要注意摄像机的角度、位置、曝光等参数的调整，以获得清晰的图像。交通图像数据采集是指从摄像头等设备中获取交通场景图像数据的过程。一般来说，交通图像数据采集包括设备选型、安装调试、数据传输等几个阶段。

设备选型需要根据具体的应用场景和需求，选择合适的图像采集设备。不同的设备有不同的特点，比如像素数、光圈大小、镜头角度等，需要根据实际情况进行选择。例如，在高速公路监控系统中，需要选择分辨率高、视角宽、夜视能力强的摄像头。

安装调试是采集过程中非常重要的一步，直接关系到采集到的图像质量和数据准确性。设备安装的位置、角度和高度需要合理设置，以便能够完整地拍摄监测区域，同时保证图像不失真、不抖动。此外，设备的光圈、曝光等参数也需要进行调整。

数据传输是将采集到的图像数据传输到存储设备或处理系统中的过程。一般来说,交通图像采集设备通过有线或者无线的方式将图像数据传输到中心服务器或者云端存储设备中。在传输过程中,需要注意传输带宽、传输稳定性等问题,以保证数据的可靠性和及时性。

总之,交通图像数据采集是交通图像感知的前提和基础,需要对设备进行合理的选型和安装调试,以及保证数据传输的可靠性和及时性。

(2)车辆目标检测与跟踪。

车辆目标检测是指在交通图像中检测出车辆的位置和大小。常用的车辆检测方法包括基于特征的方法和基于深度学习的方法。基于特征的方法包括 Haar 特征、方向梯度直方图(HOG)特征和尺度不变特征变换(SIFT)特征等,这些特征可以利用浅层分类器来进行车辆分类。基于深度学习的方法使用卷积神经网络(CNN)学习车辆特征,从而实现车辆检测。常用的基于深度学习的车辆检测方法包括 Faster R-CNN、YOLO 和 SSD 等。

车辆跟踪是指在交通图像中跟踪车辆的位置和运动状态。车辆跟踪的主要目的是对车辆进行行为分析和交通流量统计。常用的车辆跟踪方法包括基于运动模型的方法和基于外观模型的方法。基于运动模型的方法根据车辆在前一帧和当前帧的位置和速度信息来预测车辆在下一帧的位置和速度信息,基于外观模型的方法则是根据车辆的外观特征来匹配跟踪车辆。常用的基于外观模型的车辆跟踪方法包括卡尔曼滤波、粒子滤波和流形学习等。

车辆检测与跟踪通常包括以下步骤:

步骤1:图像预处理。对于采集到的图像,需要进行一些预处理,包括调整图像的大小、裁剪、灰度化、去噪等操作,以提高车辆检测的精度和效率。

步骤2:特征提取。从预处理后的图像中提取特征,以便对车辆进行区分。传统的方法通常使用手工提取特征,例如 Haar-like 特征和方向梯度直方图(HOG)特征等,而现代的方法则通常采用深度学习模型自动提取特征。

步骤3:目标检测。利用特征提取的结果进行目标检测,即在图像中找到可能是车辆的区域,并判断这些区域是否为车辆。常用的目标检测方法包括滑动窗口法、区域提议法和单步检测法等。

步骤4:车辆定位。确定检测到的车辆在图像中的位置和大小信息。一般采用边界框(bounding box)来标记车辆的位置和大小。边界框可以由检测器输出,也可以通过后续的边缘检测、分割和跟踪等算法来优化。

步骤5:车辆跟踪。在连续的图像帧中跟踪车辆,以便对车辆进行后续的行为分析。常用的跟踪方法包括卡尔曼滤波、粒子滤波和深度学习等。

综上所述,车辆检测是交通图像感知中的重要任务,其关键在于准确地检测出交通图像中的所有车辆,并标记出其位置和大小等信息,为后续的交通分析和应用提供基础数据。

(3)车辆速度计算。

车辆速度计算是交通图像感知中的一个重要任务,用于计算车辆在道路上行驶的速度。车辆速度计算一般可以分为:

①基于像素点的速度计算。通常通过检测车辆在两帧图像之间的位置变化来计算车辆的速度。具体来说,首先需要分别检测出车辆在两帧图像中的位置,然后根据目标移动的像素距离计算目标移动的实际距离。相邻两帧图像之间的时间间隔是已知的,因此可以根据距离和

时间间隔计算出车辆的平均速度。此外,还可以通过计算车辆在两帧图像之间移动的像素数量,进而得到车辆的速度。

②基于车辆跟踪的速度计算。基于车辆跟踪的速度计算是指在车辆跟踪的基础上计算车辆速度。具体来说,首先需要对车辆进行跟踪,然后可以根据跟踪到的车辆轨迹计算车辆的速度。在跟踪过程中,可以使用卡尔曼滤波等算法对车辆轨迹进行预测,从而提高速度计算的精度。

③基于多目标跟踪的速度计算。通常需要对目标进行匹配,对于车辆速度的计算,可以通过匹配不同帧中同一车辆的位置信息来实现。具体来说,可以将每辆车的位置和运动信息保存为一个状态向量,其中包括位置、速度等信息,然后利用卡尔曼滤波等方法进行状态预测和更新,从而得到车辆的实时位置和速度信息。通过不断迭代更新状态向量,可以实现对车辆速度的连续计算和跟踪。在实际应用中,可以利用多种传感器获取车辆的位置和速度信息,如全球导航卫星系统(Global Navigation Satellite System,GNSS)、惯性测量单元、激光雷达等,从而提高所计算速度的精度和鲁棒性。同时,对于复杂交通场景中的遮挡、重叠等问题,也可以采用基于深度学习的目标检测和跟踪方法,从而提高多目标跟踪的准确性和稳定性。

在实际应用中,可以根据场景和任务要求,选择适当的车辆速度计算方法。

(4)交通流速度估计。

交通流速度估计是指通过对道路上多辆车的速度进行统计分析,估算出交通流的平均速度。利用摄像头设备和计算机视觉技术估计交通流速度是一种常见的方法,其基本原理是通过摄像头捕捉道路上的交通情况,并通过计算机视觉技术对图像数据进行处理和分析,以获取交通流速度信息。

在实际应用中,交通流速度估计可以通过单个摄像头或多个摄像头来实现。对于单个摄像头,交通流速度估计可以基于运动学原理和光流分析等技术,对车辆的位置和速度等信息进行分析和估计;对于多个摄像头,可以通过计算机视觉技术对不同摄像头捕捉到的图像数据进行匹配和融合,从而实现更广泛区域交通流速度的估计。

总的来说,利用摄像头设备和计算机视觉技术的交通流速度估计具有操作简便、成本低廉、实时性好等优点,因此在城市交通管理和智能交通系统中得到了广泛的应用。

2) 交通流量感知

交通流量感知是一种用于感知监测道路上规定时间内通过的车辆数量的技术,通过传感器、摄像头、车辆通信网络和其他交通监测设备等,实时地采集和处理交通数据,以便交通管理者能够更好地了解和掌握交通状况,进而制订合理和有效的交通管理策略。

交通流量感知可分为非侵入式和侵入式两种类型。非侵入式感知技术指在不干扰交通流动的前提下采集交通数据的技术,常见的设备有微波雷达、红外线、摄像头、声学传感器等。这些设备可以在道路两侧、桥梁下面或距离道路较远的位置安装,通过无线传输或有线传输将采集到的数据传输到交通管理中心进行处理和分析。非侵入式感知技术具有安装简便、成本低廉、不影响交通流动等优点,但易受天气、视线等因素的影响,检测精度相对较低。侵入式感知技术是指通过在道路上安装传感器设备感知交通流量的技术。常见的传感器有电子地磅、车辆检测器、磁敏传感器等。侵入式感知技术精确度高,实时性好,但是安装传感器设备时需在道路上施工,成本较高,同时也可能对交通流动产生一定的干扰。

与传统方法相比,基于视频图像的交通流量统计方法具有成本低、无须破坏路面、环保等优势。一般分为虚拟检测线法、虚拟线圈法、目标检测跟踪法 3 类。

（1）虚拟检测线法。

设置一条与道路相垂直的虚拟检测线,当车辆通过虚拟检测线时,检测线的像素发生变化,由此判断车辆是否通过虚拟检测线。该方法算法简单,运算速度快,但检测精度易受外界环境的影响,如光照、阴影等。

（2）虚拟线圈法。

在目标道路内设置虚拟检测线圈,当车辆经过虚拟检测线圈时,圈内像素值发生变化。由此可设定阈值,当像素超过该阈值时,判断车辆位于虚拟线圈内。通过虚拟线圈内车辆数的增加或减少判断车辆的到来和离去。该方法运算速度快,实时性强,但车辆被遮挡时,易发生漏检情况。

（3）目标检测跟踪法。

通过算法识别出视频帧中车辆的位置,对识别出来的车辆进行跟踪,通过跟踪得到各车道内各个车辆的运动状态,设计相关的交通流量统计方法,进而判断车辆的通过与否。该种方法主要依赖于目标车辆的检测效果,极端天气状态下检测效果会受到影响,但是随着目前车辆检测方法的发展,车辆检测效果与日俱进。

交通流量感知可以应用于多个领域,包括交通管理、智能交通系统、城市规划等。在交通管理中,通过感知道路上的交通流量,交通管理者可以制定更科学、合理的交通管理策略,如优化交通信号控制、提高道路通行能力、调整交通路线等,从而减少交通拥堵和提高交通效率。在智能交通系统中,交通流量感知是实现自动驾驶、进行智能交通管理和交通数据分析的基础。在城市规划中,交通流量感知可以为城市规划者提供有关交通状况的重要数据,以便更好地规划和设计城市交通系统。

1.2.2 交通环境目标感知

交通环境目标感知是指在交通环境中,通过对周围的物体、路标、标志等信息的感知和理解,准确地识别出周围的目标,包括其他车辆、行人、交通标志等,以实现安全驾驶和交通规则遵守。随着人工智能技术的发展,交通环境目标感知已经得到了广泛的应用,比如在自动驾驶、智能交通等领域。通过深度学习和计算机视觉,可以对交通环境中的图像、视频等数据进行分析,从而准确地识别出周围的目标,并根据目标的位置、速度等信息进行预测和规划。交通环境目标感知的应用将有效提升交通安全性和流畅度,同时也将推动交通行业智能化和自动化发展。

1) 非机动车

非机动车的交通环境目标感知是指利用计算机视觉对非机动车进行识别和跟踪,常用的技术有目标检测、特征提取和跟踪算法。通过摄像头或激光雷达等传感器获取非机动车辆的图像或点云数据,然后使用目标检测、特征提取和跟踪等算法对非机动车进行识别和跟踪。非机动车的感知可以提高交通监管的效率和精度,同时也可以在自动驾驶和智能交通系统中实现路径规划和决策。然而,非机动车的感知在复杂交通环境和场景下的准确性和鲁棒性还有待提高,并且传感器成本较高,数据处理和算法优化需要消耗大量的计算资源。

2) 机动车

机动车的交通环境目标感知是指通过计算机视觉对交通环境中的机动车辆进行识别、跟踪和预测。其中,物体检测技术可以准确定位和识别机动车辆,特征提取技术将图像或视频中的目标转化为数字特征,目标跟踪技术可以实现目标的连续跟踪,目标预测技术可以预测机动车辆未来的位置、速度和行驶轨迹等。机动车的交通环境目标感知可以用于交通监管、智能交通系统、自动驾驶等领域,但也存在一些缺点,如对复杂交通场景的适应性有限、算法优化需要消耗大量的计算资源、误识别和漏识别率较高等。

3) 行人

行人的交通环境目标感知是通过计算机视觉实现的。为了准确地识别、跟踪和预测行人,该技术主要使用了物体检测技术、特征提取技术、目标跟踪技术、姿态估计技术等多种技术。

物体检测技术可以准确定位和识别行人,特征提取技术将图像或视频中的目标转化为数字特征,目标跟踪技术可以实现目标的连续跟踪,姿态估计技术可以提高行人检测和识别的准确性。

行人的交通环境目标感知可以用于交通监管、智能交通、自动驾驶等领域,但也存在一些缺点,如对复杂场景的适应性有限、算法优化需要消耗大量的计算资源、误识别和漏识别率较高等。

4) 标志标线

在标志标线的交通环境目标感知中,图像分割技术可以将道路标志和标线从整幅图像中分离出来,使其更容易被识别和分析。特征提取技术可以提取图像中的特征,如颜色、形状、纹理等,用于区分不同的标志和标线。目标检测技术可以在图像中检测出特定的目标,如停车线、斑马线等,以及判断目标的位置和尺寸。模板匹配技术可以使用预先定义的模板匹配图像中的特定目标,如交通信号灯、指示牌等。深度学习技术则可以通过训练神经网络来识别和分析道路标志与标线,具有更高的准确性和鲁棒性。然而,这些技术也存在缺点。例如,在环境光线不足或者天气不好的情况下,图像的质量可能会下降,从而导致识别的准确性下降。此外,道路标志和标线的遮挡也可能会导致识别失败。

1.2.3 驾驶人行为感知

2021年我国机动车保有量达3.95亿辆,驾驶人数量达4.81亿。驾驶人作为驾驶主体,对驾驶安全有重要影响。道路交通事故各项成因中,驾驶人注意力不集中占比40%。因此,判断驾驶人驾驶状态是否正常,是交通安全领域的研究方向之一。驾驶人行为感知是指利用计算机视觉和人工智能算法,对交通图像中的驾驶员行为进行分析和判断,以便提高驾驶安全性和预测交通流量。在这个应用中,交通图像可以是从摄像头、雷达、激光雷达等传感器中获得的实时视频流或静态图像。驾驶人行为感知技术可以为交通安全、交通管理和智能交通等领域提供重要的支持和帮助,具有广泛的应用前景。

1）检测方法

目前，驾驶人行为识别研究可分为基于外部传感器的驾驶人行为间接识别方法和基于计算机视觉的驾驶人行为直接识别方法等两类。

(1) 基于外部传感器的驾驶人行为间接识别方法。

该方法是一种利用车辆和驾驶人周围的外部传感器信息来推断驾驶人行为的技术。这些传感器包括但不限于摄像头、雷达、激光雷达等，能够感知车辆周围的环境和交通情况。通过分析这些传感器所收集到的数据，可以推断驾驶人的行为，如是否疲劳、是否打电话、是否抽烟、是否分心等。这种方法具有以下特点。①非侵入性。无须在驾驶人身上安装任何设备或传感器，且不会干扰到驾驶人的正常行为。②高效性。通过分析车辆周围的环境和交通情况，可以对驾驶人的行为进行有效推断。③精准性。传感器所收集到的数据可以反映驾驶人的行为，因此可以对驾驶人的行为进行比较准确的判断。④应用广泛。可以应用于车辆的安全管理、道路交通监控、驾驶人行为监控等领域。

(2) 基于计算机视觉的驾驶人行为的直接识别方法。

该方法是一种利用计算机视觉实时识别驾驶人的行为，以判断驾驶人是否处于安全状态，帮助提高驾驶安全性和驾驶效率的方法。基于计算机视觉的驾驶人行为的直接识别方法的应用场景主要是在汽车驾驶领域中，可以应用于辅助自动驾驶系统的决策和控制。利用摄像头或传感器采集驾驶人的行为数据，例如头部姿态、眼睛活动、手势等。对采集到的数据进行预处理，例如去噪、滤波等，以减少噪声和提高数据质量。提取驾驶人行为数据中的有用特征，例如头部倾斜角度、眼睛注视点、手势类别等。使用机器学习算法或深度学习模型对提取到的特征进行分类和识别，判断驾驶人的行为状态，例如是否疲劳、是否分心。该方法的优点是可以实现对驾驶人的实时监控和识别，从而及时提醒驾驶人注意安全，减少交通事故的发生。此外，该方法还可以辅助自动驾驶系统的决策和控制，提高自动驾驶的安全性和稳定性。该方法的缺点是需要大量的数据采集和处理工作，并且对于复杂的驾驶行为识别，需要使用更加复杂的机器学习算法和深度学习模型。

2）识别部位

驾驶人行为感知技术主要基于计算机视觉和深度学习技术，其原理是通过对驾驶人的面部表情、头部姿态、手部动作等关键特征进行分析，识别和判断驾驶人的行为，例如是否打电话、吸烟、疲劳驾驶、注意力不集中等。具体技术包括：

(1) 面部表情分析。

利用深度学习技术，对驾驶人面部表情进行识别和分类，例如识别驾驶人是否疲劳、开心、生气等。

(2) 头部姿态估计。

通过对驾驶人头部姿态进行识别，判断驾驶人是否分心或疲劳驾驶。

(3) 手部动作识别。

通过分析驾驶人的手部动作，判断驾驶人是否打电话、吸烟等。

(4) 注意力检测。

通过分析驾驶人的瞳孔大小、眨眼频率等关键特征，判断驾驶人的注意力集中程度。

驾驶人行为感知技术目前还存在一些缺陷和不足。例如，面部表情分析对于不同种族、不同性别、不同年龄的驾驶人的表情识别精度有所差异；头部姿态估计可能会受到光照条件、头发遮挡等因素的影响；手部动作识别可能会受到手部遮挡等因素的影响；而且一些驾驶行为可能会很难被感知，例如饮酒驾驶等。

3) 应用场景

驾驶人行为感知技术应用于如下场景：

(1) 驾驶人监控。

用于车辆监控系统，对驾驶人的行为进行实时监控和分析，及时发现驾驶人的危险行为并提醒驾驶人。

(2) 交通流量预测。

用于交通管理系统，通过对交通图像中的车辆和行人进行统计和分析，预测交通流量和拥堵情况，优化交通路线和信号灯控制。

(3) 驾驶人培训和评估。

用于驾驶人培训和评估，对驾驶人的行为进行分析和评估，提供个性化的驾驶行为改善建议，提高驾驶人的安全意识和技能水平。

(4) 自动驾驶。

用于自动驾驶系统，对驾驶人的行为进行实时监测和分析，以便自动驾驶系统能够更加准确地识别驾驶人的行为和意图，提高自动驾驶的安全性和可靠性。

第 2 章　计算机编程基础

2.1　编程语言发展概述

编程语言可以简单理解为一种计算机和人都能识别的语言,是一组用来定义计算机程序的语法规则,用来向计算机发出指令。编程语言能够实现人与机器之间的交流和沟通。

2.1.1　编程语言的分类

(1)计算机只能识别二进制指令,不能直接识别由 JavaScript 等高级编程语言所编写的代码(源代码),所以需要将高级语言转为二进制指令。因转换为二进制指令的时机不同,可将其分为编译型语言和解释型语言两种。

①有的编程语言,比如 C 语言、C++、Golang、Pascal(Delphi)、汇编等,要求必须提前将所有源代码一次性转换成二进制指令,生成一个可执行程序(例如 Windows 下的.exe 程序),一次编译可重复执行。这种编程语言称为编译型语言,使用的转换工具称为编译器。

②有的编程语言可以一边执行一边转换,需要哪些源代码就转换哪些,不会生成可执行程序,比如 Python、JavaScript、PHP、Shell、MATLAB 等。这种编程语言称为解释型语言,使用的转换工具称为解释器。

通常来说,编译型语言一般不能跨平台,编译出来的可执行程序不能跨平台,源代码不能跨平台。而解释型语言源代码可以跨平台,解释器是不能跨平台的,并且源代码在不同操作系统中运行的结果相同。

(2)根据发展阶段,编程语言还可以分为机器语言、汇编语言以及高级语言 3 种类型。

①机器语言。机器语言是用二进制代码表示的计算机能直接识别和执行的一种机器指令系统。利用二进制编码进行指令的发送,能够被计算机快速地识别,其灵活性相对较高,且执行速度较为可观,但是工作量大并且十分烦琐,直观性差,现在除计算机生产厂家的技术人员外,已经很少有程序员去学习。

②汇编语言。汇编语言(Assembly Language)是面向机器的程序设计语言。在汇编语言中,用助记符(Memoni)代替操作码,用地址符号(Symbol)或标号(Label)代替地址码。这样用符号代替机器语言的二进制码,就把机器语言变成了汇编语言。因此,汇编语言亦称符号语言。

③高级语言。Fortran、Pascal、Delphi、BASIC、C、C#、Java、JavaScript、Python、Go 语言均为高级语言。高级语言具有更强的表达能力,程序更为简便,具有较强的操作性,编码方式简化,更加易于学习,使得计算机编程对于相关工作人员的专业水平要求不断放宽。

2.1.2 高级编程语言

1) Fortran 语言

20 世纪 50 年代,国际商业机器(International Business Machines,IBM)公司设计并创立了 Fortran 语言。Fortran 语言最初用于科学和工程应用开发,是最早出现的计算机高级程序设计语言的翻译器,广泛应用于科学和工程计算领域,可以直接对矩阵和复数进行运算。Fortran90、Fortran95、Fortran2003 的相继推出使 Fortran 语言具备了现代高级编程语言的特性。

2) Pascal 语言

20 世纪 60 年代,瑞士苏黎世联邦工业大学设计并创立了 Pascal 语言,以计算机先驱帕斯卡 Pascal 的名字为之命名。Pascal 语言语法严谨,层次分明,程序易写,可读性强,是第一个结构化编程语言。

1995 年,美国宝兰公司在 Pascal 语言的基础上,开发并创立了 Delphi 语言,拥有可视化的集成开发环境(IDE),采用面向对象的编程语言和基于部件的开发结构框架。

3) BASIC 语言

20 世纪 60 年代,美国达特茅斯学院设计并创立了 BASIC 语言,是一种直译式的编程语言,完成编写后不须经由编译即可执行。如需单独执行,需要将其编译成可执行文件。1975 年,比尔·盖茨把它移植到个人计算机上。

20 世纪 80 年代,出现了结构化的 BASIC 语言,主要有 True BASIC、Quick BASIC、Turbo BASIC 等。1991 年,Visual Basic(VB) 1.0 for Windows 版本发布,是可用于 Windows 系统开发的应用软件,能够设计具有用户界面的应用程序。

4) C、C++、C#语言

20 世纪 70 年代,美国贝尔实验室在 B 语言的基础上设计并创立的 C 语言,是一门面向过程的、抽象化的通用程序设计语言,广泛应用于底层开发。C 语言能以简易的方式编译、处理低级存储器。C 语言是仅产生少量的机器语言以及不需要任何运行环境支持便能运行的高效率程序设计语言。C 语言具有跨平台的特性,以一个标准规格写出的 C 语言程序,可在包括类似嵌入式处理器以及超级计算机等作业平台的许多计算机平台上进行编译。C 语言描述问题比汇编语言迅速、工作量小、可读性好、易于调试、修改和移植,代码质量与汇编语言相当,可以编写系统软件。

贝尔实验室在 C 语言的基础上,引入"类"(class)的概念,将 C 语言扩展和升级成 C++语言,它既可以进行 C 语言的过程化程序设计,又可以进行以抽象数据类型为特点的基于对象的程序设计,还可以进行以继承和多态为特点的面向对象的程序设计。C++语言在擅长面向对象程序设计的同时,还可以进行基于过程的程序设计。

2000 年 6 月,微软公司开发并创立了 C#语言,它是由 C 语言和 C++语言衍生出来的第一个面向组件的编程语言。C#语言综合了 VB 语言简单的可视化操作和 C++语言的高运行效率,其面向组件的编程技术成为.NET 开发的首选语言。C#语言是面向对象的编程语言。C#语言可调用由 C/C++语言编写的原生函数,而不损失 C/C++语言原有的强大的功能。

5) Java 语言

1995 年,美国太阳微系统公司推出的 Java 语言,具有编程语言所共有特征,多用于互联网的分布式环境。Java 语言在编程时采用了"以对象为导向"的方式。使用 Java 语言编写的应用程序,既可以在一台单独的电脑上运行,也可以被分布在一个网络的服务器端和客户端运行。另外,Java 语言还可以被用来编写容量很小的应用程序模块,作为网页的一部分使用。

6) JavaScript 语言

1995 年,网景通信公司推出了 JavaScript 语言,是基于对象的脚本语言,以对象和事件为驱动,提供了非常丰富的内部对象供设计人员使用。JavaScript 语言是一种解释性编程语言,源代码在发往客户端执行之前不需要经过编译,而是将文本格式的字符代码发送给客户,即 JavaScript 语句本身随 Web 页面一起下载下来,由浏览器解释执行。

7) Python 语言

Python 英文原意为"蟒蛇",直到 1989 年荷兰人 Guido van Rossum(简称"Guido")发明了一种面向对象的解释型编程语言,并将其命名为 Python,才赋予了它表示一门编程语言的含义。Python 语言的特点是"优雅、明确、简单"。Python 的创始人说过这样一句话:"人生苦短,我用 Python。"当然他的原话是"Life is short, you need python."。1991 年 Python 第一个公开发行版问世,得到了飞速的发展,如今已经发展到了 Python3。

8) Go 语言

2009 年,谷歌公司开发的一种静态强类型、编译型、并发型,并具有垃圾回收功能的编程语言。Go 语言是一个开源的编程语言,能让构造简单、可靠且高效的软件变得容易。

2.1.3 编程语言流行度

编程语言处在不断的发展和变化中,从最初的机器语言发展到如今的 2500 种以上的高级语言,每种语言都有其特定的用途和不同的发展轨迹。编程语言并不像人类自然语言发展变化一样地缓慢而又持久,其发展是相当快速的,这主要是计算机硬件、互联网和 IT 行业的发展促进了编程语言的发展。TIOBE 编程语言社区基于全球熟练工程师、课程和第三方供应商的数量,采用 Google、Bing、Yahoo!、维基百科、亚马逊、YouTube 和百度等流行搜索引擎计算编程语言评级,给出了编程语言流行度排行榜,见表 2-1。

表 2-1 编程语言流行度排行榜(2023 年 1 月)

排名	编程语言	流行度	年度明星语言年份
1	Python	16.36%	2021,2020,2018,2010,2007
2	C	16.26%	2019,2017,2008
3	C++	12.91%	2022,2003
4	Java	12.21%	2015,2005
5	C#	5.73%	—
6	Visual Basic	4.64%	—
7	JavaScript	2.87%	2014

续上表

排名	编程语言	流行度	年度明星语言年份
8	SQL	2.50%	—
9	Assembly language	1.60%	—
10	PHP	1.39%	2004
11	Swift	1.20%	—
12	Go	1.14%	2016，2009
13	R	1.04%	—
14	Classic Visual Basic	0.98%	—
15	MATLAB	0.91%	—
16	Ruby	0.80%	2006
17	Delphi/Object Pascal	0.73%	—
18	Rust	0.61%	—
19	Perl	0.59%	—
20	Scratch	0.58%	—

2.2 Python 编程

2.2.1 概述

Python 语言(简称"Python")是结合了解释性、编译性、互动性和面向对象的脚本语言，语言设计具有很强的可读性，相比于其他语言经常使用关键字，具有比其他语言更有特色的语法结构。Python 是由诸多其他语言，包括 ABC、Modula-3、C、C++、Algol-68、SmallTalk、Unix shell 和其他的脚本语言等发展而来的，Python 源代码遵循 GPL(GNU General Public License)协议。

Python 的优点：语法简单、开源、免费、面向对象的高级语言、可移植性、支撑模块多、扩展性强。

Python 的缺点：运行速度慢、代码加密困难、一般不形成.exe 文件，需要直接运行代码。

Python 的应用领域如下。

(1) Web 应用开发。

Python 有非常丰富的 Web 框架供编程人员使用，如 Django、TurboGears、web2py、Zope 等，可以让程序员轻松地开发和管理复杂的 Web 程序。

(2) 自动化脚本运维。

在很多操作系统里，Python 是标准的系统组件。大多数 Linux 发行版以及 NetBSD、OpenBSD 和 MacOSX 都集成了 Python，可以在终端下直接运行 Python。Python 标准库包含了多个调用操作系统功能的库。通过 pywin32 这个第三方软件包，Python 能够访问 Windows 的 COM 服务及其他 Windows API。一般说来，Python 编写的系统管理脚本在可读性、性能、代码重用度、扩展性几方面都优于普通的 shell 脚本。

(3)人工智能领域。

人工智能学习框架,比如 Google 的 TransorFlow(神经网络框架)、FaceBook 的神经网络框架(PyTorch)以及开源社区的 Karas 神经网络库等,都是用 Python 实现的;微软的认知工具包(CNTK)也完全支持 Python,并且该公司开发的 VSCode,也已经把 Python 作为第一级语言进行支持。Python 擅长进行科学计算和数据分析,支持各种数学运算,可以绘制出更高质量的 2D 和 3D 图像。

(4)网络爬虫。Python 语法简洁,方便修改,提供众多爬虫库,例如 Selenium、urllib、requests 等库,可以直接使用,网上的资料也比较多。

(5)科学计算。Python 中的 NumPy、SciPy、Matplotlib 等包都可以让 Python 程序员编写科学计算程序。

(6)游戏开发。很多游戏使用 C++ 编写图形显示等高性能模块,而使用 Python 或者 Lua 编写游戏的逻辑、服务器。相较于 Python,Lua 的功能更简单,体积更小,而 Python 则支持更多的特性和数据类型。

Python 自身缺少 numpy、matplotlib、scipy、scikit-learn 等一系列包,需要安装 pip 来导入这些包才能进行相应运算。

2.2.2　Python 主流集成开发环境

PyCharm 和 Anaconda 是 Python 主流的集成开发环境(Integrated Development Environment,IDE)。

1) PyCharm

PyCharm 由 JetBrains 公司打造的一款 Python IDE,带有一整套可以帮助用户在使用 Python 开发时提高其效率的工具,拥有调试、语法高亮、项目管理、代码跳转、智能提示、自动完成、单元测试、版本控制等功能。图 2-1 为 PyCharm 应用界面。

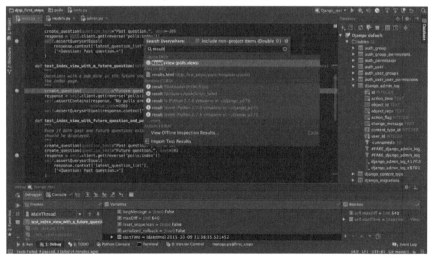

图 2-1　PyCharm 应用界面

2）Anaconda

Anaconda（开源的 Python 包管理器）是一个 Python 开源发行版本，包含了 conda、Python 等 180 多个科学包及其依赖项，以及大量的其他包。使用 Anaconda 无须再去额外安装所需包。图 2-2 为 Anaconda 应用界面。

图 2-2　Anaconda 应用界面

Python 编程往往需要调用标准库和第三方库。

2.2.3　Python 库的概念

库的概念是具有相关功能模块的集合。这也是 Python 的一大特色之一。在 Python 语言的库中，分为 Python 标准库和 Python 的第三方库。

1）标准库

Python 的标准库是 Python 安装的时候默认自带的库，不需要下载安装，如 datetime、random、math、sys、os 等。

2）第三方库

Python 的第三方库数量众多，需要用 import 语句调用。不同领域常见的第三方库如下：

机器学习/人工智能：TensorFlow、PyTorch、Sklearn。

数据分析：numpy、Pandas、Sklearn、Dask、PySpark、SciPy。

数据可视化：Matplotlib、Pillow、Plotly、Bokeh、PyEcharts。

GUI：PyQt、PySide。

Web：Requests。

2.2.4　保留字

Python3 系列共有 33 个保留字（Keyword）。保留字也称关键字，见表 2-2，指被编程语言内部定义并保留使用的标识符。编写程序时不能定义与保留字相同的标识符。Python3 系列保留字见表 2-2。

表 2-2　Python3 系列保留字汇总表

序号	字				
1	and	elif	import	raise	global
2	as	else	in	return	nonlocal
3	assert	except	is	try	True

续上表

序号	字				
4	break	finally	lambda	while	False
5	class	for	not	with	None
6	continue	from	or	yield	def
7	if	pass	del		

2.2.5 语法基础

Python 编程存在交互式和脚本式两种方式。

交互式编程不需要创建脚本文件，而通过 Python 解释器的交互模式进来编写代码。脚本式编程通过脚本参数调用解释器开始执行脚本，直到脚本执行完毕。当脚本执行完成后，解释器不再有效。

执行第 1 个 Python 程序，输出"hello world！"。程序及输出结果见表 2-3。

第 1 个 Python 程序输出　　　　　　　　　　　　　　表 2-3

程序 2-1	输出	说明
print('hello world！')	hello world！	注意：用"半角"格式的标点符号。 尝试：用"""符号替换''，运行程序

1）标识符

Python 标识符是编程时使用的名称，用于给变量、函数、语句块等命名，标识符由字母、数字、下划线组成。标识符可以包括英文、数字以及下划线(_)，但不能以数字开头。标识符区分大小写，下划线开头的标识符有特殊意义，如"_"和"__"。

(1)"；"用于同一行显示多条语句。
(2)"\"用于将一行的语句分为多行。
(3)"#"用于单行注释。
(4)"'''"用于多行注释。
(5)","实现输出不换行(默认执行 print 输出换行)。
(6)"："用于 if、while、def 和 class 这样的复合语句，也可应用于自定义函数和类。

标识符应用程序及输出结果见表 2-4。

标识符应用　　　　　　　　　　　　　　表 2-4

程序 2-2	输出	说明
a = 32 print(a) print(type(a))	32 <class 'int'>	(1)标识符为英文； (2)print 命令默认换行输出； (3)<class 'int'> 为"整型"数据类型

续上表

程序 2-2	输出	说明
a = 32 print(a,type(a))	32 \<class 'int'\>	","实现不换行输出

# a 为整型变量 	
a = 32
print(a,end='');print(type(a))
	32 \<class 'int'\>	(1)#为单行注释；
		(2)";"同一行显示多条语句；
		(3)变量"a"+",end=''",同样能够实现不换行输出

''' name_1 为字符型变量 \<class 'str'\> 为"字符串"数据类型 ''' name_1 = 'xiaoming' print(name_1,type(name_1))	xiaoming \<class 'str'\>	(1)" ''' "用于多行注释； (2)标识符为英文+下划线+数字； (3)\<class 'str'\> 为"字符串"数据类型

2）变量类型

Python 中的变量赋值不需要类型声明。变量在内存中创建,包括变量的标识、名称和数据信息。变量在使用前都必须赋值,变量赋值以后该变量才会被创建。

采用等号" = "给变量赋值。

标准数据类型 Numbers（数字）、String（字符串）、List（列表）、Tuple（元组）、Dictionary（字典）和 Set（集合）等 6 种基本类型。

（1）Numbers（数字）。

数字数据类型用于存储数值,是不可改变的数据类型,可以使用 del 语句删除对象的引用。数字数据具有 int（有符号整型）、long（长整型）、float（浮点型）、complex（复数）等类型。例如整数（如 2、4、20）的类型是 int,带小数（如 5.0、1.6）的类型是 float。数字变量应用程序及输出结果见表 2-5。

数字变量应用程序及输出结果　　　　　　　　　表 2-5

程序 2-3	输出	说明
a = 2 b = 5.0 print(type(a)) print(type(b))	\<class 'int'\> \<class 'float'\>	(1)变量 a 为整型； (2)变量 b 为浮点型
a = 32 print(a) del a a = 30 print(a)	32 30	del 命令的用法

(2)String(字符串)。

字符串(String)是由数字、字母、下划线组成的字符,是不可改变的数据类型。字符串输出和切片应用程序及输出结果见表2-6、表2-7。

String 输出应用　　　　　　　　　　　　　　　　　　　　　　　　　　　　表2-6

程序2-4	输出	说明
str = 'hello world!' print(str, type(str))	hello world! <class 'str'>	(1)变量 a 为整型; (2)变量 b 为浮点型

String 字符串切片应用　　　　　　　　　　　　　　　　　　　　　　　　　表2-7

程序2-5	输出	说明
str = 'hello world!' print('正向第0个字母是:' + str[0]) print('正向前3个字母是:' + str[0:3]) print('正向后3个字母是:' + str[3:]) print('反向第0个字母是:' + str[-1]) print('反向后2个字母是:' + str[-3:-1])	正向第0个字母是:h。 正向前3个字母是:hel。 正向3个字母后是:lo world!。 反向第0个字母是:!。 反向后2个字母是:ld	(1)变量 a 为整型; (2)变量 b 为浮点型
str = 'hello world!' print('正向隔取字母:' + str[0::2]) print('输出字符串2遍:' + str*2) print('+号连接字符串:' + str + 'you')	正向隔取字母:hlowrd。 输出字符串2遍:hello world! hello world!。 输出字符串2遍:hello world! you	(1)字符串切片的标准形式为[start:stop:step],表示从start开始,然后增加step,直到end结束; (2)+是字符串连接运算符; (3)*是重复操作

Python 的字串列表有两种取值顺序:从左到右索引默认0开始的,最大范围是字符串长度少1;从右到左索引默认-1开始的,最大范围是字符串开头。可以使用[头下标:尾下标]来截取相应的字符串,其中下标是从0开始算起,可以是正数或负数,下标可以为空表示取到头或尾。

转义符由反斜杠加上一个字符或数字组成,把反斜杠后面的字符或数字转换成特定的意义。较为常用的转义字符有:

\n 代表换行符;

\t 代表横向跳格;

\\ 代表反斜杠;

\" 代表双引号;

\' 代表单引号;

\r 代表回车;

\b 代表退格。

如果不希望前置"\"的字符转义成特殊字符,使用原始字符串,在引号前添加r即可。
转义符应用程序及输出结果见表2-8。

转义符应用程序及输出结果　　　　　　　　　　　　　　　　　　　　　　　　表2-8

程序2-6	输出	说明
print('hello \n world!') print('hello \t world!') print('hello \\ world!') print('hello \' world!') print('hello \r world!') print('hello \b world!') print(r'hello \n world!')	hello 　world! hello　　world! hello \ world! hello ' world! 　world! hello world! hello \n world!	尝试不加转义符\的输出

（3）List（列表）。

列表可以完成大多数集合类的数据结构实现，是可改变的数据类型。列表支持字符、数字、字符串甚至可以包含列表（即嵌套），和字符串一样，列表也支持索引和切片。列表应用程序及输出结果见表2-9。

列表应用程序及输出结果　　　　　　　　　　　　　　　　　　　　　　　　表2-9

程序2-7	输出	说明
str = 'hello world!' a = 32 b = 30 list_1 = [1, 2, 3] list = [ ] list.append(str) list.append(a) list.append(b) list.append(list_1) print(list)	['hello world!', 32, 30, [1, 2, 3]]	（1）[ ]代表列表，列表可以增加、删除、调整元素的位置和数量； （2）列表元素的类型可不同； （3）列表可以嵌套列表
list = ['hello world!', 32, 30, [1, 2, 3]] print('正向第0个元素是:' + list[0]) print('正向前2个元素是:', list[0:2]) print('正向间隔1取元素是:', list[0:4:2]) print('反向前1个元素是:', list[-1]) print('反向后2个元素是:', list[-3:-1])	正向第0个元素是:hello world! 正向前2个元素是:['hello world!', 32] 正向间隔1取元素是:['hello world!', 30] 反向前1个元素是:[1, 2, 3] 反向后2个元素是:[32, 30]	（1）列表可以索引和切片； （2）列表切片的标准形式为[start:stop:step]，表示从start开始，然后增加step，直到end结束； （3）采用反向切片方式，无法获得列表最后一个元素

续上表

程序 2-7	输出	说明
list = ['hello world!', 32, 30, [1, 2, 3]] list = list + ['xiaoming'] print(list) list.append('xiaohong') print(list) list.extend([29]) print(list) list.insert(3, 31) print(list)	['hello world!', 32, 30, [1, 2, 3], 'xiaoming'] ['hello world!', 32, 30, [1, 2, 3], 'xiaoming', 'xiaohong'] ['hello world!', 32, 30, [1, 2, 3], 'xiaoming', 'xiaohong', 29] ['hello world!', 32, 30, 31, [1, 2, 3], 'xiaoming', 'xiaohong', 29]	(1)列表元素可以增加； (2).extend 只能增加列表元素； (3)+ 方式产生新列表； (4).insert 根据索引加入元素，原列表后移； (5)注意原列表操作还是新产生列表的区别
list = ['hello world!', 32, 30, [1, 2, 3]] del list[0] print(list) list.pop() print(list) list.remove(30) print(list)	[32, 30, [1, 2, 3]] [32, 30] [32]	(1)del 可以索引也可以切片删除，可尝试运行 del list[0:2]； (2).pop 删除队列最后一个元素； (3).remove 删除队列第一次出现的元素
list = ['hello world!', 32, 30, [1, 2, 3]] print(len(list))	4	列表可以采用 len() 函数求得长度

(4) Tuple(元组)。

元组类似于 List(列表)。元组用"( )"标识。内部元素用逗号隔开。但是元组不能二次赋值，相当于只读列表。元组应用程序及输出结果见表 2-10。

元组应用程序及输出结果　　　　　　　　　　　　　表 2-10

程序 2-8	输出	说明
tpl = ('hello world!', 32, 30, [1, 2, 3]) print(tpl[0]) print(tpl[1:3]) print(tpl[0:4:3])	hello world! (32, 30) ('hello world!', [1, 2, 3])	(1)元组不能修改； (2)元组可以索引和切片

(5) Dictionary(字典)。

字典用"{ }"标识。字典由索引(key)和对应的值(value)组成。列表是有序的对象集合，字典是无序的对象集合。字典当中的元素是通过键来存取的，而不是通过偏移存取。字典应用程序及输出结果见表 2-11。

字典应用程序及输出结果　　　表2-11

程序2-9	输出	说明
dic = {'xiaoming':8,'xiaohong':7} print(dic) print(dic['xiaoming']); print(dic['xiaohong'])	{'xiaoming': 8, 'xiaohong': 7} 8 7	(1)字典可以通过索引调用对应值； (2)字典无顺序
dic = {'xiaoming':8,'xiaohong':7} dic['xiaogang'] = 6 print(dic) del dic['xiaogang'] print(dic) dic['xiaohong'] = 6 print(dic)	{'xiaoming': 8, 'xiaohong': 7, 'xiaogang': 6} {'xiaoming': 8, 'xiaohong': 7} {'xiaoming': 8, 'xiaohong': 6}	(1)字典可以增加和删除； (2)字典可以通过索引重新赋值

（6）Set（集合）。

集合（set）是一个无序的不重复元素序列。可以使用大括号"{ }"或者set()函数创建集合。注意：创建一个空集合必须用set()而不是"{ }"，因为"{ }"是用来创建一个空字典。

（7）运算符。

逻辑、成员和身份运算符汇总见表2-12，算术、比较、赋值和位运算符汇总表见表2-13。

逻辑、成员和身份运算符汇总表　　　表2-12

逻辑运算符	逻辑表达式	描述	成员运算符	描述	身份运算符	描述
and	x and y	布尔"与"——如果x为False，x and y返回False，否则它返回y的计算值	in	如果在指定的序列中找到值返回True，否则返回False	is	is判断两个标识符是否引用为一个对象
or	x or y	布尔"或"——如果x是非0，它返回x的计算值，否则它返回y的计算值	not in	如果在指定的序列中没有找到值返回True，否则返回False	is not	is not是判断两个标识符是否引用自不同对象
not	not x	布尔"非"——如果x为True，它返回False。如果x为False，它返回True				

3）条件语句

Python并不支持switch语句，所以多个条件判断只能用elif来实现，如果需要多个条件同时判断时，可以使用or（或），表示两个条件有一个成立时判断条件成功；使用and（与）时，表示只有两个条件同时成立的情况下，判断条件才成功。条件语句应用程序及输出结果见表2-14。

算术、比较、赋值和位运算符汇总表

表 2-13

算术运算符	描述	比较运算符	描述	赋值运算符	描述	位运算符	描述
+	加——两个对象相加	==	等于——比较两个对象是否相等	=	赋值运算符	&	按位与运算符:参与运算的两个值,如果两个相应位都为1,则该位的结果为1,否则为0
-	减——得到负数或是一个数减去另一个数	!=	不等于——比较两个对象是否不相等	+=	加法赋值	|	按位或运算符:只要对应的二进位有一个为1时,结果位就为1
*	乘——两个数相乘或是返回一个被重复若干次的字符串	<>	不等于——比较两个对象是否不相等。Python3 已废弃	-=	减法赋值	^	按位异或运算符:当两对应的二进位相异时,结果为1
/	除——x 除以 y	>	大于——返回 x 是否大于 y	*=	乘法赋值	~	按位取反运算符:对数据的每个二进制位取反,即把1变为0,把0变为1。~x 类似于 -x-1
%	取模——返回除法的余数	<	小于——返回 x 是否小于 y。所有比较运算符返回1表示真,返回0表示假。这分别与特殊的变量 True 和 False 等价	/=	除法赋值	<<	左移动运算符:运算数的各二进位全部左移若干位,由 << 右边的数字指定了移动的位数,高位丢弃,低位补0
**	幂——返回 x 的 y 次幂	>=	大于或等于——返回 x 是否大于等于 y	%=	取模赋值	>>	右移动运算符:把">>"左边的运算数的各二进位全部右移若干位,>> 右边的数字指定了移动的位数
//	取整除——返回商的整数部分(向下取整)	<=	小于或等于——返回 x 是否小于等于 y	**=	幂赋值运算符		
				//=	取整除赋值		

条件语句应用程序及输出结果　　　　　　　　　　　　　　　　　　　表2-14

程序2-10	输出	说明

a = int(input())
if(a>0):
　　print(a,'大于零')
elif(a= =0):
　　print(a,'等于零')
else:
　　print(a,'小于零')
	3 大于零
	0 等于零
	-1 小于零
		(1)依次输入3、0、-1;
		(2)input 输入为字符串类型,用 int 转换为整型

a = int(input())
if(a>0 or a<0):
　　print(a,'不等于零')
else:
　　print(a,'等于零')
	3 不等于零
	-1 不等于零
	0 等于零
		依次输入3、-1、0

4) 循环语句

Python 有 while 和 for 两种循环语句。while 循环在给定的判断条件为 true 时执行循环体,否则退出循环体,for 循环可以重复执行语句。采用 break、continue、pass 语句控制循环进程。break 语句执行过程中终止循环,并且跳出整个循环。continue 语句执行过程中终止当前循环,跳出该次循环,执行下一次循环。pass 语句是空语句,可以保持程序结构的完整性。循环语句(while)应用程序及输出结果见表2-15。

循环语句(while)应用程序及输出结果　　　　　　　　　　　　　　　　表2-15

程序2-11	输出	说明
flag = 1 while (flag = =1): 　　print('执行1次,跳出 while 循环') 　　flag = 0	执行1次,跳出 while 循环	使用 flag 作为 while 是否执行的判断条件

flag = 1
num = 0
while (flag = =1):
　　num = num + 1
　　if(num = = 10):
　　　　flag = 0
　　　　print('执行',num,'次,跳出 while 循环')
	执行10次,跳出 while 循环	采用 num 变量作为累加器计数,while 循环10次令判断条件 flag 为0,跳出循环

list = ['hello world!', 32, 30, [1, 2, 3]] for i in list: 　　print(i)	hello world! 32 30 [1, 2, 3]	list 可迭代,可采用 for 循环依次读取元素

Python 还可以采用内置函数 range()函数进行循环迭代(表2-16)。

循环语句(range)应用程序及输出结果　　　　　　　　表 2-16

程序 2-12	输出	说明
for i in range(0,10,1): 　　print(i,' ',end='')	0 1 2 3 4 5 6 7 8 9	(1) range(start,end[,step]); (2) end='' 输出不换行
for i in range(10): 　　print(i,' ',end='')	0 1 2 3 4 5 6 7 8 9	默认从 0 开始,步长为 1
for i in range(0,10,2): 　　print(i,' ',end='')	0 2 4 6 8	从 0 开始,步长为 2,到 10(不包括 10)截止

5) 函数

定义功能函数,遵循以下规则:

(1) 函数代码块以 def 关键词开头,后接函数标识符名称和圆括号( )。

(2) 任何传入参数和自变量必须放在圆括号中间。圆括号之间可以用于定义参数。

(3) 函数的第一行语句可以选择性地使用文档字符串——用于存放函数说明。函数内容以冒号起始,并且缩进。

(4) return[表达式]结束函数,选择性地返回一个值给调用方。不带表达式的 return 相当于返回 None。

函数的标准形式:

def f(x):
　　pass
　　return[表达式]

6) 参数

strings、tuples、numbers、list、dict 等类型数据均可以作为参数,传递给函数。strings、tuples 和 numbers 是不可更改的对象,而 list、dict 等则是可以修改的对象。整数、字符串、元组,参数传递后不会影响本身。比如在 fun(a)内部修改参数的值,只是修改另一个复制的参数对象,不会影响参数本身;列表、字典是将参数真正地传递过去,修改后 fun 函数外部的参数也会受影响。

参数类型可分为必备参数、关键字参数、默认参数、不定长参数等 4 类。

(1) 必备参数。

必备参数指的是必须按照正确的顺序将实际参数传到函数中,调用函数时,传入实际参数的数量和位置都必须和定义函数时保持一致。调用函数时,指定的实际参数的数量,必须和形式参数的数量一致,否则 Python 解释器会给出异常,并提示缺少必要的位置参数。必备参数应用程序及输出结果见表 2-17。

必备参数应用程序及输出结果 表 2-17

程序 2-13	输出	说明

``
def f(x):
    b = x + 10
    return b
 	
print(f(1))
``
	11	（1）函数 $f(a)$ 返回参数加 10 的数值；
		（2）$f(a)$ 接受传递参数为 1

``
def f_1(x):
    b = x + 10
    return b
 	
def f_2(x):
    b = x *2
    return b
 	
c = f_1(1) + f_2(1)
print(c)
``
	13	（1）函数 $f\_1(a)$ 返回参数加 10 的数值；
		（2）函数 $f\_2(a)$ 返回参数乘 2 的数值；
		（3）$f\_1(a)$ 和 $f\_2(a)$ 接受传递参数均为 1

（2）关键字参数。

关键字参数是指使用形式参数的名字来确定输入的参数值。通过此方式指定函数实参时，不再需要与形参的位置完全一致，只要将参数名写正确即可。关键字参数应用程序及输出结果见表 2-18。

关键字参数应用程序及输出结果 表 2-18

程序 2-14	输出	说明

``
def person(name, age):
    print('the person\'s name:' + name)
    print('the person\'s age:', age)
    return
 	
person('xiaohong', 7)
``
	the person's name:xiaoming
	the person's age: 8
		（1）person(name, age)) 接受传递参数为 'xiaoming', 8，分别对应参数 name, age, 顺序需对应；
		（2）person('xiaoming', 8) 和 person(8, 'xiaoming') 调用结果不相同

``
def person(name, age):
    print('the person\'s name:' + name)
    print('the person\'s age:', age)
    return
 	
person(age = 8, name = 'xiaoming')
``
	the person's name:xiaoming
	the person's age: 8
		（1）person(name, age)) 接受传递参数为 'xiaoming', 8，分别对应参数 name, age, 顺序可调整，采用关键字对应赋值参数；
		（2）person(age = 8, name = 'xiaoming') 和 person(name = 'xiaoming', age = 8) 调用结果相同

（3）默认参数。

调用函数时如果不指定某个参数，Python 解释器会提示异常。为了解决这个问题，Python 允许为参数设置默认值，即在定义函数时，直接给形式参数指定默认值。即便调用函数时没有给拥有默认值的形参传递参数，该参数仍可以直接使用定义函数时设置的默认值。默认参数应用程序及输出结果见表 2-19。

默认参数应用程序及输出结果　　　　　　　　　表 2-19

程序 2-15	输出	说明
| ```
def f( name, age = 8 ):
    print('Name:', name)
    print('Age:', age)
    return

f( age = 50, name = "xiaoming" )
``` | Name：xiaoming<br>Age：50 | Age 按照传递参数赋值 |
| ```
def f( name, age = 8 ):
    print('Name:', name)
    print('Age:', age)
    return

f( "xiaoming" )
``` | Name：xiaoming<br>Age：8 | Age 按照默认参数赋值 |

（4）不定长参数。

有两种不定长参数，第一种是 *arg1，在传入额外的参数时可以不用指明参数名，直接传入参数值即可。第二种是 **arg2，这种类型返回的是字典，传入时需要指定参数名。加 * 不定长参数会以元组（tuple）的形式导入，存放所有未命名的变量参数。加 ** 的参数会以字典的形式导入，存放已命名的变量参数。不定长参数应用程序及输出结果见表 2-20。

不定长参数应用程序及输出结果　　　　　　　　　表 2-20

程序 2-16	输出	说明
| ```
def f(a, *arg1, **arg2):
    print(a)
    print(arg1)
    print(arg2)
    return

f(1, 2, 3, 4, 5, Name = 'xiaoming', Age = 8)
``` | 1<br>(2, 3, 4, 5)<br>{'Name': 'xiaoming', 'Age': 8} | （1）\*arg1 传入参数为 tuple 类型；<br>（2）\*\*arg2 传入参数为 dictionary 类型 |

匿名函数：使用 lambda 来创建匿名函数。

lambda 只是一个表达式，函数体比 def 简单很多，仅能在 lambda 表达式中封装有限逻辑，拥有自己的命名空间，且不能访问自有参数列表之外或全局命名空间里的参数，调用小函数时不占用栈内存，可增加运行效率。用 lambda 创建匿名函数应用程序及输出结果见表 2-21。
```

用 lambda 创建匿名函数应用程序及输出结果　　　　表 2-21

程序 2-17	输出	说明
add = lambda a, b: a + b print(add(1,2))	3	将 lambda 函数赋值给一个变量,通过这个变量间接调用该 lambda 函数

7) 模块

模块为 Python 文件,以. py 结尾,包含 Python 对象定义和 Python 语句。

使用"import""from……import""from……import *"语句调用模块。

Import:模块定义好后,使用 import 语句来引入模块。

from……import:从模块中导入指定部分至当前命名空间。

from……import *:导入模块所有内容至当前命名空间。

模块应用程序及输出结果见表 2-22。

模块应用程序及输出结果　　　　表 2-22

程序 2-18	输出	说明
import torch from numpy import * import numpy as np		(1) 导入 torch 外部库; (2) 导入 numpy 外部库; (3) 导入 numpy 外部库为 np

8) 类

类用来描述具有相同的属性和方法的对象的集合,定义了该集合中每个对象所共有的属性和方法。对象是类的实例。

方法是类中定义的函数,类变量在实例化对象中公用。如果从父类继承的方法不能满足子类的需求,可以对其进行改写,这个过程叫方法覆盖(override),也称方法重写。局部变量为方法中的变量,只作用于当前实例的类。类声明中如属性用变量表示,称为实例变量,是用 self 修饰的变量。派生类(derived class)继承基类(base class)的字段和方法,称为继承。实例化是创建类的实例、类的具体对象。对象是通过类定义的数据结构实例。对象包括两个数据成员(类变量和实例变量)和方法。

```
class MyClass:
    i = 12345
    def f(self):
        return 'hello world'
x = MyClass()
```

```
print("MyClass 类的属性 i 为:", x.i)
print("MyClass 类的方法 f 输出为:", x.f())
```

举例:队列[2,8,3,50],执行队列内元素相乘操作,即 2×[2,8,3,50],8×[8,3,50],3×[3,50],50×[50],拼接得到队列[4,16,6,100,64,24,400,9,150,2500],判断队列内元素的奇偶性。类应用程序及输出结果见表 2-23。

类应用程序及输出结果　　　　　　　　　　　　表 2-23

程序 2-19	输出	说明
| ```python
class Judgment():
    def __init__(self, l):
        self.l = l

    def judgment(self):
        pdc = []
        for i in range(len(self.l)):
            for j in range(i, len(self.l)):
                t = self.l[i] * self.l[j]
                pdc.append(t)
        print(pdc)
        for i in pdc:
            if i%2 == 0:
                print(f'{i} is even number')
            else:
                print(f'{i} is odd number')

L = [2, 8, 3, 50]
a = Judgment(L)
a.judgment()
``` | [4, 16, 6, 100, 64, 24, 400, 9, 150, 2500]<br>4 is even number<br>16 is even number<br>6 is even number<br>100 is even number<br>64 is even number<br>24 is even number<br>400 is even number<br>9 is odd number<br>150 is even number<br>2500 is even number | 正整数列表 L,判断列表内所有数字乘积的最后一个非零数字的奇偶性。如果为奇数,输出 odd number;如果为偶数,则输出 even number |

9) 包

包是分层次的文件目录结构,它定义由模块及子包、子包下的子包等组成的 Python 的应用环境。简单来说,包就是文件夹,但该文件夹下必须存在 __ init __.py 文件,该文件的内容可以为空。 __ init __.py 用于标识当前文件夹是一个包。

package
|-- __ init __.py
|-- 1.py
|-- 2.py

package 文件夹中存在 __ init __.py、1.py、2.py 三个文件,该文件夹为包。

10) 文件 I/O

print 和 input 语句可实现标准输入和输出。

包应用程序及输出结果见表 2-24。
```

包应用程序及输出结果 表 2-24

程序 2-20	输出	说明
import time print("---RUNOOB EXAMPLE：Loading 效果---") print("Loading",end = "") for i in range(20)： 　　print(".",end = '',flush = True) 　　time.sleep(0.5)	打印	（1）print(*objects, sep = ' ', end = '\n', file = sys.stdout, flush = False)； （2）time 为外部库
inputs = input('请输入：') print(inputs,type(inputs))	请输入：hello world！ hello world！< class 'str' >	input()输出为字符串格式

Python 提供了文件基本操作的函数和方法，如 open( )、close( )等方法。
(1)打开文件。
根据路径,打开指定文件。
(2)写入文件。
根据路径,将内容写入指定文件。
(3)附加到文件。
根据路径,将内容添加至指定文件。
读写文件应用程序及输出结果见表 2-25。

读写文件应用程序及输出结果 表 2-25

程序 2-21	输出	说明
with open('pi_digits.txt') as file_object： 　　contents = file_object.read( ) 　　print(contents)	文件内容	打开文件,整体读取
with open('pi_digits.txt') as file_object： 　　for line in file_object： 　　　　print(line.rstrip( ))	文件内容	打开文件,逐行读取
with open('pi_digits.txt') as file_object： 　　lines = file_object.readlines( ) 　　for line in lines： 　　　　print(line.rstrip( ))	文件内容	打开文件,逐行读取
with open('pi_digits.txt', 'w') as file_object： 　　file_object.write('i love programming')	文件内容	写入文件(1 行)
with open('pi_digits.txt', 'w') as file_object： 　　file_object.write('i love programming\n') 　　file_object.write('i love programming\n')	文件内容	写入文件(2 行)
with open('pi_digits.txt', 'a') as file_object： 　　file_object.write('i love programming\n')	文件内容	附加到文件

2.3 PyTorch 框架

2.3.1 深度学习框架概述

深度学习在很多机器学习任务中都有着非常出色的表现,在图像识别、语音识别、自然语言处理、机器人、网络广告投放、医学自动诊断和金融等领域都有着广泛应用。面对繁多的应用场景,深度学习框架有助于建模者聚焦业务场景和模型设计本身,省去大量而烦琐的代码编写工作,其优势主要表现在如下两个方面:

(1)深度学习框架屏蔽了底层实现,用户只需关注模型的逻辑结构,同时简化了计算逻辑,降低了深度学习入门门槛。

(2)深度学习框架具备灵活的移植性,可将代码部署到中央处理器(Central Processing Unit,CPU)、图形处理器(Graphics Processing Unit,GPU)或移动端上,选择具有分布式性能的深度学习框架会使模型训练更高效。

常用的深度学习科学计算框架如下。

1) Tensorflow

TensorFlow 是一款开源的数学计算软件,使用数据流图(DataFlowGraph)的形式进行计算。图中的节点代表数学运算,而图中的线条表示多维数据数组(tensor)之间的交互。

2) Torch

Torch 是一个有大量机器学习算法支持的科学计算框架,其诞生已经有十年之久,但是真正流行得益于 Facebook 开源了大量 Torch 的深度学习模块和扩展。

Pytorch 采用 Python 语言接口来实现编程,而 Torch 是采用 Lua 语言,Lua 相当于一个小型加强版的 C 语言,支持类和面向对象,运行效率极高。

3) Caffe

Caffe 由加利福尼亚大学开发,是清晰而高效的开源深度学习框架,由伯克利视觉中心(Berkeley Visionand Learning Center,BVLC)进行维护,Caffe2 代码已经并入 PyTorch。

4) Theano

2008 年,Theano 诞生于蒙特利尔理工学院,派生出了大量深度学习 Python 软件包,最著名的包括 Blocks 和 Keras。Keras 是一个用 Python 编写的高级神经网络应用程序编程接口(Application Programming Interface,API),它能够以 TensorFlow、CNTK 或者 Theano 作为后端运行。Keras 看作为 tensorflow 封装后的一个 API。

5) 飞桨

飞桨(PaddlePaddle)以百度多年的深度学习技术研究和业务应用为基础,集深度学习核心训练和推理框架、基础模型库、端到端开发套件、丰富的工具组件于一体,是中国首个自主研发、功能丰富、开源开放的产业级深度学习平台。飞桨于 2016 年正式开源,是主流深度学习框架中一款完全国产化的产品。

Tensorflow 和 Keras 由 Google 公司负责支持和维护，Pytorch 和 Caffe 由 Facebook 公司负责支持和维护。飞桨由百度公司负责支持和维护。深度学习框架和支持维护公司阵营见图 2-3。

图 2-3　深度学习框架和支持维护公司

PyTorch 是针对深度学习，并且使用 CPU 和 GPU 来优化的 tensor library（张量库）。PyTorch 是基于以下两个目的打造的 Pyhon 科学计算框架：

(1) 无缝替换 numpy，并且通过利用 GPU 的算力来实现神经网络的加速。

(2) 通过自动微分机制，来让神经网络的实现变得更加容易。

CPU 和 GPU 元器件如图 2-4 所示。

a) CPU　　　　　　　　b) CPU

图 2-4　CPU 和 GPU 元器件

2.3.2　张量

张量（tensor）理论是数学的分支学科，在力学中有重要应用。张量起源于力学，用来表示弹性介质中各点应力状态，张量理论发展成为力学和物理学的数学工具。张量之所以重要，在于可以满足一切物理定律必须与坐标系的选择无关的特性。如同数组和矩阵一样，张量是一种特殊的数据结构。

1) 张量的生成

在 PyTorch 中，神经网络的输入、输出以及网络的参数等数据，都是使用张量来进行描述。张量初始化方式如下。

(1) 直接生成，类型由原始数据类型决定，其应用程序及输出结果见表 2-26。

直接生成张量应用程序及输出结果　　　　　　　　表2-26

程序2-22	输出	说明
import torch importnumpy as np data = [[1,2],[3,4]] x_data = torch.tensor(data) print(x_data)	tensor([[1,2], 　　　　[3,4]])	(1)torch.tensor(data, dtype=None, device=None, requires_grad=False); (2)torchpytorch框架; (3)numpy为扩展库,主要用来处理任意维度数组和矩阵

(2)通过numpy数组生成,其应用程序及输出结果见表2-27。

通过numpy数组生成应用程序及输出结果　　　　　表2-27

程序2-23	输出	说明
import torch importnumpy as np data = [[1,2],[3,4]] np_array = np.array(data) x_np = torch.from_numpy(np_array) print(x_np)	tensor([[1,2], 　　　　[3,4]], dtype=torch.int32)	data为列表类型数据

(3)通过已有张量来生成新的张量,新的张量将继承已有张量的数据属性,其程序及输出结果见表2-28。

通过已有张量生成应用程序及输出结果　　　　　　表2-28

程序2-24	输出	说明
import torch importnumpy as np data = [[1,2],[3,4]] x_data = torch.tensor(data) x_ones = torch.ones_like(x_data) x_rand = torch.rand_like(x_data, dtype=torch.float) print(x_ones) print(x_rand)	tensor([[1,1], 　　　　[1,1]]) tensor([[0.6771,0.0904], 　　　　[0.6095,0.2745]])	(1)通过已有张量来生成新的张量,保留x_data的属性; (2)重写x_data的数据类型 int -> float

(4)通过指定数据维度来生成张量,其应用程序及输出结果见表2-29。

通过指定维度生成应用程序及输出结果　　　　　　　　　　　表2-29

程序2-25	输出	说明
import torch importnumpy as np shape = (2,3) rand_tensor = torch.rand(shape) ones_tensor = torch.ones(shape) zeros_tensor = torch.zeros(shape) print(rand_tensor) print(ones_tensor) print(zeros_tensor)	tensor([[0.4921, 0.4452, 0.3397], 　　　　[0.0376, 0.7244, 0.4108]]) tensor([[1., 1., 1.], 　　　　[1., 1., 1.]]) tensor([[0., 0., 0.], 　　　　[0., 0., 0.]])	(1)通过指定数据维度来生成张量； (2)shape = (2,3)表示维度dim=0为2, dim=1为3

2)张量的操作

(1)张量的索引和切片。

与字符串和列表类似，张量可以实现索引和切片功能，其应用程序及输出结果见表2-30。

张量索引和切片功能应用程序及输出结果　　　　　　　　　　表2-30

程序2-26	输出	说明
import torch importnumpy as np shape = (2,3) rand_tensor = torch.rand(shape) print(rand_tensor) print(rand_tensor[0]) print(rand_tensor[0][0:2]) print(rand_tensor[0][0])	tensor([[0.5052, 0.8785, 0.7315], 　　　　[0.5026, 0.4938, 0.2738]]) tensor([0.5052, 0.8785, 0.7315]) tensor([0.5052, 0.8785]) tensor(0.5052)	未固定随机数种子，程序每次运行输出存在差异

(2)张量的拼接。

用torch.cat()命令实现张量的拼接功能，程序及输出结果见表2-31。

张量拼接应用程序及输出结果　　　　　　　　　　　　　　表2-31

程序2-27	输出	说明
import torch import numpy as np import random shape = (2,3) ones_tensor = torch.ones(shape) inputs = [ones_tensor, ones_tensor] output_0 = torch.cat(inputs,dim=0) output_1 = torch.cat(inputs,dim=1) print(ones_tensor) print(inputs) print(output_0) print(output_1)	tensor([[1., 1., 1.], 　　　　[1., 1., 1.]]) [tensor([[1., 1., 1.], 　　　　[1., 1., 1.]]), tensor([[1., 1., 1.], 　　　　[1., 1., 1.]])] tensor([[1., 1., 1.], 　　　　[1., 1., 1.], 　　　　[1., 1., 1.], 　　　　[1., 1., 1.]]) tensor([[1., 1., 1., 1., 1., 1.], 　　　　[1., 1., 1., 1., 1., 1.]])	(1)torch.cat(inputs,dim=0); (2)inputs为列表类型

(3)张量的乘积与矩阵乘法。

用 tensor.mul() 和 tensor.matmul() 命令实现张量的乘积和矩阵乘法,其应用程序及输出结果见表2-32。

张量的乘积与矩阵乘法应用程序及输出结果　　　　　　　　表2-32

程序2-28	输出	说明
import torch shape = (2,3) rand_tensor = torch.rand(shape) print(rand_tensor) print(rand_tensor.mul(2)) print(rand_tensor.mul(rand_tensor))	tensor([[0.8682, 0.2095, 0.2202], 　　　　[0.6849, 0.7628, 0.3565]]) tensor([[1.7364, 0.4191, 0.4404], 　　　　[1.3698, 1.5255, 0.7130]]) tensor([[0.7538, 0.0439, 0.0485], 　　　　[0.4691, 0.5818, 0.1271]])	(1)tensor.mul()需要矩阵的维度一致; (2)tensor.mul()具有广播机制
import torch shape = (2,3) rand_tensor_1 = torch.rand(shape) shape = (3,2) rand_tensor_2 = torch.rand(shape) print(rand_tensor_1) print(rand_tensor_2) print(torch.matmul(rand_tensor_1, rand_tensor_2))	tensor([[0.4294, 0.1292, 0.5600], 　　　　[0.3153, 0.7065, 0.4899]]) tensor([[0.5063, 0.4220], 　　　　[0.1454, 0.8370], 　　　　[0.0209, 0.9054]]) tensor([[0.2478, 0.7964], 　　　　[0.2726, 1.1680]])	(1)tensor.matmul()只能与张量类型的矩阵做乘法; (2)tensor.matmul()操作的矩阵维度需要满足乘积条件; (3)2×3矩阵 　　3×2矩阵
import torch shape = (3,3) rand_tensor_1 = torch.rand(shape) shape = (3,3) rand_tensor_2 = torch.rand(shape) print(rand_tensor_1) print(rand_tensor_2) print(torch.matmul(rand_tensor_1, rand_tensor_2))	tensor([[0.5787, 0.9984, 0.6547], 　　　　[0.5649, 0.3840, 0.1389], 　　　　[0.9523, 0.7496, 0.1473]]) tensor([[0.8515, 0.2802, 0.6739], 　　　　[0.9133, 0.4661, 0.6343], 　　　　[0.5223, 0.1643, 0.5573]]) tensor([[1.7465, 0.7350, 1.3881], 　　　　[0.9042, 0.3601, 0.7016], 　　　　[1.5724, 0.6404, 1.1993]])	3×3矩阵 3×3矩阵
import torch shape = (1,3) rand_tensor_1 = torch.rand(shape) shape = (3,1) rand_tensor_2 = torch.rand(shape) print(rand_tensor_1) print(rand_tensor_2) print(torch.matmul(rand_tensor_1, rand_tensor_2))	tensor([[0.0905, 0.0101, 0.9003]]) tensor([[0.4593], 　　　　[0.0734], 　　　　[0.2265]]) tensor([[0.2463]])	1×3矩阵 3×1矩阵

(4) 自动赋值运算。

自动赋值运算通常在方法后有"_"作为后缀,例如:x.copy_(y),x.t_()操作会改变 x 的取值,其程序及输出结果见表2-33。

自动赋值运算应用程序及输出结果　　　表2-33

程序2-29	输出	说明
import torch shape = (2,3) rand_tensor_1 = torch.rand(shape) rand_tensor_2 = torch.rand(shape) print(rand_tensor_1) print(rand_tensor_2) rand_tensor_1.copy_(rand_tensor_2) print(rand_tensor_1)	tensor([[0.1820, 0.5150, 0.2525], 　　　　[0.8065, 0.5816, 0.8526]]) tensor([[0.5976, 0.7257, 0.8642], 　　　　[0.8157, 0.9423, 0.2099]]) tensor([[0.5976, 0.7257, 0.8642], 　　　　[0.8157, 0.9423, 0.2099]])	x.copy_(y)将 y 值赋给 x
import torch shape = (2,3) rand_tensor = torch.rand(shape) print(rand_tensor) rand_tensor.t_() print(rand_tensor)	tensor([[0.6670, 0.4823, 0.6382], 　　　　[0.7536, 0.7144, 0.7564]]) tensor([[0.6670, 0.7536], 　　　　[0.4823, 0.7144], 　　　　[0.6382, 0.7564]])	x.t_()矩阵 x 的转置

3) Tensor 与 numpy 的转化

张量和 numpy array 数组在 CPU 上可以共用内存区域,改变其中一个,另一个也会随之改变。

(1) Tensor 转化 numpy。

采用 torch.numpy() 命令实现 Tensor 转化 numpy 功能,其应用程序及输出结果见表2-34。

Tensor 转化 numpy 应用程序及输出结果　　　表2-34

程序2-30	输出	说明
import torch shape = (2,3) rand_tensor = torch.rand(shape) print(type(rand_tensor)) rand_tensor = rand_tensor.numpy() print(type(rand_tensor))	< class 'torch.Tensor' > < class 'numpy.ndarray' >	共用内存,同步变化

(2) numpy 转化 Tensor。

采用 torch.tensor(n) 命令实现 numpy 转化 Tensor 功能,其应用程序及输出结果见表2-35。

numpy 转化 Tensor 应用程序及输出结果　　　　表2-35

程序2-31	输出	说明
import torch import numpy as np data = np.arange(4) print(type(data),data) data = torch.tensor(data) print(type(data),data)	< class 'numpy.ndarray' > [0 1 2 3] < class 'torch.Tensor' > tensor([0, 1, 2, 3], dtype = torch.int32)	共用内存,同步变化

2.3.3 自动求导机制(Autograd)

Pytorch 框架采用 requires_grad = True 收集变量梯度,跟踪变量的所有操作,其程序及输出结果见表2-36。

requires_grad 应用程序及输出结果　　　　表2-36

程序2-32	输出	说明
import torch data = [[1,2],[3,4]] x_data = torch.tensor(data, dtype = torch.float32, requires_grad = True) print(x_data)	tensor([[1., 2.], 　　　　[3., 4.]], requires_grad = True)	requires_grad = True 要求数据为 float 类型

函数 $y = x$,调用.backward()时,Autograd 将计算这些梯度并将其存储在 a 张量的.grad 属性中,其应用程序及输出结果见表2-37。

backward() 应用程序及输出结果　　　　表2-37

程序2-33	输出	说明
import torch a = 4 a = torch.tensor(a, dtype = torch.float32, requires_grad = True) b = a b.backward() print(a) print(a.grad)	tensor(4., requires_grad = True) tensor(1.)	$y = x, \dfrac{dy}{dx} = 1$

下面以 $Q = 3a^3 - b^2$ 为例,说明自动求导机制。

1)传播机制与计算图

计算图是用图论语言表示数学函数的方式。计算图为有向图,由节点和边组成。计算图中节点为输入值或者函数,边表示输入值或者函数之间的依赖关系。

$Q=3a^3-b^2$ 的计算图由 5 个节点和 4 个边组成,计算示意图如图 2-5 所示。

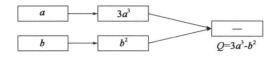

图 2-5　$Q=3a^3-b^2$ 的计算示意图

Pytorch 是动态计算图,能边搭建边运行;TensorFlow 是静态计算图,必须先把图搭建好后才能开始计算。动态图含义为:逐行执行正向传播,根据程序确定计算图的节点和边,同步计算结果;反向传播立即销毁计算图,下次调用重新构建计算图。

(1)前向传播。

前向传播即根据 a、b 的值计算 Q。

(2)反向传播。

根据链式法则,分别求 a、b 对 Q 的偏导数。

2) 自动求导

损失函数设定为 $Q\_loss=\Delta Q=label-Q=label-3a^3+b^2$,label 为拟合值(真实值)。

在 Q 上调用.backward( )时,Autograd 将计算梯度并将其存储在各个张量的.grad 属性中。a 和 b 是神经网络的参数,ΔQ 是误差。自动求导机制见表 2-38。

自动求导机制　　　　　　　　　　　　　　　　　表 2-38

程序 2-34	输出	说明
``` import torch import random random.seed(10) label = torch.tensor(1.5, requires_grad = True) a = torch.tensor(random.random( ), requires_grad = True) b = torch.tensor(random.random( ), requires_grad = True) Q = 3*a*a*a - b*b Q_loss = label - Q Q_loss.backward( ) print('a = ', a, 'a.grad = ', a.grad) print('b = ', b, 'b.grad = ', b.grad) ```	a = tensor(0.5714, requires_grad = True) a.grad = tensor(-2.9385) b = tensor(0.4289, requires_grad = True) b.grad = tensor(0.8578)	(1) random 为外部库; (2) random.seed(10)产生随机数的稳定性,保证结论可复现; (3)损失函数一般为标量

$$\frac{\partial Q\_loss}{\partial \Delta Q} \cdot \frac{\partial \Delta Q}{\partial a} = -9a^2 \quad (2-1)$$

$$\frac{\partial Q\_loss}{\partial \Delta Q} \cdot \frac{\partial \Delta Q}{\partial b} = 2b \quad (2-2)$$

3) 计算案例

训练三阶多项式,通过最小化平方的欧几里得距离预测 $y = \sin(x) y = \sin(x)$(x 在 $-\pi \sim \pi$ 范围之间)。三次函数拟合正弦函数计算流程如图 2-6 所示。

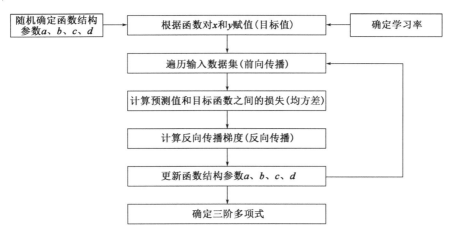

图 2-6　三次函数拟合正弦函数计算流程

三次函数的图象是一条曲线。回归式抛物线(不同于普通抛物线)如下所示:

$$y\_pren = a + bx + cx^2 + dx^3 \tag{2-3}$$

步骤 1:将随机产生三次函数的系数,构造初始函数结构。
步骤 2:将 x 均匀划分为 2000 份,根据目标函数 $\sin(x)$,计算目标值。
步骤 3:将 2000 个 x 数据代入三次函数,得到相应 y 值,与 sin 值比较,求得累加损失函数。
步骤 4:采用链式传导原则,计算损失函数对三次函数 a、b、c、d 的偏导数。
步骤 5:根据梯度下降原理更新 a、b、c、d。
步骤 6:步骤 2~5 执行 2000 次,输出三次函数的 a、b、c、d 值。

不采用神经网络结构,分别采用 numpy 和 Pytorch 自动求导机制进行求解,其程序见表 2-39。

采用 numpy 和 Pytorch 自动求导机制求解程序　　　　　　　　　　表 2-39

程序 2-35

```
importnumpy as np
import math

# Create random input and output data
x = np.linspace( - math.pi, math.pi, 2000)
y = np.sin(x)

# Randomly initialize weights
a = np.random.randn()
b = np.random.randn()
c = np.random.randn()
d = np.random.randn()
```

续上表

程序 2-35

```
learning_rate = 1e-6
for t in range(2000):
    # Forward pass: compute predicted y
    # y = a + b x + c x^2 + d x^3
    y_pred = a + b * x + c * x ** 2 + d * x ** 3

    # Compute and print loss
    loss = np.square(y_pred - y).sum()
    if t % 100 == 99:
        print(t, loss)
# Backprop to compute gradients of a, b, c, d with respect to loss
    grad_y_pred = 2.0 * (y_pred - y)
    grad_a = grad_y_pred.sum()
    grad_b = (grad_y_pred * x).sum()
    grad_c = (grad_y_pred * x ** 2).sum()
    grad_d = (grad_y_pred * x ** 3).sum()

# Update weights
    a -= learning_rate * grad_a
    b -= learning_rate * grad_b
    c -= learning_rate * grad_c
    d -= learning_rate * grad_d
print(f'Result: y = {a} + {b} x + {c} x^2 + {d} x^3')
```

使用 PyTorch 张量运算计算正向传播,使用 PyTorch Autograd 计算梯度。PyTorch 张量表示计算图中节点,如果 x 是具有 $x.\text{requires\_grad} = \text{True}$ 的张量,则 $x.\text{grad}$ 是 x 相对于某个标量值的梯度,其程序见表 2-40。

采用 Pytorch 自动求导机制求解程序   表 2-40

程序 2-36

```
import torch
import math

dtype = torch.float
device = torch.device("cpu")
# device = torch.device("cuda:0") # Uncomment this to run on GPU

# Create Tensors to hold input and outputs.
x = torch.linspace(-math.pi, math.pi, 2000, device=device, dtype=dtype)
y = torch.sin(x)

# Create random Tensors for weights. F
a = torch.randn((), device=device, dtype=dtype, requires_grad=True)
b = torch.randn((), device=device, dtype=dtype, requires_grad=True)
c = torch.randn((), device=device, dtype=dtype, requires_grad=True)
d = torch.randn((), device=device, dtype=dtype, requires_grad=True)
```

续上表

程序 2-36
| ```
learning_rate = 1e-6
for t in range(2000):
    y_pred = a + b * x + c * x ** 2 + d * x ** 3
    loss = (y_pred - y).pow(2).sum()
    if t % 100 == 99:
        print(t, loss.item())

    loss.backward()

    with torch.no_grad():
        a -= learning_rate * a.grad
        b -= learning_rate * b.grad
        c -= learning_rate * c.grad
        d -= learning_rate * d.grad

        # Manually zero the gradients after updating weights
        a.grad = None
        b.grad = None
        c.grad = None
        d.grad = None

print(f'Result: y = {a.item()} + {b.item()} x + {c.item()} x^2 + {d.item()} x^3')
``` |

numpy 和 Pytorch 的反向传播过程对比分析见表 2-41。

numpy 和 Pytorch 反向传播过程对比分析　　　　表 2-41

numpy	Pytorch
| ```
grad_y_pred = 2.0 * (y_pred - y)
grad_a = grad_y_pred.sum()
grad_b = (grad_y_pred * x).sum()
grad_c = (grad_y_pred * x ** 2).sum()
grad_d = (grad_y_pred * x ** 3).sum()

a -= learning_rate * grad_a
b -= learning_rate * grad_b
c -= learning_rate * grad_c
d -= learning_rate * grad_d
``` | ```
loss.backward()

a -= learning_rate * a.grad
b -= learning_rate * b.grad
c -= learning_rate * c.grad
d -= learning_rate * d.grad
``` |

通过对比代码可知，采用反向传播可降低编程者的编程难度，自动参数实现求导。

2.3.4　核心函数库

1）torch

torch 函数库包含多维张量的数据结构，定义了张量的数学运算。此外，提供实用程序用于高效序列化张量和操作其他类型数据，其应用程序及输出结果见表 2-42。
```

torch 函数库应用程序及输出结果 表 2-42

程序 2-37	输出	说明
import torch a = torch.randn(1,2,2,2) print(a, torch.numel(a)) a = torch.zeros(4,4) torch.numel(a) print(a, torch.numel(a))	tensor([[[[0.2809, 0.6182], 　　　　[0.6547, 1.6614]], 　　　[[0.2527, -0.3497], 　　　　[-1.7578, 0.0489]]], 　　[[[0.2147, 0.7550], 　　　　[0.1447, 1.5665]], 　　　[[-1.6145, 0.5038], 　　　　[0.3249, 1.2021]]]]) 16 tensor([[0., 0., 0., 0.], 　　[0., 0., 0., 0.], 　　[0., 0., 0., 0.], 　　[0., 0., 0., 0.]]) 16	（1）torch.numel 返回元素个数； （2）16 表示元素个数
import torch import math a = torch.eye(3) print(a) for i in range(len(a)): 　　print(a[i])	tensor([[1., 0., 0.], 　　[0., 1., 0.], 　　[0., 0., 1.]]) tensor([1., 0., 0.]) tensor([0., 1., 0.]) tensor([0., 0., 1.])	（1）torch.eye(n, m = None, out = None)； （2）torch.eye 可用于分类识别
import torch print(torch.linspace(1, 10, steps = 1)) print(torch.linspace(1, 10, steps = 2)) print(torch.linspace(1, 10, steps = 3)) print(torch.linspace(1, 10, steps = 4))	tensor([1.]) tensor([1., 10.]) tensor([1.0000, 5.5000, 10.0000]) tensor([1., 4., 7., 10.])	（1）torch.linspace(start, end, steps = 100, out = None)； （2）起点和终点之间生成样本个数
import torch print(torch.ones(2, 3)) print(torch.zeros(2, 3)) print(torch.rand(2, 3)) print(torch.randn(2, 3)) print(torch.arange(0, 3, 1)) print(torch.randperm(4))	tensor([[1., 1., 1.], 　　[1., 1., 1.]]) tensor([[0., 0., 0.], 　　[0., 0., 0.]]) tensor([[0.1488, 0.2423, 0.7191], 　　[0.2705, 0.2639, 0.9213]]) tensor([[-0.2810, -0.2561, 0.4849], 　　[0.6000, -0.3056, -2.4329]]) tensor([0, 1, 2]) tensor([0, 1, 2, 3])	（1）torch.rand 产生 [0,1) 的随机数； （2）torch.randn 产生白噪声分布； （3）torch.randperm 产生随机整数排列
import torch a = torch.randn(3, 3) print(torch.split(a,2,dim = 0)) print(torch.split(a,2,dim = 1))	(tensor([[2.2517, 1.4348, 1.3258], 　　[1.0344, 0.8743, 1.4134]]), tensor([[-0.7017, -1.9297, -1.1074]])) (tensor([[2.2517, 1.4348], 　　[1.0344, 0.8743], 　　[-0.7017, -1.9297]]), tensor([[1.3258], 　　[1.4134], 　　[-1.1074]]))	（1）torch.split(tensor, split_size, dim =0)； （2）按照指定的维度等等距分割张量，如非整除，最后一个为余数

续上表

程序 2-37	输出	说明
import torch a = torch.randn(1, 1, 1, 3, 3) print(a.size()) print(torch.squeeze(a).size()) print(torch.squeeze(a,dim=2).size()) print(a.size()) print(torch.unsqueeze(a,4).size()) print(torch.unsqueeze(a,5).size())	torch.Size([1, 1, 1, 3, 3]) torch.Size([3, 3]) torch.Size([1, 1, 3, 3]) torch.Size([1, 1, 1, 3, 3]) torch.Size([1, 1, 1, 3, 1, 3]) torch.Size([1, 1, 1, 3, 3, 1])	(1) torch.squeeze(input, dim=None, out=None); (2) torch.squeeze 压缩指定维度上为1的张量; (3) torch.unsqueeze(input, dim, out=None); (4) torch.unsqueeze 在指定位置增加1个维度; (5) 由于没有重新赋值，a 保持原数值

import torch
a = torch.randn(2, 3)
print(a)
print(torch.max(a))
print(torch.max(a,dim=0))
print(torch.min(a))
print(torch.min(a,dim=1))
print(torch.sort(a))
print(torch.sort(a,dim=0))
print(torch.sort(a,dim=1))
	tensor([[0.8158, 1.5228, 0.3771],
	       [2.2130, 1.1892, -0.9610]])
	tensor(2.2130)
	torch.return_types.max(
	 values = tensor([2.2130, 1.5228, 0.3771]),
	 indices = tensor([1, 0, 0]))
	tensor(-0.9610)
	torch.return_types.min(
	 values = tensor([0.3771, -0.9610]),
	 indices = tensor([2, 2]))
	torch.return_types.sort(
	 values = tensor([[0.3771, 0.8158, 1.5228],
	       [-0.9610, 1.1892, 2.2130]]),
	 indices = tensor([[2, 0, 1],
	       [2, 1, 0]]))
	torch.return_types.sort(
	 values = tensor([[0.8158, 1.1892, -0.9610],
	       [2.2130, 1.5228, 0.3771]]),
	 indices = tensor([[0, 1, 1],
	       [1, 0, 0]]))
	torch.return_types.sort(
	 values = tensor([[0.3771, 0.8158, 1.5228],
	       [-0.9610, 1.1892, 2.2130]]),
	 indices = tensor([[2, 0, 1],
	       [2, 1, 0]]))
		(1) torch.max 和 torch.min 参数中如存在 dim，则返回最大值、最小值以及对应的索引，如参数中不存在 dim，只返回最大值或者最小值;
		(2) sort 可按照指定维度进行排序，同时返回对应索引值

2) torch.nn

torch.nn 类是神经网络设计模块,Module 类是神经网络基类。Module 类包含 __init__() 和 forward() 方法,如自建神经网络结构,需继承 nn.Module 类。

神经网络可学习参数层(如 nn.Conv2d(), nn.Linear()等)位于构造函数 __init__(),不可学习参数层(如 ReLU)位于 forward()。torch.nn 处理数据一般要求 TensorFloat32 类型,为提升计算速度,也可采用 TensorFloat16。

(1) 神经网络结构。

神经网络一般由 __init__(self) 和 forward() 构成。__init__(self) 设计神经网络的基本构成,forward() 给出数据的流向和操作,利用 Autograd 实现自动反向求导(依据链式法则),其应用程序及输出结果见表 2-43。

表 2-43 nn.Module 应用程序及输出结果

程序 2-38	输出	说明
``import torch.nn as nn
import torch.nn.functional as F

class Model(nn.Module):
    def __init__(self):
        super(Model, self).__init__()
        self.conv1 = nn.Conv2d(1, 20, 5)
        self.conv2 = nn.Conv2d(20, 20, 5)

    def forward(self, x):
        x = F.relu(self.conv1(x))
        return F.relu(self.conv2(x))

model = Model()
print(model)``` | Model(
　(conv1): Conv2d(1, 20, kernel_size=(5, 5), stride=(1, 1))
　(conv2): Conv2d(20, 20, kernel_size=(5, 5), stride=(1, 1))
) | (1) class torch.nn.Module 是所有卷积神经网络的基类;
(2) 继承 torch.nn.Module 类 |

增加子模块,其应用程序及输出结果见表 2-44。

表 2-44 增加 nn.Module 子模块应用程序及输出结果

程序 2-39	输出	说明
``import torch.nn as nn

class Model(nn.Module):
    def __init__(self):
        super(Model, self).__init__()
        self.add_module("conv1", nn.Conv2d(1, 20, 5))
        self.add_module("conv2", nn.Conv2d(20, 10, 5))

model = Model()
print(model.conv1)
print(model.conv2)``` | Conv2d(1, 20, kernel_size=(5, 5), stride=(1, 1))
Conv2d(20, 10, kernel_size=(5, 5), stride=(1, 1)) | (1) add_module(name, module) 将一个子模块添加到当前模块;
(2) 添加的模块可以按照名称调用,如 model.conv1 |

续上表

程序 2-39	输出	说明

import torch. nn as nn
 	
class Model(nn. Module):
    def __init__(self):
        super(Model, self).__init__()
        self. conv1 = nn. Conv2d(1, 20, 5)
        self. add_module("conv2", nn. Conv2d(20, 10, 5))
 	
model = Model()
print(model)
print(model. conv2)
	Model(
	  (conv1): Conv2d(1, 20, kernel_size=(5, 5), stride=(1, 1))
	  (conv2): Conv2d(20, 10, kernel_size=(5, 5), stride=(1, 1))
	)
	
	Conv2d(20, 10, kernel_size=(5, 5), stride=(1, 1))
		子模块 self. add_module("conv2", nn. Conv2d(20,10,5))实现卷积层 self. conv2 = nn. Conv2d(20, 20, 5)的功能

调用子模块,其应用程序及输出结果见表 2-45。

调用 nn. Module 子模块应用程序及输出结果　　　　　表 2-45

程序 2-40	输出	说明

import torch. nn as nn
 	
class Model(nn. Module):
    def __init__(self):
        super(Model, self).__init__()
        self. add_module("conv", nn. Conv2d(1, 20, 5))
        self. add_module("conv1", nn. Conv2d(20, 10, 5))
model = Model()
 	
for sub_module in model. children():
    print(sub_module)
	Conv2d(1, 20, kernel_size=(5, 5), stride=(1, 1))
	Conv2d(20, 10, kernel_size=(5, 5), stride=(1, 1))
		model. children 迭代返回全部子模块

采用时序容器(Sequential)建立神经网络结构,其应用程序及输出结果见表 2-46。

采用 Sequential 建立神经网络应用程序及输出结果　　　　　表 2-46

时序容器结构	常规神经网络结构

import torch. nn as nn
 	
model = nn. Sequential(
    nn. Conv2d(1,20,5),
    nn. ReLU(),
    nn. Conv2d(20,10,5),
    nn. ReLU()
)
 	
model = Model()
print(model)
	import torch. nn as nn
	import torch. nn. functional as F
	
	class Model(nn. Module):
	    def __init__(self):
	        super(Model, self).__init__()
	        self. conv1 = nn. Conv2d(1, 20, 5)
	        self. conv2 = nn. Conv2d(20, 20, 5)
	
	    def forward(self, x):
	        x = F. relu(self. conv1(x))
	        return F. relu(self. conv2(x))
	
	model = Model()
	print(model)

（2）神经网络功能层。

①卷积层。

卷积层是 nn. Module 较为重要的功能层,能够实现卷积操作,在保持平移不变形的同时,提取图像特征。对应卷积操作,pytorch 还给出了反卷结构,可在特征提取的基础上,实现图像的语义分割和实例分割,其应用程序及输出结果见表2-47、表2-48。

nn. Module 卷积层(2D 卷积层)应用程序及输出结果　　　　表 2-47

命令格式	主要参数
torch. nn. Conv2d(in_channels, out_channels, kernel_size, stride = 1, padding = 0, dilation = 1, groups = 1, bias = True, padding_mode = 'zeros', device = None, dtype = None)	in_channels:输入通道数 out_channels:输出通道数 kernel_size:卷积核分辨率 stride:步幅(标量或者元组),默认值为1 padding:填充(字符串或者元组),默认填充值为0 dilation:膨胀,默认填充值为1 groups:编组,默认值为1 bias = True:偏置可学习 padding_mode = 'zeros':是否采用填充模式 device = None:指定处理器(CPU/GPU) dtype = None:指定数据类型
输入输出	执行操作
输入:$(N, C_{in}, H_{in}, W_{in})$ 输出:$(N, C_{out}, H_{out}, W_{out})$ 式中,N 为批量(批分辨率、批大小),C 是通道数,H 是输入像素高度,W 是像素宽度,k 为深度卷积	$$\text{out}(N_i, C_{outj}) = \text{bias}(C_{outj}) + \sum_{k=0}^{C_{in}-1} \text{weight}(C_{outj}, k) \cdot \text{input}(N_i, k)$$
程序 2-41	输出
import torch torch. manual_seed(10) input = torch. rand(1, 3, 3, 3) m = torch. nn. Conv2d(3, 1, 3, stride = 2) output = m(input) print(output) m = torch. nn. Conv2d(3, 1, (3, 5), stride = (2, 1), padding = (4, 2)) output = m(input) print(output) m = torch. nn. Conv2d(3, 1, (3, 5), stride = (2, 1), padding = (4, 2), dilation = (3, 1)) output = m(input) print(output)	tensor([[[[0.3649]]]], grad_fn = \<SlowConv2DBackward0 >) tensor([[[[-0.0037, -0.0037, -0.0037], 　　　　[-0.0144, -0.0554, 0.0656], 　　　　[0.0447, -0.3377, -0.1068], 　　　　[0.0352, -0.0356, 0.1359], 　　　　[-0.0037, -0.0037, -0.0037]]]], grad_fn = \<SlowConv2DBackward0 >) tensor([[[[-0.0128, 0.1674, 0.0301], 　　　　[0.0955, 0.1070, 0.1026], 　　　　[0.1227, 0.1019, 0.1575]]]], grad_fn = \<SlowConvDilated2DBackward0 >)

表2-48 nn. Module 卷积层(2D 反卷积层)应用程序及输出结果

命令格式	主要参数
torch. nn. ConvTranspose2d (in _ channels , out _ channels , kernel_ size , stride = 1 , padding = 0 , output _ padding = 0 , groups = 1 , bias = True , dilation = 1 , padding_mode = 'zeros' , device = None , dtype = None)	in_channels:输入通道数 out_channels:输出通道数 kernel_size:卷积核分辨率 stride:步幅(标量或者元组),默认值为1 padding:输入填充(字符串或者元组),默认填充值为0 output_padding:输出填充,默认填充值为0 groups:编组,默认值为1 bias = True:偏置可学习 dilation:膨胀,默认填充值为1 padding_mode = 'zeros':是否采用填充模式 device = None:指定处理器(CPU/GPU) dtype = None:指定数据类型
程序2-42	输出

`import torch`
`import torch. nn as nn`
 	
`torch. manual_seed(10)`
`input = torch. rand(1, 3, 6, 6)`
`print( input. size( ) )`
 	
`m = nn. ConvTranspose2d(3, 1, 3, stride = 2)`
`output = m( input)`
`print( output. size( ) )`
 	
`m = nn. ConvTranspose2d(3, 1,(3, 5), stride = (2, 1), padding = (4, 2))`
`output = m( input)`
`print( output. size( ) )`
	torch. Size([1, 3, 6, 6])
	
	torch. Size([1, 1, 13, 13])
	
	torch. Size([1, 1, 5, 6])

②池化层。

池化层提供了最大池化、平均池化、自适应池化等操作,其应用程序及输出结果见表2-49 ~ 表2-51。

表2-49 nn. Module 卷积层(2D 最大池化层)应用程序及输出结果

命令格式	主要参数
torch. nn. MaxPool2d(kernel_size, stride = None, padding = 0, dilation = 1, return_indices = False, ceil_mode = False)	kernel_size:窗口分辨率 stride:步幅(标量或者元组),默认值为1 padding:输入填充(字符串或者元组),默认填充值为0 dilation:膨胀,默认填充值为1 return_indices = False:是否返回最大值对应的索引值 ceil_mode = False:窗口非整除情况采用的计算模式

续上表

输入输出	执行操作
输入:(N,C,H_{in},W_{in}) 输出:(N,C,H_{out},W_{out}) 池化窗口:(H_k,W_k) 式中,N 为批量(批分辨率、批大小),C 是通道数,H 是输入像素高度,W 是像素宽度,k 为池化窗口	$$\text{ou}(N_i,C_j,h,w) = \max_{m=0,\cdots,H_k-1} \max_{n=0,\cdots,W_k-1} \text{input}(N_i,C_j,\text{stride}[0]\times h+m,\text{stride}[1]\times w+n)$$
程序 2-43	输出

`import torch`
`import torch.nn as nn`
 	
`torch.manual_seed(10)`
`input = torch.rand(1, 3, 6, 6)`
 	
`m = nn.MaxPool2d(3, stride=2)`
`output = m(input)`
`print(output.size())`
 	
`m = nn.MaxPool2d((3, 2), stride=(2, 1))`
 	
`output = m(input)`
`print(output.size())`
	torch.Size([1, 3, 2, 2])
	
	torch.Size([1, 3, 2, 5])

nn.Module 卷积层(2D 平均池化层)应用程序及输出结果　　　　表 2-50

命令格式	主要参数
torch.nn.AvgPool2d(kernel_size, stride=None, padding=0, ceil_mode=False, count_include_pad=True, divisor_override=None)	kernel_size:窗口分辨率 stride:步幅(标量或者元组),默认值为 1 padding:输入填充(字符串或者元组),默认填充值为 0 ceil_mode=False:窗口非整除情况采用的计算模式 count_include_pad=True:是否包含 0 填充 divisor_override=None:是否另行指定窗口分辨率
输入输出	执行操作
输入:(N,C,H_{in},W_{in}) 输出:(N,C,H_{out},W_{out}) 池化窗口:(H_k,W_k) 式中,N 为批量(批分辨率、批大小),C 是通道数,H 是输入像素高度,W 是像素宽度,k 为池化窗口	$$\text{out}(N_i,C_j,h,w) = \frac{1}{H_k \cdot W_k}\sum_{m=0}^{H_k-1}\sum_{n=0}^{W_k-1}\text{input}(N_i,C_j,\text{stride}[0]\times h+m,\text{stride}[1]\times w+n)$$

续上表

程序 2-44	输出
import torch import torch.nn as nn torch.manual_seed(10) input = torch.rand(1, 3, 6, 6) m = nn.AvgPool2d(3, stride = 2) output = m(input) print(output.size()) m = nn.AvgPool2d((3, 2), stride = (2, 1)) output = m(input) print(output.size())	torch.Size([1, 3, 2, 2]) torch.Size([1, 3, 2, 5])

nn.Module 卷积层(2D 自适应池化层)应用程序及输出结果　　　　表 2-51

命令格式(自适应最大池化)	主要参数
torch.nn.AdaptiveMaxPool2d(output_size, return_indices = False)	output_size:输出分辨率
程序 2-45	输出
import torch import torch.nn as nn torch.manual_seed(10) input = torch.rand(1, 3, 6, 6) m = nn.AdaptiveMaxPool2d((5,7)) output = m(input) print(output.size()) m = nn.AdaptiveMaxPool2d(7) output = m(input) print(output.size()) m = nn.AdaptiveMaxPool2d((None, 7)) output = m(input) print(output.size()) m = nn.AvgPool2d(3, stride = 2) output = m(input) print(output.size()) m = nn.AvgPool2d((3, 2), stride = (2, 1)) output = m(input) print(output.size())	 torch.Size([1, 3, 5, 7]) torch.Size([1, 3, 7, 7]) torch.Size([1, 3, 6, 7]) torch.Size([1, 3, 2, 2]) torch.Size([1, 3, 2, 5])

续上表

命令格式(自适应平均池化)	主要参数
torch.nn.AdaptiveAvgPool2d(output_size)	output_size：输出分辨率
程序 2-46	输出
| ```
import torch
import torch.nn as nn

torch.manual_seed(10)
input = torch.rand(1, 3, 6, 6)

m = nn.AdaptiveAvgPool2d((5,7))
output = m(input)
print(output.size())

m = nn.AdaptiveAvgPool2d(7)
output = m(input)
print(output.size())

m = nn.AdaptiveAvgPool2d((None, 7))
output = m(input)
print(output.size())
``` | torch.Size([1, 3, 5, 7])<br><br>torch.Size([1, 3, 7, 7])<br><br>torch.Size([1, 3, 6, 7]) |

③线性层。

线性层多用于图像分类，其应用程序及输出结果见表2-52。

nn.Module 线性层应用程序及输出结果　　表2-52

命令格式(自适应最大池化)	主要参数
torch.nn.Linear(in_features, out_features, bias = True, device = None, dtype = None)	in_features：输入 H_{in} out_features：输出 H_{out} bias = True：是否可学习
输入输出	执行操作
输入：(N, C, H_{in}) 输出：(N, C, H_{out})	$y = xA^T + b$
程序 2-47	输出
| ```
import torch
import torch.nn as nn

torch.manual_seed(10)

m = nn.Linear(20, 30)
input = torch.randn(128, 20)
output = m(input)
print(output.size())
``` | torch.Size([128, 20])<br><br>torch.Size([128, 30]) |

④标准化层。

深度学习中出现数据尺度分布异常,导致训练困难的现象。进行了标准化后,可以控制、约束数据尺度、数据分布,有助于模型训练,其应用程序及输出结果见表2-53。

nn.Module2D 标准化层应用程序及输出结果　　　　　表2-53

命令格式(自适应最大池化)	主要参数
torch.nn.BatchNorm2d(num_features, eps = 1e − 05, momentum = 0.1, affine = True, track_running_stats = True, device = None, dtype = None)	num_features:通道数 C eps = 1×10^{-5}:分母修正值 affine = True:是否可学习 track_running_stats = True:是否跟踪状态
输入输出	执行操作
输入:(N,C,H_{in},W_{in}) 输出:(N,C,H_{out},W_{out})	$y = \dfrac{x - E[x]}{\sqrt{\mathrm{Var}[x] + \epsilon}} \gamma + \beta$
程序 2-48	输出
import torch import torch.nn as nn torch.manual_seed(10) input = torch.rand(1, 1, 3, 3) print(input) m = nn.BatchNorm2d(1) output = m(input) print(output) m = nn.BatchNorm2d(1, affine = False) output = m(input) print(output)	tensor([[[[0.4581, 0.4829, 0.3125], 　　　　　[0.6150, 0.2139, 0.4118], 　　　　　[0.6938, 0.9693, 0.6178]]]]) tensor([[[[−0.3424, −0.2254, −1.0300], 　　　　　[0.3989, −1.4955, −0.5609], 　　　　　[0.7710, 2.0723, 0.4120]]]], grad_fn = \<NativeBatchNormBackward0\>) tensor([[[[−0.3424, −0.2254, −1.0300], 　　　　　[0.3989, −1.4955, −0.5609], 　　　　　[0.7710, 2.0723, 0.4120]]]])

⑤DROPOUT 层。

为了增加深度学习模型的泛化性能,给出了 DROPOUT 层,神经元以一定的概率不激活,其应用程序及输出结果见表2-54。

此外,还有 torch.nn.functional、torch.autograd、torch.optim、torch.Tensor、torch.utils.data、Tensor Attributes、Tensor Views、torch.amp、torch.autograd、torch.library、torch.cuda、torch.backends、torch.distributed、torch.distributed.algorithms.join、torch.distributed.elastic、torch.distributed.fsdp、torch.distributed.optim、torch.distributions、torch.fft、torch.futures、torch.fx、torch.hub、torch.jit、torch.linalg、torch.monitor、torch.special、torch.overrides、torch.package、torch.profiler、torch.nn.init、torch.onnx、torch.optim、Complex Numbers、DDP Communication Hooks、Pipeline Parallelism、Quantization、Distributed RPC Framework、torch.random、torch.nested、torch.sparse、torch.Storage、torch.testing、torch.utils.benchmark、torch.utils.bottleneck、torch.utils.checkpoint、torch.utils.model_zoo、torch.utils.cpp_extension、torch.utils.dlpack、torch.utils.mobile_optimizer、 torch. utils. tensorboard、Type Info、Named Tensors、Named Tensors operator coverage、torch. __ config __ 等函数库。可按照任务需求调用相应函数库。

nn. Module 2D DROPOUT 层应用程序及输出结果　　　　表2-54

命令格式(自适应最大池化)	主要参数
torch. nn. Dropout2d($p=0.5$, inplace = False)	$p=0.5$:神经元不被激活的概率
程序 2 – 49	输出

`import torch`
`import torch. nn as nn`
 	
`torch. manual_seed(10)`
 	
`input = torch. randn(1, 1, 3, 3)`
`print(input)`
 	
`m = nn. Dropout2d(p=0.2)`
`output = m(input)`
`print(output)`
 	
`m = nn. Dropout2d(p=1.0)`
`output = m(input)`
`print(output)`
	tensor([[[[-0.6014, -1.0122, -0.3023],
	          [-1.2277, 0.9198, -0.3485],
	          [-0.8692, -0.9582, -1.1920]]]])
	
	tensor([[[[-0.7517, -1.2653, -0.3778],
	          [-1.5346, 1.1498, -0.4356],
	          [-1.0865, -1.1977, -1.4901]]]])
	
	tensor([[[[-0., -0., -0.],
	          [-0., 0., -0.],
	          [-0., -0., -0.]]]])

第3章 图像处理基础

3.1 GUI 功 能

3.1.1 图像入门

OpenCV(开源计算机视觉库)是在 BSD 许可下发布的,可以免费用于学术和商业用途。OpenCV 具有 C++、Python 和 Java 接口,支持 Windows、Linux、MacOS、iOS 和 Android 等操作系统。OpenCV 以优化的 C/C++编写,可以利用多核处理,以及底层异构计算平台的硬件加速。OpenCV-Python 是 Python 绑定库,用于解决计算机视觉问题。安装 OpenCV(cv2 库)之前需要先安装 numpy、matplotlib。

OpenCV 读取和保存彩色图像(采用多通道分量表示可见光波段光谱信息)及灰度图像(灰度图像亮度的表示方式,表示图像中每一个像素点的亮度信息。通常黑色灰度为最小值 0,白色灰度为最大值 255。灰度图像是采用单通道分量表示的图像)。采用 OpenCV 读写图像应用与程序输出见表 3-1。

OpenCV 根据键盘反馈确定是否存储图像,键盘交互应用与程序输出见表 3-2。

采用 OpenCV 读写图像应用与程序输出　　　　表 3-1

程序 3-1	输出	说明
| ```python
import numpy as np
import cv2 as cv

path = r'C:\Users\xuhui\Desktop\car_4.jpg'
img_1 = cv.imread(path)
img_2 = cv.imread(path, 0)
cv.imshow('image_1', img_1)
cv.imshow('image_2', img_2)
cv.waitKey(0)
cv.destroyAllWindows()

savepath = r'C:\Users\xuhui\Desktop'

cv.imwrite(savepath + '\car_4_save_1.jpg', img_1)

cv.imwrite(savepath + '\car_4_save_2.jpg', img_2)
``` | | (1)采用 OpenCV 读取指定路径的图像,显示并存储;<br>(2)cv.imread(path,0)表示读取灰度图;<br>(3)cv.waitKey(0)用于处理图像的停留显示,等待键盘响应;<br>(4)cv.destroyAllWindows()命令用于响应消除图像窗口操作;<br>(5)cv.imread 和 cv.imwrite 用于读、写图像操作;<br>(6)原图像保存位置为桌面 |
```

采用键盘交互应用与程序输出		表 3-2
程序 3-2	输出	说明
| ```
import numpy as np
import cv2 as cv

path = r'C:\Users\xuhui\Desktop\car_4.jpg'
img = cv.imread(path, 0)
cv.imshow('image', img)
k = cv.waitKey(0)

if k == 27:
    cv.destroyAllWindows()
elif k == ord('s'):
    savepath = r'C:\Users\xuhui\Desktop'
    cv.imwrite(savepath + '\car_4_save.jpg', img)
    cv.destroyAllWindows()
``` | (图像) | （1）键盘反馈值赋予变量 $k$；<br>（2）$k=27$，表示键盘输入"ESC"，关闭图像退出程序，不保存；<br>（3）$k = $ ord('s')，表示键盘输入's'，保存读取图像后退出程序 |

OpenCV 采用 Matplotlib.imshow 替代 cv.imshow 显示图像，见表 3-3。

cv.imshow 显示图像		表 3-3
程序 3-3	输出	说明
| ```
import numpy as np
import cv2 as cv
from matplotlib import pyplot as plt

path = r'C:\Users\xuhui\Desktop\car_4.jpg'
img = cv.imread(path, 0)
plt.imshow(img, cmap = 'gray')
plt.show()
``` | (图像) | （1）Matplotlib 和 cv2 存储图像的格式不一致，读取彩色图像需要调整通道顺序；<br>（2）原图像尺寸信息为 $186 \times 178$ |

3.1.2 视频入门

OpenCV 可直接调用摄像头视频，也可调用已经录制好的视频。处理流程为视频调用、视频处理、视频保存。

读取视频将其转换为灰度视频并显示，见表 3-4。

OpenCV 读取视频数据		表 3-4
程序 3-4		说明
| ```
import cv2 as cv

path = r'C:\Users\xuhui\Desktop\trafficflow_4.MP4'
cap = cv.VideoCapture(path)
while(True):
    ret, frame = cap.read()
    gray = cv.cvtColor(frame, cv.COLOR_BGR2GRAY)
    cv.imshow('frame', gray)
    if cv.waitKey(1) & 0xFF == ord('q'):
        break

cap.release()
cv.destroyAllWindows()
``` | | （1）cv.VideoCapture 读取指定路径的视频，如调用摄像头，可使用 cv.VideoCapture(0) 命令；<br>（2）.read 为逐帧读取视频数据；<br>（3）cvtColor 为图像操作，将 BGR 图像转换为 GRAY 灰度图像；<br>（4）cv.imshow 命令用于显示；<br>（5）程序运行后，键盘响应"q"后停止；<br>（6）原视频保存位置为桌面 |
```

OpenCV 读取并保持原视频的播放信息,调用保存为新视频文件,存储视频数据应用与程序输出见表 3-5。

OpenCV 存储视频数据应用与程序输出 表 3-5

程序 3-5	说明
| ```
import cv2 as cv
path = r'C:\Users\xuhui\Desktop\trafficflow_4.MP4'
path_save = r'C:\Users\xuhui\Desktop\trafficflow_4_1.MP4'
cap = cv.VideoCapture(path)
width = int(cap.get(cv.CAP_PROP_FRAME_WIDTH))
height = int(cap.get(cv.CAP_PROP_FRAME_HEIGHT))
fps = cap.get(cv.CAP_PROP_FPS)
fourcc = int(cap.get(cv.CAP_PROP_FOURCC))
writer = cv.VideoWriter(path_save, fourcc, fps, (width, height))
while cap.isOpened():
    ret, frame = cap.read()
    cv.imshow('video', frame)
    key = cv.waitKey(24)
    writer.write(frame)
    if key == ord('q'):
        break
cap.release()
cv.destroyAllWindows()
``` | (1) cv.VideoCapture 读取指定路径的视频,如调用摄像头,可使用 cv.VideoCapture(0) 命令;<br>(2) cap.get(cv.CAP_PROP_FRAME_WIDTH)、cap.get(cv.CAP_PROP_FRAME_HEIGHT)、cap.get(cv.CAP_PROP_FPS)、cap.get(cv.CAP_PROP_FOURCC) 分别为读取视频宽、高、帧数、编码格式;<br>(3) cv.VideoWriter 为视频写入操作,将视频写入 path_save 文件;<br>(4) cv.waitKey(24) 为延迟 24ms;<br>(5) 程序运行后,键盘响应"q"后停止 |

3.2 核 心 操 作

3.2.1 图像基本操作

彩色图像存在 B、G、R 3 个通道,OpenCV 读取图像格式为 (h,w,c),$h \in [0,256)$,$w \in [0,255)$,$c = 3$。其中,h 为图像高(相当于矩阵的行),w 为图像宽(相当于矩阵列),c 为通道数。OpenCV 读取图像尺寸应用与程序输出见表 3-6。

OpenCV 读取图像尺寸应用与程序输出 表 3-6

程序 3-6	输出	说明
| ```
import numpy as np
import cv2 as cv
path_1 = r'C:\Users\xuhui\Desktop\car_1.jpg'
path_2 = r'C:\Users\xuhui\Desktop\car_4.jpg'
img_1 = cv.imread(path_1)
img_2 = cv.imread(path_2)
print(img_1.shape, img_2.shape)
cv.imshow('image_1', img_1)
cv.imshow('image_2', img_2)
cv.waitKey(0)
cv.destroyAllWindows()
``` | (15, 15, 3) (178, 186, 3)<br> | (1) 采用 OpenCV 读取指定路径的图像,显示并存储;<br>(2) img_1 尺寸为 15×15,img_2 尺寸为 178×186,img_1 和 img_2 均为 3 通道;<br>(3) 存储格式为 $(h,w,c)$ |

分别随机生成 4×3 和 250×250 尺寸的 3 通道图像,像素值随机产生,其应用与程序输出见表 3-7。

OpenCV 随机生成特定尺寸应用与程序输出　　　　表 3-7

程序 3-7	输出	说明
| ```python
import numpy as np
import cv2 as cv

B = np.array([[1,2,3],[1,2,3],[1,2,3],
[1,2,3]], dtype='uint8')
G = np.array([[3,4,5],[3,4,5],[3,4,5],
[3,4,5]], dtype='uint8')
R = np.array([[7,8,9],[7,8,9],[7,8,9],
[7,8,9]], dtype='uint8')

img = np.dstack((B, G, R))

print(img)
print('shape = ', img.shape, 'dim = ', img.ndim)

cv.imshow('img', img)
cv.waitKey(0)
cv.destroyAllWindows()
``` | [[[1 3 7]<br>[2 4 8]<br>[3 5 9]]<br><br>[[1 3 7]<br>[2 4 8]<br>[3 5 9]]<br><br>[[1 3 7]<br>[2 4 8]<br>[3 5 9]]<br><br>[[1 3 7]<br>[2 4 8]<br>[3 5 9]]]<br><br>shape = (4, 3, 3), dim = 3 | (1)产生 4×3 尺寸的 3 通道图像;<br>(2)随机给出像素值;<br>(3)第 1 个像素值为 1、3、7,分别代表 BGR 的值;<br>(4)图像尺寸较小,计算机显示尺寸较难 |
| ```python
import numpy as np
import cv2 as cv

savepath = r'C:\Users\xuhui\Desktop'
shape = (250, 250, 3)

img = np.random.randint(0, 255, shape, dtype=np.uint8)

cv.imwrite(savepath + '\random.jpg', img)

print('shape = ', img.shape, 'dim = ', img.ndim)
cv.imshow('img', img)
cv.waitKey(0)
cv.destroyAllWindows()
``` | shape = (250, 250, 3), dim = 3 | (1)产生 250×250 尺寸的 3 通道图像;<br>(2)随机给出像素值;<br>(3)显示图像 |

随机生成 250×250 尺寸的 3 通道图像,分别读取 B、G、R 3 个通道的图像,应用与程序输出见表 3-8。

OpenCV 生成特定尺寸的 3 通道图像应用与程序输出　　　　表3-8

程序3-8	输出
| ```python
import numpy as np
import cv2 as cv

shape = (250, 250, 3)

img = np.random.randint(0, 255, shape, dtype = np.uint8)
img_B = img[:, :, 0]
img_G = img[:, :, 1]
img_R = img[:, :, 2]
img_B = img_R.reshape(250, 250, -1)
img_G = img_G.reshape(250, 250, -1)
img_R = img_B.reshape(250, 250, -1)

print('img shape = ', img.shape, 'img dim = ', img.ndim)
print('img_B shape = ', img_B.shape, 'img_B dim = ', img_B.ndim)
print('img_G shape = ', img_G.shape, 'img_G dim = ', img_G.ndim)
print('img_R shape = ', img_R.shape, 'img_R dim = ', img_R.ndim)
cv.imshow('img', img)
cv.imshow('img_B', img_B)
cv.imshow('img_G', img_G)
cv.imshow('img_R', img_R)
cv.waitKey(0)
cv.destroyAllWindows()
``` | 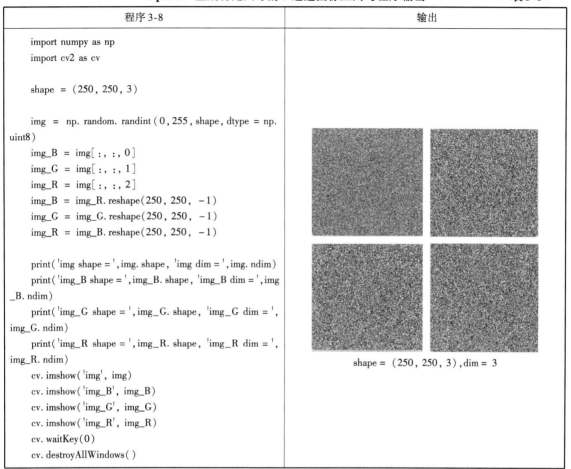<br>shape = (250, 250, 3), dim = 3 |

随机生成 250×250 尺寸的 3 通道图像，截取部分区域改变颜色，其应用与程序输出见表3-9。

截取区域改变图像颜色应用与程序输出　　　　表3-9

程序3-9	输出	说明
| ```python
import numpy as np
import cv2 as cv

shape = (250, 250, 3)

img = np.random.randint(0, 255, shape, dtype = np.uint8)
img[100:150, 100:150, :] = 255

cv.imshow('img', img)
cv.waitKey(0)
cv.destroyAllWindows()
``` | | (1) 产生 250×250 尺寸的3通道图像；<br>(2) 随机给出像素值；<br>(3) 原点坐标(0,0)在左上角，截取高宽(100:150,100:150)闭合的范围改变为白色 |

3.2.2 图像的算术运算

图像的几种算术运算,如加法、减法、按位运算等,其应用与程序输出见表3-10。

图像的算术运算　　　　　　　　　　　　　　　　　　　　表3-10

程序3-10	输出	说明
| ```python
import numpy as np
import cv2 as cv

path = r'C:\Users\xuhui\Desktop\car_4.jpg'
shape = (178, 186, 3)
img_1 = np.random.randint(0, 255, shape, dtype = np.uint8)
img_2 = cv.imread(path)
img_3 = cv.add(img_1, img_2)

cv.imshow('img_1', img_1)
cv.imshow('img_2', img_2)
cv.imshow('img_3', img_3)
cv.waitKey(0)
cv.destroyAllWindows()
``` |  | (1)产生 178 × 186 尺寸的 3 通道图像;<br>(2)随机给出像素值;<br>(3)与原图像对应像素点相加并显示 |

对比 cv.add 方法,采用按位加法计算,可知两者存在差异(相加数值大于 255),其应用与程序输出见表3-11。

图像采用按位加法计算应用与程序输出　　　　　　　　　　表3-11

程序3-11	输出	说明
| ```python
import numpy as np
import cv2 as cv

path = r'C:\Users\xuhui\Desktop\car_4.jpg'
shape = (178, 186, 3)
img_1 = np.random.randint(0, 255, shape, dtype = np.uint8)
img_2 = cv.imread(path)
img_3 = img_1 + img_2

cv.imshow('img_1', img_1)
cv.imshow('img_2', img_2)
cv.imshow('img_3', img_3)
cv.waitKey(0)
cv.destroyAllWindows()
``` |  | (1)产生 178 × 186 尺寸的 3 通道图像;<br>(2)随机给出像素值;<br>(3)与原图像对应像素点相加并显示 |

img_1 = np.random.randint(0, 255, shape, dtype = np.uint8)为外界干扰,将随机数取值范围定为[0, 20]、[0, 50]、[0, 100]、[0, 150]、[0, 200]、[0, 255],对比分析 cv.add 和按位加法,程序输出如图3-1 所示。

cv.add()	按位加法	cv.add()	按位加法
a) np.random.randint(0, 20,shape,dtype=np.uint8)		b) np.random.randint(0, 50,shape,dtype=np.uint8)	
c) np.random.randint(0, 100,shape,dtype=np.uint8)		d) np.random.randint(0, 150,shape,dtype=np.uint8)	
e) np.random.randint(0, 200,shape,dtype=np.uint8)		f) np.random.randint(0, 255,shape,dtype=np.uint8)	

图 3-1　对比分析 cv.add 和按位加法

图像混合是图像相加的另一种方式,对图像赋予不同的权重,给出混合感或透明感。不同权重图像混合应用与程序输出见表 3-12。

不同权重图像混合应用与程序输出　　　　　　　　表 3-12

程序 3-12	输出	说明
| ```python
import numpy as np
import cv2 as cv

path = r'C:\Users\xuhui\Desktop\car_4.jpg'
shape = (178, 186, 3)
img_1 = np.random.randint(0,255,shape,dtype = np.uint8)
img_2 = cv.imread(path)
dst = cv.addWeighted(img_1,0.3,img_2,0.7,0)
cv.imshow('img_1', img_1)
cv.imshow('img_2', img_2)
cv.imshow('dst', dst)
cv.waitKey(0)
cv.destroyAllWindows()
``` | 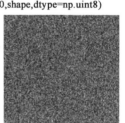 | (1) 产生 178×186 尺寸的 3 通道图像;<br>(2) 随机给出像素值;<br>(3) 与原图像对应像素点按照 0.3 和 0.7 的权重相加并显示 |
```

图像按位进行 AND、OR、NOT 和 XOR 运算。随机产生 50×50 的图像作为图表,将其加载在 1 张图像的左上角,应用与程序输出见表 3-13。

指定区域图像混合应用与程序输出 表 3-13

程序 3-13	输出	说明
| ```python
import numpy as np
import cv2 as cv

path = r'C:\Users\xuhui\Desktop\car_4.jpg'
shape = (50,50,3)
img_1 = np.random.randint(0,255,shape,dtype = np.uint8)
img_2 = cv.imread(path)

rows,cols,channels = img_1.shape
roi = img_2[0:rows,0:cols]
img_1gray = cv.cvtColor(img_1,cv.COLOR_BGR2GRAY)
ret,mask = cv.threshold(img_1gray,10,255,cv.THRESH_BINARY)
mask_inv = cv.bitwise_not(mask)
img_2_bg = cv.bitwise_and(roi,roi,mask = mask_inv)
img_1_fg = cv.bitwise_and(img_1,img_1,mask = mask)
dst = cv.add(img_2_bg,img_1_fg)
img_2[0:rows,0:cols] = dst
cv.imshow('res',img_2)
cv.waitKey(0)
cv.destroyAllWindows()
``` | | (1)产生 50×50 尺寸的 3 通道图像作为标志(logo);<br>(2)随机给出像素值;<br>(3)与原图对应像素点进行位计算,将 logo 加载在左上角;<br>(4)cv.bitwise_and 命令为按位操作。图像像素需换为二进制,两个图像同一位置像素的数值进行按位操作 1&1 = 1、1&0 = 0、0&0 = 0,再将位操作的二进制结果转换为十进制 |

3.3 图像处理

3.3.1 更改颜色空间

颜色空间是利用颜色模型基本元素形成的颜色表达空间。颜色模型为利用基本颜色元素表示颜色的数学模型,针对不同的硬件或应用领域可以采用不同的颜色模型。常见的颜色模型有 RGB(以红色、绿色和蓝色为基本颜色分量)、HSI(以色调、饱和度和强度为基本颜色分量)、CMY、HSV[HSV 色调(Hue)范围为[0,179],饱和度(Saturation)范围为[0,255],明亮度(Value)为[0,255]]等。OpenCV 采用的是 BGR 颜色模型,可以和其他颜色模型进行转换。采用 cv.cvtColor(input_image,flag)函数进行颜色转换,其中 flag 决定了转换的类型。查看 flag 值应用与程序输出见表 3-14。
```

查看 flag 值应用与程序输出　　　　　　　　　　　　　　　　表 3-14

程序 3-14	输出	说明

`import cv2 as cv`
`flags = [i for i in dir(cv) if i.startswith('COLOR_')]`
`print('falgs 有 ',len(flags),'个转换命令 ')`
`print('falgs 前 3 个命令为:',flags[0:3])`
	falgs 有 346 个转换命令
	falgs 前 10 个命令为：
	['COLOR_BAYER_BG2BGR',
	'COLOR_BAYER_BG2BGRA',
	'COLOR_BAYER_BG2BGR_EA']
		（1）OpenCV 可具有 346 个颜色空间的转换功能；
		（2）可查询颜色空间转换命令

HSV 比 BGR 在颜色空间上更容易区分颜色,HSV 颜色空间对应颜色范围的建议值见表 3-15。

HSV 颜色空间对应颜色范围的建议值　　　　　　　　　　　　表 3-15

指标	颜色									
	黑	灰	白	红		橙	黄	绿	青	蓝	紫
Hue_{min}	0	0	0	0	156	11	26	78	78	100	125
Hue_{max}	180	180	180	10	180	25	34	99	99	124	155
$Saturation_{min}$	0	0	0	43		43	43	43	43	43	43
$Saturation_{max}$	255	43	30	255		255	255	255	255	255	255
$Value_{min}$	0	46	221	46		46	46	46	46	46	46
$Value_{max}$	46	220	255	255		255	255	255	255	255	255

将 BGR 图像转化为 HSV 图像,提取感兴趣的彩色对象(本案例提取白色车身),其应用与程序输出见表 3-16。

提取感兴趣的色彩应用与程序输出　　　　　　　　　　　　表 3-16

程序 3-15	输出	说明

`import cv2 as cv`
`import numpy as np`
 	
`path = r'C:\Users\xuhui\Desktop\car_4.jpg'`
`img = cv.imread(path)`
 	
`hsv = cv.cvtColor(img, cv.COLOR_BGR2HSV)`
 	
`lower_white = np.array([0,0,221])`
`upper_white = np.array([180,30,255])`
 	
`mask = cv.inRange(hsv, lower_white, upper_white)`
 	
`res = cv.bitwise_and(image,hsv, mask = mask)`
`cv.imshow('frame',img)`
`cv.imshow('mask',mask)`
`cv.imshow('res',res)`
 	
`cv.waitKey(0)`
`cv.destroyAllWindows()`
		（1）cv.bitwise_and (src1, src2, dst = None, mask = None)调用时若无 mask 参数,则返回 src1 & src2;若存在 mask 参数,则返回 src1 & src2 & mask;
		（2）提取白色的车辆,因此第 2 张掩码图和第 3 张白色车身图外观一致;
		（3）按位的像素操作,程序运行速度较慢

3.3.2 图像的几何变换

图像的几何变换(几何变换为改变像素空间位置的图像变换方法)包括平移、旋转、仿射变换等操作。

OpenCV 使用 cv.resize( ) 函数调整图像大小,可以指定图像尺寸,也可以指定缩放比例因子,其应用与程序输出见表 3-17。

图像几何变换应用与程序输出　　　　　　　　　　　　　　表 3-17

程序 3-16	输出	说明
| ```
import cv2 as cv
import numpy as np

path    = r'C:\Users\xuhui\Desktop\car_4.jpg'
img = cv.imread(path)

img_resize = cv.resize(img,(200, 200))

cv.imshow('img',img)
cv.imshow('img_resize',img_resize)

cv.waitKey(0)
cv.destroyAllWindows()
``` | 原图像尺寸:(178, 186, 3)<br>调整后图像尺寸:(200, 200, 3) | (1)图像尺寸由 178×186 调整为 200×200;<br>(2)图像通道数保持不变 |

仿射变换(保持图像中直线和直线比例的图像几何变换方法)能够实现原图像中平行线在输出图像中仍然平行的效果。原图像和输出图像需要 3 个标定点,用以建立变换矩阵,其应用与程序输出见表 3-18。

图像仿射变换应用与程序输出　　　　　　　　　　　　　　表 3-18

程序 3-17	输出	说明
| ```
import cv2 as cv
import numpy as np

path    = r'C:\Users\xuhui\Desktop\car_4.jpg'
img = cv.imread(path)

rows,cols,ch = img.shape
pts1 = np.float32([[20,20],[100,50],[50,90]])
pts2 = np.float32([[10,50],[100,70],[60,140]])
M = cv.getAffineTransform(pts1,pts2)
dst = cv.warpAffine(img,M,(cols,rows))
cv.imshow('img',img)
cv.imshow('dst',dst)

cv.waitKey(0)
cv.destroyAllWindows()
``` |  | (1)原图像选取 3 个点,分别为[20,20]、[100,50]、[50,90],为保持标定点相对位置关系,对应输出图像中位置为[10,50]、[100,70]、[60,140],建立变换矩阵;<br>(2)根据变换矩阵,依次将原图像像素点对应至输出图像,实现仿射变换;<br>(3)按位的像素操作,程序运行速度较慢 |

透视转换需要标定变换矩阵。即使在转换之后,直线也将保持直线。原图像和输出图像需要 4 个标定点(4 点中任意 3 点不共线),用以建立变换矩阵,其应用与程序输出见表 3-19。

图像透视转换应用与程序输出　　　　　　　　　　　　　　　　表 3-19

程序 3-18	输出	说明
| ```
import cv2 as cv
import numpy as np

path  =  r'C:\Users\xuhui\Desktop\car_4.jpg'
img = cv.imread(path)

rows,cols,ch = img.shape
pts1 = np.float32([[0,0],[100,0],[100,100],
[0,100]])
pts2 = np.float32([[10,50],[100,20],[120,
130],[20,120]])
M = cv.getPerspectiveTransform(pts1,pts2)
dst = cv.warpPerspective(img,M,(cols,rows))
cv.imshow('img',img)
cv.imshow('dst',dst)

cv.waitKey(0)
cv.destroyAllWindows()
``` | | (1)原图像选取 4 个点,分别为[0,0]、[100,0]、[100,100]、[0,100],为保持标定点相对位置关系,对应输出图像中位置为[10,50]、[100,20]、[120,130]、[20,120],建立变换矩阵;<br>(2)根据变换矩阵,依次将原图像像素点对应至输出图像,实现仿射变换;<br>(3)按位的像素操作,程序运行速度较慢 |

3.3.3　图像阈值

图像阈值法包括简单阈值法、自适应阈值法以及 Otsu 阈值法等。

简单阈值法操作原理为像素值大于阈值,被赋为 1 个设定值。使用的函数是 cv.threshold,其应用与程序输出见表 3-20。

简单阈值法应用与程序输出　　　　　　　　　　　　　　　　表 3-20

程序 3-19	输出	说明
| ```
import cv2 as cv
import numpy as np
from matplotlib import pyplot as plt

path  =  r'C:\Users\xuhui\Desktop\car_4.jpg'
img = cv.imread(path)

img = img[:,:,(2,1,0)]

ret,thresh1 = cv.threshold(img,127,255,cv.THRESH_BINARY)
ret,thresh2 = cv.threshold(img,127,255,cv.THRESH_BINARY_INV)
ret,thresh3 = cv.threshold(img,127,255,cv.THRESH_TRUNC)
``` | | (1)opencv 提供了不同类型的阈值,由函数的第四个参数决定,不同的类型有:<br>cv.THRESH_BINARY<br>cv.THRESH_BINARY_INV<br>cv.THRESH_TRUNC<br>cv.THRESH_TOZERO<br>cv.THRESH_TOZERO_INV; |

续上表

程序 3-19	输出	说明

ret,thresh4 = cv.threshold(img,127,255,cv.THRESH_TOZERO)
ret,thresh5 = cv.threshold(img,127,255,cv.THRESH_TOZERO_INV)
titles = ['Original Image','BINARY','BINARY_INV','TRUNC','TOZERO','TOZERO_INV']
images = [img,thresh1,thresh2,thresh3,thresh4,thresh5]
for i in range(6):
    plt.subplot(2,3,i+1),plt.imshow(images[i],'gray')
    plt.title(titles[i])
    plt.xticks([]),plt.yticks([])
plt.show()
	TOZERO　　TOZERO-INV	(2)如原图像中像素值大于127,则被赋予255;
		(3)img = img[:,:,(2,1,0)]起到转换通道顺序的作用;
		(4)简单阈值法的原图像可为彩色图

自适应阈值法根据图像不同区域亮度分布,计算局部阈值替代全局阈值,实现像素阈值随邻域像素变化而变化,更好地区分目标和背景,其应用与程序输出见表3-21。

自适应阈值法应用与程序输出　　　　　　　　　　　　　　　表3-21

程序 3-20	输出	说明

import cv2 as cv
import numpy as np
from matplotlib import pyplot as plt
 	
path = r'C:\Users\xuhui\Desktop\car_4.jpg'
img = cv.imread(path)
 	
img = cv.cvtColor(img,cv.COLOR_BGR2RGB)
img = cv.cvtColor(img,cv.COLOR_RGB2GRAY)
 	
ret,th1 = cv.threshold(img,127,255,cv.THRESH_BINARY)
th2 = cv.adaptiveThreshold(img,255,cv.ADAPTIVE_THRESH_MEAN_C,cv.THRESH_BINARY,11,2)
th3 = cv.adaptiveThreshold(img,255,cv.ADAPTIVE_THRESH_GAUSSIAN_C,cv.THRESH_BINARY,11,2)
titles = ['Original Image','Global(v=127)','Adaptive Mean','Adaptive Gaussian']
images = [img,th1,th2,th3]
 	
for i in range(4):
    plt.subplot(2,2,i+1),plt.imshow(images[i],'gray')
    plt.title(titles[i])
    plt.xticks([]),plt.yticks([])
plt.show()
	Original Image　　Global(v=127)
	Adaptive Mean　　Adaptive Gaussian
		(1)自适应阈值法需要将原图像转换为灰度图;
		(2)全局阈值法,原图像中像素值大于127,则被赋予255;
		(3)cv.adaptiveThreshold自适应阈值法需要传入6个参数,其中后两个参数11、2分别表示范围的大小和阈值判断后的偏移量,11表示在像素点11×11范围内进行加权取平均操作,2表示平均值加偏移值2作为最终的阈值,表示范围大小的参数一般取3、5、7、9、11、13等奇数,偏移值可取正整数、负整数或者0

3.3.4 图像平滑和形态转换

图像平滑(一种以抑制噪声提升图像质量为目的图像增强方法)可以采用滤波器进行过滤,消除图像噪声、模糊,找到边缘信息,其应用与程序输出见表3-22。

图像平滑应用与程序输出　　　　　　　　　　　　　　　　　　　　　表3-22

程序3-21	输出	说明
| ```python
import cv2 as cv
import numpy as np
from matplotlib import pyplot as plt

path = r'C:\Users\xuhui\Desktop\car_4.jpg'
img = cv.imread(path)

kernel = np.ones((5,5),np.float32)/25
dst = cv.filter2D(img,-1,kernel)

plt.subplot(121),plt.imshow(img),plt.title('Original')
plt.xticks([]), plt.yticks([])
plt.subplot(122),plt.imshow(dst),plt.title('Averaging')
plt.xticks([]), plt.yticks([])
plt.show()
``` | Original<br><br>Averaging | (1) dst = cv.filter2D (src, ddepth, kernel[, dst[, anchor[, delta[, borderType]]]]);<br>(2) kernel = np.ones((5,5),np.float32)/25 为均值操作;<br>(3) plt.subplot(121) 表示1行2列图像布局中的第1张图像 |

图像模糊是通过将图像与低通滤波核卷积来实现的,可以消除噪声和模糊边缘。OpenCV主要提供均值模糊、高斯模糊、中值滤波双边滤波等4种模糊技术,形态转换包括腐蚀、膨胀、开、闭等,其应用与程序输出见表3-23。

图像模糊处理应用与程序输出　　　　　　　　　　　　　　　　　　　表3-23

程序3-22	输出	说明
| ```python
import cv2 as cv
import numpy as np
from matplotlib import pyplot as plt

path = r'C:\Users\xuhui\Desktop\car_4.jpg'
img = cv.imread(path)

blur = cv.blur(img,(5,5))
# dilation = cv.dilate(img,kernel,iterations = 1)
# opening = cv.morphologyEx(img, cv.MORPH_OPEN, kernel)
# closing = cv.morphologyEx(img, cv.MORPH_CLOSE, kernel)
# gradient = cv.morphologyEx(img, cv.MORPH_GRADIENT, kernel)
# tophat = cv.morphologyEx(img, cv.MORPH_TOPHAT, kernel)
``` | Original<br><br>Blurred | (1) blur = cv.blur (img,(5,5)) 为均值模糊;<br>(2) 膨胀:dilation = cv.dilate(img,kernel,iterations = 1)<br>开运算:opening = cv.morphologyEx(img, cv.MORPH_OPEN, kernel)<br>闭运算:closing = cv.morphologyEx(img, cv.MORPH_CLOSE, kernel) |

续上表

程序 3-22	输出	说明
# blackhat = cv.morphologyEx(img, cv.MORPH_BLACKHAT, kernel) plt.subplot(221), plt.imshow(img), plt.title('Original') plt.xticks([]), plt.yticks([]) plt.subplot(222), plt.imshow(blur), plt.title('Blurred') plt.xticks([]), plt.yticks([]) plt.show()		形态梯度:gradient = cv.morphologyEx(img, cv.MORPH_GRADIENT, kernel) 顶帽:tophat = cv.morphologyEx(img, cv.MORPH_TOPHAT, kernel) 黑帽:blackhat = cv.morphologyEx(img, cv.MORPH_BLACKHAT, kernel)

3.3.5 图像金字塔

图像金字塔可实现不同尺寸的同幅图像。例如,搜索图像的目标信息时,该目标在图像中尺度存在差异,需要创建不同尺寸的相同图像,在所有图像中搜索该目标。图像金字塔有高斯金字塔和拉普拉斯金字塔两种,其应用与程序输出见表 3-24。

图像金字塔应用与程序输出 表 3-24

程序 3-25	输出	说明

import cv2 as cv
import numpy as np
from matplotlib import pyplot as plt
 	
path = r'C:\Users\xuhui\Desktop\car_4.jpg'
img = cv.imread(path)
 	
result_1 = cv.pyrDown(img)
result_2 = cv.pyrDown(result_1)
result_3 = cv.pyrDown(result_2)
 	
titles = ['Original','result_1','result_2','result_3']
images = [img, result_1, result_2, result_3]
for i in range(4):
    plt.subplot(2,2,i+1), plt.imshow(images[i])
    plt.title(titles[i])
    plt.xticks([]), plt.yticks([])
plt.show()
	Original　　　result_1
	
	result_2　　　result_3
		(1) dst_img = cv2.pyrDown(src_img, dstsize);
		(2) 默认行和列都会变成原始图像行和列的 1/2,整幅图像的面积会变成原始图像的 1/4

3.3.6 轮廓

轮廓为连接具有相同颜色或强度的所有连续点(沿边界)的曲线,用于形状分析以及目标检测和识别。OpenCV 中轮廓为白色,背景为黑色。轮廓应用与程序输出见表 3-25。

表 3-25 轮廓应用与程序输出

程序 3-26	输出	说明
| ```
import cv2 as cv
import numpy as np
from matplotlib import pyplot as plt

path = r'C:\Users\xuhui\Desktop\car_4.jpg'
img = cv.imread(path)
img_1 = cv.imread(path)

imgray = cv.cvtColor(img_1, cv.COLOR_BGR2GRAY)
ret, thresh = cv.threshold(imgray, 127, 255, 0)
contours, hierarchy = cv.findContours(thresh, cv.RETR_TREE, cv.CHAIN_APPROX_SIMPLE)

img_2 = cv.drawContours(img_1, contours, -1, (0,255,0), 3)

titles = ['Original', 'contours']
images = [img, img_2]

for i in range(2):
    plt.subplot(1,2,i+1), plt.imshow(images[i])
    plt.title(titles[i])
    plt.xticks([]), plt.yticks([])
plt.show()
``` | Original<br>contours | (1) contours, hierarchy = cv.findContours(thresh, cv.RETR_TREE, cv.CHAIN_APPROX_SIMPLE)3 个参数,第 1 个是源图像,第 2 个是轮廓检索模式,第 3 个是轮廓逼近方法;<br>(2) cv.drawContours(img, contours, -1, (0,255,0), 3)的第 1 个参数是源图像,第 2 个参数列表类型的轮廓,第 3 个参数是轮廓索引(绘制所有轮廓,赋值-1),其余参数是颜色、厚度等 |

3.3.7 直方图

直方图是图像中色调分布的图像表示。x 轴为像素值(默认为 0~255),y 轴为对应像素值的个数。直方图不显示位置信息,仅反映图像的灰度分布规律和每个灰度级具有的像素个数,不受旋转和平移的影响。OpenCV 中直方图命令为:

cv.calcHist(images, channels, mask, histSize, ranges[, hist[, accumulate]])。

images:uint8 或 float32 类型的图像。

channels:计算直方图的通道索引。对于灰度图像,值为[0]。对于彩色图像,传递[0]、[1]或[2]分别计算蓝色、绿色或红色通道的直方图。

mask:遮罩图像。用于查找图像特定区域直方图。

histSize:表示 BIN 计数。对于全尺寸,histSize 为[256]。

ranges:默认为[0,256]。

可以采用 cv.calcHist()、matplotlib.pyplot.hist()等多种方式实现图像的直方图,采用 cv.calcHist()获取图像直方图,其应用与程序输出见表 3-26。
```

cv. calcHist( )绘制直方图应用与程序输出　　　　表 3-26

程序 3-27	输出	说明
| ```
import cv2 as cv
import numpy as np
from matplotlib import pyplot as plt

path = r'C:\Users\xuhui\Desktop\car_4.jpg'
img = cv.imread(path)

hist = cv.calcHist([img],[0],None,[256],[0,256])
plt.hist(hist, bins=[0,50,100,150,200,255])
plt.title("histogram")
plt.show()
``` | (直方图) | hist = cv.calcHist([img],[0],None,[256],[0,256])返回图像'b'通道直方图的统计数据,数据为数组形式 |

采用 Matplotlib 直方图绘图功能 matplotlib.pyplot.hist( ),其应用与程序输出见表3-27。

matplotlib.pyplot.hist( )绘制直方图应用与程序输出　　　　表 3-27

程序 3-28	输出	说明
| ```
import cv2 as cv
import numpy as np
from matplotlib import pyplot as plt

path = r'C:\Users\xuhui\Desktop\car_4.jpg'
img = cv.imread(path)

img = cv.cvtColor(img, cv.COLOR_BGR2GRAY)
plt.imshow(img)
plt.show()
plt.hist(img.ravel(), 256, [0,256])
plt.show()
``` | 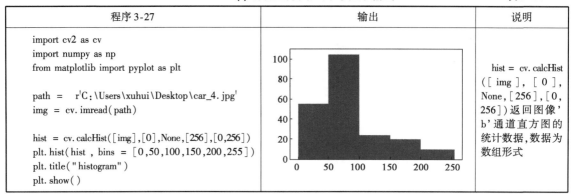 | (1)直方图需要将原图像转换为灰度图;<br>(2)img.ravel()多维数组转换为1维数组 |

采用 matplotlib 单独调用 "b" "g" "r" 通道的信息,其应用与程序输出见表3-28。

绘制直方图通道信息应用与程序输出　　　　表 3-28

程序 3-29	输出	说明
| ```
import cv2 as cv
import numpy as np
from matplotlib import pyplot as plt

path = r'C:\Users\xuhui\Desktop\car_4.jpg'
img = cv.imread(path)

color = ('b','g','r')
for i,col in enumerate(color):
    histr = cv.calcHist([img],[i],None,[256],[0,256])
    plt.plot(histr, color=col)
    plt.xlim([0,256])
plt.show()
``` | (通道直方图) | (1)enumerate( )函数迭代索引和内容;<br>(2)单独调用各通道直方图,蓝绿红曲线分别对应'b''g''r'通道 |
```

采用 cv.calcHist() 可以查找图像的直方图,通过设置 mask,查询图像特定区域的直方图,其应用与程序输出见表 3-29。

查询特定区域直方图应用与程序输出　　　　　　　　　　　　　表 3-29

程序 3-30	输出	说明
| ```python
import cv2 as cv
import numpy as np
from matplotlib import pyplot as plt

path = r'C:\Users\xuhui\Desktop\car_4.jpg'
img = cv.imread(path)
mask = np.zeros(img.shape[:2], np.uint8)
mask[50:150, 50:150] = 255
masked_img = cv.bitwise_and(img, img, mask = mask)

hist_full = cv.calcHist([img], [0], None, [256], [0,256])
hist_mask = cv.calcHist([img], [0], mask, [256], [0,256])

plt.subplot(221), plt.imshow(img, 'gray')
plt.subplot(222), plt.imshow(mask, 'gray')
plt.subplot(223), plt.imshow(masked_img, 'gray')
plt.subplot(224), plt.plot(hist_full), plt.plot(hist_mask)
plt.xlim([0,256])
plt.show()
``` | | (1) mask 区域赋值 255,即白色;<br>(2) cv.bitwise_and (img, img, mask = mask) 为位操作 |

3.3.8　模板匹配

模板匹配是利用已知子图像为模板,通过图像中移动模板并计算模板与图像中对应区域的相似性测度进行搜寻,确定搜索结果坐标位置的方法。

OpenCV 采用函数 cv.matchTemplate() 实现查找和定位功能,返回像素强度分布图,像素点数值表示该像素邻域与模板匹配的程度。存在"cv.TM_CCOEFF""cv.TM_CCOEFF_NORMED""cv.TM_CCORR""cv.TM_CCORR_NORMED""cv.TM_SQDIFF""cv.TM_SQDIFF_NORMED"等六种匹配算法。

模板应用与程序输出见表 3-30。

采用 cv.matchTemplate() 函数的"cv.TM_CCOEFF"算法进行单目标匹配,其应用与程序输出见表 3-31。

程序的 threshold 为超参数,影响目标匹配结果,如图 3-2 所示。
```

模板匹配应用与程序输出　　　　　　　　　　　　　　　　　　　　　　表3-30

程序3-31	输出	说明
| ```
import cv2 as cv
import numpy as np
from matplotlib import pyplot as plt

path_car  =   r'C:\Users\xuhui\Desktop\car_4.jpg'
path_icon =   r'C:\Users\xuhui\Desktop\car_icon.jpg'
img_car   = cv.imread(path_car)
img_icon  = cv.imread(path_icon)
print('Original size：',img_car.shape,'icon size：',img_icon.shape)
img_car_res = img_car.copy()
w, h, c     = img_icon.shape

res = cv.matchTemplate(img_car_res, img_icon, cv.TM_CCOEFF)
print('res size：',res.shape)
min_val, max_val, min_loc, max_loc = cv.minMaxLoc(res)
top_left     = max_loc
bottom_right = (top_left[0] + h, top_left[1] + w)
cv.rectangle(img_car_res, top_left, bottom_right, 255, 2)

plt.subplot(221), plt.imshow(img_car)
plt.title('Original'), plt.xticks([]), plt.yticks([])
plt.subplot(222), plt.imshow(img_icon)
plt.title('icon'), plt.xticks([]), plt.yticks([])
plt.subplot(223), plt.imshow(res)
plt.title('Matching Result'), plt.xticks([]), plt.yticks([])
plt.subplot(224), plt.imshow(img_car_res, cmap = 'gray')
plt.title('Detected Point'), plt.xticks([]), plt.yticks([])

plt.show()
``` | Original size：(178, 186, 3)<br>icon size：(89, 150, 3)<br>res size：(90, 37)<br>Original<br><br>Matching Result<br><br>icon<br><br>Detected Point<br> | （1）单目标匹配（目标为车辆）；<br>（2）匹配结果为灰度图；<br>（3）输入图像大小（$W×H$）且模板图像大小（$w×h$），则输出图像的大小为（$W-w+1$，$H-h+1$），Original size 为（178, 186, 3），icon size 为（89, 150, 3）；res size：（90, 37）。存在 $178-89+1=90$ 和 $186-150+1=37$ 的关系；<br>（4）在匹配结果中，最亮的像素点为目标的中心位置；<br>（5）像素坐标系设定为向右、向下为正向 |

cv.TM_CCOEFF算法应用与程序输出　　　　　　　　　　　　　　　　　　表3-31

程序3-32	输出	说明
| ```
import cv2 as cv
import numpy as np
from matplotlib import pyplot as plt

path_car   =   r'C:\Users\xuhui\Desktop\car_4.jpg'
path_while =   r'C:\Users\xuhui\Desktop\car_while.jpg'
img_car   = cv.imread(path_car)
img_icon  = cv.imread(path_while)
print('Original size：',img_car.shape,'icon size：',img_icon.shape)
img_car_res = img_car.copy()
w, h, c     = img_icon.shape
res = cv.matchTemplate(img_car_res, img_icon, cv.TM_CCOEFF_NORMED)
``` | Original size：(178, 186, 3)<br>icon size：(30, 17, 3)<br>res size：(149, 170)<br>Original<br>Matching Result | （1）多目标匹配（目标为车轮）；<br>（2）匹配结果为灰度图；<br>（3）输入图像大小（$W×H$）且模板图像的大小（$w×h$），则输出图像大小为（$W-w+1$，$H-h+1$），Original size 为(178, 186, 3)，icon size 为(30, 17, 3)； |

续上表

程序 3-32	输出	说明
| ```
threshold = 0.4
loc = np.where( res >= threshold)
for pt in zip( * loc[::-1]):
    cv.rectangle(img_car_res, pt,(pt[0] + h, pt[1] + w),(255),2)
plt.subplot(221), plt.imshow(img_car)
plt.title('Original'), plt.xticks([]), plt.yticks([])
plt.subplot(222), plt.imshow(img_icon)
plt.title('icon'), plt.xticks([]), plt.yticks([])
plt.subplot(223), plt.imshow(res)
plt.title('Matching Result'), plt.xticks([]), plt.yticks([])
plt.subplot(224), plt.imshow(img_car_res, cmap='gray')
plt.title('Detected Point'), plt.xticks([]), plt.yticks([])

plt.show()
``` | icon<br><br>Detected Point | (4) res size 为(149, 170),存在 178 - 30 + 1 = 149 和 186 - 17 + 1 = 170 的关系;<br>(5) 在匹配结果中, res 为像素的相关性;<br>(6) 像素坐标系设定为向右、向下为正向;<br>(7) 相邻像素点生成多个匹配框,未进行极大值抑制;<br>(8) threshold = 0.4 为超参数,影响目标匹配结果 |

图 3-2 超参数影响目标匹配结果

3.3.9 霍夫线变换与圆变换

1) 霍夫线变换

噪声和光照影响边缘检测,霍夫线变换能检测出边缘断续点并连接成边缘线,采用函数 cv.HoughLines()实现直线检测,其应用与程序输出见表 3-32。
```

霍夫线变换应用与程序输出　　　　　　　　　　　　　　　　　　　　　　　　表 3-32

程序 3-33	输出	说明
| ```python
import cv2 as cv
import numpy as np
from matplotlib import pyplot as plt

path = r'C:\Users\xuhui\Desktop\car_4.jpg'
img = cv.imread(path)
gray = cv.cvtColor(img,cv.COLOR_BGR2GRAY)
edges = cv.Canny(gray,200,240,apertureSize = 3)

lines = cv.HoughLines(edges,2,np.pi/180,100)
print(type(lines))
for line in lines:
    rho,theta = line[0]
    a = np.cos(theta)
    b = np.sin(theta)
    x0 = a * rho
    y0 = b * rho
    x1 = int(x0 + 1000 * (-b))
    y1 = int(y0 + 1000 * (a))
    x2 = int(x0 - 1000 * (-b))
    y2 = int(y0 - 1000 * (a))
    cv.line(img,(x1,y1),(x2,y2),(255),2)

plt.subplot(121),plt.imshow(edges)
plt.title('edges'),plt.xticks([]),plt.yticks([])
plt.subplot(122),plt.imshow(img)
plt.title('houghlines3'),plt.xticks([]),plt.yticks([])

plt.show()
``` | <br> | （1）cv.HoughLines(image, rho, theta, threshold[, lines[, srn[, stn[, min_theta[, max_theta]]]]]);<br>　image：使用canny边缘检测图像<br>　rho：像素距离精度，推荐1.0<br>　theta：弧度角度精度，推荐numpy.pi/180<br>　threshold：阈值参数，推荐100<br>（2）霍夫变换配合边缘检测（cv.Canny）使用；<br>（3）cv.HoughLines 参数 rho、theta、threshold[, lines[, srn[, stn[, min_theta[, max_theta]]]]]均为超参数，影响识别结果 |

采用函数 cv.HoughLinesP( ) 实现渐进概率霍夫线变换，其应用与程序输出见表 3-33。

渐进概率霍夫线变换应用与程序输出　　　　　　　　　　　　　　　　　　　表 3-33

程序 3-34	输出	说明
| ```python
import cv2 as cv
import numpy as np
from matplotlib import pyplot as plt

path = r'C:\Users\xuhui\Desktop\car_4.jpg'
img = cv.imread(path)

gray = cv.cvtColor(img,cv.COLOR_BGR2GRAY)
edges = cv.Canny(gray,200,250,apertureSize = 3)
lines = cv.HoughLinesP(edges,2,np.pi/180,80,minLineLength = 50,maxLineGap = 5)
for line in lines:
    x1,y1,x2,y2 = line[0]
    cv.line(img,(x1,y1),(x2,y2),(255),2)
``` | <br> | HoughLinesP(image, rho, theta, threshold, lines=None, minLineLength=None, maxLineGap=None)<br>　image：使用canny边缘检测图像<br>　rho：像素距离精度，推荐1.0<br>　theta：弧度角度精度，推荐numpy.pi/180 |

续上表

程序 3-34	输出	说明
plt. subplot(121), plt. imshow(edges) plt. title('edges'), plt. xticks([]), plt. yticks([]) plt. subplot(122), plt. imshow(img) plt. title('houghlines3'), plt. xticks([]), plt. yticks([]) plt. show()		threshod：阈值参数，推荐100 lines：可忽略 minLineLength：像素单位最小长度 maxLineGap：最大允许间隔

2）霍夫圆变换

霍夫圆变换是将二维图像空间圆转换为该圆半径、圆心横纵坐标所确定的三维参数空间中点的过程，采用函数 cv. HoughCircles() 实现霍夫圆变换检测，其应用与程序输出见表 3-34。

霍夫圆变换应用与程序输出 表 3-34

程序 3-35	输出	说明
| ```
import cv2 as cv
import numpy as np
from matplotlib import pyplot as plt

path = r'C:\Users\xuhui\Desktop\car_4.jpg'
img = cv.imread(path)

gray = cv.cvtColor(img,cv.COLOR_BGR2GRAY)
edges = cv.Canny(gray,200,240,apertureSize = 3)

img = cv.imread(path, 0)
img_1 = cv.medianBlur(img,5)
cimg = cv.cvtColor(img_1,cv.COLOR_GRAY2BGR)
circles = cv.HoughCircles(img_1,cv.HOUGH_GRADIENT,1,20,
    param1 = 100,param2 = 30,minRadius = 0,maxRadius = 55)
circles = np.uint16(np.around(circles))
for i in circles[0,:]:
    cv.circle(cimg,(i[0],i[1]),i[2],(0,255,0),2)
    cv.circle(cimg,(i[0],i[1]),2,(0,0,255),3)
plt.subplot(121),plt.imshow(edges)
plt.title('edges'), plt.xticks([]), plt.yticks([])
plt.subplot(122),plt.imshow(cimg)
plt.title('cimg'), plt.xticks([]), plt.yticks([])
plt.show()
``` | edges<br><br>cimg | cv2.HoughCircles(image, method, dp, minDist, circles, param1, param2, minRadius, maxRadius)<br>image：使用canny边缘检测图像<br>method：CV_HOUGH_GRADIENT<br>dp：默认 dp = 1<br>minDist：圆心间最小像素距离<br>param1：默认值为100<br>param2：默认值为100，值越大，对目标圆的要求越高<br>minRadius：默认值为0，检测最小圆半径<br>maxRadius：默认值为0，检测最大圆半径 |
```

3.4 特征检测和匹配

3.4.1 角点检测

图像角点是图像中局部邻域内存在两个显著主方向的像素点,角点检测存在 Harris、Shi-Tomasi、SIFT、FAST 和 ORB 等方法。

图像中角点存在各向像素强度变化较大的特性,采用 Harris 角点探测器,将窗口向各方向位移一段距离,然后计算滑动前后像素强度差异的总和,其应用与程序输出见表 3-35。

角点检测应用与程序输出　　　　　　　　　　　　　　　　　　　　表 3-35

程序 3-36	输出	说明
| ```python
import cv2 as cv
import numpy as np
from matplotlib import pyplot as plt

path = r'C:\Users\xuhui\Desktop\car_4.jpg'
img = cv.imread(path)

gray = cv.cvtColor(img,cv.COLOR_BGR2GRAY)
gray = np.float32(gray)
dst = cv.cornerHarris(gray,2,3,0.04)
dst = cv.dilate(dst,None)

img[dst>0.01*dst.max()]=[0,0,255]

cv.imshow('dst',img)
if cv.waitKey(0)&0xff==27:
    cv.destroyAllWindows()
``` | | (1) dst = cv.cornerHarris(src, blockSize, ksize, k[, dst[, borderType]]);<br>　src:float32 数据类型的灰度图像<br>　blockSize:卷积框<br>　ksize-Sobel:求导 sobel 算子<br>　k - Harris:响应参数,取值范围为[0,04,0.06];<br>(2) dst 为 R 值构成的灰度图像 |

Shi-Tomasi 角点检测可实现在图像中找到 n 个最佳的角点,在图像中找出 10 个角点,其应用与程序输出见表 3-36。

特征角点检测应用与程序输出　　　　　　　　　　　　　　　　　　表 3-36

程序 3-37	输出	说明
| ```python
import cv2 as cv
import numpy as np
from matplotlib import pyplot as plt

path = r'C:\Users\xuhui\Desktop\car_4.jpg'
img = cv.imread(path)

gray = cv.cvtColor(img,cv.COLOR_BGR2GRAY)
corners = cv.goodFeaturesToTrack(gray,10,0.01,10)
corners = np.int0(corners)
``` | | corners = cv.goodFeaturesToTrack (image, maxCorners, qualityLevel, minDistance[, corners[, mask[, blockSize[, useHarrisDetector[, k]]]]])<br>　image:float32 数据类型的灰度图像<br>　maxCorners:角点数目最大值,如果实际检测的角点超过此值,则只返回前 maxCorners 个强角点 |

续上表

程序 3-37	输出	说明
| ```
for i in corners:
    x,y = i.ravel()
    cv.circle(img,(x,y),3,255,-1)
plt.imshow(img)
plt.xticks([]), plt.yticks([])
plt.show()
``` | | qualityLevel：角点的品质因子<br>minDistance：角点最小距离<br>mask：蒙版<br>blockSize：协方差矩阵窗口<br>useHarrisDetector：默认采用 shi-tomasi 焦点检测，可指定 Harris 角点检测 |

SIFT 具有尺度不变特征，可在图像中检测出关键点，是局部特征描述子，其应用与程序输出见表 3-37。

SIFT 角点检测应用与程序输出　　　　　　　　　　　　　表 3-37

程序 3-38	输出	说明
| ```
import cv2 as cv
import numpy as np
from matplotlib import pyplot as plt

path = r'C:\Users\xuhui\Desktop\car_4.jpg'
img_1 = cv.imread(path)
img_2 = cv.imread(path)

gray_1 = cv.cvtColor(img_1,cv.COLOR_BGR2GRAY)
gray_2 = cv.cvtColor(img_2,cv.COLOR_BGR2GRAY)
sift = cv.xfeatures2d.SIFT_create()
kp_1 = sift.detect(gray_1,None)
kp_2 = sift.detect(gray_2,None)

img_point = cv.drawKeypoints(gray_1,kp_1,img_1)
img_circle = cv.drawKeypoints(gray_2,kp_2,img_2,
flags=cv.DRAW_MATCHES_FLAGS_DRAW_RICH_KEYPOINTS)

plt.subplot(1,2,1),plt.imshow(img_point)
plt.xticks([]), plt.yticks([])
plt.subplot(1,2,2),plt.imshow(img_circle)
plt.xticks([]), plt.yticks([])
plt.show()
``` | | （1）img = cv.drawKeypoints(gray, kp, img, flags=cv.DRAW_MATCHES_FLAGS_DRAW_RICH_KEYPOINTS); flags = cv.DRAW_MATCHES_FLAGS_DRAW_RICH_KEYPOINTS 为可选参数，绘制特征点大小和方向；<br>（2）特征点检测后可实现图像匹配 |

FAST 使用一定邻域内像元的灰度值与中心点比较大小去判断是否为一个角点，不涉及尺度、梯度等复杂运算，运行速度较快，不具有方向性和尺度不变性，其应用与程序输出见表 3-38。

FAST 角点检测应用与程序输出　　　　　　　　　　　　表 3-38

程序 3-39	输出	说明
| ```python
import cv2 as cv
import numpy as np
from matplotlib import pyplot as plt

path = r'C:\Users\xuhui\Desktop\car_4.jpg'
img = cv.imread(path)
img_1 = cv.imread(path)

fast = cv.FastFeatureDetector_create()

kp = fast.detect(img, None)
img_2 = cv.drawKeypoints(img, kp, None, color=(255,0,0))

print("Threshold: {}".format(fast.getThreshold()))
print("nonmaxSuppression: {}".format(fast.getNonmaxSuppression()))
print("neighborhood: {}".format(fast.getType()))
print(" Total Keypoints with nonmaxSuppression: {}".format(len(kp)))

fast.setNonmaxSuppression(0)
kp_1 = fast.detect(img_1, None)
img_3 = cv.drawKeypoints(img_1, kp_1, None, color=(255,0,0))

print("Threshold: {}".format(fast.getThreshold()))
print("nonmaxSuppression: {}".format(fast.getNonmaxSuppression()))
print("neighborhood: {}".format(fast.getType()))
print(" Total Keypoints with nonmaxSuppression: {}".format(len(kp)))

plt.subplot(1,2,1), plt.imshow(img_2)
plt.title('nmaxSuppression'), plt.xticks([]), plt.yticks([])
plt.subplot(1,2,2), plt.imshow(img_3)
plt.title('nonmaxSuppression'), plt.xticks([]), plt.yticks([])
plt.show()
``` | Threshold: 10<br>nonmaxSuppression: True<br>neighborhood: 2<br>Total Keypoints with nonmax-Suppression: 909<br><br>Threshold: 10<br>nonmaxSuppression: False<br>neighborhood: 2<br>Total Keypoints with nonmax-Suppression: 909<br><br>nmaxSuppression<br><br><br>nonmaxSuppression<br>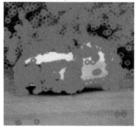 | （1）cv.FastFeatureDetector_create([, threshold[, nonmaxSuppression[, type]]])：创建 FAST 检测器；<br>（2）retval = cv.FastFeatureDetector.getNonmaxSuppression()：返回布尔型，是否使用非极大值抑制；<br>（3）cv.FastFeatureDetector.getThreshold()：返回阈值；<br>（4）cv.FastFeatureDetector.setNonmaxSuppression(f)：设定非极大值抑制 bool 型；<br>（5）cv.FastFeatureDetector.setThreshold(threshold)：设定阈值 |
```

ORB 是 FAST 和 Brief 的融合,并增强了性能,其应用与程序输出见表 3-39。

ORB 角点检测应用与程序输出　　　　　表 3-39

程序 2-40	输出	说明

``python
import cv2 as cv
import numpy as np
from matplotlib import pyplot as plt
 	
path = r'C:\Users\xuhui\Desktop\car_4.jpg'
img = cv.imread(path)
 	
orb = cv.ORB_create()
kp = orb.detect(img, None)
kp, des = orb.compute(img, kp)
img2 = cv.drawKeypoints(img, kp, None, color=(0,255,0), flags=0)
 	
plt.subplot(1,2,1), plt.imshow(img)
plt.title('Original'), plt.xticks([]), plt.yticks([])
plt.subplot(1,2,2), plt.imshow(img_2)
plt.title('ORB'), plt.xticks([]), plt.yticks([])
plt.show()
``
	Original
	
	ORB
		cv.ORB_create([, nfeatures[, scaleFactor[, nlevels[, edgeThreshold[, firstLevel[, WTA_K[, scoreType[, patchSize[, fastThreshold]]]]]]]]])
		int nfeatures = 500,
		float scaleFactor = 1.2f,
		int nlevels = 8,
		int edgeThreshold = 31,
		int firstLevel = 0,
		int WTA_K = 2,
		ORB::ScoreType scoreType = ORB::HARRIS_SCORE,
		int patchSize = 31,
		int fastThreshold = 20

3.4.2 特征匹配

特征匹配是指通过分别提取两个或多个图像的特征(点、线、面等特征),对特征进行参数描述,然后运用所描述的参数来进行匹配的一种算法。基于特征的匹配所处理的图像一般包含的特征有颜色特征、纹理特征、形状特征、空间位置特征等。

OpenCV 的蛮力匹配采用图像特征点描述子,与匹配图像的所有特征点计算距离,返回距离最近的特征点作为匹配点,其应用与程序输出见表 3-40。

相同图像特征匹配应用与程序输出　　　　　表 3-40

程序 3-41	输出	说明

``python
import cv2 as cv
import numpy as np
from matplotlib import pyplot as plt
 	
path = r'C:\Users\xuhui\Desktop\car_4.jpg'
img_1 = cv.imread(path)
img_2 = cv.imread(path)
orb = cv.ORB_create()
kp1, des1 = orb.detectAndCompute(img_1, None)
kp2, des2 = orb.detectAndCompute(img_2, None)
``
		(1) cv.BFMatcher([, normType[, crossCheck]])
		　int normType = NORM_L2,
		　bool crossCheck = false;
		(2) 匹配前 50 个特征点;
		(3) 相同图像匹配

续上表

程序 3-41	输出	说明
bf = cv. BFMatcher(cv. NORM_HAMMING, crossCheck = True) matches = bf. match(des1,des2) matches = sorted(matches, key = lambda x:x. distance) img_match = cv. drawMatches(img_1,kp1,img_2, kp2,matches[:50], None, flags = 2) plt. imshow(img_match) plt. xticks([ ]), plt. yticks([ ]) plt. show( )		

不同图像匹配,其应用与程序输出见表 3-41。

不同图像特征匹配应用与程序输出 表 3-41

程序 3-42	输出	说明

import cv2 as cv
import numpy as np
from matplotlib import pyplot as plt
 	
path = r'C:\Users\xuhui\Desktop\car_4.jpg'
img_1 = cv. imread(path)
img_2 = cv. imread(path)
rows,cols,ch = img_2. shape
pts1 = np. float32([[20,20], [100,50], [50,90]])
pts2 = np. float32([[10,50], [100,70], [60,140]])
M = cv. getAffineTransform(pts1,pts2)
dst = cv. warpAffine(img_2, M, (cols, rows))
 	
orb = cv. ORB_create( )
kp1, des1 = orb. detectAndCompute(img_1,None)
kp2, des2 = orb. detectAndCompute(dst, None)
bf = cv. BFMatcher(cv. NORM_HAMMING, crossCheck = True)
matches = bf. match(des1,des2)
matches = sorted(matches, key = lambda x:x. distance)
img_match = cv. drawMatches(img_1, kp1,dst,kp2,matches[:50], None, flags = 2)
plt. imshow(img_match)
plt. xticks([ ]), plt. yticks([ ])
plt. show( )
	cv.drawMatches(img_1,kpl,dst,kp2,matches[:1],None,flags=2)
	
	cv.drawMatches(img_1,kpl,dst,kp2,matches[:10],None,flags=2)
	
	cv.drawMatches(img_1,kpl,dst,kp2,matches[:50],None,flags=2)
		(1) cv. BFMatcher([, normType[, crossCheck]])
		    int normType = NORM_L2,
		    bool crossCheck = false;
		(2)匹配前 1、10、50 个特征点;
		(3)不同图像匹配

联合使用 calib3d 模块的特征匹配和 findHomography 来查找复杂图像中的已知对象,其应用与程序输出见表 3-42。

图像特征匹配(calib3d 和 findHomography)应用与程序输出　　　表 3-42

程序	输出	说明
| ```python
import cv2 as cv
import numpy as np
from matplotlib import pyplot as plt

MIN_MATCH_COUNT = 10
path_1 = r'C:\Users\xuhui\Desktop\car_4.jpg'
path_2 = r'C:\Users\xuhui\Desktop\car_4.jpg'
img1 = cv.imread(path_1)
img2 = cv.imread(path_2)

sift = cv.xfeatures2d.SIFT_create()

kp1, des1 = sift.detectAndCompute(img1, None)
kp2, des2 = sift.detectAndCompute(img2, None)
FLANN_INDEX_KDTREE = 1
index_params = dict(algorithm = FLANN_INDEX_KDTREE, trees = 5)
search_params = dict(checks = 50)
flann = cv.FlannBasedMatcher(index_params, search_params)
matches = flann.knnMatch(des1, des2, k=2)

good = []
for m,n in matches:
    if m.distance < 0.7 * n.distance:
        good.append(m)
if len(good) > MIN_MATCH_COUNT:
    src_pts = np.float32([ kp1[m.queryIdx].pt for m in good ]).reshape(-1,1,2)
    dst_pts = np.float32([ kp2[m.trainIdx].pt for m in good ]).reshape(-1,1,2)
    M, mask = cv.findHomography(src_pts, dst_pts, cv.RANSAC, 5.0)
    matchesMask = mask.ravel().tolist()
    h,w,c = img1.shape
    pts = np.float32([[0,0],[0,h-1],[w-1,h-1],[w-1,0]]).reshape(-1,1,2)
    dst = cv.perspectiveTransform(pts, M)
    img2 = cv.polylines(img2, [np.int32(dst)], True, 255, 3, cv.LINE_AA)
else:
    print("Not enough matches are found - {}/{}".format(len(good), MIN_MATCH_COUNT))
    matchesMask = None

draw_params = dict(matchColor = (0,255,0), singlePointColor = None, matchesMask = matchesMask, flags = 2)
``` | path=r'C:\Users\xuhui\Desktop\car_4.jpg'<br>img1=cv.imread(path)<br>img2=cv.imread(path)<br><br>path_1=r'C:\Users\xuhui\Desktop\car_4.jpg'<br>path_2=r'C:\Users\xuhui\Desktop\car_icon.jpg'<br>img1=cv.imread(path_1)<br>img2=cv.imread(path_2)<br><br>path_1=r'C:\Users\xuhui\Desktop\car_4.jpg'<br>path_2=r'C:\Users\xuhui\Desktop\car_while.jpg'<br>img1=cv.imread(path_1)<br>img2=cv.imread(path_2) | 分别匹配原图、车辆和轮子 |
```

续上表

程序	输出	说明
img3 = cv. drawMatches (img1, kp1, img2, kp2, good, None, * * draw_params) plt. imshow(img3, 'gray') plt. xticks([ ]), plt. yticks([ ]) plt. show( )		

3.5 相机校准与坐标系转换

3.5.1 坐标系转换

相机的成像过程是将一个三维物理世界上的物体转化为图像,这实际上也是一个坐标系转换的过程,如图3-3所示。其中,$O_W - X_W Y_W Z_W$坐标系是世界坐标系;$O_C - X_C Y_C Z_C$坐标系是相机坐标系,以相机光心为原点;$O - xy$坐标系是图像坐标系,以成像平面的中心为原点;$O_p - uv$坐标系是像素坐标系,以成像平面的左上角顶点为原点。

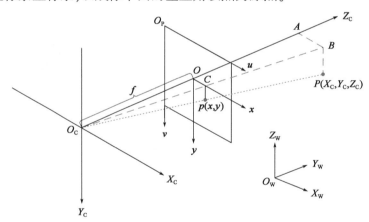

图3-3 相机成像原理

1) 世界坐标系转换为相机坐标系

世界坐标系是对三维世界中存在的运动物体和相机进行实际位置描述的坐标系,坐标用(X_W, Y_W, Z_W)表示。相机坐标系以相机光心为原点,坐标用(X_C, Y_C, Z_C)表示。世界坐标系和摄像机坐标系二者转换时,一般选取旋转矩阵 $\boldsymbol{R}$、平移向量 $\boldsymbol{T}$ 来对其进行表示。两坐标系的转换关系如式(3-1)所示:

$$\begin{bmatrix} X_C \\ Y_C \\ Z_C \\ 1 \end{bmatrix} = \begin{bmatrix} \boldsymbol{R} & \boldsymbol{T} \\ \boldsymbol{O} & 1 \end{bmatrix} \begin{bmatrix} X_W \\ Y_W \\ Z_W \\ 1 \end{bmatrix} \tag{3-1}$$

式中：R——3×3 单位正交矩阵；

T——一个三维的平移向量，即 $T=(t_1,t_2,t_3)^{\mathrm{T}}$，$O$ 表示 $(0,0,0)$。

2) 相机坐标系转换为图像坐标系

图像坐标系是在图像的平面内，把二维图像作为基准而建立的坐标系，坐标用 (x,y) 表示。该转换过程是三维坐标到二维坐标的变换，以表示物体投影在图像中的具体位置。

由图 3-3 可知，相机坐标系中点 $P(X_{\mathrm{C}},Y_{\mathrm{C}},Z_{\mathrm{C}})$，经过透视变换投影到图像坐标系中点 $p(x,y)$，相机光心 O_{C} 到图像坐标系原点 O 的距离 f 为焦距，则由相似三角形原理可得式(3-2)：

$$\begin{cases} x = \dfrac{f}{Z_{\mathrm{C}}} X_{\mathrm{C}} \\ y = \dfrac{f}{Z_{\mathrm{C}}} Y_{\mathrm{C}} \end{cases} \tag{3-2}$$

将上式用矩阵形式表示为式(3-3)：

$$Z_{\mathrm{C}} \begin{bmatrix} x \\ y \\ 1 \end{bmatrix} = \begin{bmatrix} f & 0 & 0 & 0 \\ 0 & f & 0 & 0 \\ 0 & 0 & 1 & 0 \end{bmatrix} \begin{bmatrix} X_{\mathrm{C}} \\ Y_{\mathrm{C}} \\ Z_{\mathrm{C}} \\ 1 \end{bmatrix} \tag{3-3}$$

3) 图像坐标系转换为像素坐标系

由图 3-3 可知，像素坐标系与图像坐标系位于同一平面，坐标用 (u,v) 表示。假设图像坐标系原点在像素坐标系中的坐标为 (u_0,v_0)，单位像素在图像坐标系下的垂直、水平变化率为 $\mathrm{d}y$、$\mathrm{d}x$，分别代表 y、x 轴方向上单位像素的物理长度。则该转换过程式如式(3-4)所示：

$$\begin{cases} u = \dfrac{x}{\mathrm{d}x} + u_0 \\ v = \dfrac{y}{\mathrm{d}y} + v_0 \end{cases} \tag{3-4}$$

将式(3-4)用矩阵形式表示：

$$\begin{bmatrix} u \\ v \\ 1 \end{bmatrix} = \begin{bmatrix} 1/\mathrm{d}x & 0 & u_0 \\ 0 & 1/\mathrm{d}y & v_0 \\ 0 & 0 & 1 \end{bmatrix} \begin{bmatrix} x \\ y \\ 1 \end{bmatrix} \tag{3-5}$$

4) 相机坐标系转换为世界坐标系

联合式(3-1)~式(3-5)，可得像素坐标系一点 (u,v) 转换到世界坐标系一点 $(X_{\mathrm{W}},Y_{\mathrm{W}},Z_{\mathrm{W}})$ 的式(3-6)：

$$\begin{bmatrix} u \\ v \\ 1 \end{bmatrix} = \frac{1}{Z_{\mathrm{C}}} \begin{bmatrix} f_x & 0 & u_0 & 0 \\ 0 & f_y & v_0 & 0 \\ 0 & 0 & 1 & 0 \end{bmatrix} \begin{bmatrix} R & T \\ O & 1 \end{bmatrix} \begin{bmatrix} X_{\mathrm{W}} \\ Y_{\mathrm{W}} \\ Z_{\mathrm{W}} \\ 1 \end{bmatrix} = \frac{1}{Z_{\mathrm{C}}} A_1 A_2 \begin{bmatrix} X_{\mathrm{W}} \\ Y_{\mathrm{W}} \\ Z_{\mathrm{W}} \\ 1 \end{bmatrix} \tag{3-6}$$

式中：$f_x = f/\mathrm{d}x$，$f_y = f/\mathrm{d}y$；

A_1——相机内参矩阵，其为固定参数，由相机内部结构决定；

A_2——相机外参矩阵，由旋转矩阵 R 和平移向量 T 构成，与相机的安装及所处的位置有关。

3.5.2 非线性模型

理想情况下,相机成像过程遵循针孔模型,该过程属于线性变换,即直线经过投影仍然保持直线特性。然而,相机因为安装方式、相机材料以及投影光线等影响,相机拍摄的图像会发生一定程度的非线性失真,这种失真对于图像的成像质量非常不利,会导致三维世界中的物体在二维成像平面上的投影产生严重的扭曲。

目前来讲,摄像机在成像过程中的镜头畸变主要可以分为三类:薄棱镜畸变、径向畸变和切向畸变。薄棱镜畸变产生的原因则是在安装过程中的一些不当行为导致的,比较细微,因此可以忽略不计;径向畸变是沿着透镜半径方向所发生的畸变,它产生的原因是光线在远离透镜中心的位置比靠近中心的地方更加弯曲,这类畸变对图像的成像效果影响最大,径向畸变又分为桶形畸变和枕形畸变两种;切向畸变产生的原因是透镜本身与图像平面不平行,多数情况下是因为透镜的安装偏差导致。

3.5.3 相机校准

相机的标定无论在单目还是双目视觉领域都有相当重要的作用。标定是为了获取相机的内参、外参及畸变参数,从而对相机进行畸变校正及算法匹配,进而计算出物理目标的三维坐标信息。无论是在图像测量过程中还是在机器视觉应用中,相机参数的标定都是非常关键的环节,其标定结果的精度及算法的稳定性直接影响相机工作产生结果的准确性。因此,做好相机标定是做好后续工作的前提,提高标定精度是提高测量精度的重点所在。相机标定方法大致可以分为三类:传统相机标定方法、主动视觉相机标定方法和相机自标定方法。

1) 传统相机标定方法

该方法需要提前准备形状或尺寸固定的标定物,然后找到标定物上已知点及其图像点,通过建立标定物上坐标已知的点与其图像点之间的对应关系,再借助数学几何变换和相关计算,最终获得相机模型的内外参数。其优点在于标定精度高、适用范围广,可用于所有相机模型;缺点是标定的过程比较复杂,需要高精度的标定物及其信息,同时在实际应用中,很多情况下无法使用标定物,所以对外部条件有一定的要求,限制了标定方法的应用。

2) 主动视觉相机标定方法

该方法通过主动系统控制相机做提前设计好的动作,得到相机的运动状态,使得相机以特定运动方式来获取多组图像,依据运动状态和相应位移变化求解相机内外参数。该方法通常可以线性求解,鲁棒性比较强,但是实验条件要求高,需要准备精准的控制平台,成本较高,且不能用于相机运动信息未知的场合。

3) 相机自标定方法

相机自标定法不依赖于外界参考物,通过调整相机位置对同一物体进行拍摄,再根据多幅图像中特征点或特征线之间的对应关系来计算相机内外参数。其优点在于不需要高精度的标定物,灵活方便,计算量小;缺点是该标定方法是基于绝对二次曲线或曲面的方法,是非线性标定方法,且鲁棒性不强。

第4章 神经网络与深度学习

4.1 概 述

神经网络是由一层或多层神经元组成的网络,通过权值可调的加权连接,达到接收输入数据并产生输出的功能。深度学习是通过训练具有多隐层的神经网络创建丰富层次表示的方法。

神经网络和深度学习均为机器学习的分支,深度学习是多层的神经网络。深度学习已经历了三次发展浪潮:20世纪40年代到60年代深度学习的雏形出现在控制论(cybernetics);20世纪80年代到90年代深度学习表现为联结主义(connectionism);2006年被称为人工智能的元年,在这一年里,不仅有AlphaGo与李世石的围棋对决这样的大事件,还涌现出很多基于机器学习和深度学习的产品和解决方案。

深度学习是在人工神经网络基础上发展来的表示学习方法,通过构建多层表示学习结构,组合原始数据中的简单特征,从而得到更高层、抽象的表示。在过去几十年的发展中,深度学习大量借鉴了关于人脑、统计学和应用数学的知识。近年来,得益于更强大的计算机、更大的数据集和能够训练更深网络的技术,深度学习的普及性和实用性都有了极大的发展。未来几年充满了进一步发展深度学习并将它带到新领域的挑战和机遇。在若干测试和竞赛上,尤其是涉及语音、图像等复杂对象的应用中,深度学习技术展现了优越性能。以往机器学习技术在应用中要取得好性能,对使用者的要求较高;而深度学习技术涉及的模型复杂度非常高,以至于只要下功夫"调参",把参数调节好,性能往往就好。因此,深度学习虽缺乏严格的理论基础,但显著降低了机器学习应用者的门槛,为机器学习技术走向工程实践带来了便利。

4.2 神 经 网 络

4.2.1 神经元和感知机

1) 神经元模型

关于神经网络(neural networks)方面的研究很早就已出现,"神经网络"是一个相当大的、多学科交叉的学科领域。各相关学科对神经网络的定义多种多样,采用目前使用得最广泛的一种,即"神经网络是由具有适应性的简单单元组成的广泛并行互联的网络,它的组织能够模拟生物神经系统对真实世界物体所作出的交互反应"。

神经网络中最基本的成分是神经元(neuron)模型,即上述定义中的"简单单元"。在生物神经网络中,每个神经元与其他神经元相连,当它"兴奋"时,就会向相连的神经元发送化学物质,从而改变这些神经元内的电位;如果某神经元的电位超过了一个"阈值"(threshold),那么它就会被激活,即"兴奋"起来,向其他神经元发送化学物质。1943 年,McCulloch and Pitts 提出神经元模型,这就是一直沿用至今的"M-P 神经元模型"。在这个模型中,神经元接收到来自 n 个其他神经元传递过来的输入信号,这些输入信号通过带权重的连接(connection)进行传递,神经元接收到的总输入值与神经元的阈值进行比较,然后通过"激活函数"(activation function)处理产生神经元的输出。M-P 神经元模型如图 4-1 所示。

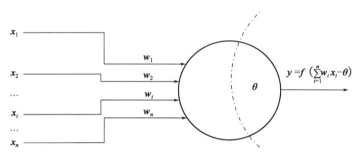

图 4-1　M-P 神经元模型

神经元模型输入为 $X=\{x_1,x_2,\cdots,x_i,\cdots,x_n\}$,神经元模型对应的权重为 $W=\{w_1,w_2,\cdots,w_i,\cdots,w_n\}$,传递计算见式(4-1)。

$$y = f(\sum_{i=1}^{n} w_i x_i - \theta) \tag{4-1}$$

神经元(节点)是神经网络的基本单元(可直观理解为神经网络中特征层 feature map 上的像素)。连接的作用是将不同层或同层的神经元进行连接,连接的方式是通过权重值,网络训练的目的也是通过修改这些连接的权重值来减小训练误差。权重 W(系数,在与其他输入值结合前,乘以神经元的输入值)表示不同单元连接的强度,偏置 θ(阈值,基于参考值的系统性偏差)为神经元的额外输入,有独立的连接权重。θ 的存在保证了即使神经元没有输入(输入全部为 0),和它连接的神经元仍然有激活值。激活函数 $f(x)$ 的作用是为神经元引入非线性部分,将神经元的输出值压缩在一个较小的范围。

2) 感知机

感知机由两层神经元组成,输入层接收外界输入信号后传递给输出层,输出层是 M-P 神经元,亦称"阈值逻辑单元",图 4-2 为两个输入神经元的感知机网络结构。感知机能容易地实现逻辑与、或、非运算,计算过程见表 4-1。如果激活函数为阶跃函数 $f(x)=\text{sgn}(x)$,则计算公式如式(4-2)所示。

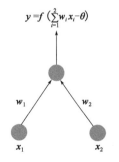

图 4-2　两个输入神经元的感知机网络结构示意图

感知机实现逻辑与、或、非运算　　　表 4-1

x_1	x_2	w_1	w_2	θ	$y=f(\sum_{i=1}^{2}w_ix_i-\theta)$	实现逻辑
1	1	1	1	2	1	逻辑"与"($x_1 \wedge x_2$)
1	0					
1	1	1	1	0.5	1	逻辑"或"($x_1 \vee x_2$)
0	1					
1	—	-0.6	0	-0.5	0	逻辑"非"($\neg x_1$)
0	—				1	

$$\mathrm{sgn}(x)=\begin{cases}1 & (x \geqslant 0)\\ 0 & (x<0)\end{cases} \quad (4-2)$$

给定训练数据集 $X=\{x_1,x_2,\cdots,x_i,\cdots,x_n\}$，权重 $W=\{w_1,w_2,\cdots,w_i,\cdots,w_n\}$ 以及阈值 θ 可通过学习得到。阈值 θ 可看作一个固定输入，为 -1，权重和阈值的学习就可统一为权重学习。感知机学习规则非常简单，对训练样例 (x,y)，若当前感知机的输出为 $\hat{y}$，则感知机权重将这样调整：

$$w_i \leftarrow w_i + \Delta w_i \quad (4-3)$$

$$\Delta w_i = \eta(y-\hat{y})x_i \quad (4-4)$$

式中：$\eta \in (0,1)$——学习率。

若感知机对训练样例 (X,y) 预测正确，即 $y=\hat{y}$，则感知机不发生变化，否则将根据错误的程度进行权重调整。

4.2.2　神经网络基本结构

神经网络基本结构包括输入层、隐层、输出层 3 部分，基本单元由神经元模型组成。

(1) 输入层是神经网络的第一层，该层接收输入信号，然后将输入信号直接向下一层进行传递，没有权重值和偏置项对输入信号进行处理。

(2) 隐层的主要功能是对输入数据进行不同的转换。垂直方向的神经元构成一个隐层。最后一个隐层将结果传递给输出层。另外，隐层中的每个神经元和前一层及后一层的神经元均有连接，称为全连接隐层。

(3) 输出层是神经网络的最后一层，该层将输出限制在一定范围，并且得到期望的输出个数。如图 4-3 中最后获得 2 个输出值。

数据按照 (N,H,W) 的形式输入神经网络，是传递给输入层的输入信号矩阵的形状。图 4-3 中，神经网络的输入层共 3 个神经元，即输入层期望 1 个样本的 3 个值，网络理想的输入维度为 $(1,3,1)$，若对于 100 个样本而言，输入维度将是 $(100,3,1)$。不同库有不同格式的输入维度。

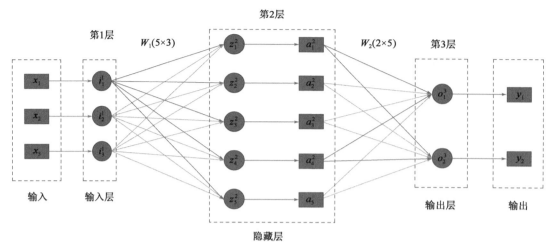

图 4-3 神经网络结构

4.2.3 神经网络功能函数

1) 激活函数

神经网络中的激活函数起着重要作用,主要是对前向推理后的结果进行激活操作,可以提高神经网络的非线性学习能力,因此激活函数也叫作非线性映射。常用的激活函数有 Sigmoid 函数、ReLU 函数、Tanh 函数及 Leaky ReLU 函数。

(1) Sigmoid 函数。

Sigmoid 函数及其导数的计算公式如下:

$$\sigma(x) = \frac{1}{1+e^{-x}} \tag{4-5}$$

$$\sigma'(x) = \frac{e^{-x}}{(1+e^{-x})^2} = \sigma(x)(1-\sigma(x)) \tag{4-6}$$

Sigmoid 函数输入特征值区间范围为 [0,1],特征值可用于表示概率或将输入归一化。Sigmoid 函数是以 (0,0.5) 为中心对称的单调连续函数。当输入接近负无穷大时,输出量接近 0;当输入接近正无穷大时,输出量接近 1。从 Sigmoid 函数的一阶导数曲线看出,其缺点为饱和性,随着输入接近负无穷大或正无穷大,其导数将接近零。这将导致在网络的反向传播阶段中梯度会不断衰减,直到消失,无法更新网络浅层权重,最终使网络无法达到最佳效果。

(2) ReLU 函数。

ReLU 函数及其导数的计算公式分别如下:

$$R(x) = \max(0,x) \tag{4-7}$$

$$R'(x) = \begin{cases} 0 & (x<0) \\ 1 & (x \geq 0) \end{cases} \tag{4-8}$$

在输入小于 0 时,输出 RELU 函数的结果为 0;在输入大于或等于 0 时,ReLU 函数输出结果等于输入。

(3)Tanh 函数。

在 Tanh 函数中,在输入小于 0 时,其导数输出结果为 0;当输入大于或等于 0 时,其导数输出结果为 1,此时可以保持梯度不衰减,从而减缓了梯度消失问题。

Tanh 函数和其导数的计算公式分别如下:

$$T(x) = \frac{e^x - e^{-x}}{e^x + e^{-x}} \tag{4-9}$$

$$T'(x) = 1 - \frac{(e^x - e^{-x})^2}{(e^x + e^{-x})^2} = 1 - T^2(x) \tag{4-10}$$

Tanh 函数的输入数据在 $-1 \sim 1$ 之间,Tanh 函数不同于 Sigmoid 函数,因为它的输出平均值为 0,所以收敛速度优于 Sigmoid 函数。它的导数在正负无穷处的梯度将接近于零,在神经网络的学习过程中仍会导致梯度消失。

(4)Leaky ReLU 函数。

在 ReLU 函数的基础上进行改进得到 Leaky ReLU 函数,以下分别给出了 Leaky ReLU 函数和其导数的计算公式:

$$\text{LeakyReLU}(x) = \max(0, x) + \text{negative\_slope} \cdot \min(0, x) \tag{4-11}$$

Leaky ReLU 函数还存在另一种形式:

$$\text{LeakyReLU}(x) = \begin{cases} x & (x \geq 0) \\ \text{negative\_slope} \cdot x & (x < 0) \end{cases} \tag{4-12}$$

式中,negative_slope 默认值为 0.01。

Leaky Relu 函数不同于 ReLU 函数,在输入小于 0 时,Leaky ReLU 导数的输出是一个很小常参数 a。在神经网络反向传播过程中,对于输入小于 0 的部分,Leaky ReLU 函数还可以通过计算得到非零梯度,以更新参数,避免了 ReLU 导致神经元失效的问题。

ReLU、Sigmoid、Tanh 和 Leaky ReLU 激活函数分别如图 4-4 ~ 图 4-7 所示。

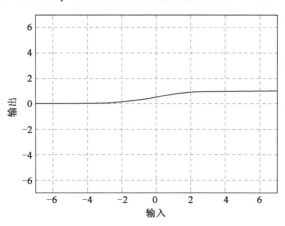

图 4-4 Sigmoid 激活函数

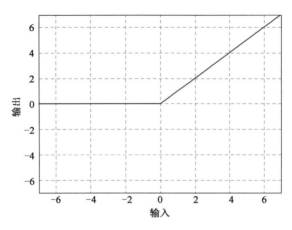

图 4-5　ReLU 激活函数

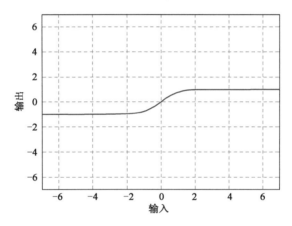

图 4-6　Tanh 激活函数

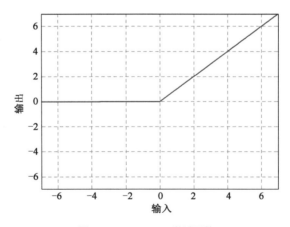

图 4-7　Leaky ReLU 激活函数

设计前馈神经网络,输入为 5 维数据,输出为 3 维数据,分别采用 Sigmoid、ReLU、Tanh 和 Leaky ReLU 对结果进行激活,进行输出对比。输出程序见表 4-2,输出对比见表 4-3。

激活函数输出程序   表4-2

程序	输出	说明
import torch import torch.nn as nn import torch.nn.functional as F torch.manual_seed(10) input = torch.randn(1, 5) m = nn.Linear(5, 3) output = m(input) print(output) output = torch.sigmoid(output) print(output)	tensor([[-1.3212, -0.8247, 1.1674]], grad_fn = \<AddmmBackward0\>) tensor([[0.2106, 0.3048, 0.7627]], grad_fn = \<SigmoidBackward0\>)	Sigmoid 激活函数

import torch
import torch.nn as nn
import torch.nn.functional as F
 	
torch.manual_seed(10)
input = torch.randn(1, 5)
print(input)
 	
m = nn.Linear(5, 3)
print(m.bias)
print(m.weight)
output = m(input)
print(output)
output = F.relu(output)
print(output)
	tensor([[-0.6014, -1.0122, -0.3023, -1.2277, 0.9198]])
	
	Parameter containing:
	tensor([-0.4034, -0.4195, 0.1960], requires_grad = True)
	
	Parameter containing:
	tensor([[0.1825, 0.0512, 0.1752, 0.4337, -0.1857],
	    [-0.0158, 0.1029, -0.0029, -0.0428, -0.3958],
	    [-0.3858, -0.4024, -0.4376, -0.4165, -0.3388]], requires_grad = True)
	
	tensor([[-1.3212, -0.8247, 1.1674]], grad_fn = \<AddmmBackward0\>)
	
	tensor([[0.0000, 0.0000, 1.1674]], grad_fn = \<ReluBackward0\>)
		Relu 激活函数

import torch import torch.nn as nn import torch.nn.functional as F torch.manual_seed(10) input = torch.randn(1, 5) m = nn.Linear(5, 3) output = m(input) print(output) output = torch.tanh(output) print(output)	tensor([[-1.3212, -0.8247, 1.1674]], grad_fn = \<AddmmBackward0\>) tensor([[-0.8671, -0.6776, 0.8234]], grad_fn = \<TanhBackward0\>)	Tanh 激活函数

续上表

程序	输出	说明
import torch import torch.nn as nn import torch.nn.functional as F torch.manual_seed(10) input = torch.randn(1, 5) m = nn.Linear(5, 3) output = m(input) print(output) output = F.leaky_relu(output) print(output)	tensor([[-1.3212, -0.8247, 1.1674]], grad_fn=\<AddmmBackward0\>) tensor([[-0.0132, -0.0082, 1.1674]], grad_fn=\<LeakyReluBackward0\>)	Leaky_relu 激活函数

4 种激活函数的输出对比　　　　　　　　　　　　　　　表 4-3

输入	神经网络 m = nn.Linear(5, 3)		输出	激活函数	激活输出
	权重矩阵	偏置			
-0.6014 -1.0122 -0.3023 -1.2277 0.9198	0.1825, 0.0512, 0.1752, 0.4337, -0.1857 -0.0158, 0.1029, -0.0029, -0.0428, -0.3958 -0.3858, -0.4024, -0.4376, -0.4165, -0.3388	-0.4034 -0.4195 0.1960	-1.3212 -0.8247 1.1674	Sigmoid	0.2106 0.3048 0.7627
				Relu	0.0000 0.0000 1.1674
				Tanh	-0.8671 -0.6776 0.8234
				Leaky_relu	-0.0132 -0.0082 1.1674

2) 参数优化函数

对每个训练样本,神经网络一般执行输入层神经元逐层前传,直到产生输出层的结果。然后计算输出层的误差,再将误差逆向传播至隐层神经元,最后根据隐层神经元的误差来对连接权和阈值进行调整。该迭代过程循环进行,直到达到某些停止条件为止。

神经网络反向传导涉及求极值,需要执行参数优化,可采用梯度下降的方法,但该方法容易使参数陷入局部最小的困境,达不到全局最优解,如图 4-8 所示。

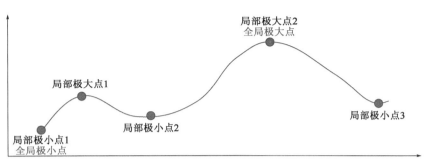

图 4-8　梯度下降方法陷入局部最小的困境

改善度下降方法陷入局部最小困境的方法如下：

(1)差异化初始参数值。初始化多个神经网络,按标准方法训练后,取其中误差最小的解作为最终参数。相当于从多个不同的初始点开始搜索,这样就可能陷入不同的局部极小,从中选择有可能获得更接近全局最小的结果。

(2)模拟退火技术。在每一步都以一定的概率接受比当前解更差的结果,从而有助于"跳出"局部极小。

(3)随机梯度下降。与标准梯度下降法精确计算梯度不同,随机梯度下降法在计算梯度时加入了随机因素。即便陷入局部极小点,计算出的梯度仍可能不为零,有机会跳出局部极小继续搜索。

Pytorch 提供了 Adadelta、Adagrad、Adam、AdamW、SparseAdam、Adamax、ASGD、LBFGS、NAdam、RAdam、RMSprop、Rprop 和 SGD 等优化函数供程序设计选择。构造优化函数过程中,可以设定学习率等关键参数。采用 SGD 方法构造优化函数,学习率分别设置为 0.01,optimizer( )实例化：

optimizer = optim.SGD(model.parameters( ), lr=0.01, momentum=0.9)

选用优化函数,设定学习率后,即可使用优化函数,一般流程为优化函数置零、模型前向传播(推理)、计算损失、反向传播、优化函数优化模型权重和偏置。

optimizer.zero_grad( )	#优化函数置零
output = model(input)	#进行预测
loss = loss_fn(output, target)	#计算损失
loss.backward( )	#反向传播
optimizer.step( )	#优化权重、偏置参数

为了更好地理解优化函数的作用,程序 4-1 对比分析了经过优化和未经过优化神经网络的推理精度。未使用优化函数(也可以理解为模型未经训练),输出值和目标值存在较大差异;使用优化函数,模型经过 500 轮次训练后,模型推理值和真实值相等。神经网络优化函数应用程序及输出见表 4-4。

学习率是优化函数的关键参数,初期学习率稍大,有助于模型快速收敛,但是极值点附近容易形成激荡现象,此时在模型训练期间适当调小学习率,有助于快速找到极值点,模型达到收敛条件。深度学习模型训练期间,可采用具有调节功能的优化函数。

神经网络优化函数应用程序及输出　　表4-4

程序4-1	输出	说明
| ```
import torch
import torch.nn as nn
import torch.nn.functional as F

torch.manual_seed(10)
model = nn.Linear(5,3)  #nn.Sequential(nn.Linear(5,3))

target = torch.tensor([[0.4,0.5,0.6]], dtype=torch.float32)
print('目标值:',target)

loss_fn = nn.MSELoss()
optimizer = torch.optim.SGD(model.parameters(), lr=0.01, momentum=0.9)

output = model(torch.randn(1,5))
print('未经过训练神经网络输出:',output)

for i in range(500):
    optimizer.zero_grad()
    input = torch.randn(1,5)
    output = model(input)
    output = F.relu(output)
    loss = loss_fn(output, target)
    loss.backward()
    optimizer.step()

output = model(torch.randn(1,5))
print('经过500轮次训练神经网络输出:',output)
``` | 目标值:tensor([[0.4000, 0.5000, 0.6000]])<br><br>未经过训练神经网络输出:tensor([[0.2632, -0.6928, 0.1191]], grad_fn=\<AddmmBackward0\>)<br><br>经过500轮次训练神经网络输出:tensor([[0.4000, 0.5000, 0.6000]], grad_fn=\<AddmmBackward0\>) | (1)采用全连接神经网络,由线性层组成,输入5维度,输出3维度,随机产生;<br>(2)目标值为[0.4, 0.5, 0.6];<br>(3)损失函数采用MSE;<br>(4)模型训练500轮次;<br>(5)对比了模型训练前和训练后的输出 |

　　scheduler = torch.optim.lr_scheduler.ExponentialLR(optimizer, gamma=0.9)

　　需要注意,学习率调整操作应发生在优化函数调整参数之后,gamma为学习率调整系数,取值不要过小,避免学习率快速降低至0附近(模型不具备学习能力),可调整学习率的优化函数应用和程序输出见表4-5。通过使用可变学习率参数,模型只需要360轮次即可达到收敛条件(固定学习率参数需要500轮次训练)。

可调整学习率的优化函数应用和程序输出　　表4-5

程序4-2	输出	说明
| ```
import torch
import torch.nn as nn
import torch.nn.functional as F

torch.manual_seed(10)
model = nn.Linear(5,3)  #nn.Sequential(nn.Linear(5,3))
``` | | |

第4章　神经网络与深度学习

续上表

程序4-2	输出	说明
| ```
target = torch.tensor([[0.4, 0.5, 0.6]], dtype = torch.float32)
print('目标值:', target)

loss_fn = nn.MSELoss()
optimizer = torch.optim.SGD(model.parameters(), lr = 0.01, momentum = 0.9)
scheduler = torch.optim.lr_scheduler.ExponentialLR(optimizer, gamma = 0.9)

output = model(torch.randn(1, 5))
print('未经过训练神经网络输出:', output)

for i in range(3):
    for j in range(120):
        optimizer.zero_grad()
        input = torch.randn(1, 5)
        output = model(input)
        output = F.relu(output)
        loss = loss_fn(output, target)
        loss.backward()
        optimizer.step()
    scheduler.step()

output = model(torch.randn(1, 5))
print('经过360轮次训练神经网络输出:', output)
``` | 目标值: tensor([[0.4000, 0.5000, 0.6000]])<br><br>未经过训练神经网络输出: tensor([[0.2632, -0.6928, 0.1191]], grad_fn=<AddmmBackward0>)<br><br>经过360轮次训练神经网络输出: tensor([[0.4000, 0.5000, 0.6000]], grad_fn=<AddmmBackward0>) | (1)采用全连接神经网络,由线性层组成,输入5维度,输出3维度,随机产生;<br>(2)目标值为[0.4, 0.5, 0.6];<br>(3)损失函数采用MSE;<br>(4)训练过程中,对学习率进行两次调整。0~120轮次训练,学习率为0.01,121~239轮次训练,学习率调整为$0.01 \times 0.9 = 0.009$,240~359轮次训练,学习率调整为$0.009 \times 0.9 = 0.0081$;<br>(5)模型训练360轮次;<br>(6)对比了模型训练前和训练后的输出 |

3) 损失函数

损失函数用来测量神经网络预测值与真实值的差距,又称误差函数或者成本函数。误差函数度量了预测值与真实值之间的"距离",损失值较大,表明模型表现不好;损失值较小,表明模型拟合效果越好。损失函数是神经网络模型训练的优化目标,可以通过调整权重和偏置,达到降低损失数值的目的,将神经网络模型训练过程归结为模型求极值问题。

一般情况下,单轮次损失函数的输出量应调整为正值,抵消多轮次损失量正负抵消的现象。例如,损失函数计算神经网络预测值与真实值的差距分别为-1、2、5、-3,总体损失函数值应为11,而不是3。损失函数为正,一般通过损失函数表达式予以明确。

(1) L1Loss。

L1Loss采用平均绝对值误差(MAE)作为评价指标,用于质量每个神经网络预测值与真实值之间的平均绝对误差。

神经网络预测值为$X = \{x_1, x_2, \cdots, x_i, \cdots, x_N\}$,神经网络真实值为$Y = \{y_1, y_2, \cdots, y_i, \cdots, y_N\}$,则:

$$l(X, Y) = L = \{l_1, l_2, \cdots, l_i, \cdots, l_N\}^T \tag{4-13}$$
```

$$l_i = |x_i - y_i| \qquad (4\text{-}14)$$

式中:N——批量长度(每一批数据的长度);

l_i——第 i 个数值点位的绝对值误差。

L1Loss 提供了平均值和累加值两种绝对值误差的返回形式,默认返回平均绝对值误差(MAE)。

$$l(X,Y) = \begin{cases} \text{mean}(L) = \dfrac{1}{N}\sum_{i=1}^{N}|x_i - y_i| \\ \text{sum}(L) = \sum_{i=1}^{N}|x_i - y_i| \end{cases} \qquad (4\text{-}15)$$

Pytorch 提供 L1Loss 函数形式为:

torch.nn.L1Loss(size_average = None, reduce = None, reduction = 'mean')

参数:

  size_average = None:已弃用

  reduce = None:已弃用

reduction = 'mean':指定要应用于输出的 'none'、'mean'、'sum' 操作。"none"表示不进行任何操作,"mean"输出平均值,"sum"输出累加和。默认值为求均值。

L1Loss 应用举例见表 4-6。

L1Loss 应用举例(reduction = 'mean') 表 4-6

程序 4-3	输出	说明
``` import torch import torch.nn as nn import torch.nn.functional as F torch.manual_seed(10) model = nn.Linear(5, 3) target = torch.tensor([[0.4, 0.5, 0.6]], dtype = torch.float32) print('目标值:', target) loss_fn = nn.L1Loss() output = model(torch.randn(1, 5)) print('前馈训练神经网络输出:', output) loss = loss_fn(output, target) print('nn.L1Loss 值:', loss) ```	目标值:tensor([[0.4000, 0.5000, 0.6000]]) 前馈训练神经网络输出:tensor([[0.2632, -0.6928, 0.1191]], grad_fn = \<AddmmBackward0\>) nn.L1Loss 值:tensor(0.6035, grad_fn = \<L1LossBackward0\>)	(1)采用全连接神经网络,由线性层组成,输入 5 维度,输出 3 维度,随机产生; (2)目标值为[0.4, 0.5, 0.6]; (3)损失函数采用 L1Loss

程序案例中,神经网络预测值为 $X = \{x_1, x_2, x_3\} = \{0.2632, -0.6928, 0.1191\}$,神经网络,目标值为 $Y = \{y_1, y_2, y_3\} = \{0.4, 0.5, 0.6\}$,代入公式,得:

$$l(X,Y) = \text{mean}(L) = \dfrac{1}{3}\sum_{i=1}^{3}|x_i - y_i| = \dfrac{1}{3}(0.1368 + 1.1928 + 0.4809) = 0.6035$$

将程序中 loss_fn = nn.L1Loss() 调整为 loss_fn = nn.L1Loss(reduction = 'sum')时,程序将对损失值求累加和,代入公式得到损失值:

$$l(X,Y) = \text{mean}(L) = \sum_{i=1}^{3}|x_i - y_i| = (0.1368 + 1.1928 + 0.4809) = 1.8105$$

(2) MSELoss。

MSELoss 采用均方误差(MSE)作为评价指标,用于每个神经网络预测值与真实值之间的均方误差。

神经网络预测值为 $X = \{x_1, x_2, \cdots, x_i, \cdots, x_N\}$,神经网络真实值为 $Y = \{y_1, y_2, \cdots, y_i, \cdots, y_N\}$,则:

$$l(X,Y) = L = \{l_1, l_2, \cdots, l_i, \cdots, l_N\}^{\text{T}} \tag{4-16}$$

$$l_i = (x_i - y_i)^2 \tag{4-17}$$

式中:N——批量长度(每一批数据的长度);

l_i——第 i 个数值点位的绝对值误差。

MSELoss 提供了平均值和累加值两种绝对值误差的返回形式,默认返回平均绝对值误差(MAE)。

$$l(X,Y) = \begin{cases} \text{mean}(L) = \dfrac{1}{N}\sum_{i=1}^{N}(x_i - y_i)^2 \\ \text{sum}(L) = \sum_{i=1}^{N}(x_i - y_i)^2 \end{cases} \tag{4-18}$$

Pytorch 提供 MSELoss 函数形式为:

torch.nn.MSELoss(size_average = None, reduce = None, reduction = 'mean')

参数:

  size_average = None:已弃用

  reduce = None:已弃用

reduction = 'mean':指定要应用于输出的 'none'、'mean'、'sum' 操作。"none"表示不进行任何操作,"mean"输出平均值,"sum"输出累加和。默认值为求均值,MSELoss 应用举例见表4-7。

表4-7 MSELoss 应用举例(reduction = 'mean')

程序4-4	输出	说明

`import torch`
`import torch.nn as nn`
`import torch.nn.functional as F`
 	
`torch.manual_seed(10)`
`model = nn.Linear(5, 3)`
 	
`target = torch.tensor([[0.4, 0.5, 0.6]], dtype = torch.float32)`
`print('目标值:', target)`
 	
`loss_fn = nn.MSELoss()`
 	
`output = model(torch.randn(1, 5))`
`print('前馈训练神经网络输出:', output)`
 	
`loss = loss_fn(output, target)`
`print('nn.MSELoss 值:', loss)`
	目标值:tensor([[0.4000, 0.5000, 0.6000]])
	前馈训练神经网络输出:tensor([[0.2632, -0.6928, 0.1191]], grad_fn = \<AddmmBackward0\>)
	nn.L1Loss 值:tensor(0.5576, grad_fn = \<L1LossBackward0\>)
		(1)采用全连接神经网络,由线性层组成,输入5维度,输出3维度,随机产生;
		(2)目标值为[0.4, 0.5, 0.6];
		(3)损失函数采用 MSELoss

程序案例中,神经网络预测值为 $X = \{x_1, x_2, x_3\} = \{0.2632, -0.6928, 0.1191\}$,神经网络目标值为 $Y = \{y_1, y_2, y_3\} = \{0.4, 0.5, 0.6\}$,代入公式,得:

$$l(X,Y) = \text{mean}(L) = \frac{1}{3}\sum_{i=1}^{3}(x_i - y_i)^2 = \frac{1}{3}(0.0187 + 1.4228 + 0.2313) = 0.5576$$

将程序中 loss_fn = nn.MSELoss() 调整为 loss_fn = nn.MSELoss(reduction = 'sum')时,程序将对损失值求累加和,代入公式得到损失值:

$$l(X,Y) = \text{mean}(L) = \sum_{i=1}^{3}(x_i - y_i)^2 = (0.1368 + 1.1928 + 0.4809) = 1.6728$$

(3) NLLLoss。

NLLLoss 多用于计算分类损失。设定目标分为 C 类,可以为函数提供 1 维张量的权重,为每个类别提供差异化的权重信息,用以平衡训练样本数量的不均衡,默认各类权重均为 1。

NLLLoss 损失函数输入数据要求为对数似然概率,可在神经网络设置 logsoftmax 层或者使用函数进行数据转换。神经网络预测值为 $X = \{x_1, x_2, \cdots, x_i, \cdots, x_N\}$,神经网络真实值为 $Y = \{y_1, y_2, \cdots, y_i, \cdots, y_N\}$。具体转换公式为:

$$x_{i\_\text{softmax}} = \log\left(e^{x_i} \bigg/ \sum_{k=1}^{N} e^{x_k}\right) \tag{4-19}$$

对于某一对数据点 (x_i, y_i),$x_i = \{x_{i\_\text{softmax}\_1}, x_{i\_\text{softmax}\_2}, \cdots, x_{i\_\text{softmax}\_c}\}$,$y_i = \{y_{ik}\}$。$y_{ik}$ 为目标值类别对应的索引值(表示位置)。

则 $l(X,Y)$ 可表示为:

$$l(X,Y) = L = \{l_1, l_2, \cdots, l_i, \cdots, l_N\}^T \tag{4-20}$$

$$l_i = -\omega_{yi} x_{i\_\text{softmax}, yi} \tag{4-21}$$

式中: N——批量长度(每一批数据的长度);

l_i——第 i 个数值点位的绝对值误差。

NLLLoss 提供了平均值和累加值两种绝对值误差的返回形式,默认返回平均绝对值误差(MAE)。

$$l(X,Y) = \begin{cases} \text{mean}(L) = \sum_{i=1}^{N} \dfrac{1}{\sum_{i=1}^{N}\omega_{yi}}(-\omega_{yi}\mathbb{1}[y_i]x_{i\_\text{softmax}}) \\ \text{sum}(L) = \sum_{i=1}^{N}(-\omega_{yi}\mathbb{1}[y_i]x_{i\_\text{softmax}}) \end{cases} \tag{4-22}$$

式中: $[y_i]$ 为指示函数,y_{ik} 索引位置为 1,其余为 0。ω_{yi} 采用默认值 1,且每个样本只对应 1 个类别,则上式为:

$$l(X,Y) = \begin{cases} \text{mean}(L) = -\mathbb{1}[y_i]x_{i\_\text{softmax}} \\ \text{sum}(L) = -\mathbb{1}[y_i]x_{i\_\text{softmax}} \end{cases} \tag{4-23}$$

可见，特定情况下（$N=1$），mean 和 sum 方法结果一致。

Pytorch 提供 NLLLoss 函数形式为：

torch.nn.NLLLoss(weight = None, size_average = None, ignore_index = -100, reduce = None, reduction = 'mean')

参数：

　　weight = None：各类别的权重系数，默认均为 1

　　size_average = None：已弃用

　　ignore_index = -100：不计算特定的目标值

　　reduce = None：已弃用

reduction = 'mean'：指定要应用于输出的 'none'、'mean'、'sum' 操作。"none"表示不进行任何操作，"mean"输出平均值，"sum"输出累加和。默认值为求均值。NLLLoss 应用和程序输出见表 4-8。

表 4-8　NLLLoss 应用举例（reduction = 'mean'）

程序 4-5	输出	说明
| ```
import torch
import torch.nn as nn
import torch.nn.functional as F

torch.manual_seed(10)
model = nn.Linear(5, 3)

target = torch.tensor([0])
print('目标值：',target)

loss_fn = nn.NLLLoss()

output = model(torch.randn(1, 5))
print('前馈训练神经网络输出：',output)

output = F.softmax(output,dim = 1)
print('执行 softmax 后输出：',output)

loss = loss_fn(output, target)
print('nn.NLLLoss 值：',loss)
``` | 目标值：tensor([0])<br><br>前馈训练神经网络输出：tensor([[ 0.2632, -0.6928, 0.1191]], grad_fn = \<AddmmBackward0\>)<br><br>执行 softmax 后输出：tensor([[0.4444, 0.1708, 0.3848]], grad_fn = \<SoftmaxBackward0\>)<br><br>nn.NLLLoss 值：tensor(-0.4444, grad_fn = \<NllLossBackward0\>) | （1）采用全连接神经网络，由线性层组成，输入 5 维度，输出 3 维度，随机产生，输出进行 softmax 操作；<br>（2）目标值为[1,0,0]；<br>（3）损失函数采用 NLLLoss；<br>（4）reduction = 'mean' 和 reduction = 'sum' 输出一致 |

程序案例中，神经网络预测值为 $X = \{x_1, x_2, x_3\} = \{0.2632, -0.6928, 0.1191\}$，神经网络目标值为 $Y = \{1,0,0\}$（程序中为 target = torch.tensor([0])，表示位置 0 处的概率为 1，其余位置均为 0），将 X 执行 softmax 后执行取对数操作：

$$x_{1\_softmax} = \log\left(e^{x_1} \Big/ \sum_{k=1}^{3} e^{x_k}\right) = \log[e^{0.2632}/(e^{0.2632} + e^{-0.6958} + e^{0.1191})] = 0.4446$$

$$x_{2\_softmax} = \log\left(e^{x_2} \Big/ \sum_{k=1}^{3} e^{x_k}\right) = \log[e^{-0.6958}/(e^{0.2632} + e^{-0.6958} + e^{0.1191})] = 0.1704$$
```

$$x_{3\_softmax} = \log\left(e^{x_3} \bigg/ \sum_{k=1}^{3} e^{x_k}\right) = \log\left[e^{0.1191} / (e^{0.2632} + e^{-0.6958} + e^{0.1191})\right] = 0.3850$$

本例中,目标值位置索引为[0],分类概率表示为[1,0,0],则将[0.4446,0.1704,0.3850]代入公式,得:

$$l(X,Y) = \text{mean}(L) = \sum_{i=1}^{N} \frac{1}{\sum_{i=1}^{N} \omega_{yi}} (-\omega_{yi} \mathbb{I}[y_i] x_{i\_softmax}) = -1 \times 0.4446 = -0.4446$$

若将程序中 target = torch.tensor([0]) 调整为 target = torch.tensor([1]),输出结果为 -0.1704;target = torch.tensor([0]) 调整为 target = torch.tensor([2]),输出结果为 -0.3850。

为了区分 reduction = 'sum' 和 reduction = 'mean' 对输出的影响,对案例程序进行调整,将 1×5 维度的输入调整至 2×5,对应识别的类型分别为[0]和[0],即为[1,0,0]和[1,0,0],reduction = 'sum' 输出为 -0.9861,reduction = 'mean' 输出为 -0.4931,表明是否对结果执行取均值操作。NLLLoss 应用举例见表 4-9。

NLLLoss 应用举例(reduction = 'sum') 表 4-9

程序 4-6	输出	说明
| ```
import torch
import torch.nn as nn
import torch.nn.functional as F

torch.manual_seed(10)
model = nn.Linear(5, 3)

target = torch.tensor([1,0,0])
print('目标值:',target)

loss_fn = nn.NLLLoss()

output = model(torch.randn(1, 5))
print('前馈训练神经网络输出:',output)

output = F.softmax(output,dim = 1)
print('执行 softmax 后输出:',output)

loss = loss_fn(output, target)
print('nn.NLLLoss 值:',loss)
``` | 目标值:tensor([0,0])<br><br>前馈训练神经网络输出:tensor([[ 0.2632, -0.6928, 0.1191], [ 0.7762, 0.0157, -0.1951]], grad_fn = \<AddmmBackward0\>)<br><br>执行 softmax 后输出:tensor([[0.4444, 0.1708, 0.3848], [0.5417, 0.2532, 0.2051]], grad_fn = \<SoftmaxBackward0\>)<br><br>nn.NLLLoss 值:tensor(-0.9861, grad_fn = \<NllLossBackward0\>) | (1)采用全连接神经网络,由线性层组成,输入 5 维度,输出 3 维度,随机产生,输出进行 softmax 操作;<br>(2)目标值为[1,0,0];<br>(3)损失函数采用 NLLLoss |

(4) CrossEntropyLoss。

在 NLLLoss 损失函数的基础上,CrossEntropyLoss 损失函数增加了 softmax 功能,多用于计算分类损失。CrossEntropyLoss 结合了 logSoftmax 和 NLLLoss 功能,其应用举例见表 4-10。
```

CrossEntropyLoss 应用举例(reduction = 'sum')　　　　表 4-10

程序 4-7	输出	说明
| ```
import torch
import torch.nn as nn
import torch.nn.functional as F

torch.manual_seed(10)
model = nn.Linear(5, 3)

target = torch.tensor([0])
print('目标值:',target)

loss_fn = nn.CrossEntropyLoss()

output = model(torch.randn(1, 5))
print('前馈训练神经网络输出:',output)

loss = loss_fn(output, target)
print('nn.CrossEntropyLoss 值:',loss)
``` | 目标值:tensor([0])<br><br>前馈训练神经网络输出:tensor([[ 0.2632, -0.6928, 0.1191]], grad_fn=<AddmmBackward0>)<br><br>nn.CrossEntropyLoss 值:tensor(0.8110, grad_fn=<NllLossBackward0>) | (1)采用全连接神经网络,由线性层组成,输入 5 维度,输出 3 维度,随机产生,输出进行 softmax 操作;<br>(2)目标值为[1, 0, 0];<br>(3)损失函数采用 CrossEntropyLoss |

(5)SmoothL1Loss。

SmoothL1Loss 是分段函数,对异常值具有较低的敏感性,在某些情况下可以防止梯度爆炸。预测值为 $X=\{x_1,x_2,\cdots,x_i,\cdots,x_N\}$,真实值为 $Y=\{y_1,y_2,\cdots,y_i,\cdots,y_N\}$,则有:

$$l(X,Y)=L=\{l_1,l_2,\cdots,l_i,\cdots,l_N\}^{\mathrm{T}} \tag{4-24}$$

$$l_i=\begin{cases}0.5\,(x_i-y_i)^2/\mathrm{beta},& |x_i-y_i|<\mathrm{beta}\\ |x_i-y_i|-0.5\mathrm{beta},& |x_i-y_i|\geqslant\mathrm{beta}\end{cases} \tag{4-25}$$

$$l(X,Y)=\begin{cases}\mathrm{mean}(L)\\ \mathrm{sum}(L)\end{cases} \tag{4-26}$$

Pytorch 提供 SmoothL1Loss 函数形式为:
torch.nn.SmoothL1Loss(size_average=None, reduce=None, reduction='mean', beta=1.0)
参数:
　　size_average=None:已弃用
　　reduce=None:已弃用
　　reduction='mean':指定要应用于输出的 'none'、'mean'、'sum' 操作。"none"表示不进行任何操作,"mean"输出平均值,"sum"输出累加和。默认值为求均值。
　　beta=1.0:非负控制阈值,默认为 1.0。
SmoothL1Loss 应用举例见表 4-11。
```

SmoothL1Loss 应用举例(reduction = 'mean') 表 4-11

程序 4-8	输出	说明
| ```
import torch
import torch.nn as nn
import torch.nn.functional as F

torch.manual_seed(10)
model = nn.Linear(5, 3)

target = torch.tensor([[1, 0, 0]])
print('目标值:', target)

loss_fn = nn.SmoothL1Loss()

output = model(torch.randn(1, 5))
print('前馈训练神经网络输出:', output)

loss = loss_fn(output, target)
print('nn.SmoothL1Loss 值:', loss)
``` | 目标值: tensor([[1, 0, 0]])<br><br>前馈训练神经网络输出: tensor([[ 0.2632, -0.6928, 0.1191]], grad_fn=\<AddmmBackward0\>)<br><br>nn.SmoothL1Loss 值: tensor(0.1728, grad_fn=\<SmoothL1LossBackward0\>) | (1) 采用全连接神经网络，由线性层组成，输入 5 维度，输出 3 维度，随机产生，输出进行 softmax 操作；<br>(2) 目标值为 [1, 0, 0]；<br>(3) 预测值和目标值应具有相同的维度；<br>(4) 损失函数采用 SmoothL1Loss |

程序案例中，神经网络预测值为 $X=\{x_1,x_2,x_3\}=\{0.2632,-0.6928,0.1191\}$，神经网络，目标值为 $Y=\{y_1,y_2,y_3\}=\{1.0,0.0,0.0\}$，代入公式，有：

$$l(X,Y)=\text{mean}(L)=\frac{1}{3}\sum_{i=1}^{3}0.5(x_i-y_i)^2=\frac{1}{3}(0.2714+0.2400+0.0071)=0.1728$$

将程序中 loss_fn = nn.SmoothL1Loss() 调整为 loss_fn = nn.SmoothL1Loss(reduction = 'sum') 时，程序将对损失值求累加和，代入公式得到损失值：

$$l(X,Y)=\text{mean}(L)=\sum_{i=1}^{3}0.5(x_i-y_i)^2=(0.1368+1.1928+0.4809)=0.5185$$

4.2.4 神经网络学习机理

1) 学习机理

神经网络存在预测和学习过程。预测为神经网络的前向传播，根据输入计算输出预测值。学习为神经网络通过调整权重和偏置，令预测值不断接近真实值的过程。神经网络通过学习，具备非线性拟合能力。前向传播过程是将输入值传递给神经网络，得到一个称为预测结果的输出值。有时也将该过程称为推理。当把输入值传递给网络的第一层时，数据向后传递，没有进行任何运算。第二层从第一层获得数据，然后执行乘法、加法、激活等运算，并将数据传递给下一层。接下来的几层执行相同的操作，最后从网络的最后一层得到输出值。反向传播是神经网络的学习过程。前向传播后得到一个预测值，为计算偏差，将预测值和真实值进行比较，并使用损失函数计算偏差值。然后计算偏差值相对于网络中的每个权重的导数。反向传播使用微积分中的链式法则。在链式法则中，首先计算相对于最后一层偏差值的导数，称这些导数为梯度，使用这些梯度值计算导数第二层的梯度。然后重复该过程，直到得到网络中所有权重的梯度。接着用权重值减去梯度值来减小误差值。
```

1986年,Rumelhart和McClelland提出误差逆向传播(Back Propagation,BP)神经网络,按照误差逆向传播算法训练的多层前馈神经网络,系统解决了多层神经网络隐含层连接权学习问题,并在数学上给出了完整推导。从结构上讲,BP神经网络具有输入层、隐藏层和输出层;从本质上讲,BP算法就是以网络误差平方为目标函数、采用梯度下降法来计算目标函数的最小值,BP算法的核心数学思想是微积分的链式求导法则。为了实现非线性拟合能力,BP神经网络采用多层神经网络结构,学习能力强于单层感知机。多层神经网络的训练,不能简单套用感知机学习规则,需要更强大的学习算法。BP算法是迄今最成功的神经网络学习算法。现实任务中使用神经网络时,大多是在使用BP算法进行训练。值得指出的是,BP算法不仅可用于多层前馈神经网络,还可用于其他类型的神经网络。通常说"BP神经网络"时,一般是指用BP算法训练的多层前馈神经网络。设定神经网络由输入层、隐层、输出层组成。给定训练集$D=\{(x_1,y_1),(x_2,y_2),\cdots,(x_m,y_m)\}$,$k=1,2,\cdots,m$,对于每一组训练数据$(x_k,y_k)$,$x_k\in\mathbb{R}^d$,$y_k\in\mathbb{R}^l$。输入层为$d$维张量,输出层为$l$维张量,隐层为$q$维张量。输出层第$j$个神经元的阈值用$\theta_j$表示。输入层第$i$个神经元与隐层第$h$个神经元之间的连接权为$w_{ih}$,隐层第$h$个神经元与隐层第$j$个神经元之间的连接权为$w_{hj}$。隐层第$h$个神经元接收到的输入为$\alpha_h=\sum_{i=1}^{d}w_{ih}x_i$,输出第$j$个神经元接收到的输入为$\beta_j=\sum_{h=1}^{q}w_{hj}b_h$,$b_h$为隐层第$h$个神经元的输出,隐层神经元使用Sigmoid激活函数。BP神经网络算法示意如图4-9所示。

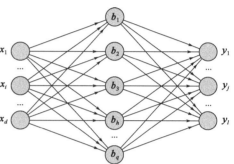

图4-9 BP神经网络算法示意图

对于训练样本(x_k,y_k),神经网络的输出为$\widehat{y_j}=(\widehat{y_1^k},\widehat{y_2^k},\cdots,\widehat{y_j^k},\cdots,\widehat{y_l^k})$,即:

$$\widehat{y_j^k}=\beta_j=\sum_{h=1}^{q}w_{hj}b_h \tag{4-27}$$

神经网络在训练样本(x_k,y_k)上的均方误差为:

$$E_k=\frac{1}{l}\sum_{j=1}^{l}(\widehat{y_j^k}-y_j^k)^2 \tag{4-28}$$

需要反向传播调整权重,减小均方差E_k,权重w_{ih}和w_{hj}将这样调整:

$$w_{ih}\leftarrow w_{ih}+\Delta w_{ih} \tag{4-29}$$

$$w_{hj}\leftarrow w_{hj}+\Delta w_{hj} \tag{4-30}$$

采用链式法则调整w_{ih}和w_{hj}。

2) 算例

神经网络结构为输入层、隐层和输出层。

根据图4-10,输入值为x_1,x_2,x_3,令$x_k=i_k^1(k=1,2,3)$。进入神经网络前向传播后,输出值为o_1^3、o_2^3。

$$z_j^l=\sum_{k=1}^{3}(w_{j,k}^l i_k^{l-1}+b_j^l)(j=1,2,\cdots,5) \tag{4-31}$$

$$a_j^l=\max(z_j^l,0) \tag{4-32}$$

$$o_j^l = \sum_{k=1}^{5}(w_{j,k}^l a_k^{l-1} + b_j^l)(j=1,2) \tag{4-33}$$

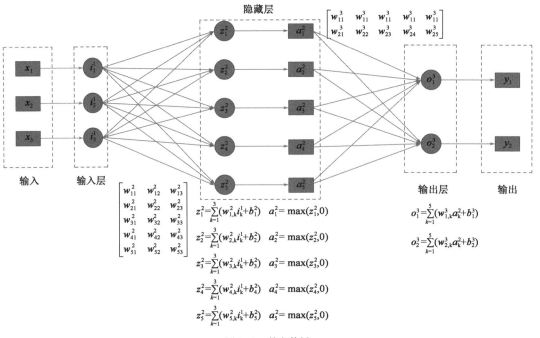

图4-10 前向传播

前向传播过程中可采用 ReLU、Sigmoid、Tanh 等激活函数(Activation functions),图 4-10 中使用了 ReLU 激活函数。

$$a_j^l = \text{Relu} = \max(z_j^l, 0) \tag{4-34}$$

$$a_j^l = \text{Sigmoid}(z_j^l) = \frac{1}{1+e^{-z_j^l}} \tag{4-35}$$

$$a_j^l = \text{Tanh}(z_j^l) = \frac{e^{z_j^l} - e^{-z_j^l}}{e^{z_j^l} + e^{-z_j^l}} \tag{4-36}$$

损失函数(代价函数)是衡量模型预测输出值与目标真实值之间差距的一类函数,在一些场景中也称为目标函数或者损失函数。常用的代价函数主要有二次代价函数、交叉熵代价函数以及对数似然函数等,图4-10中使用的代价函数如下:

$$C = \frac{1}{2n}\sum_{i=1}^{n}\|y_i - o_i^l\|^2 \tag{4-37}$$

$$C = \frac{1}{2n}\sum_{i=1}^{n}\|y_i - o_i^l\|^2 = \frac{1}{2\times 2}(\|y_1 - o_1^3\|^2 + \|y_2 - o_2^3\|^2) \tag{4-38}$$

根据图4-10所示的神经网络结构的向前传播过程,第1层函数表达式为:

$$i_i^1 = x_i(i=1,2,3) \tag{4-39}$$

第2层函数表达式(累加、激活)为:

$$z_j^l = \sum_{k=1}^{3}(w_{j,k}^l i_k^{l-1} + b_j^l)(j=1,2,3,4,5;l=2) \tag{4-40}$$

$$a_j^l = \max(z_j^l, 0)(j=1,2,3,4,5;l=2) \tag{4-41}$$

第3层函数表达式(累加、代价函数)为：

$$o_j^l = \sum_{k=1}^{5}(w_{j,k}^l a_k^{l-1} + b_j^l)\ (j=1,2;l=3) \tag{4-42}$$

$$C = \frac{1}{2n}\sum_{i=1}^{n}\|y_i - o_i^l\|^2 = \frac{1}{2\times 2}(\|y_1 - o_1^3\|^2 + \|y_2 - o_2^3\|^2) \tag{4-43}$$

采用图 4-11、图 4-12 两个示例说明反向传播过程。

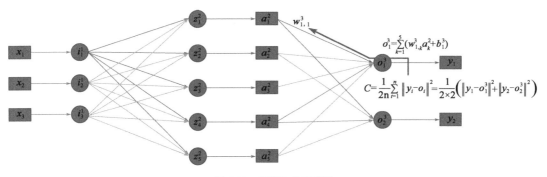

图 4-11　示例 1 反向传播

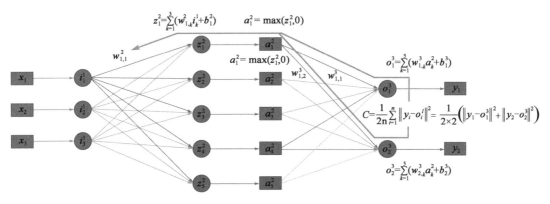

图 4-12　示例 2 反向传播

示例 1：

目标：ΔC 减少，输出 o_1^3 和 y_1、o_2^3 和 y_2 更加接近。

途径：以 $w_{1,1}^3$ 为例，改变量的传播路线为图 4-11 深色粗线条。

反向传播采用链式法则计算出整体误差 C 对 $w_{1,1}^3$ 的偏导数：

$$\frac{\partial C}{\partial w_{11}^3} = \frac{\partial C}{\partial o_1^3}\cdot\frac{\partial o_1^3}{\partial w_{11}^3} \tag{4-44}$$

进而对权重进行更新：

$$w_{11}^3 = w_{11}^3 - \eta\frac{\partial C}{\partial w_{11}^3} = w_{11}^3 - \eta\frac{\partial C}{\partial o_1^3}\cdot\frac{\partial o_1^3}{\partial w_{11}^3} \tag{4-45}$$

示例 2：

目标：ΔC 减少，输出 o_1^3 和 y_1、o_2^3 和 y_2 更加接近。

途径：以 $w_{1,1}^2$ 为例，改变量的传播路线为图 4-12 浅色粗线条。

反向传播采用链式法则计算出整体误差 C 对 $w_{1,1}^2$ 的偏导值：

$$\frac{\partial C}{\partial w_{11}^2} = \frac{\partial C}{\partial o_1^3} \cdot \frac{\partial o_1^3}{\partial a_1^2} \cdot \frac{\partial a_1^2}{\partial z_1^2} \cdot \frac{\partial z_1^2}{\partial w_{11}^2} + \frac{\partial C}{\partial o_2^3} \cdot \frac{\partial o_2^3}{\partial a_1^2} \cdot \frac{\partial a_1^2}{\partial z_1^2} \cdot \frac{\partial z_1^2}{\partial w_{11}^2}$$

$$= \left(\frac{\partial C}{\partial o_1^3} \cdot \frac{\partial o_1^3}{\partial a_1^2} + \frac{\partial C}{\partial o_2^3} \cdot \frac{\partial o_2^3}{\partial a_1^2} \right) \cdot \frac{\partial a_1^2}{\partial z_1^2} \cdot \frac{\partial z_1^2}{\partial w_{11}^2}$$

(4-46)

进而对权重进行更新：

$$w_{11}^2 = w_{11}^2 - \eta \left(\frac{\partial C}{\partial o_1^3} \cdot \frac{\partial o_1^3}{\partial a_1^2} + \frac{\partial C}{\partial o_2^3} \cdot \frac{\partial o_2^3}{\partial a_1^2} \right) \cdot \frac{\partial a_1^2}{\partial z_1^2} \cdot \frac{\partial z_1^2}{\partial w_{11}^2}$$

(4-47)

4.2.5 神经网络主要类型

1）径向基函数神经网络（Radial Biass Function，RBF，1988年）

1988，Broomhead and Lowe 提出了 RBF 神经网络，将低维空间不可分数据映射至高维空间，使得数据在高维空间线性可分辨。RBF 神经网络是一种单隐层前馈神经网络，使用径向基函数作为隐层神经元激活函数，输出层则是对隐层神经元输出的线性组合。假定输入为 x，$x \in \mathbb{R}^d$（$\mathbb{R}$ 表示空间，$\mathbb{R}^d$ 表示 d 维空间，下同），输出为 y，$y \in \mathbb{R}^l$，隐层 q 个神经元对应 q 个径向基函数，其初始化中心 c_h，$c_h \in \mathbb{R}^d$，则 RBF 神经网络可表示为：

$$y_j = \sum_{h=1}^{q} \omega_{hj} \rho(x, c_h) \quad (j = 1, 2, \cdots, l)$$

(4-48)

式中： q——隐层神经元个数；

c_h——第 h 个隐层神经元所对应的初始化中心；

ω_{hj}——第 h 个隐层神经元连接第 j 个输出神经元的权重；

$\rho(x, c_h)$——径向基函数，是某种沿着镜像对称的标量函数，通常定义为 x 到数据中心 c_h 欧式距离的单调函数，可采用高斯径向基函数：

$$\rho(x, c_h) = \mathrm{e}^{-\beta_i \|x - c_h\|^2}$$

(4-49)

RBF 神经网络是 3 层结构，如图 4-13 所示，分别输入层、隐层和输出层。隐层的激活单元为径向基函数。

c_h 为 d 维数据，表示径向基函数的初始化中心。$\|x - c_h\|^2$ 表示输入值与初始化中心的欧式距离，x 值越靠近 c_h，$\|x - c_h\|^2$ 的值越接近 0，$\mathrm{e}^{-\beta_i \|x - c_h\|^2}$ 的值越接近 1，表示该神经元激活程度越高。

RBF 神经网络采用 h 个隐层神经元，将输入 x 由 d 维空间映射至 h 维空间，实现输入数据分类。为了实现这样的功能，需要设计 h 个径向基函数的初始中心值 c_h，一般情况下可采用聚类分析获取 c_h。

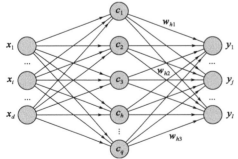

图 4-13 RBF 神经网络结构示意图

这样，RBF 神经网络由输入层到输出层的映射非线性；输入层到隐层可以直接计算，隐层对输出层为参数可调的线性计算，从而大大加快学习速度，并避免局部极小问题。

2）自适应谐振理论神经网络（Adaptive Resnonance Theory，ART，1987年）

竞争型学习是神经网络中一种常用的无监督学习策略，在使用该策略时，网络的输出神经元相互竞争，每一时刻仅有一个竞争获胜的神经元被激活，其他神经元的状态被抑制，这种机制亦称"胜者通吃"原则。

1987年，Carpenter and Grossberg 提出了 ART 神经网络，它是竞争型学习的重要代表。该网络由比较层、识别层、识别阈值和重置模块构成。其中，比较层负责接收输入样本，并将其传递给识别层神经元。识别层每个神经元对应一个模式类，神经元数目可在训练过程中动态增长，以增加新的模式类。在接收到比较层的输入信号后，识别层神经元之间相互竞争以产生获胜神经元。竞争的最简单方式是：计算输入向量与每个识别层神经元所对应的模式类的代表向量之间的距离，距离最小者胜。获胜神经元将向其他识别层神经元发送信号，抑制其激活。若输入向量与获胜神经元所对应的代表向量之间的相似度大于识别阈值，则当前输入样本将被归为该代表向量所属类别，同时，网络连接权将会更新，使得以后在接收到相似输入样本时该模式类会计算出更大的相似度，从而使该获胜神经元有更大可能获胜；若相似度不大于识别阈值，则重置模块将在识别层增设一个新的神经元，其代表向量就设置为当前输入向量。显然，识别阈值对 ART 网络的性能有重要影响。当识别阈值较大时，输入样本将会被分成比较多、比较精细的模式类，而如果识别阈值较小，则会产生比较少、比较粗略的模式类。

ART 比较好地缓解了竞争型学习中的"可塑性-稳定性窘境"，可塑性是指神经网络要有学习新知识的能力，而稳定性则是指神经网络在学习新知识时要保持对旧知识的记忆。这就使得 ART 网络具有一个很重要的优点：可进行增量学习或在线学习。早期的 ART 网络只能处理布尔型输入数据，此后 ART 发展成了一个算法族，包括能处理实值输入的 ART2 网络、结合模糊处理的 Fuzzy ART 网络，以及可进行监督学习的 ARTMAP 网络等。

3）自组织映射网络（Self-Orange Map，SOM，1982年）

1982年，Kohonen 提出 SOM 神经网络，它是一种竞争学习型的无监督神经网络，能将高维输入数据映射到低维空间（通常为二维），同时保持输入数据在高维空间的拓扑结构，即将高维空间中相似的样本点映射到网络输出层中的邻近神经元。SOM 网络输出层神经元以矩阵方式排列在二维空间中，每个神经元都拥有一个权向量，网络在接收输入向量后，将会确定输出层获胜神经元，获胜神经元决定了该输入向量在低维空间中的位置。SOM 的训练目标就是为每个输出层神经元找到合适的权向量，以达到保持拓扑结构的目的。SOM 的训练过程很简单：在接收到一个训练样本后，每个输出层神经元会计算该样本与自身携带的权向量之间的距离，距离最近的神经元成为竞争获胜者，称为最佳匹配单元。最佳匹配单元及其邻近神经元的权向量将被调整，以使得这些权向量与当前输入样本的距离缩小。这个过程不断迭代，直至收敛。

4）级联相关网络

1900年，Fahlman and Lcbiere 提出了级联相关网络。一般的神经网络模型，常假定网络结构是事先固定的，训练的目的是利用训练样本来确定合适的连接权、阈值等参数。与此不同，结构自适应网络则将网络结构也当作学习的目标之一，并希望能在训练过程中找到最符合数据特点的网络结构。

级联相关网络主要由"级联"和"相关"两成分组成。级联是指建立层次连接的层级结构。在开始训练时,网络只有输入层和输出层,处于最小拓扑结构;随着训练的进行,新的隐层神经元逐渐加入,从而创建起层级结构。当新的隐层神经元加入时,其输入端连接权值是冻结固定的。相关是指通过最大化新神经元的输出与网络误差之间的相关性来训练相关的参数。与一般的前馈神经网络相比,级联相关网络无须设置网络层数、隐层神经元数目,且训练速度较快,但其在数据较小时易陷入过拟合。

多级神经网络结构应满足两个条件:

(1)有效设计每一级的特征提取模块,尽可能使每一级的特征提取方法相互独立,互为补充。

(2)合理设计各级神经网络模块,使得该神经网络能有效地识别和剔除那些在该级特征下模糊不清的样本,从而使误识率尽可能降低。多级神经网络结构的整体性能在很大程度上依赖于每一级子系统误识率的高低,而前几级的误识率尤其关键。

5) Elman 神经网络(递归神经网络,1990 年)

1990 年,Elman 提出了递归神经网络,与前馈神经网络不同,递归神经网络允许网络中出现环形结构,从而可让神经元的输出反馈回来作为输入信号。

Elman 神经网络分为输入层、隐层、承接层和输出层等 4 层。输入层、隐层、输出层的连接类似于前馈式网络,输入层的神经单元仅起信号传输作用,输出层单元起线性加权作用。隐层激活函数可采用线性或非线性函数,承接层又称上下文层或状态层,用来记忆隐含层单元前一时刻的输出值并返回给网络的输入,是一步延时算子。Elman 神经网络的特点是隐含层的输出通过承接层的延迟与存储,自联到隐含层的输入。这种自联方式使其对历史状态的数据具有敏感性,内部反馈网络的加入增强了网络本身处理动态信息的能力,从而达到动态建模的目的。此外,Elman 神经网络能够以任意精度逼近任意非线性映射,可以不考虑外部噪声对系统影响的具体形式,如果给出系统的输入输出数据对,就可以对系统进行建模。

6) 基于能量的模型机(energy-based model,Boltzmann,1985 年)

1985 年,Ackley et al. 提出 Boltzmann 机。神经网络中有一类模型是为网络状态定义一个"能量",能量最小化时网络达到理想状态,而网络的训练就是在最小化这个能量函数。Boltzmann 机就是一种"基于能量的模型"。神经元分为两层:显层与隐层。显层用于表示数据的输入与输出,隐层则被理解为数据的内在表达。Boltzmann 机中的神经元都是布尔型的,即只能取 0、1 两种状态,状态 1 表示激活,状态 0 表示抑制。令向量 $s \in \{0,1\}^n$ 表示 n 个神经元的状态,ω_{ij} 表示神经元 i 与 j 之间的连接权,θ_i 表示神经元 i 的阈值,则状态向量 s 所对应的 Boltzmann 机能量定义为:

$$E(s) = -\sum_{i=1}^{n-1}\sum_{j=i+1}^{n}\omega_{ij}s_is_j - \sum_{i=1}^{n}\theta_i s_i \tag{4-50}$$

若网络中的神经元以任意不依赖于输入值的顺序进行更新,则网络最终将达到 Boltzmann 分布,此时状态向量 s 出现的概率将仅由其能量与所有可能状态向量的确定:

$$P(s) = \frac{e^{-E(s)}}{\sum_{t=1}^{n} e^{-E(t)}} \tag{4-51}$$

Boltzmann 机的训练过程就是将每个训练样本视为一个状态向量,使其出现的概率尽可能大。标准的 Boltzmann 机是一个全连接图,训练网络的复杂度很高,这使其难以用于解决现实任务。现实中常采用受限 Boltzmann 机(Restricted Boltzmann Machine,RBM)。受限 Boltzmann 机仅保留显层与隐层之间的连接,从而将 Boltzmann 机结构由完全图简化为二部图。

4.3 深度学习

机器学习定义为通过计算技术优化模型参数的过程,使模型的行为反映数据或经验。机器学习致力于研究如何通过计算的手段,利用经验来改善系统自身的性能。在计算机系统中,"经验"通常以"数据"形式存在,因此,机器学习所研究的主要内容,是关于在计算机上从数据中产生"模型"(model)的算法,即"学习算法"(learning algorithm)。深度学习是通过训练具有许多隐层的神经网络来创建丰富层次表示的方法,深度学习是机器学习的一个子集。

典型的深度学习模型就是很深层的神经网络。显然,对神经网络模型,提高容量的一个简单办法是增加隐层的数目。隐层多了,相应的神经元连接权、阈值等参数就会更多,模型复杂度也可通过单纯增加隐层神经元的数目来实现。通过多层处理,逐渐将初始的"低层"特征表示转化为"高层"特征表示后,用"简单模型"即可完成复杂的分类等学习任务。由此,可将深度学习理解为进行"特征学习"(feature learning)或"表示学习"(representation learning)。深度学习涉及的概念有:

数据标注:数据样本指定目标变量和赋值的过程。

训练数据:用于训练机器学习模型的输入数据样本子集。

测试数据:用于评估最终机器学习模型性能的数据。测试数据与训练数据、验证数据无交集。

验证数据:用于评估单个或多个候选机器学习模型性能的数据样本。验证数据与测试数据是不重复的,通常也与训练数据不重复。

迭代:针对一批样本,重复地执行系列步骤直至完成训练的过程。

模型推理:根据给定的前提进行论证并得出结论。

模型微调:提升人工智能模型的预测精确度,是一种先以大型广泛领域数据集训练,再以小型专门领域数据集继续训练的附加训练技术。常用于解决过拟合问题。

监督机器学习:在训练过程中,使用标注数据进行训练的一种机器学习任务。

半监督机器学习:在训练过程中,能够同时使用标注数据和无标注数据进行训练的一种机器学习任务。

无监督机器学习:仅用无标注数据实施训练的机器学习。

深度学习模型需要很好地解决泛化性和欠拟合、过拟合的关系。

深度学习模型泛化性指模型经过训练后,应用到新数据并进行准确预测的能力。

深度学习模型欠拟合是训练数据不足或不充分导致创立的模型在面向新数据时性能表现不佳或者不准确。当特征选择不当、训练时间不足,或者因模型能力有限(如表现力有限)使模型过于简单而无法从大量训练数据中学习时,易出现模型欠拟合。

深度学习模型过拟合表现为创建的模型过于精确地拟合训练数据,对新数据缺乏泛化性。造成模型过拟合的原因主要有三点:①数据集样本过少;②模型复杂度过高;③样本数据噪声过大。当训练数据测量的误差与在独立的测试及验证数据测量的误差之间存在显著差异时,可以作为过拟合的识别依据。当训练数据和生产数据之间存在严重不匹配时,过拟合模型的性能尤其会受到影响。

4.4 编 程 实 现

4.4.1 神经网络构建

为了更好地理解神经网络的工作原理和编程实现方法,以下提供了2个案例。采用随机数产生器生成权重和偏置,建立4个输入、3个输出的神经网络(案例1)。分别输出神经网络的权重和偏置,增加对神经网络的理解。以此为基础,采用 nn.Sequential 编制案例2,实现与案例1相同的功能。

1) 编程实现 4×3 神经网络(案例1)

目标:设置权重和偏置,构建 4×3 的神经网络。

输入:采用 torch.randn(4) 命令生成 4 个随机数。

神经网络结构:4 维输入、3 维输出,生成 4×3 的随机数权重矩阵,偏置为 3 维的随机数。

程序 4-9 构建了 4×3 的神经网络(表 4-12),神经元之间是线性连接关系。使用随机数产生器,设置神经网络输入层和输出层之间的连接权重和偏置。产生 4 维的随机数作为输入,进入神经网络前向传播 1 次,得到 3 维的输出。随机产生的权重和偏置参数为:

('weight', Parameter containing:
tensor([[-0.6014, -1.0122, -0.3023],
　　　　[-1.2277, 0.9198, -0.3485],
　　　　[-0.8692, -0.9582, -1.1920],
　　　　[1.9050, -0.9373, -0.8465]], requires_grad = True))

('bias', Parameter containing:tensor([2.2678, 1.3615, 0.0157], requires_grad = True))

输入和输出为:

sample_input: tensor([1.0990, 0.9537, 1.4011, -0.8805])

sample_out: tensor([-2.4592, 0.6092, -1.5736], grad_fn = <AddBackward0>)

程序 4-9 及其输出　　　　　　　　　　　　　　　　　　　　　　表 4-12

程序 4-9
| ```
import torch
from torch import nn

class MyLinear(nn.Module):
    def __init__(self, in_features, out_features):
        super().__init__()
        self.weight = nn.Parameter(torch.randn(in_features, out_features))
        self.bias = nn.Parameter(torch.randn(out_features))

    def forward(self, input):
        return (input @ self.weight) + self.bias

torch.manual_seed(10)
m = MyLinear(4, 3)                          #实例化,确定神经网络的输入和输出结构
sample_input = torch.randn(4)               # 产生4个随机数作为输入
sample_out = m(sample_input)                #调用神经网络

for parameter in m.named_parameters():      #查看权重和偏置值
    print(parameter)                        #打印

print('sample_input:', sample_input)
print('sample_out:', sample_out)
``` |

2) 采用 nn.Sequential 构建 4×3 的神经网络(案例 2)

目标:采用 nn.Sequential 构建 4×3 的神经网络。

输入:采用 torch.randn(4) 命令生成 4 个随机数。

采用 torch.nn 的 Sequential(),生成与案例 1 相同的 4×3 神经网络。使用 torch.nn 模块,权重和偏置可自动生成。运行程序 4-10(表 4-13),输出:

('0.weight', Parameter containing:
tensor([[-0.3998, -0.0525, -0.0519, -0.4538],
　　　　[0.3099, -0.3728, -0.0140, -0.4769],
　　　　[0.1404, 0.0023, 0.3459, 0.0840]], requires_grad=True))

('0.bias', Parameter containing:
tensor([-0.3943, 0.4714, -0.4302], requires_grad=True))

sample_input: tensor([-1.2064, 0.5148, -0.2825, 1.3083])
sample_out: tensor([-0.5181, -0.7144, -0.5862], grad_fn=<AddBackward0>)
```

程序 4-10 及其输出　　　　　　　　　　　　　　　　　　　　表 4-13

程序 4-10
| ```
import torch
from torch import nn

Net = nn.Sequential(nn.Linear(4,3))   #设置模型结构,4 输入,3 输出
sample_input = torch.randn(4)   # 产生 4 个随机数作为输入
sample_out = Net(sample_input)   #调用神经网络

for parameter in Net.named_parameters():   #查看权重和偏置值
    print(parameter)   #打印

print('sample_input:',sample_input)
print('sample_out:',sample_out)
``` |

神经网络结构还可以采用子模块的方式。建立 MyLinear 神经网络结构,作为 nn.Sequential 的子模块,见表 4-14。

程序 4-11 及其输出　　　　　　　　　　　　　　　　　　　　表 4-14

程序 4-11
| ```
import torch
from torch import nn

class MyLinear(nn.Module):
    def __init__(self, in_features, out_features):
        super().__init__()
        self.weight = nn.Parameter(torch.randn(in_features, out_features))
        self.bias = nn.Parameter(torch.randn(out_features))

    def forward(self, input):
        return (input @ self.weight) + self.bias
m = MyLinear(4,3)
sample_input = torch.randn(4)
m(sample_input)

for parameter in m.named_parameters():
    print(parameter)

net = nn.Sequential(
    MyLinear(4,3),   #可以替换为 nn.linear(4,3);MyLinear 无效用
    nn.ReLU(),
    MyLinear(3,1)   #可以替换为 nn.linear(3,1);;MyLinear 无效用
)

sample_input = torch.randn(4)
net(sample_input)
``` |

4.4.2 神经网络训练

未经过训练的神经网络模型,不具备推理能力。下面给出了神经网络训练的一般流程,以案例 1 和案例 2 为例,分别实现 4×3 神经网络的训练。

1) 神经网络训练(案例 1)

目标:设置权重和偏置,构建 4×3 的神经网络,进行 10000 次训练。

输入:采用 torch.randn(4)命令生成 4 个随机数。

神经网络结构:4 维输入、3 维输出,生成 4×3 的随机数权重矩阵,偏置为 3 维的随机数。

执行程序 4-12(表 4-15),输出:

input:tensor([0.2112, 1.5461, -1.4012, 0.5085])

output:tensor([0.9997, 1.0002, 1.0003], grad_fn = <AddBackward0>)

程序 4-12 及其输出　　　　　　　　　　　　　　　　　　　　表 4-15

程序 4-12
| ```
import torch
import torch.nn as nn
import torch.nn.functional as F
import numpy as np

class MyLinear(nn.Module):
    def __init__(self, in_features, out_features):
        super().__init__()
        self.weight = nn.Parameter(torch.randn(in_features, out_features))
        self.bias = nn.Parameter(torch.randn(out_features))

    def forward(self, input):
        return (input @ self.weight) + self.bias
torch.manual_seed(10)
net_4_3 = MyLinear(4, 3)   #实例化,确定神经网络的输入和输出结构
net_4_3.train()   #模型梯度可优化

optimizer = torch.optim.SGD(net_4_3.parameters(), lr=1e-4, weight_decay=1e-2, momentum=0.9)   #设置优化函数
criterion = nn.L1Loss()   #设置损失函数

for _ in range(10000):
    net_4_3.zero_grad()   #梯度归零
    input = torch.randn(4)
    output = net_4_3(input)   #向前传播
    target = torch.tensor([1, 1, 1])   #损失函数 假设 label 值为[1,1,1]
    loss = criterion(output, target)
    loss.backward()   #反向传播
    optimizer.step()   #参数优化

out_4_3 = net_4_3(torch.randn(4))
print('input:', torch.randn(4))
print('output:', out_4_3)
``` |
```

2) 神经网络训练(案例2)

目标：采用 nn.Sequential 构建 4×3 的神经网络，进行 5000 次训练。
输入：采用 torch.randn(4) 命令生成 4 个随机数。
执行程序 4-13（表 4-16），输出：
tensor([1.0017, 1.0001, 1.0000], grad_fn = <AddBackward0>)

input：tensor([−0.1446, −0.5412, 1.2639, −0.8168])
output：tensor([1.0012, 1.0001, 1.0002], grad_fn = <AddBackward0>)
input：tensor([−0.3440, −1.0517, 1.3271, −0.5697])
output：tensor([0.9999, 0.9990, 0.9984], grad_fn = <AddBackward0>)
input：tensor([−0.2589, 0.7908, 0.7373, 1.9022])
output：tensor([1.0010, 0.9995, 1.0006], grad_fn = <AddBackward0>)
input：tensor([−0.4128, 1.2947, 0.8388, 1.5503])
output：tensor([1.0001, 0.9996, 1.0009], grad_fn = <AddBackward0>)
input：tensor([−1.4983, −0.4561, −0.6235, 2.1962])
output：tensor([1.0005, 0.9995, 0.9991], grad_fn = <AddBackward0>)
input：tensor([0.9431, 1.9239, 0.2518, −1.8719])
output：tensor([1.0000, 0.9998, 0.9990], grad_fn = <AddBackward0>)
input：tensor([−0.1262, −1.7669, 2.0966, 1.4239])
output：tensor([1.0013, 0.9982, 1.0013], grad_fn = <AddBackward0>)
input：tensor([−0.2179, −0.4060, −1.2433, 0.9436])
output：tensor([1.0013, 0.9983, 1.0003], grad_fn = <AddBackward0>)
input：tensor([−0.7446, −0.3511, 2.3690, 0.0288])
output：tensor([0.9992, 1.0006, 0.9987], grad_fn = <AddBackward0>)
input：tensor([−0.2629, 0.1593, 1.7354, −0.3830])
output：tensor([1.0016, 0.9989, 1.0011], grad_fn = <AddBackward0>)

程序 4-13 及其输出　　　　　　　　　　　　　　　表 4-16

程序 4-13

``
import torch
import torch.nn.functional as F
from torch import nn
 	
torch.manual_seed(10)
Net = nn.Sequential(nn.Linear(4, 3))   #设置模型结构,4 输入,3 输出
optimizer = torch.optim.SGD(Net.parameters(), lr = 1e−4, weight_decay = 1e−2, momentum = 0.9)   #设置优化函数
criterion = nn.L1Loss()   #设置损失函数
 	
Net.train()
for _ in range(5000):   #模型训练
``

续上表

程序 4-13
| ```
    input = torch.randn(4)
    output = Net(input)    #向前传播
    target = torch.tensor([1, 1, 1])    #设置真实值为[1,1,1]
    loss = criterion(output, target)
    Net.zero_grad()    #梯度归零
    loss.backward()    #反向传播
    optimizer.step()    #参数优化
Net.eval()
out_4_3 = Net(torch.randn(4))
print(out_4_3)

torch.save(Net.state_dict(), 'net.pt')    # Save the module

new_net = nn.Sequential(nn.Linear(4, 3))    # Load the module later on
new_net.load_state_dict(torch.load('net.pt'))
for i in range(10):    #进行10次测试
    out_4_3_load = new_net(torch.randn(4))
    print('input:', torch.randn(4))
    print('output:', out_4_3_load)
``` |

4.4.3 神经网络保存和调用

方法.save 和.load_state_dict 是将训练好的网络进行保存的方法,当再次调用网络时,可以在前一次训练的基础上进一步训练或者直接处理新数据,从而节省时间,提高效率。也可以将网络直接用于新数据的学习和处理,而不需要重新训练数据,实现程序见表 4-17。

程序 4-14 及其输出　　　　　　　　　　　　　　　　　表 4-17

程序 4-14
| ```
# Save the module
torch.save(net.state_dict(), 'net.pt')

# Load the module later on
new_net = Net()
new_net.load_state_dict(torch.load('net.pt'))
``` |

4.4.4 自建交通数据集

自建数据集是深度学习神经网络训练和迁移学习的基础。

创建数据集需继承父类 torch.utils.data.Dataset,同时需要重载两个私有成员函数:def __ len __(self)和 def __ getitem __(self, index)。def __ len __(self)返回数据集的大小;def __ getitem__(self,index)接收一个index,返回图片数据和标签。

自建数据集的框架：

```
class cls_dataset(Dataset):
    def __init__(self) -> None:
        # initialization
    def __getitem__(self, index):
        # return data, label in set
    def __len__(self):
        # return the length of the dataset
```

1）编程实现案例1

目标：两个列表整合成数据集并调用。

执行程序4-15（表4-18），输出：1 2；2 3；3 4；4 5；5 6

([1,2],[2,3])。

程序4-15 及其输出　　　　　　　　　　　　　　　　　　　表4-18

程序4-15
| ```
import numpy as np
import torch
from torch.utils.data import Dataset, DataLoader

class my_dataset(Dataset):    #torch 最新版本中为 Dataset 和 DataLoader,也可以用 torch.utils.data.Dataset
    def __init__(self):
        pass
    def __getitem__(self, idx):
        x = [1,2,3,4,5]
        y = [2,3,4,5,6]    # 如果用数组形式可以用 np.arange(2,6)命令
        a, b = x[idx], y[idx]
        return a, b
    def __len__(self):
        return len(x)

dataset_my = my_dataset()
dataloader_my = DataLoader(dataset_my, batch_size=3, shuffle=False)

for data in dataset_my:    #for data in dataset_my 命令返回具体值
    x, y = data
    print(x,y)
print(dataset_my[0:2])    #dataset 可以索引调用,dataloder 不可以索引调用
``` |

2）编程实现案例2

使用.ImageFolder命令自建数据集,要求图像分别存放在不同文件夹目录下,见表4-19。
```

程序 4-16 及其输出 表 4-19

程序 4-16

```python
import torch
import numpy as np
import torchvision
import matplotlib.pyplot as plt
import os
from torchvision import datasets, models, transforms

os.environ["KMP_DUPLICATE_LIB_OK"] = "TRUE"

data_transforms = transforms.Compose([
        transforms.RandomResizedCrop(224),
        transforms.RandomHorizontalFlip(),
        transforms.ToTensor(),
        transforms.Normalize([0.485, 0.456, 0.406], [0.229, 0.224, 0.225])])

data_dir = r'C:\Users\xuhui\Desktop\data_2'
image_datasets = datasets.ImageFolder(os.path.join(data_dir, 'train'), transform=data_transforms)
dataloaders = torch.utils.data.DataLoader(image_datasets, batch_size=1,
                                          shuffle=True, num_workers=4)

device = torch.device("cuda:0" if torch.cuda.is_available() else "cpu")

for image, label in dataloaders:
    image = image
    label = label
    image = image / 2 + 0.5
    image = image.numpy()
    image = np.squeeze(image)
    image = image.transpose((1, 2, 0))
    mean = np.array([0.485, 0.456, 0.406])
    std = np.array([0.229, 0.224, 0.225])
    image = std * image + mean
    image = np.clip(image, 0, 1)
    plt.imshow(image)
    plt.show()
    print(label)
```

4.4.5 编程案例

1)手写字识别

目的:实现手写字识别深度学习神经网络的训练和应用。网络结构如图 4-14 所示。

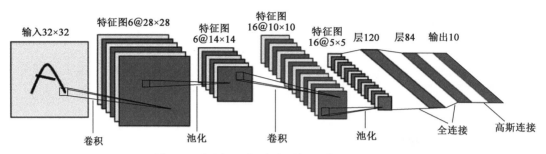

图 4-14 手写字识别深度学习神经网络结构示意图

执行程序 4-17(表 4-20),输出:

torch.return_types.max(
values = tensor(0.9968, grad_fn = <MaxBackward0>),
indices = tensor(7))

程序 4-17 及其输出　　　　　　　　　　表 4-20

程序 4-17
| ```
import torch
import torch.nn as nn
import torch.nn.functional as F
import matplotlib.pyplot as plt
import os

os.environ["KMP_DUPLICATE_LIB_OK"] = "TRUE"

class Net(nn.Module):
    def __init__(self):
        super().__init__()
        self.conv1 = nn.Conv2d(3, 6, kernel_size=5, stride=1, padding=0)
        self.conv2 = nn.Conv2d(6, 16, kernel_size=5, stride=1, padding=0)
        self.fc1   = nn.Linear(400, 120)
        self.fc2   = nn.Linear(120, 80)
        self.fc3   = nn.Linear(80, 10)

    def forward(self, x):
        x = x.view(-1, 3, 32, 32)
        x = F.relu(self.conv1(x))
        x = F.max_pool2d(x, kernel_size=2, stride=2, padding=0, return_indices=False)
        x = F.relu(self.conv2(x))
        x = F.max_pool2d(x, kernel_size=2, stride=2, padding=0, return_indices=False)
        x = x.flatten()
        x = self.fc1(x)
        x = self.fc2(x)
        x = self.fc3(x)
        return(x)
``` |
```

续上表

程序 4-17

net = Net()
criterion = nn.L1Loss()
optimizer = torch.optim.SGD(net.parameters(), lr = 1e - 4, weight_decay = 1e - 2, momentum = 0.9)
 	
net.train()
root = r'C:/Users/xuhui/Desktop/8_32.jpg'
for i in range(10000):
    img = plt.imread(root)
    img = img.transpose(2, 0, 1)
    img = torch.tensor(img)
    output = net(img.to(torch.float32))
    target = torch.Tensor([0, 0, 0, 0, 0, 0, 0, 1, 0, 0])
    loss = criterion(output, target)
    net.zero_grad()
    loss.backward()
    optimizer.step()
 	
net.eval()   #评估模式
root = r'C:/Users/xuhui/Desktop/8_32.jpg'
img = plt.imread(root)
img = img.transpose(2, 0, 1)
img = torch.tensor(img)
output = net(img.to(torch.float32))
print(torch.max(output, 0))

2) 手写字编码、解码

目的:实现编码、解码深度学习神经网络的训练和应用。编码、解码结构设计见表 4-21,结构示意图如图 4-15 所示,执行程序见表 4-22。

编码、解码结构设计　　　　　　　　　　表 4-21

结构层	Hout	Hin	kernel	padding	stride	dilation	功能
Conv1	14	28	3	1	2	1	卷积
Conv2	7	14	3	1	2	1	卷积
Conv3	4	7	3	1	2	1	卷积
Conv4	4	4	3	1	1	1	卷积
Conv5	4	4	3	1	1	1	反卷积
Conv6	7	4	6	1	1	1	反卷积
Conv7	14	7	10	1	1	1	反卷积
Conv8	28	14	17	1	1	1	反卷积

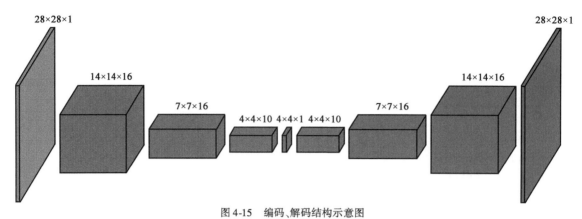

图 4-15 编码、解码结构示意图

程序 4-18 及其输出　　　　　　　　　　　　　　　表 4-22

程序 4-18

```python
import torch
import numpy as np
from torch import nn
import torch.nn.functional as F
import matplotlib.pyplot as plt
import os

os.environ["KMP_DUPLICATE_LIB_OK"] = "TRUE"

class Mnist_CNN(nn.Module):
    def __init__(self):
        super().__init__()
        #卷积
        self.conv1 = nn.Conv2d(3, 16, kernel_size=3, stride=2, padding=1)
        self.conv2 = nn.Conv2d(16, 16, kernel_size=3, stride=2, padding=1)
        self.conv3 = nn.Conv2d(16, 10, kernel_size=3, stride=2, padding=1)
        self.conv4 = nn.Conv2d(10, 3, kernel_size=3, stride=1, padding=1)
        #反卷积
        self.conv5 = nn.ConvTranspose2d(3, 10, kernel_size=3, stride=1, padding=1)
        self.conv6 = nn.ConvTranspose2d(10, 16, kernel_size=6, stride=1, padding=1)
        self.conv7 = nn.ConvTranspose2d(16, 16, kernel_size=10, stride=1, padding=1)
        self.conv8 = nn.ConvTranspose2d(16, 3, kernel_size=17, stride=1, padding=1)

    def forward(self, xb):
        xb = xb.view(-1, 3, 28, 28)
        xb = F.relu(self.conv1(xb))
        xb = F.relu(self.conv2(xb))
        xb, m = F.max_pool2d(xb, kernel_size=3, stride=2, padding=1, return_indices=True)
        xb = F.max_unpool2d(xb, m, kernel_size=3, stride=2, padding=1)
        xb = F.relu(self.conv3(xb))
        xb = F.relu(self.conv4(xb))
        xb = F.relu(self.conv5(xb))
        xb = F.relu(self.conv6(xb))
        xb = F.relu(self.conv7(xb))
        xb = self.conv8(xb)
        return xb
```

续上表

程序 4-18
| ```python
net = Mnist_CNN()

optimizer = torch.optim.SGD(net.parameters(), lr=1e-4, weight_decay=1e-2, momentum=0.9)
criterion = nn.L1Loss()

net.train()

for _ in range(30000):
    root = r'C:/Users/xuhui/Desktop/2_28.png'
    pic = plt.imread(root)
    pic = pic.transpose(2, 1, 0)
    pic = torch.tensor(pic)
    output = net(pic)
    output = output.flatten()
    target = pic.flatten()
    loss = criterion(output, target)
    net.zero_grad()
    loss.backward()
    optimizer.step()

net.eval()

root = r'C:/Users/xuhui/Desktop/2_28.png'
pic_2 = plt.imread(root)
pic_2 = pic_2.transpose(1, 2, 0)
pic_2 = torch.tensor(pic_2)

output_2 = net(pic_2)   #神经网络推理

output_2 = output_2.reshape(3, 28, 28)
output_2 = output_2.detach()
output_2 = np.array(output_2)
output_2 = output_2.transpose(2, 1, 0)

mean = np.array([0.485, 0.456, 0.406])
std = np.array([0.229, 0.224, 0.225])
output_2 = std * output_2 + mean
output_2 = np.clip(output_2, 0, 1)

plt.imshow(output_2)
``` |
| 查看网络结构 |
| ```python
root = r'C:/Users/xuhui/Desktop/8_28.png'
pic = plt.imread(root)
pic = pic.transpose(2, 0, 1)
pic = torch.tensor(pic)
net = Mnist_CNN()   #神经网络实例化
predictions = net(pic)
torch.onnx.export(net, pic, "net.onnx", opset_version=11)   #输出模型结构
netron.start(r'C:\Users\xuhui\Desktop\net.onnx')   #netron网站调用net.onnx,查看结构
``` |

执行程序4-26,输出(模型训练轮次)如图4-16所示。

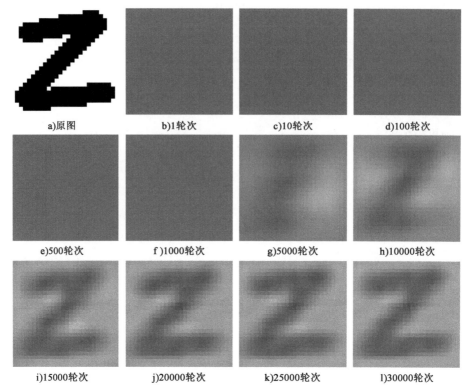

图4-16　不同训练轮次的模型输出

第 5 章 交通目标识别理论与方法

5.1 概　　述

5.1.1 模式识别和图像识别

模式识别是人工智能和信息科学的重要组成部分,是通过功能单元对某一对象物理或抽象的模式以及结构和配置的辨识,从而对事物或现象进行描述、识别、分类的过程。图像识别属于模式识别的分支,是信息时代的重要技术,其产生的目的就是要用计算机去代替人类识别和处理大量的图像信息。伴随着计算机技术的发展,人们对图像识别技术的理解也越来越深入。图像识别技术包括信息的获取、预处理、特征提取与选择、分类器设计和分类决策。

5.1.2 图像识别方法和分类

视觉在人类感知中占有重要地位,经过眼球、神经元、大脑等多器官的复杂配合协同过程,感受和理解图像信息。眼球视网膜中存在大量被称为视杆和视锥的神经元,用来感受光线并作出反应。视杆感受弱光环境,处理黑色、白色和灰色等视觉信息。视锥感受光线强度和颜色。视杆和视锥的轴突与视网膜中其他细胞相连接,连接点进行部分视觉信息的初级处理。视杆和视锥细胞还与神经节细胞相连,神经节细胞的轴突像电缆中的电线一样集结成束,形成了视神经。视神经位于视网膜后方,与大脑相连。感受右侧视野的神经节细胞与左侧大脑相连,感受左侧视野的神经节细胞与右侧大脑相连,通过大脑中部的视交叉,然后与丘脑相连。丘脑把视觉信息送入枕叶的初级视觉皮层,对视觉信息基本特征进行加工处理。初级视觉皮层中神经元与联合皮层联结,而联合皮层会将这些基本视觉特征整合成更加复杂的视觉模式。

视觉是人类的本能,具有与生俱来的强大信息处理能力。人类进行视觉活动的过程,具有明显的选择和判断力,但图像识别对于计算机来讲,是非常复杂和难于处理的任务。传统的图像识别方法,统计学是重要的研究手段,将具体的图像抽象为特征集,与具有已知类别物体的特征集进行相似性分析,采用统计学指标作为分类的指标。

1) 最近邻算法

最近邻算法将输入图像与已知类型图像进行比较,给出最接近匹配的类别。

最近邻算法没有训练阶段,对新样本直接与训练集做分类或者回归预测。最近邻选取阈值为 K,对在阈值范围内离测试样本最近的点进行投票,票数多的类别就是这个测试样本的类别。

2) 贝叶斯分类器

对于图像识别分类,在所有相关概率均已知的条件下,贝叶斯决策论考虑在已知概率和误判损失的条件下选择最优的类别标记。

假设有 N 种可能的类别标记,记作 $y=\{c_1,c_2,\cdots,c_N\}$。λ_{ij} 是将 c_j 类样本误划分至 c_i 所产生的损失,基于后验概率 $P(c_i|x)$,可获得将样本 x 分类为 c_i 产生的期望损失 $R(c_j|x)$:

$$R(c_j|x)=\sum_{j=1}^{N}\lambda_{ij}P(c_i|x) \tag{5-1}$$

$$\lambda_{ij}=\begin{cases}0 & (i=j)\\ 1 & (\text{其他})\end{cases} \tag{5-2}$$

寻找一个判别标准 $h:x\mapsto y$,用以最小化总体风险 $R(h)$:

$$R(h)=\mathbb{E}(R(h(x)|x)) \tag{5-3}$$

对于每一个样本 x,若 h 能最小化条件风险 $R(h(x)|x)$,总体风险 $R(h)$ 也将被最小化。

贝叶斯判断准则:为了最小化总体风险,需要在每个样本 x 上选择最小化条件风险 $R(c|x)$ 最小的类别标记。即,判别准则 $h^*(x)$ 为:

$$h^*(x)=\arg\min_{c\in y}R(c|x) \tag{5-4}$$

h^* 为贝叶斯最优分类器,与之对应的风险称为贝叶斯风险 $R(h^*)$。

贝叶斯分类器准则来最小化决策风险,首先需要获得后验概率 $P(c|x)$,实际中较难直接获得,机器学习的主要实现的是基于有限的训练样本尽可能地估计出后验概率。主要有两种策略:

(1)判别式模式。给定样本 x,直接建模计算 $P(c|x)$。
(2)生成式模式。先确定联合概率 $P(c,x)$,再计算 $P(c|x)$:

$$P(c|x)=\frac{P(c,x)}{P(x)} \tag{5-5}$$

基于贝叶斯定理得到:

$$P(c|x)=\frac{P(c,x)}{P(x)}=\frac{P(c)P(x|c)}{P(x)}=\frac{P(c)P(x|c)}{P(c)P(x|c)+(1-P(c))P(x|1-c)} \tag{5-6}$$

朴素贝叶斯分类器采用了属性条件独立假设,对已知类别,假设属性之间相互独立(忽略属性之间的交叉影响)。半朴素贝叶斯分类器假设属性之间相互独立条件较为苛刻,对属性独立的假设进行了一定的放松(松弛),即独依赖(每个因素只和其他一个因素相关)。

3) 聚类分析

从统计学的观点看,聚类分析是通过数据建模提取特征的一种方法。传统的统计聚类分析方法包括系统聚类法、分解法、加入法、动态聚类法、有序样品聚类、有重叠聚类和模糊聚类等。

从机器学习的角度讲,聚类是搜索图像特征的无监督学习过程。用于聚类分析的算法分为聚合和分割两类。聚合算法从各个特征点开始,根据某种相似性函数逐步将其组合,直到达到预定目标。分割算法将整组特征点作为单个大的聚类,然后逐步分割,直到达到预定目标。

4) 支持向量机

支持向量机(SVM)是一类按监督学习方法,通过"核"方法进行非线性分类。由于支持向量机仅在数据集线性可分情况下有效,因此通常将训练和测试数据转换到高维特征空间,在此空间数据具有可分性。

5) 卷积神经网络

相同类型图像,由于拍摄角度、光线明暗、目标本身特征等存在差异,需要图像识别器具有一定的鲁棒性,来更好地提取图像的特征信息。采用卷积神经网络进行目标识别,通过三种架构思想[局部感受野(local receptive fields)、权重共享(shared weights)、下采样(sub-sampling)]来保证平移、尺度和形变的不变性。

5.2 卷积神经网络组成和实现

卷积神经网络(CNN)是前馈神经网络,在其至少一层中使用卷积,其结构一般为输入层—卷积层—池化层—全连接层—输出层。卷积神经网络的出现,促进了图像识别、目标检测等计算机视觉技术的发展。基于卷积神经网络的深度学习算法在大型计算机视觉数据竞赛中居于前列,在移动机器人和自动驾驶领域的研究中发挥了重要作用。卷积神经网络分为Conv1D(一维)、Conv2D(2维)和Conv3D(三维),交通目标识别多选用Conv2D。

5.2.1 卷积神经网络的组成

与常规神经网络不同,卷积神经网络包含卷积层和池化层,负责提取原始数据特征。标准卷积神经网络主要由卷积层、池化层以及全连接层组成,采用反向传播算法进行学习,结构如图 5-1 所示。

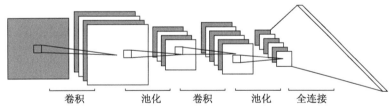

图 5-1 卷积神经网络的组成结构

卷积层某个神经元只与下一层的某区域相连接,具有局部感知特性。池化层也称下采样层(采样是在水平和垂直方向对二维空间连续图像进行等间距的分割,形成矩形网状结构的过程。下采样又称降采样,若按照像素位置或者间距进行重新采样,以构成新的较低分辨率图像的过程),降低数据维度,起到特征提取的作用,以获得更加抽象的特征。全连接层通常位于卷积神经网络的最后,主要用于解决分类问题。

1) 输入层

PyTorch 要求将 3 维图像(Height,Width,Channel)转变为 4 维列表后,再进入 CNN 提取数据特征,数据形状为(Batch_size,Channel,Height,Width),其中 batch_size 表示图像批处理数量,Channel、Height、Width 分别表示图像的通道数、高和宽。RGB 图像的通道数量为 3,灰度图像的通道数量为 1。

2) 卷积层

卷积层是卷积神经网络中的最基本层,也是卷积神经网络中最重要的部分。卷积是数学中一个非常重要的概念,在图像和信号处理领域起着重要作用。与全连接层相比,局部连接是指每个神经元都和下一个网络的局部窗口内的神经元相连,从而导致该层与下一个相邻层的耦合显著降低。

权重共享是指在卷积过程中把相同的卷积核输入神经网络,卷积核的参数被输入数据共享,不会因为卷积位置的变化而导致参数的改变。一个卷积核可以被视为只提取输入数据的一个特定特征,如果需要捕获不同的特征,则需要使用不同的卷积核。卷积核也叫作滤波器,在图像处理领域,卷积核以一定的步长和相应的数学计算沿特征图滑动,这个过程被称为卷积。卷积核的大小可采用 1×1、3×3、5×5、7×7、9×9、11×11 等,需要结合数据集选取适当尺寸的卷积核,较小的卷积核有助于提取精细特征,较大的卷积核会遗漏微小的细节。

PyTorch 给出 torch.nn.Conv2d() 用于计算和操作图像卷积层。

3) 池化层

池化层通常位于卷积层之后,主要是在输入的特征图中进行选择,以减小计算量,从而减少参数的数量,并保持信息的有效性,同时减少空间特征。池化层可以降低输入特征维度,防止过拟合。与卷积操作类似,池化操作也通过步长滑动操作执行。但它们之间存在差异,池化层计算不是由卷积核和特征图计算的节点加权和来完成的,可以归结为对特征图某区域进行下采样,并得到该区域的最大值或平均值。池化操作过程如图 5-2 所示。

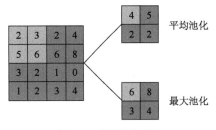

图 5-2 池化操作过程

PyTorch 给出 torch.nn.MaxPool2d() 用于计算和操作池化层。

4) 全连接层

全连接层将经过卷积层和池化层后提取到的特征映射到线性可分空间,从而实现分类功能。

以 VGG-16 为例,对 $224 \times 224 \times 3$ 的输入,最后一层卷积输出为 $7 \times 7 \times 512$,如后层是一层含 4096 个神经元的全连接层,则可用 4096 个 $7 \times 7 \times 512$ 卷积核实现全连接运算过程。卷积核参数如下:"filter size = 7, padding = 0, stride = 1, D_in = 512, D_out = 4096",经过此卷积操作后可得输出为 $1 \times 1 \times 4096$。

PyTorch 给出 torch.nn.Linear() 用于计算和操作全连接层。

5) Softmax 层

全连接层得到 $N \times 1$ 向量 X,向量数值大小无限制,范围为负无穷至正无穷。Softmax 层将输出向量规范至 $0 \sim 1$,表示各个类别的概率。

5.2.2 卷积神经网络的传播

样本数据特征的自动学习过程称为卷积神经网络的训练,分为监督和无监督训练。有无监督训练是指网络训练时的输入数据有无相应标签。神经网络调整更新网络的权重参数是由前向传播和反向传播来实现的,直至达到满足使用需求的迭代次数或建模精度的既定要求停止,完成神经网络模型的训练。

1) 前向传播阶段

(1) 输入预处理。

图像数据输入卷积神经网络前通常会进行预处理操作,例如尺寸缩放、滤波去噪(均值滤波、中值滤波、高斯滤波等)、去均值、归一化、白化等。

PyTorch 要求输入数据为归一化后的张量数据。

(2) 卷积层间传递。

以 torch.nn.Conv2d() 为例进行说明。

torch.nn.Conv2d(in_channels, out_channels, kernel_size, stride = 1, padding = 0, dilation = 1, groups = 1, bias = True, padding_mode = 'zeros', device = None, dtype = None)

In_channels:输入通道数。

out_channels:输出通道数。

kernel_size:卷积核尺寸。

stride(步幅):步幅(标量或者元组),默认值为 1。

padding(填充):输入的填充(字符串或者元组),默认填充值为 0。

dilation(膨胀):卷积核点间视野范围的距离。

groups(分组):输入和输出的对应关系,输入通道和输出通道数量要求能够被分组整除。例如,group = 1,全部输入通道均进行卷积后输出;group = 2,输入通道分为 2 组,分别进行卷积后得到 2 组输出,将其顺序相连接得到输出。

为了进一步理解参数的含义(将卷积过程按照卷积核的滑动分成了若干步骤,计算机实际计算过程为同步计算),将 torch.nn.Conv2d(in_channels = 1, out_channels = 1, kernel_size = 3, stride = 1, padding = 0, dilation = 1, groups = 1, bias = True, padding_mode = 'zeros', device = None, dtype = None) 操作分为 16 个步骤,具体过程如图 5-3 所示。

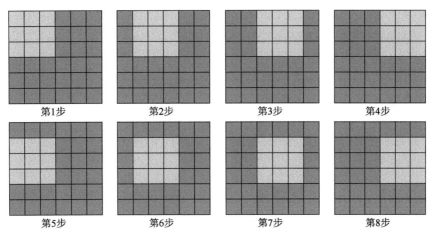

图 5-3

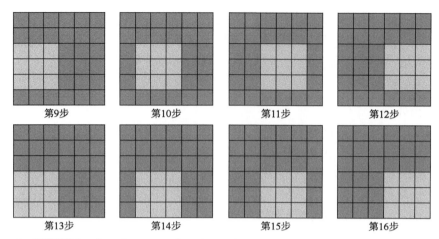

图 5-3 2D 卷积操作（in_channels = 1，out_channels = 1，kernel_size = 3，stride = 1，padding = 0，dilation = 1，groups = 1，bias = True，padding_mode = 'zeros'，device = None，dtype = None）

如输入图像通道数为 1（灰度图），卷积操作第 1 步输入、卷积核、输出对应关系如图 5-4 所示。如输入图像通道数为 3（彩色图），卷积操作第 1 步输入、卷积核、输出对应关系如图 5-5 所示。

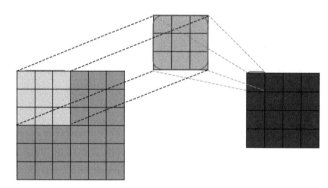

图 5-4 卷积操作第 1 步输入、卷积核、输出对应关系（in_channels = 1，out_channels = 1，kernel_size = 3，stride = 1，padding = 0，dilation = 1，groups = 1，bias = True，padding_mode = 'zeros'，device = None，dtype = None）

可以采用膨胀卷积核扩大卷积的视野范围，torch.nn.Conv2d（in_channels，out_channels，kernel_size = 3，stride = 3，padding = 1，dilation = 2，groups = 1，bias = True，padding_mode = 'zeros'，device = None，dtype = None）卷积操作过程可分为 4 个步骤，具体过程如图 5-6 所示。卷积操作第 1 步输入、卷积核、输出对应关系如图 5-7 所示。

Conv2D 卷积操作的本质是将卷积核与图像做内积并加偏置运算后将所有通道的结果相加，操作过程如图 5-8 所示。设定输入为 $(N, C_{in}, H_{in}, W_{in})$，输出为 $(N, C_{out}, H_{out}, W_{out})$，则卷积层的互相关表达式为：

$$\text{out}(N_i, C_{out_j}) = \text{bias}(C_{out_j}) + \sum_{k=0}^{C_{in}-1} \text{weight}(C_{out_j}, k) \cdot \text{input}(N_i, k) \tag{5-7}$$

式中：N——批量（批尺寸、批大小）；

C——通道数；

k——深度卷积。

如果输入为灰度图($C=1$),则$k=0$(1层卷积核);如果输入为彩色图($C=3$),则$k=2$(3层卷积核)。深度卷积需要卷积核通道数和输入层通道数相同,输出层深度取决于卷积核的数量。

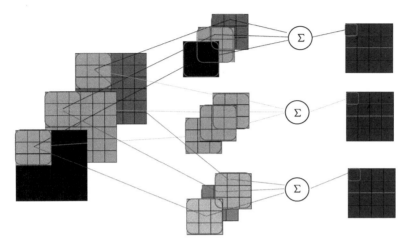

图5-5　卷积操作第1步输入、卷积核、输出对应关系(in_channels = 3, out_channels = 3, kernel_size = 3, stride = 1, padding = 0, dilation = 1, groups = 1, bias = True, padding_mode = 'zeros', device = None, dtype = None)

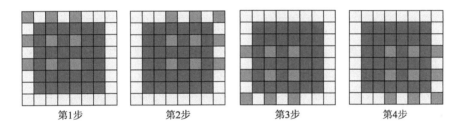

图5-6　卷积操作过程(in_channels, out_channels, kernel_size = 3, stride = 3, padding = 1, dilation = 2, groups = 1, bias = True, padding_mode = 'zeros', device = None, dtype = None)

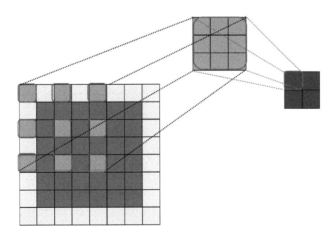

图5-7　第1步输入、卷积核、输出对应关系(in_channels, out_channels, kernel_size = 3, stride = 3, padding = 1, dilation = 2, groups = 1, bias = True, padding_mode = 'zeros', device = None, dtype = None)

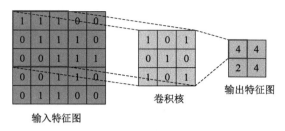

图 5-8 卷积操作过程

设定输入为 $(N, C_{in}, H_{in}, W_{in})$，则 Conv2D 卷积层特征图大小计算公式为：

$$H_{out} = \left[\frac{H_{in} + 2 \times padding[0] - dilation[0] \times (kernel\_size[0] - 1) - 1}{stride[0]} + 1 \right]$$
$$W_{out} = \left[\frac{W_{in} + 2 \times padding[1] - dilation[1] \times (kernel\_size[1] - 1) - 1}{stride[1]} + 1 \right] \quad (5-8)$$

如果 padding、dilation、kernel_size、stride 在 H 和 W 方向均相同，上式转换为：

$$H_{out} = \left[\frac{H_{in} + 2 \times padding - dilation \times (kernel\_size - 1) - 1}{strid} + 1 \right]$$
$$W_{out} = \left[\frac{W_{in} + 2 \times padding - dilation \times (kernel\_size - 1) - 1}{stride} + 1 \right] \quad (5-9)$$

手写识别卷积神经网络中存在 2 个卷积层，根据 Conv2D 卷积层特征图计算公式，可以通过设置 kernel、padding、stride、dilation 等参数，实现既定 H_{out} 和 H_{in}。

Conv1 卷积层中，输入特征图 H_{in} 尺寸为 32×32，kernel = 5、padding = 0、stride = 1、dilation = 1 条件下，输出特征图为 $H_{out} = 28 \times 28$；Conv2 卷积层中，输入特征图 H_{in} 尺寸为 14×14，kernel_size = 5、padding = 0、stride = 1、dilation = 1 条件下，输出特征图为 $H_{out} = 10 \times 10$。根据式(5-8)，手写识别卷积神经网络卷积层特征见表 5-1。

手写识别卷积神经网络卷积层特征　　　　表 5-1

卷积层	计算结果					
	H_{out}	H_{in}	kernel_size	padding	stride	dilation
Conv1	28	32	5	0	1	1
Conv2	10	14	5	0	1	1

(3) 池化操作。

PyTorch 提供 torch. nn. MaxPool2d (nn. MaxPool2d、nn. MaxUnpool2d、nn. AvgPool2d、nn. LPPool2d、nn. FractionalMaxPool2d、nn. AdaptiveMaxPool2d、nn. AdaptiveAvgPool2d) 等类用于计算和操作池化层。

以 torch. nn. MaxPool2d( ) 为例进行说明：

torch. nn. MaxPool2d(kernel_size, stride = None, padding = 0, dilation = 1, return_indices = False, ceil_mode = False)

kernel_size：最大池化窗口尺寸。

stride(步幅):窗口步幅(stride = None 的默认值为 kernel_size)。

padding(填充):输入的填充量(字符串或者元组),默认填充值为 0。

dilation(膨胀):卷积核点间视野范围的距离。

return_indices:如取值为 True,返回最大值和对应的位置索引。

ceil_mode:取值为 True,如发生 kernel_size 窗口部分覆盖输入情况,保留部分输入并进行最大值计算。

为了增进对参数的进一步理解(为了更加形象,将池化过程分成了若干步骤,计算机实际计算过程为同步计算,下同),将 torch. nn. Conv2d(kernel_size = 3, stride = None, padding = 0, dilation = 1, return_indices = False, ceil_mode = False)操作分为 4 个步骤,具体过程如图 5-9 所示,对应池化层输入如图 5-10 所示。

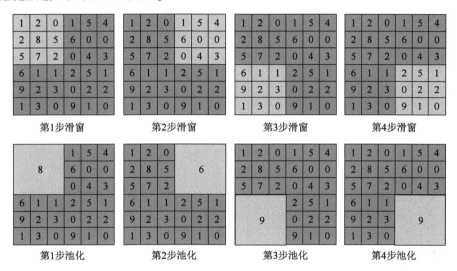

图 5-9　池化操作(kernel_size = 3, stride = None, padding = 0, dilation = 1, return_indices = False, ceil_mode = False)

采用 4 个滑动窗口,执行 torch. nn. MaxPool2d( )最大化池化处理。以第 1 步滑窗和池化为例说明,滑动窗口内存在 1、2、0、2、8、5、5、7、2 等 9 个神经元,其中最大的神经元为 8,则第 1 步池化结果为 8。

经过池化处理,输出结果如图 5-11 所示。

1	2	0	1	5	4
2	8	5	6	0	0
5	7	2	0	4	3
6	1	1	2	5	1
9	2	3	0	2	2
1	3	0	9	1	0

图 5-10　池化层输入

8	6
9	9

图 5-11　池化层输出

调整 torch. nn. MaxPool2d( )参数为(kernel_size = 3, stride = None, padding = 1, dilation = 1, return_indices = False, ceil_mode = True),操作分为 9 步骤,具体池化过程如图 5-12 所示,对应池化操作的输出如图 5-13 所示。

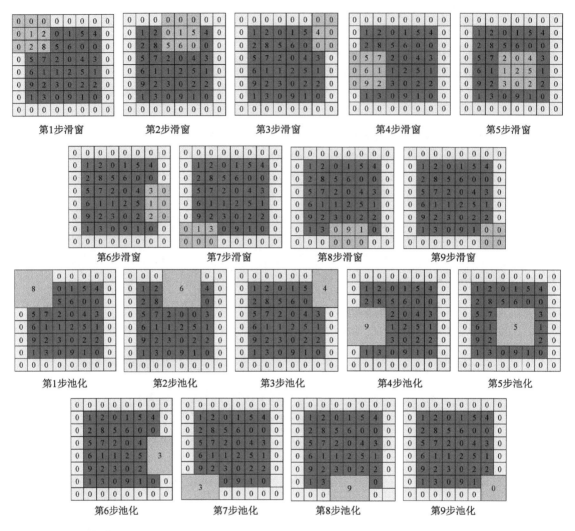

图5-12 池化操作(kernel_size = 3, stride = None, padding = 1, dilation = 1, return_indices = False, ceil_mode = True)

图5-13 池化层输出

Conv2D池化操作的意义在于特征降维,降低计算资源的损耗,减少模型过拟合。池化降低图像尺寸但是保留图像特征及其位置信息。池化具有平移不变性,物体在图像中发生较小的平移(不超过感受野),并不会影响池化效果,不影响模型的特征图提取。设定输入为(N, C, H_{in}, W_{in}),最大池化窗口为(H_k, W_k),输出为(N, C, H_{out}, W_{out}),池化操作表达式为:

$$\text{out}(N_i, C_j, h, w) = \max_{m=0,\cdots,H_k-1} \max_{n=0,\cdots,W_k-1} \text{input}(N_i, C_j, \text{stride}[0] \times h + m, \text{stride}[1] \times w + n) \quad (5\text{-}10)$$

式中,$h \in [0, H_{out})$;$w \in [0, W_{out})$。

Conv2D池化层输出特征图的计算公式如下:

$$H_{out} = \left[\frac{H_{in} + 2 \times padding[0] - dilation[0] \times (kernel\_size[0] - 1) - 1}{stride[0]} + 1 \right]$$

$$W_{out} = \left[\frac{W_{in} + 2 \times padding[1] - dilation[1] \times (kernel\_size[1] - 1) - 1}{stride[1]} + 1 \right] \quad (5\text{-}11)$$

如果 padding、dilation、kernel_size、stride 在 H 和 W 方向均相同,上式转换为:

$$H_{out} = \left[\frac{H_{in} + 2 \times padding - dilation \times (kernel\_size - 1) - 1}{strid} + 1 \right]$$

$$W_{out} = \left[\frac{W_{in} + 2 \times padding - dilation \times (kernel\_size - 1) - 1}{stride} + 1 \right] \quad (5\text{-}12)$$

池化和卷积操作在输出特征图的尺寸计算上,所应用的公式具有一致性,但是 kernel_size 意义存在差异,卷积操作为卷积核,池化操作为池化窗口。

手写识别卷积神经网络中存在 2 个池化层,根据 Pooling 池化层特征图计算公式,可以通过设置 kernel、padding、stride、dilation 等参数,实现既定 H_{out} 和 H_{in}。

Pooling1 卷积层中,输入特征图 H_{in} 尺寸为 28×28,kernel=2、padding=0、stride=2、dilation=1 条件下,输出特征图为 $H_{out}=14\times14$;Pooling2 卷积层中,输入特征图 H_{in} 尺寸为 10×10,kernel=2、padding=0、stride=2、dilation=1 条件下,输出特征图为 $H_{out}=5\times5$。根据式(5-11),手写识别卷积神经网络卷积层特征见表 5-2。

手写识别卷积神经网络卷积层特征　　　　表 5-2

卷积层	特征					
	H_{out}	H_{in}	kernel_size	padding	stride	dilation
Pooling1	14	28	2	0	2	1
Pooling2	5	10	2	0	2	1

(4)卷积层至全连接层操作。

对于卷积神经网络,目前也有很多网络最后采用全连接层来作为分类器。

假设全连接层有 10 个神经元,全连接层的输入为 3×12×12 特征图,通过 10 个 3×12×12 卷积核实现卷积层和全连接层的连接。

(5)全连接操作。

PyTorch 提供了 torch.nn.Linear(in_features, out_features, bias=True, device=None, dtype=None)类用于计算和操作池化层。

设定 $y=\{y_1,\cdots,y_{out\_features}\}$,$x=\{x_1,\cdots,x_{in\_features}\}$(out_features 为输出维度;in_features 为输入维度)。全连接操作计算公式如下:

$$y = x\boldsymbol{A}^T + b \quad (5\text{-}13)$$

式中:$\boldsymbol{A}$——权重矩阵;

　　　b——偏置。

与卷积层不同,全连接层中的每个神经元与下一个相邻层中的所有神经元相连,输出特征图的计算公式如下:

$$H_{in} = \text{in\_features} \tag{5-14}$$
$$H_{out} = \text{out\_features} \tag{5-15}$$

(6) Softmax 操作。

PyTorch 提供了 torch.nn.Softmax(dim = None) 类用于计算 softmax。设定 $X = \{x_1, x_2, \cdots, x_i, \cdots x_N\}$, softmax 执行操作,输出 n 维度 $[0,1]$ 之间的数值。

$$\text{Softmax}(x_i) = \frac{\exp(x_i)}{\sum_j \exp(x_i)} \tag{5-16}$$

PyTorch 提供 torch.nn.Softmax(dim = None) 用于计算和操作 softmax 层, 见表 5-3。

Softmax 层及输出 表 5-3

程序	输出	说明

import torch
import torch.nn as nn
 	
torch.manual_seed(10)
m = nn.Softmax(dim=1)
input = torch.randn(2, 3)
output = m(input)
print(input)
print(output)
	tensor([[-0.6014, -1.0122, -0.3023],
	        [-1.2277, 0.9198, -0.3485]])
	
	tensor([[0.3320, 0.2202, 0.4478],
	        [0.0835, 0.7153, 0.2012]])
		(1) nn.Softmax(dim=1) 在维度 1 上执行 softmax 操作;
		(2) nn.Softmax 可用于分类概率的计算

2) 反向传播阶段

反向传播的主要方法是链式法则,其目的是更新参数。在完成神经网络的前向传播后,使用损失函数计算输出结果与标签之间的差值,该值被称为损失值,并且损失值越小,就越能更好地证明网络通过训练获得的性能越好。神经网络训练的目的是不断降低损失,最终达到既定的精度要求。在反向传播中,为了最大限度地减少网络中的损失,一般采用随机梯度下降和 Adam 等优化方法。

损失函数包括均方误差 MSE 和交叉熵损失(Cross Entropy Loss, CEL)等。MSE 用于回归任务,计算公式为:

$$\text{MSE}(s, s') = \frac{1}{n}\sum_{i=1}^{n}(s_i - s'_i)^2 \tag{5-17}$$

式中:s——真实标签;

s'——网络的预测结果;

n——样本的总数量。

主要用于求解分类问题的交叉熵函数描述了模型实际输出与预测输出概率的差异,并计算了损失值,损失值越小说明两种概率分布越接近,模型预测结果就越准确。损失值的计算公式如下:

$$H(p, q) = -\sum_{i=1}^{C} p(x_i) \log q(x_i) \tag{5-18}$$

式中:C——类别数;

p——期望输出的概率分布;

q——模型实际输出的概率分布。

5.2.3 卷积神经网络的 pytorch 实现

为了更好地理解卷积神经网络,以及卷积层、池化层、Dropout2d 层标准化层、全连接层等功能结构如何编程实现,以下给出了识别手写数字卷积神经网络的 pytorch 程序。

1) 外部库和预处理

首先,导入 torch、torchvision、torch.nn、torch.optim、numpy、cv2、torchvision.datasets、torchvision.models、torchvision.transforms 等所需外部库。读取 8_32.jpg 图像,进行随机中心裁剪、随机水平映射、张量转换、标准化等预处理,输入数据符合卷积神经网络输入需求。

```
import torch, torchvision
import torch.nn as nn
import torch.optim as optim
import numpy as np
import cv2 as cv
from torchvision import datasets, models, transforms

path = r'C:\Users\xuhui\Desktop\8_32.jpg'
img = cv.imread(path)
img = np.transpose(img,(2, 0, 1))
data_transforms = transforms.Compose([
        transforms.RandomResizedCrop(224),
        transforms.RandomHorizontalFlip(),
        transforms.ToTensor(),
        transforms.Normalize([0.485, 0.456, 0.406], [0.229, 0.224, 0.225])])
img = data_transforms[img]
```

2) 网络结构设计

针对图像分类任务,卷积神经网络结构设计较为灵活,往往采用精确度、召回率等指标评价构建网络结构的优劣。以下提供了 4 种网络结构,均能够实现识别手写数字的功能。

(1) 输入为 32×32×3 图像,输出为 10 个类别,神经网络结构由 5 个卷积层、1 个全连接层和 1 个 softmax 层构成。卷积层采用 5×5 卷积核,用 Conv1、Conv2、Conv3、Conv4 和 Conv5 表示。通道数量依次变化为 3:6:16:16:6:1,3 通道 32×32 图像经过卷积层处理后,输出 1 通道 12×12 图像。采用 flatten 操作,展平 1 维图像为 144 个神经元。全连接层建立 144:10 的对应关系,采用 softmax 操作输出分类概率。网络结构见表 5-4。

表 5-4 卷积神经网络结构设计(5×5 卷积核, stride = 1)

卷积核	神经网络结构设计							
	H_{out}	H_{in}	kernel	padding	stride	dilation	输出通道	输入通道
Conv1	28	32	5	0	1	1	6	3
Conv2	24	28	5	0	1	1	16	6

续上表

卷积核	神经网络结构设计							
	H_{out}	H_{in}	kernel	padding	stride	dilation	输出通道	输入通道
Conv3	20	24	5	0	1	1	16	16
Conv4	16	20	5	0	1	1	6	16
Conv5	12	16	5	0	1	1	1	6
flatten							144	
fc1	10	144						
softmax	10	10						

编程实现：

```
class Net(nn.Module):
    def __init__(self):
        super().__init__()
        self.conv1 = nn.Conv2d(3, 6, kernel_size=5, stride=1, padding=0)
        self.conv2 = nn.Conv2d(6, 16, kernel_size=5, stride=1, padding=0)
        self.conv3 = nn.Conv2d(16, 16, kernel_size=5, stride=1, padding=0)
        self.conv4 = nn.Conv2d(16, 6, kernel_size=5, stride=1, padding=0)
        self.conv5 = nn.Conv2d(6, 1, kernel_size=5, stride=1, padding=0)
        self.fc1 = nn.Linear(144, 10)
    def forward(self, x):
        x = x.view(-1, 3, 32, 32)
        x = self.conv1(x)
        x = self.conv2(x)
        x = self.conv3(x)
        x = self.conv4(x)
        x = self.conv5(x)
        x = self.flatten()
        x = self.fc1(x)
        x = F.softmax(x, dim=1)
        return(x)
```

（2）将 5×5 卷积核调整为 3×3，其余结果不改变，卷积神经网络结构设计见表 5-5。

卷积神经网络结构设计(3×3 卷积核, stride = 1)　　　　表 5-5

卷积核	网络结构设计							
	H_{out}	H_{in}	kernel	padding	stride	dilation	输出通道	输入通道
Conv1	30	32	3	0	1	1	6	3
Conv2	28	30	3	0	1	1	16	6
Conv3	26	28	3	0	1	1	16	16

续上表

卷积核	网络结构设计							
	H_{out}	H_{in}	kernel	padding	stride	dilation	输出通道	输入通道
Conv4	24	26	3	0	1	1	6	16
Conv5	22	24	3	0	1	1	1	6
flatten							484	
fc1	144	484						
fc2	10	144						
softmax	10	10						

编程实现:

```python
class Net(nn.Module):
    def __init__(self):
        super().__init__()
        self.conv1 = nn.Conv2d(3, 6, kernel_size=3, stride=1, padding=0)
        self.conv2 = nn.Conv2d(6, 16, kernel_size=3, stride=1, padding=0)
        self.conv3 = nn.Conv2d(16, 16, kernel_size=3, stride=1, padding=0)
        self.conv4 = nn.Conv2d(16, 6, kernel_size=3, stride=1, padding=0)
        self.conv5 = nn.Conv2d(6, 1, kernel_size=3, stride=1, padding=0)
        self.fc1 = nn.Linear(484, 144)
        self.fc2 = nn.Linear(144, 10)
    def forward(self, x):
        x = x.view(-1, 3, 32, 32)
        x = self.conv1(x)
        x = self.conv2(x)
        x = self.conv3(x)
        x = self.conv4(x)
        x = self.conv5(x)
        x = self.flatten()
        x = self.fc1(x)
        x = self.fc2(x)
        x = F.softmax(x, dim=1)
        return (x)
```

(3)增加池化层和激活函数,减少卷积结构层数。输入为 32×32×3 图像,输出为 10 个类别,神经网络结构由 3 个卷积层、3 个最大池化层、1 个全连接层和 1 个 softmax 层构成。卷积层采用 3×3 卷积核,用 Conv1、Conv2 和 Conv3 表示。池化层池化采用 2×2 窗口,步长取值等于 2,用 pool1、pool2 和 pool3 表示。通道数量依次变化为 3∶6∶16∶16∶16∶16,3 通道 32×32 图像经过卷积层、池化层处理后,输出 16 通道 3×3 图像。采用 flatten 操作,展平 1 维图像为 144 个神经元。全连接层建立 144∶10 的对应关系,采用 softmax 操作输出分类概率,结构设计见表 5-6。

卷积神经网络结构设计（3×3 卷积核,stride = 1,增加池化和激活函数） 表 5-6

卷积核/层	结构设计						
	H_{out}	H_{in}	kernel	padding	stride	dilation	输出通道	输入通道
Conv1	30	32	3	0	1	1	6	3
pool1	15	30	2	0	2	1	6	6
Conv2	13	15	3	0	1	1	16	6
pool2	7	13	2	0	2	1	16	16
Conv3	5	7	3	0	1	1	16	16
pool3	3	5	2	0	2	1	16	16
flatten							144	
fc1	10	144						
softmax	10	10						

编程实现:

```python
class Net(nn.Module):
    def __init__(self):
        super().__init__()
        self.conv1 = nn.Conv2d(3, 6, kernel_size=3, stride=1, padding=0)
        self.pool1 = nn.torch.nn.MaxPool2d(2, stride=2, padding=0, dilation=1)
        self.conv2 = nn.Conv2d(6, 16, kernel_size=3, stride=1, padding=0)
        self.pool2 = nn.torch.nn.MaxPool2d(2, stride=2, padding=0, dilation=1)
        self.conv3 = nn.Conv2d(16, 16, kernel_size=3, stride=1, padding=0)
        self.pool3 = nn.torch.nn.MaxPool2d(2, stride=2, padding=0, dilation=1)
        self.fc1 = nn.Linear(144, 10)
    def forward(self, x):
        x = x.view(-1, 3, 32, 32)
        x = F.relu(self.conv1(x))
        x = self.pool1(x)
        x = F.relu(self.conv2(x))
        x = self.pool2(x)
        x = F.relu(self.conv3(x))
        x = self.pool3(x)
        x = self.flatten()
        x = self.fc1(x)
        x = F.softmax(x, dim=1)
        return (x)
```

(4)增加标准化层和Dropout2d层,以增加神经网络结构对数据的包容性,防止模型过度拟合。标准化层和Dropout2d层不影响图像的尺寸和通道数。

Pytorch提供标准化层和Dropout2d层的形式如下:

torch.nn.BatchNorm2d(num_features, eps = 1e − 05, momentum = 0.1, affine = True, track_running_stats = True, device = None, dtype = None)

torch.nn.Dropout2d(p = 0.5, inplace = False)

编程实现:

```
class Net(nn.Module):
    def __init__(self):
        super().__init__()
        self.conv1 = nn.Conv2d(3, 6, kernel_size=3, stride=1, padding=0)
        self.BatchNorm2d1 = nn.BatchNorm2d(3)
        self.pool1 = nn.torch.nn.MaxPool2d(2, stride=2, padding=0, dilation=1)
        self.conv2 = nn.Conv2d(6, 16, kernel_size=3, stride=1, padding=0)
        self.BatchNorm2d2 = nn.BatchNorm2d(3)
        self.pool2 = nn.torch.nn.MaxPool2d(2, stride=2, padding=0, dilation=1)
        self.conv3 = nn.Conv2d(16, 16, kernel_size=3, stride=1, padding=0)
        self.BatchNorm2d3 = nn.BatchNorm2d(3)
        self.pool3 = nn.torch.nn.MaxPool2d(2, stride=2, padding=0, dilation=1)
        self.fc1 = nn.Linear(144, 10)
        self.Dropout1 = nn.Dropout2d(p=0.5, inplace=False)
    def forward(self, x):
        x = x.view(-1, 3, 32, 32)
        x = F.relu(self.conv1(x))
        x = self.BatchNorm2d1(x)
        x = self.pool1(x)
        x = F.relu(self.conv2(x))
        x = self.BatchNorm2d2(x)
        x = self.pool2(x)
        x = F.relu(self.conv3(x))
        x = self.BatchNorm2d3(x)
        x = self.pool3(x)
        x = self.flatten()
        x = self.fc1(x)
        x = self.Dropout1(x)
        x = F.softmax(x, dim=1)
        return(x)
```

3) 正向传播

实例化网络：net = Net( )

正向传播：output = net(img)

4) 反向传播

损失函数：criterion = nn.L$_1$Loss( )

优化器：optimizer = torch.optim.SGD(net.parameters( )，lr = 1×10^{-4}，weight_decay = 1×10^{-2}，momentum = 0.9)

梯度归零：optimizer.zero_grad( )

正向传播：output = net(img)

计算损失：loss = criterion(output，target)

反向传播：loss.backward( )

参数优化：optimizer.step( )

5.3 典型卷积神经网络结构

卷积神经网络通过三种架构思想[局部感受野(local receptive fields)、权重共享(shared weights)、下采样(sub-sampling)]来保证平移、尺度和形变的不变性。经典卷积神经网络发展脉络如图5-14所示。

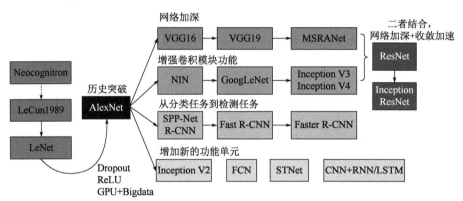

图5-14 经典卷积神经网络发展脉络

5.3.1 LeNet

1998年，Yann LeCun提出了LeNet-5卷积神经网络，其结构如图5-15所示，用于识别手写字体。

除输入层外，LeNet-5由7层可学习结构组成。输入层输入为灰度图像(32×32像素，单通道)，LeNet-5通过调整权重进行学习。网络结构依次为INPUT、C1、S2、C3、S4、C5、F6、OUTPUT(CX代表卷积层，SX代表池化层，FX代表全连接层，$X = 1,2,\cdots,6$)，其结构见表5-7。

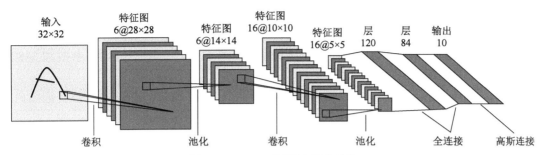

图 5-15 LeNet-5 卷积神经网络结构

LeNet-5 卷积神经网络特征图计算　　表 5-7

序号	H_{out}	H_{in}	Kernel_size	padding	stride	dilation	channel
INPUT	32	—	—	—	—	—	1
C1	28	32	5	0	1	1	6
S2	14	28	2	0	2	1	6
C3	10	14	5	0	1	1	16
S4	5	10	2	0	2	1	16
C5	1	5	5	0	1	1	120
F6	84	120	—	—	—	—	—
OUTPUT	10	84	—	—	—	—	—

输入层(INPUT):不可学习。输入数据形状为 32×32×1,将背景(白色)和前景(黑色)分别标准化为 -0.1 和 1.175。处理后,数据均值和方差分别为 0 和 1,有利于优化模型训练的时间和精度。

1) 卷积层(C1)

可学习。针对网络输入(32×32×1,h×w×c,下同),C1 采用 6 个卷积核(5×5×1),对应生成 6 个特征图(28×28×1)。卷积核和特征图对应的具体操作为:将输入层划分为 28×28×1 窗口(每个窗口 5×5×1),每次移动 1 个神经元,窗口依次与卷积核 1 至卷积核 6 做卷积(5×5×1),生成特征图(28×28×1),上述操作执行 6 次。C1 包括 156 个可训练参数(每个卷积核 5×5=25 个神经元参数和 1 个 bias 参数,共 6 个卷积核,共(5×5+1)×6=156 个参数)和 122304 个连接。INPUT 和 C1 的具体操作关系如下:

INPUT(32×32×1)与卷积核 1(5×5×1)做卷积生成 C1 第 0 层特征图(28×28×1);
INPUT(32×32×1)与卷积核 2(5×5×1)做卷积生成 C1 第 1 层特征图(28×28×1);
INPUT(32×32×1)与卷积核 3(5×5×1)做卷积生成 C1 第 2 层特征图(28×28×1);
INPUT(32×32×1)与卷积核 4(5×5×1)做卷积生成 C1 第 3 层特征图(28×28×1);
INPUT(32×32×1)与卷积核 5(5×5×1)做卷积生成 C1 第 4 层特征图(28×28×1);
INPUT(32×32×1)与卷积核 6(5×5×1)做卷积生成 C1 第 5 层特征图(28×28×1)。

2) 池化层(S2)

可学习。C1 输出(28×28×6)作为本层的输入,S2 采用滑动窗口(2×2×6)进行池化操作,对应生成6个特征图(14×14×6)。池化的具体操作为:将 C1 划分为 14×14×6 窗口(每个窗口 2×2×6),每次移动 2 个神经元,池化窗口内部的 4 个神经元数值加权累加(权重可训练)后经过 sigmoid 激活函数,生成特征图(14×14×6)。S2 包括 12 个可训练参数和 5880 个连接。C1 和 S2 的具体操作关系如下:

C1 第 0 层(28×28×1)上进行步长为 2 的滑动窗口(2×2×1)生成 S2 第 0 层特征图(14×14×1);

C1 第 1 层(28×28×1)上进行步长为 2 的滑动窗口(2×2×1)生成 S2 第 1 层特征图(14×14×1);

C1 第 2 层(28×28×1)上进行步长为 2 的滑动窗口(2×2×1)生成 S2 第 2 层特征图(14×14×1);

C1 第 3 层(28×28×1)上进行步长为 2 的滑动窗口(2×2×1)生成 S2 第 3 层特征图(14×14×1);

C1 第 4 层(28×28×1)上进行步长为 2 的滑动窗口(2×2×1)生成 S2 第 4 层特征图(14×14×1);

C1 第 5 层(28×28×1)上进行步长为 2 的滑动窗口(2×2×1)生成 S2 第 5 层特征图(14×14×1)。

3)卷积层(C3)

可学习。针对上一层 S2 输入(14×14×6),C3 采用 16 个卷积核(前 6 个 5×5×3,接续 9 个 5×5×4,最后 1 个 5×5×6),对应生成 16 个特征图(10×10×16)。卷积的具体操作为:将 S2 划分为 10×10×6 窗口(每个窗口 3×3×6),每次移动 1 个神经元,窗口依次与卷积核做卷积 1~卷积核 16(前 6 个 5×5×3,接续 9 个 5×5×4,最后 1 个 5×5×6)做卷积,生成特征图(10×10×16)。C3 包括 1516 个可训练参数和 151600 个连接。S2 和 C3 的神经元之间没有采用全连接,主要为了减弱 S2 层输出的一致性,保持 S2 层输出特征并将其传递给 C3 对应特征图,提取输入独立性的特征。S2 和 C3 的具体操作关系如下:

S2 第 0、1、2 层(14×14×3)与卷积核 1(5×5×3)做卷积生成 C3 第 0 层特征图(10×10×1);

S2 第 1、2、3 层(14×14×3)与卷积核 2(5×5×3)做卷积生成 C3 第 1 层特征图(10×10×1);

S2 第 2、3、4 层(14×14×3)与卷积核 3(5×5×3)做卷积生成 C3 第 2 层特征图(10×10×1);

S2 第 3、4、5 层(14×14×3)与卷积核 4(5×5×3)做卷积生成 C3 第 3 层特征图(10×10×1);

S2 第 0、4、5 层(14×14×3)与卷积核 5(5×5×3)做卷积生成 C3 第 4 层特征图(10×10×1);

S2 第 0、1、5 层(14×14×3)与卷积核 6(5×5×3)做卷积生成 C3 第 5 层特征图(10×10×1);

S2 第 0、1、2、3 层(14×14×4)与卷积核 7(5×5×4)做卷积生成 C3 第 6 层特征图(10×10×1);

S2第1、2、3、4层(14×14×4)与卷积核8(5×5×4)做卷积生成C3第7层特征图(10×10×1);

S2第2、3、4、5层(14×14×4)与卷积核9(5×5×4)做卷积生成C3第8层特征图(10×10×1);

S2第0、3、4、5层(14×14×4)与卷积核10(5×5×4)做卷积生成C3第9层特征图(10×10×1);

S2第0、1、4、5层(14×14×4)与卷积核11(5×5×4)做卷积生成C3第10层特征图(10×10×1);

S2第0、1、2、5层(14×14×4)与卷积核12(5×5×4)做卷积生成C3第11层特征图(10×10×1);

S2第0、1、3、4层(14×14×4)与卷积核13(5×5×4)做卷积生成C3第12层特征图(10×10×1);

S2第1、2、4、5层(14×14×4)与卷积核14(5×5×4)做卷积生成C3第13层特征图(10×10×1);

S2第0、2、3、5层(14×14×4)与卷积核15(5×5×4)做卷积生成C3第14层特征图(10×10×1);

S2第0、1、2、3、4、5层(14×14×4)与卷积核16(5×5×4)做卷积生成C3第15层特征图(10×10×1)。

4) 池化层(S4)

可学习。C3输出(10×10×16)作为本层的输入,S4采用滑动窗口(2×2×16)进行池化操作,对应生成16个特征图(5×5×16)。池化的具体操作为:将C3划分为5×5×16窗口(每个窗口2×2×16),每次移动2个神经元,池化窗口内部的4个神经元数值加权累加(权重可训练)后经过sigmoid激活函数,生成特征图(5×5×16)。S4包括32个可训练参数和2000个连接。C3和S4的具体操作关系如下:

C3第0层(10×10×1)上进行步长为2的滑动窗口(2×2×1)生成S4第0层特征图(5×5×1);

C3第1层(10×10×1)上进行步长为2的滑动窗口(2×2×1)生成S4第1层特征图(5×5×1);

C3第2层(10×10×1)上进行步长为2的滑动窗口(2×2×1)生成S4第2层特征图(5×5×1);

……

C3第13层(10×10×1)上进行步长为2的滑动窗口(2×2×1)生成S4第13层特征图(5×5×1);

C3第14层(10×10×1)上进行步长为2的滑动窗口(2×2×1)生成S4第14层特征图(5×5×1);

C3第15层(10×10×1)上进行步长为2的滑动窗口(2×2×1)生成S4第15层特征图(5×5×1)。

5) 卷积层(C5)

可学习。针对上一层 S4 输入($5\times5\times16$),C5 采用 120 个卷积核($5\times5\times16$),对应生成 120 个特征图($1\times1\times120$)。卷积的具体操作为:将 S4 依次与卷积核做卷积 1~卷积核 120($5\times5\times16$)做卷积,生成特征图($1\times1\times120$)。C3 包括 48120 个连接。C5 为 1×1 的卷积层,而不是全连接层。如果网络的输入 INPUT 如果大于 32×32,C5 特征图的维度可以大于 1×1。S4 和 C5 的神经元之间采用全连接,具体操作关系如下:

S4($5\times5\times16$)与卷积核 1($5\times5\times16$)做卷积生成 C5 第 0 层特征图($1\times1\times1$);
S4($5\times5\times16$)与卷积核 2($5\times5\times16$)做卷积生成 C5 第 1 层特征图($1\times1\times1$);
S4($5\times5\times16$)与卷积核 3($5\times5\times16$)做卷积生成 C5 第 2 层特征图($1\times1\times1$);
……
S4($5\times5\times16$)与卷积核 118($5\times5\times16$)做卷积生成 C5 第 117 层特征图($1\times1\times1$);
S4($5\times5\times16$)与卷积核 119($5\times5\times16$)做卷积生成 C5 第 118 层特征图($1\times1\times1$);
S4($5\times5\times16$)与卷积核 120($5\times5\times16$)做卷积生成 C5 第 119 层特征图($1\times1\times1$)。

6) 全连接层(F6)

可学习。包括 84 个神经元,与 C5 层为全连接(120:84 的全连接),有 10164 个可训练参数。该层采用经典的全连接神经网络结构,输入向量和权重向量做点积后再加偏置,并选用 tanh( )作为激活函数。

7) 输出层(OUTPUT)

可学习。采用 RBF 神经网络作为输出层,用于识别和归类。OUTPUT 层的输入 x_j 为 84 维度,输出 y_i 按照如下公式计算:

$$y_i = \sum_j (x_j - w_{ij})^2 \tag{5-19}$$

RBF 神经网络的输出计算输入向量 x_j 和径向基 w_{ij} 的欧几里得距离 y_i,RBF 神经网络输出可解释为输入向量和径向基的拟合程度,即与类别的差异程度。从概率角度出发,可解释为基于高斯分布的输入向量和径向基的极大似然估计。作为识别分类的径向基,需要预先设定并作为标签保持固定,径向基由 1 或者 -1 组成,形状为 7×12 的位图形式,这种表达方式不利于识别数字,但有利于识别打印 ASCⅡ字符串。

5.3.2 AlexNet

2012 年,Alex Krizhevsky 提出了 AlexNet 卷积神经网络,在 ImageNet LSVRC-2010 数据集(共 1000 类别)获取了较高精度,达到了 83% 的识别精确度。AlexNet 卷积神经网络由 650000 个神经元和 60000000 个参数组成,包括 5 个卷积层+最大池化层、3 个全连接层、1000 个分类输出。为了提升训练速度,采用非饱和神经元和双 GPU,采用随机丢弃法(Dropout)技术减少神经网络的过拟合,其结构如图 5-16 所示。

AlexNet 采用 2 个 GPU 同步处理数据,只有在特定层交互数据。AlexNet 卷积神经网络除了输入层外,还包括 8 个可学习层,即包括 5 个卷积层和 3 个全连接层。网络结构依次为 INPUT、C1+S1、C2+S2、C3、C4、C5+S5、F6、F7、F8(CX 代表卷积层,SX 代表池化层,FX 代表全连接层,$X=1,2,\cdots,8$)。

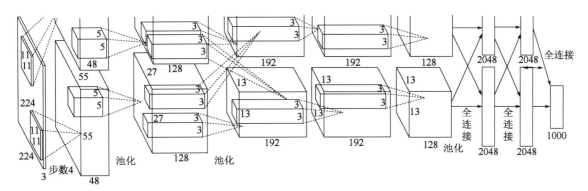

图 5-16 AlexNet 网络结构

输入层输入数据为 $224\times224\times3(150528)$,其余 8 层神经元数量分别为 $55\times55\times48\times2$ (290400)、$27\times27\times128\times2(186624)$、$13\times13\times192\times2(64896)$、$13\times13\times192\times2(64896)$、$13\times13\times128\times2(43264)$、$1\times1\times2048\times2(4096)$、$1\times1\times2048\times2(4096)$、$1\times1\times1000(1000)$,计算结果见表 5-8。

AlexNet 卷积神经网络特征图计算结果 表 5-8

序号	计算结果						
	H_{out}	H_{in}	kernel_size	padding	stride	dilation	channel
INPUT	227	224	—	—	—	—	3
C1	55	227	11	0	4	1	48×2
S1	27	55	3	0	2	1	48×2
C2	27	27	5	2	1	1	128×2
S2	13	27	3	0	2	1	128×2
C3	13	13	3	1	1	1	192×2
C4	13	13	3	1	1	1	192×2
C5	13	13	3	1	1	1	128×2
S5	6	13	3	0	2	1	128×2
F6	4096	43264	—	—	—	—	—
F7	4096	4096	—	—	—	—	—
F8	1000	4096	—	—	—	—	—

输入层同步进入 2 个 GPU 处理,卷积层(C2)、卷积层(C4)、卷积层(C5)仅仅连接相同 GPU 内的前一层,卷积层 3 连接 2 个 GPU 中的卷积层(C2)。全连接层连接 2 个 GPU 中的前一层。卷积层(C1)和卷积层(C2)后进行标准化,卷积层(C1)和卷积层(C2)后进行最大池化,卷积层(C5)后进行标准化和最大池化,神经元均选用 ReLU( )非线性激活函数。

输入层(INPUT):不可学习。输入数据形状为 $224\times224\times3$。

1)卷积层(C1)+池化层(S1)

INPUT($227\times227\times3$)与卷积核 1($11\times11\times3$)做卷积生成 C1 第 0 层特征图($55\times55\times1$),C1 第 0 层($55\times55\times1$)上进行步长为 2 的滑动窗口($3\times3\times1$)生成 S1 第 0 层特征图(27×

27×1);

INPUT(227×227×3)与卷积核2(11×11×3)做卷积生成C1第1层特征图(55×55×1),C1第1层(55×55×1)上进行步长为2的滑动窗口(3×3×1)生成S1第1层特征图(27×27×1);

INPUT(227×227×3)与卷积核3(11×11×3)做卷积生成C1第2层特征图(55×55×1),C1第2层(55×55×1)上进行步长为2的滑动窗口(3×3×1)生成S1第2层特征图(27×27×1);

……

INPUT(227×227×3)与卷积核94(11×11×3)做卷积生成C1第93层特征图(55×55×1),C1第93层(55×55×1)上进行步长为2的滑动窗口(3×3×1)生成S1第93层特征图(27×27×1);

INPUT(227×227×3)与卷积核95(11×11×3)做卷积生成C1第94层特征图(55×55×1),C1第94层(55×55×1)上进行步长为2的滑动窗口(3×3×1)生成S1第94层特征图(27×27×1);

INPUT(227×227×3)与卷积核96(11×11×3)做卷积生成C1第95层特征图(55×55×1),C1第95层(55×55×1)上进行步长为2的滑动窗口(3×3×1)生成S1第95层特征图(27×27×1)。

S1前48层进入GPU-1,后48层进入GPU-2。

2)卷积层(C2)+池化层(S2)

S1前48层进入GPU-1数据:

S1(27×27×48)与卷积核1(5×5×48)做卷积生成C2第0层特征图(27×27×1),C2第0层(27×27×1)上进行步长为2的滑动窗口(3×3×1)生成S2第0层特征图(13×13×1);

S1(27×27×48)与卷积核2(5×5×48)做卷积生成C2第1层特征图(27×27×1),C2第1层(27×27×1)上进行步长为2的滑动窗口(3×3×1)生成S2第0层特征图(13×13×1);

S1(27×27×48)与卷积核3(5×5×48)做卷积生成C2第2层特征图(27×27×1),C2第2层(27×27×1)上进行步长为2的滑动窗口(3×3×1)生成S2第0层特征图(13×13×1);

……

S1(27×27×48)与卷积核126(5×5×48)做卷积生成C2第125层特征图(27×27×1),C2第125层(27×27×1)上进行步长为2的滑动窗口(3×3×1)生成S2第125层特征图(13×13×1);

S1(27×27×48)与卷积核127(5×5×48)做卷积生成C2第126层特征图(27×27×1),C2第126层(27×27×1)上进行步长为2的滑动窗口(3×3×1)生成S2第126层特征图(13×13×1);

S1(27×27×48)与卷积核128(5×5×48)做卷积生成C2第127层特征图(27×27×1),C2第127层(27×27×1)上进行步长为2的滑动窗口(3×3×1)生成S2第127层特征图(13×13×1)。

S1后48层进入GPU-2数据:

S1(27×27×48)与卷积核129(5×5×48)做卷积生成C2第128层特征图(27×27×1),

C2 第 128 层($27 \times 27 \times 1$)上进行步长为 2 的滑动窗口($3 \times 3 \times 1$)生成 S2 第 128 层特征图($13 \times 13 \times 1$);

S1($27 \times 27 \times 48$)与卷积核 130($5 \times 5 \times 48$)做卷积生成 C2 第 129 层特征图($27 \times 27 \times 1$),C2 第 129 层($27 \times 27 \times 1$)上进行步长为 2 的滑动窗口($3 \times 3 \times 1$)生成 S2 第 129 层特征图($13 \times 13 \times 1$);

S1($27 \times 27 \times 48$)与卷积核 131($5 \times 5 \times 48$)做卷积生成 C2 第 130 层特征图($27 \times 27 \times 1$),C2 第 130 层($27 \times 27 \times 1$)上进行步长为 2 的滑动窗口($3 \times 3 \times 1$)生成 S2 第 130 层特征图($13 \times 13 \times 1$);

……

S1($27 \times 27 \times 48$)与卷积核 254($5 \times 5 \times 48$)做卷积生成 C2 第 253 层特征图($27 \times 27 \times 1$),C2 第 253 层($27 \times 27 \times 1$)上进行步长为 2 的滑动窗口($3 \times 3 \times 1$)生成 S2 第 253 层特征图($13 \times 13 \times 1$);

S1($27 \times 27 \times 48$)与卷积核 255($5 \times 5 \times 48$)做卷积生成 C2 第 254 层特征图($27 \times 27 \times 1$),C2 第 254 层($27 \times 27 \times 1$)上进行步长为 2 的滑动窗口($3 \times 3 \times 1$)生成 S2 第 254 层特征图($13 \times 13 \times 1$);

S1($27 \times 27 \times 48$)与卷积核 256($5 \times 5 \times 48$)做卷积生成 C2 第 255 层特征图($27 \times 27 \times 1$),C2 第 255 层($27 \times 27 \times 1$)上进行步长为 2 的滑动窗口($3 \times 3 \times 1$)生成 S2 第 255 层特征图($13 \times 13 \times 1$)。

GPU-1 和 GPU-2 保持隔离状态,不交换数据。

3) 卷积层(C3)

S2($13 \times 13 \times 128$)与卷积核 1($3 \times 3 \times 128$)做卷积生成 C3 第 0 层特征图($13 \times 13 \times 1$);
S2($13 \times 13 \times 128$)与卷积核 2($3 \times 3 \times 128$)做卷积生成 C3 第 1 层特征图($13 \times 13 \times 1$);
S2($13 \times 13 \times 128$)与卷积核 3($3 \times 3 \times 128$)做卷积生成 C3 第 2 层特征图($13 \times 13 \times 1$);
……
S2($13 \times 13 \times 128$)与卷积核 382($3 \times 3 \times 128$)做卷积生成 C3 第 381 层特征图($13 \times 13 \times 1$);
S2($13 \times 13 \times 128$)与卷积核 383($3 \times 3 \times 128$)做卷积生成 C3 第 382 层特征图($13 \times 13 \times 1$);
S2($13 \times 13 \times 128$)与卷积核 384($3 \times 3 \times 128$)做卷积生成 C3 第 383 层特征图($13 \times 13 \times 1$)。

GPU-1 和 GPU-2 卷积后交换数据,令 192 层数据进入 GPU-1,剩余 192 层数据进入 GPU-2。

4) 卷积层(C4)

C3 进入进入 GPU-1 的数据:

C3($13 \times 13 \times 192$)与卷积核 1($3 \times 3 \times 192$)做卷积生成 C4 第 0 层特征图($13 \times 13 \times 1$);
C3($13 \times 13 \times 192$)与卷积核 2($3 \times 3 \times 192$)做卷积生成 C4 第 1 层特征图($13 \times 13 \times 1$);
C3($13 \times 13 \times 192$)与卷积核 3($3 \times 3 \times 192$)做卷积生成 C4 第 2 层特征图($13 \times 13 \times 1$);
……
C3($13 \times 13 \times 192$)与卷积核 190($3 \times 3 \times 192$)做卷积生成 C4 第 189 层特征图($13 \times 13 \times 1$);
C3($13 \times 13 \times 192$)与卷积核 191($3 \times 3 \times 192$)做卷积生成 C4 第 190 层特征图($13 \times 13 \times 1$);

C3(13×13×192)与卷积核192(3×3×192)做卷积生成C4第191层特征图(13×13×1)。

C3进入进入GPU-2的数据：

C3(13×13×192)与卷积核193(3×3×192)做卷积生成C4第192层特征图(13×13×1)；

C3(13×13×192)与卷积核194(3×3×192)做卷积生成C4第193层特征图(13×13×1)；

C3(13×13×192)与卷积核195(3×3×192)做卷积生成C4第194层特征图(13×13×1)；

……

C3(13×13×192)与卷积核382(3×3×192)做卷积生成C4第381层特征图(13×13×1)；

C3(13×13×192)与卷积核383(3×3×192)做卷积生成C4第382层特征图(13×13×1)；

C3(13×13×192)与卷积核384(3×3×192)做卷积生成C4第383层特征图(13×13×1)。

GPU-1和GPU-2保持隔离状态，不交换数据。

5）卷积层(C5)＋池化层(S6)

C4前192层进入GPU-1数据：

C4(13×13×192)与卷积核1(3×3×192)做卷积生成C5第0层特征图(13×13×1)，C5第0层(13×13×1)上进行步长为1的滑动窗口(3×3×1)生成S6第0层特征图(6×6×1)；

C4(13×13×192)与卷积核2(3×3×192)做卷积生成C5第1层特征图(13×13×1)，C5第1层(13×13×1)上进行步长为1的滑动窗口(3×3×1)生成S6第1层特征图(6×6×1)；

C4(13×13×192)与卷积核3(3×3×192)做卷积生成C5第2层特征图(13×13×1)，C5第2层(13×13×1)上进行步长为1的滑动窗口(3×3×1)生成S6第2层特征图(6×6×1)；

……

C4(13×13×192)与卷积核126(3×3×192)做卷积生成C5第0层特征图(13×13×1)，C5第125层(13×13×1)上进行步长为1的滑动窗口(3×3×1)生成S6第125层特征图(6×6×1)；

C4(13×13×192)与卷积核127(3×3×192)做卷积生成C5第0层特征图(13×13×1)，C5第126层(13×13×1)上进行步长为1的滑动窗口(3×3×1)生成S6第126层特征图(6×6×1)；

C4(13×13×192)与卷积核128(3×3×192)做卷积生成C5第0层特征图(13×13×1)，C5第127层(13×13×1)上进行步长为1的滑动窗口(3×3×1)生成S6第127层特征图(6×6×1)。

C4后192层进入GPU-2数据：

C4(13×13×192)与卷积核129(3×3×192)做卷积生成C5第128层特征图(13×13×1)，C5第128层(13×13×1)上进行步长为1的滑动窗口(3×3×1)生成S6第128层特征图(6×6×1)；

C4(13×13×192)与卷积核130(3×3×192)做卷积生成C5第129层特征图(13×13×1)，C5第129层(13×13×1)上进行步长为1的滑动窗口(3×3×1)生成S6第129层特征图(6×6×1)；

C4(13×13×192)与卷积核 131(3×3×192)做卷积生成 C5 第 130 层特征图(13×13×1),C5 第 130 层(13×13×1)上进行步长为 1 的滑动窗口(3×3×1)生成 S6 第 130 层特征图(6×6×1);

……

C4(13×13×192)与卷积核 254(3×3×192)做卷积生成 C5 第 253 层特征图(13×13×1),C5 第 253 层(13×13×1)上进行步长为 1 的滑动窗口(3×3×1)生成 S6 第 253 层特征图(6×6×1);

C4(13×13×192)与卷积核 255(3×3×192)做卷积生成 C5 第 254 层特征图(13×13×1),C5 第 254 层(13×13×1)上进行步长为 1 的滑动窗口(3×3×1)生成 S6 第 254 层特征图(6×6×1);

C4(13×13×192)与卷积核 256(3×3×192)做卷积生成 C5 第 255 层特征图(13×13×1),C5 第 255 层(13×13×1)上进行步长为 1 的滑动窗口(3×3×1)生成 S6 第 255 层特征图(6×6×1)。

GPU-1 和 GPU-2 保持隔离状态,不交换数据。

6) 全连接层(F6)

GPU-1 和 GPU-2 采用全连接方式交换数据。包括 4096 个神经元,与 C5 层为全连接(43264:4096 全连接)。

7) 全连接层(F7)

GPU-1 和 GPU-2 采用全连接方式交换数据。包括 4096 个神经元,与 C5 层为全连接(4096:4096 全连接)。

8) 全连接层(F9)

GPU-1 和 GPU-2 采用全连接方式交换数据。包括 1000 个神经元,与 C5 层为全连接(4096:1000 全连接)。

采用预训练模型,对 AlexNet 中间层进行可视化,结果如图 5-17 所示。

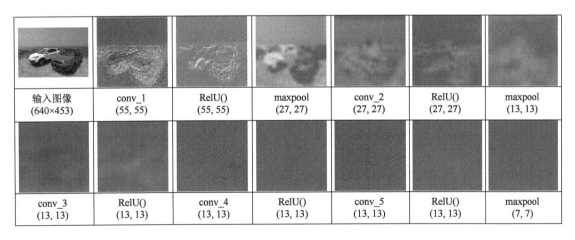

图 5-17　AlexNet 中间层可视化

5.3.3 VGG

2015年，Karen Simonyan提出了VGG卷积神经网络，采用3×3的卷积核（部分网络结构采用3×3和1×1两种卷积核），设计了最大512通道的深度学习神经网络。VGG卷积神经网络使用3个3×3卷积核来代替AlexNet的7×7卷积核，使用了2个3×3卷积核来代替5×5卷积核，保证具有相同感知野的条件下提升网络深度，提升神经网络的效果。Karen Simonyan提出了A、B、C、D、E、A-LRN等6种网络结构，获得了ImageNet-2014挑战赛的冠军。

1）VGG-A

VGG输入层输入数据形式为224×224×3的RGB图像，进入VGG前采用标准化方法预处理像素。网络结构中卷积层和池化层采用了基本一致的操作方式，卷积核采用3×3（部分网络结构采用3×3和1×1两种卷积核），卷积步幅1。最大池化窗口采用2×2，池化步幅为2。VGG-A网络特征图计算结果见表5-9。

VGG-A卷积神经网络特征图计算结果　　　　表5-9

层	计算结果						
	H_{out}	H_{in}	kernel_size	padding	stride	dilation	channel
INPUT	—	224	—	—	—	—	3
C1	224	224	3	1	1	1	64
S2	112	224	2	0	2	1	64
C3	112	112	3	1	1	1	128
S4	56	112	2	0	2	1	128
C5	56	56	3	1	1	1	256
C6	56	56	3	1	1	1	256
S7	28	56	2	0	2	1	256
C8	28	28	3	1	1	1	512
C9	28	28	3	1	1	1	512
S10	14	28	2	0	2	1	512
C11	14	14	3	1	1	1	512
C12	14	14	3	1	1	1	512
S13	7	14	2	0	2	1	512
F14	4096	25088	—	—	—	—	—
F15	4096	4096	—	—	—	—	—
F16	1000	4096	—	—	—	—	—
soft-max	—	—	—	—	—	—	—

2）VGG-X模型

VGG-X存在VGG-A、VGG-A-LRN、VGG-B、VGG-C、VGG-D和VGG-E等网络结构，见表5-10。

表 5-10 VGG-X 深度学习网络结构

编号	VGG-A	VGG-A-LRN	VGG-B	VGG-C	VGG-D	VGG-E
	11层	11层	13层	16层	16层	19层
	INPUT(224×224×3, RGB 图像)					
con_1	conv(3×3)−64channel	conv(3×3)−64channel LRN	conv(3×3)−64channel conv(3×3)−64channel	conv(3×3)−64channel conv(3×3)−64channel	conv(3×3)−64channel conv(3×3)−64channel	conv(3×3)−64channel conv(3×3)−64channel
	maxpool(2×2)					
con_2	conv(3×3)−64channel	conv(3×3)−64channel	conv(3×3)−64channel conv(3×3)−64channel	conv(3×3)−64channel conv(3×3)−64channel	conv(3×3)−64channel conv(3×3)−64channel	conv(3×3)−64channel conv(3×3)−64channel
	maxpool(2×2)					
con_3	conv(3×3)−256channel conv(3×3)−256channel	conv(3×3)−256channel conv(3×3)−256channel	conv(3×3)−256channel conv(3×3)−256channel	conv(3×3)−256channel conv(3×3)−256channel conv(1×1)−256channel	conv(3×3)−256channel conv(3×3)−256channel conv(3×3)−256channel	conv(3×3)−256channel conv(3×3)−256channel conv(3×3)−256channel conv(3×3)−256channel
	maxpool(2×2)					
con_4	conv(3×3)−512channel conv(3×3)−512channel	conv(3×3)−512channel conv(3×3)−512channel	conv(3×3)−512channel conv(3×3)−512channel	conv(3×3)−512channel conv(3×3)−512channel conv(1×1)−512channel	conv(3×3)−512channel conv(3×3)−512channel conv(3×3)−512channel	conv(3×3)−512channel conv(3×3)−512channel conv(3×3)−512channel conv(3×3)−512channel
	maxpool(2×2)					
con_5	conv(3×3)−512channel conv(3×3)−512channel	conv(3×3)−512channel conv(3×3)−512channel	conv(3×3)−512channel conv(3×3)−512channel	conv(3×3)−512channel conv(3×3)−512channel conv(1×1)−512channel	conv(3×3)−512channel conv(3×3)−512channel conv(3×3)−512channel	conv(3×3)−512channel conv(3×3)−512channel conv(3×3)−512channel conv(3×3)−512channel
	maxpool(2×2)					
	FC-4096					
	FC-4096					
	FC-1000					
	soft-max					

采用预训练模型，输入图像如图 5-18 所示，对 VGG-16 中间层可视化如图 5-19 所示。

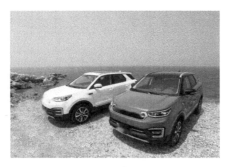

图 5-18　输入图像（640 × 453）

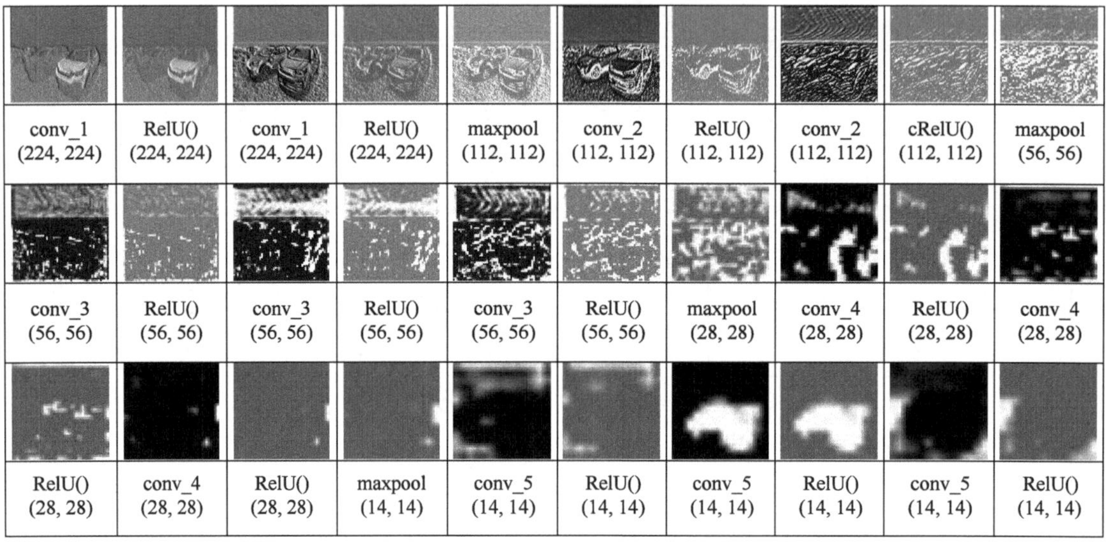

conv_1 (224, 224)
RelU() (224, 224)
conv_1 (224, 224)
RelU() (224, 224)
maxpool (112, 112)
conv_2 (112, 112)
RelU() (112, 112)
conv_2 (112, 112)
cRelU() (112, 112)
maxpool (56, 56)
conv_3 (56, 56)
RelU() (56, 56)
conv_3 (56, 56)
RelU() (56, 56)
conv_3 (56, 56)
RelU() (56, 56)
maxpool (28, 28)
conv_4 (28, 28)
RelU() (28, 28)
conv_4 (28, 28)
RelU() (28, 28)
conv_4 (28, 28)
RelU() (28, 28)
maxpool (14, 14)
conv_5 (14, 14)
RelU() (14, 14)
conv_5 (14, 14)
RelU() (14, 14)
conv_5 (14, 14)
RelU() (14, 14)

图 5-19　VGG-16 中间层可视化

5.3.4　ResNet

2015 年，Kaiming He 提出了 ResNet 卷积神经网络，引入残差结构，如图 5-20 所示。通过 shortcut 连接在两个权重层的输入和输出之间传递自身映射，使得浅层网络直接向深层网络传递特征，解决了深层网络退化问题，实现在神经网络不断加深的同时提升学习效率。ResNet 残差结构输入 x 经过第一个权重层和激活层得到 $F(x)$，经过第二个权重层时将 $F(x)$ 与 x 相加得到输出 $H(x)$：

x
权重层
F(x)
Relu激活函数
x
权重层
H(x)=F(x)+x
Relu激活函数

图 5-20　ResNet 残差结构

$$H(x) = F(x) + x \tag{5-20}$$

当残差 $F(x) = 0$ 时：

$$H(x) = x \tag{5-21}$$

即输入 x 等于输出 x，此时网络构成恒等映射，保证了网络性能不会随网络层数加深而下降。

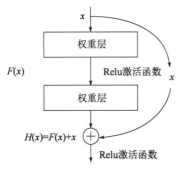

1) ResNet18

网络层数加深会引起梯度消失或梯度爆炸,导致网络模型的学习效率降低。2015 年,He 等[9]提出 ResNet 网络模型,ResNet18 网络结构如图 5-21 和图 5-22 所示。输入大小为 224×224、通道数为 3 的图像,经过 5 个卷积块提取图像特征,输出大小为 7×7、通道数为 512 的特征图,之后输入平均池化层取平均值,最后由全连接层的 softmax 函数将图像划分为 1000 个类别。

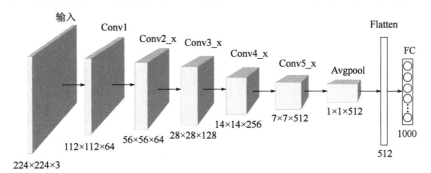

图 5-21 ResNet18 模型

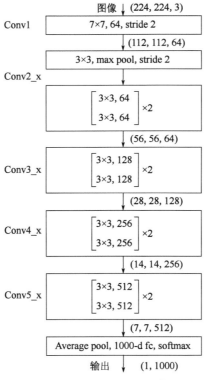

图 5-22 ResNet18 网络结构

2) ResNet-X 模型

ResNet 有层数不同的网络结构,常用的有 ResNet18、ResNet34 和 ResNet50,它们均由 5 个卷积块和 1 个全连接层组成,其中卷积块由不同数量的残差结构堆叠组成。不同层数的 ResNet 的区别在于各个卷积块的卷积层数和通道数不同。ResNet-X 网络结构见表 5-11。

表 5-11

ResNet-X 深度学习网络结构

卷积层	特征图尺寸	18-layer	34-layer	50-layer	101-layer	152-layer
conv1	112×112	卷积核 7×7，通道 64，步幅 2				
conv2_x	56×56	最大池化窗口 3×3，步幅 2				
conv2_x	56×56	$\begin{bmatrix} 3\times3,\ 64 \\ 3\times3,\ 64 \end{bmatrix} \times 2$	$\begin{bmatrix} 3\times3,\ 64 \\ 3\times3,\ 64 \end{bmatrix} \times 3$	$\begin{bmatrix} 1\times1,\ 64 \\ 3\times3,\ 64 \\ 1\times1,\ 256 \end{bmatrix} \times 3$	$\begin{bmatrix} 1\times1,\ 64 \\ 3\times3,\ 64 \\ 1\times1,\ 256 \end{bmatrix} \times 3$	$\begin{bmatrix} 1\times1,\ 64 \\ 3\times3,\ 64 \\ 1\times1,\ 256 \end{bmatrix} \times 3$
conv3_x	28×28	$\begin{bmatrix} 3\times3,\ 128 \\ 3\times3,\ 128 \end{bmatrix} \times 2$	$\begin{bmatrix} 3\times3,\ 128 \\ 3\times3,\ 128 \end{bmatrix} \times 4$	$\begin{bmatrix} 1\times1,\ 128 \\ 3\times3,\ 128 \\ 1\times1,\ 512 \end{bmatrix} \times 4$	$\begin{bmatrix} 1\times1,\ 128 \\ 3\times3,\ 128 \\ 1\times1,\ 512 \end{bmatrix} \times 4$	$\begin{bmatrix} 1\times1,\ 128 \\ 3\times3,\ 128 \\ 1\times1,\ 512 \end{bmatrix} \times 8$
conv4_x	14×14	$\begin{bmatrix} 3\times3,\ 256 \\ 3\times3,\ 256 \end{bmatrix} \times 2$	$\begin{bmatrix} 3\times3,\ 256 \\ 3\times3,\ 256 \end{bmatrix} \times 6$	$\begin{bmatrix} 1\times1,\ 256 \\ 3\times3,\ 256 \\ 1\times1,\ 1024 \end{bmatrix} \times 6$	$\begin{bmatrix} 1\times1,\ 256 \\ 3\times3,\ 256 \\ 1\times1,\ 1024 \end{bmatrix} \times 23$	$\begin{bmatrix} 1\times1,\ 256 \\ 3\times3,\ 256 \\ 1\times1,\ 1024 \end{bmatrix} \times 36$
conv5_x	7×7	$\begin{bmatrix} 3\times3,\ 512 \\ 3\times3,\ 512 \end{bmatrix} \times 2$	$\begin{bmatrix} 3\times3,\ 512 \\ 3\times3,\ 512 \end{bmatrix} \times 3$	$\begin{bmatrix} 1\times1,\ 512 \\ 3\times3,\ 512 \\ 1\times1,\ 2048 \end{bmatrix} \times 3$	$\begin{bmatrix} 1\times1,\ 512 \\ 3\times3,\ 512 \\ 1\times1,\ 2048 \end{bmatrix} \times 3$	$\begin{bmatrix} 1\times1,\ 512 \\ 3\times3,\ 512 \\ 1\times1,\ 2048 \end{bmatrix} \times 3$
	1×1	平均池化，1000-d fc，softmax				

5.3.5 其他典型神经网络

1) GoogleNet 系列

2014 年, Christian Szegedy 提出 GoogleNet 深度学习网络结构。GoogleNet 使用了 2 层的网络结构, 并将 Inception 模块引入, 其结构见表 5-12。

GoogleNet 深度学习网络结构 表 5-12

功能层	卷积核/步长	输出尺寸	深度/通道	#1×1	#3×3 reduce	#3×3	#5×5 reduce	#5×5	池化
卷积层	7×7/2	112×112×64	1						
最大池化	3×3/2	56×56×64	0						
卷积层	3×3/1	56×56×192	2		64	192			
最大池化	3×3/2	28×28×192	0						
inception(3a)		28×28×256	2	64	96	128	16	32	32
inception(3b)		28×28×480	2	128	128	192	32	96	64
最大池化	3×3/2	14×14×480	0						
inception(4a)		14×14×512	2	192	96	208	16	48	64
inception(4b)		14×14×512	2	160	116	224	24	64	64
inception(4c)		14×14×512	2	128	128	256	24	64	64
inception(4d)		14×14×528	2	112	144	288	32	64	64
inception(4e)		14×14×832	2	256	160	320	32	128	128
最大池化	3×3/2	7×7×832	0						
inception(5a)		7×7×832	2	256	160	320	32	128	128
inception(5b)		7×7×1024	2	384	192	384	48	128	128
平均池化	3×3/2	1×1×1024	0						
dropout(40%)		1×1×1024	0						
linear		1×1×1000	1						
softmax		1×1×1000	0						

深度学习卷积神经网络结构,设置卷积核大小及池化层的位置通常需要实验和试错获取, GoogleNet 采用了 Inception 模块设计, 由 1×1 卷积层、3×3 卷积层、5×5 卷积层和 3×3 最大池化层组成。这些层的输出连接后输出,Inception 模块的两种结构如图 5-23 所示。

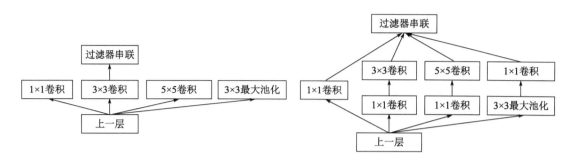

图 5-23 Inception 模块的两种结构

GoogleNet 使用了 9 个 Inception 模块,并且每间隔几个模块使用最大池化层来实现降维。GoogleNet 结构可表示为"输入层 + 池化层 + 卷积层 + 2 个 Inception 模块 + 1 个池化层 + 5 个 Inception 模块 + 1 个池化层 + 2 个 Inception 模块 + 全连接层 + softmax 层"。

2) Darknet 系列

Darknet-19 由 19 个卷积层和 5 个最大池化层组成,是 yoloV2 的主干网络。darknet53 由 53 个卷积层(Conv2D + BN + LeakyReLU)和 5 个最大池化层组成,是 yoloV3 的主干网络。

5.4 Transformer 模型

2017 年,Ashish Vaswani 提出了 Transformer 模型,最初应用在文字处理领域。2021 年,Alexey Dosovitskiy 将其应用扩展至图像识别领域,取得了较好的识别效果。循环神经网络,特别是长短时记忆和门控递归神经网络,作为最先进的方法解决序列建模和转换问题,如语言建模和机器翻译、注意力机制已经成为序列建模和转换模型的一个组成部分。Transformer 是一种避免递归的模型架构,完全依赖于注意力机制建立输入和输出的全局依赖关系。Transformer 结构由编码器和解码器组成,其结构如图 5-24 所示,其中 Input、Input Embedding、Positional Encoding、Output Embedding、Muti-Head Attention、Masked Muti-Head Attention、Feed Forward、Add & Norm、Linear、Softmax、Output Probabilities 模块分别表示模型输入、输入嵌入、位置编码、输出嵌入、多头注意力、多头注意力掩码、前向传播、残差和标准化、Softmax 操作和输出概率等模块。

设定输入序列 Input $= X = \{x_0, x_1, \cdots, x_n\}$,进入编码器,编码形成序列 $Z = \{z_0, z_1, \cdots, z_n\}$。基于序列 Z,解码器生成序列 Output $= Y = \{y_0, y_1, \cdots, y_m\}$。

5.4.1 编码器

编码器:编码器是由 6 个相同层组成的栈。每层都有 2 个子层,子层 1 为多头(8 头)自注意力机制,子层 2 为全连接的前馈网络,数据经过子层后采用残差连接并标准化。为了实现残差连接,模型中的所有子层以及嵌入层 d_{model} 输出向量均为 512 维向量,自注意力机制编码结构如图 5-25 所示。

第5章 交通目标识别理论与方法

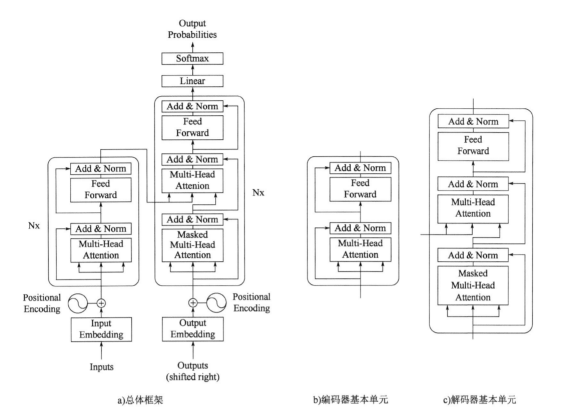

图 5-24 Transformer 模型结构

a)总体框架　　b)编码器基本单元　　c)解码器基本单元

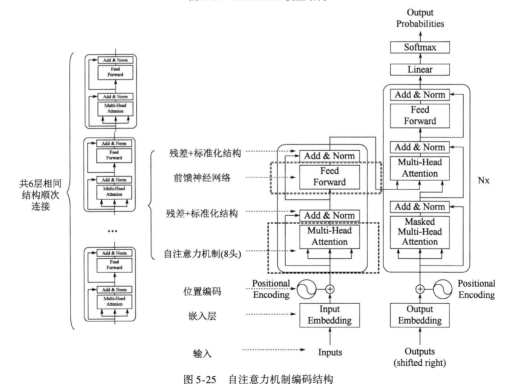

图 5-25 自注意力机制编码结构

具体编码过程如下。

1) 嵌入层

$X = \{x_0, x_1, \cdots, x_n\}$ 进入嵌入层，经过嵌入层后为 n 行的 512 维向量 $X_{\text{embedding}}$。

$$\{x_0, x_1, \cdots, x_n\} \xrightarrow{\text{embedding}} \begin{Bmatrix} x_{0\_1} & x_{0\_2} & \cdots & x_{0\_512} \\ x_{1\_1} & x_{1\_2} & \cdots & x_{1\_512} \\ \cdots & \cdots & \cdots & \cdots \\ x_{n\_1} & x_{n\_2} & \cdots & x_{n\_512} \end{Bmatrix} \qquad (5\text{-}22)$$

2) 位置编码

为了保留 x_i 的位置关系，对其进行位置编码：

$$\text{PE}_{(\text{pos}, 2i)} = \sin\left(\frac{\text{pos}}{10000^{2i/d_{\text{model}}}}\right) \qquad (5\text{-}23)$$

$$\text{PE}_{(\text{pos}, 2i+1)} = \cos\left(\frac{\text{pos}}{10000^{2i/d_{\text{model}}}}\right) \qquad (5\text{-}24)$$

式中：PE——位置编码二维矩阵；

pos——位置参数；

d_{model}——嵌入层维度；

i——X 向量长度一半（$i = X/2$）。

通过上述位置编码，保证了：

（1）输出编码 $\text{PE}_{(\text{pos}, 2i)}$ 或者 $\text{PE}_{(\text{pos}, 2i+1)}$ 具有唯一性。

（2）对于不同向量长度 i，$\text{PE}_{(\text{pos}, 2i)}$ 和 $\text{PE}_{(\text{pos}+k, 2i)}$（或者 $\text{PE}_{(\text{pos}+k, 2i+1)}$ 和）位置之间的距离与 k 有关，且单位长度保持一致。

经过嵌入层的输入变量 $X_{\text{embedding}}$ 与位置编码 PE 对应相加（假设 n 为偶数）生成 $X_{\text{embedding\_pe}}$：

$$X_{\text{embedding\_pe}} = \begin{bmatrix} x_{0\_\text{embedding\_pe}} \\ x_{1\_\text{embedding\_pe}} \\ \vdots \\ x_{n\_\text{embedding\_pe}} \end{bmatrix} = \begin{bmatrix} x_{0\_1} & x_{0\_2} & x_{0\_3} & x_{0\_4} & \cdots & x_{0\_511} & x_{0\_512} \\ x_{1\_1} & x_{1\_2} & x_{1\_3} & x_{1\_4} & \cdots & x_{1\_511} & x_{1\_512} \\ \vdots & \vdots & \vdots & \vdots & & \vdots & \vdots \\ x_{n\_1} & x_{n\_2} & x_{n\_3} & x_{n\_4} & \cdots & x_{n\_511} & x_{n\_512} \end{bmatrix} + $$

$$\begin{bmatrix} \sin\left(\dfrac{0}{10000^{0/512}}\right) & \cos\left(\dfrac{0}{10000^{0/512}}\right) & \sin\left(\dfrac{0}{10000^{2/512}}\right) & \cos\left(\dfrac{0}{10000^{2/512}}\right) & \cdots & \sin\left(\dfrac{0}{10000^{2i/512}}\right) & \cos\left(\dfrac{0}{10000^{2i/512}}\right) \\ \sin\left(\dfrac{1}{10000^{0/512}}\right) & \cos\left(\dfrac{1}{10000^{0/512}}\right) & \sin\left(\dfrac{1}{10000^{2/512}}\right) & \cos\left(\dfrac{1}{10000^{2/512}}\right) & \cdots & \sin\left(\dfrac{1}{10000^{2i/512}}\right) & \cos\left(\dfrac{1}{10000^{2i/512}}\right) \\ \vdots & \vdots & \vdots & \vdots & & \vdots & \vdots \\ \sin\left(\dfrac{n}{10000^{0/512}}\right) & \cos\left(\dfrac{n}{10000^{0/512}}\right) & \sin\left(\dfrac{n}{10000^{2/512}}\right) & \cos\left(\dfrac{n}{10000^{2/512}}\right) & \cdots & \sin\left(\dfrac{n}{10000^{2i/512}}\right) & \cos\left(\dfrac{n}{10000^{2i/512}}\right) \end{bmatrix}$$

$$= \begin{bmatrix} x_{0\_1} + \sin\left(\dfrac{0}{10000^{0/512}}\right), & x_{0\_2} + \cos\left(\dfrac{0}{10000^{0/512}}\right), & x_{0\_3} + \sin\left(\dfrac{0}{10000^{2/512}}\right), & x_{0\_4} + \cos\left(\dfrac{0}{10000^{2/512}}\right), & \cdots, & x_{0\_511} + \sin\left(\dfrac{0}{10000^{2i/512}}\right), & x_{0\_512} + \cos\left(\dfrac{0}{10000^{2i/512}}\right) \\ x_{1\_1} + \sin\left(\dfrac{1}{10000^{0/512}}\right), & x_{1\_2} + \cos\left(\dfrac{1}{10000^{0/512}}\right), & x_{1\_3} + \sin\left(\dfrac{1}{10000^{2/512}}\right), & x_{1\_4} + \cos\left(\dfrac{1}{10000^{2/512}}\right), & \cdots, & x_{1\_511} + \cos\left(\dfrac{1}{10000^{2i/512}}\right), & x_{1\_512} + \cos\left(\dfrac{1}{10000^{2i/512}}\right) \\ \vdots & \vdots & \vdots & \vdots & & \vdots & \vdots \\ x_{n\_1} + \sin\left(\dfrac{n}{10000^{0/512}}\right), & x_{n\_2} + \cos\left(\dfrac{n}{10000^{0/512}}\right), & x_{n\_3} + \sin\left(\dfrac{n}{10000^{2/512}}\right), & x_{n\_4} + \cos\left(\dfrac{n}{10000^{2/512}}\right), & \cdots, & x_{n\_511} + \sin\left(\dfrac{n}{10000^{2i/512}}\right), & x_{n\_512} + \cos\left(\dfrac{n}{10000^{2i/512}}\right) \end{bmatrix}$$

(5-25)

具有位置信息的 $X_{\text{embedding\_pe}} = \{x_{0\_\text{embedding\_pe}}, x_{1\_\text{embedding\_pe}}, \cdots, x_{n\_\text{embedding\_pe}}\}$，维度如图 5-26 所示。

图 5-26　$x_{\text{embedding\_pe}}$ 维度示意图

3) 自注意力机制

经过嵌入层和位置编码处理后，$X_{\text{embedding\_pe}}$ 进入采用自注意力机制的编码器。编码后的 $X_{i\_\text{embedding\_pe}}$ 应该具有 $X_{\text{embedding\_pe}}$ 其他向量的信息，即自注意力机制编码后的 $X_{\text{embedding\_pe\_Attention}}$，包含 $X_{\text{embedding\_pe}}$ 的信息。

$$X_{\text{embedding\_pe}} = \{x_{0\_\text{embedding\_pe}}, x_{1\_\text{embedding\_pe}}, \cdots, x_{n\_\text{embedding\_pe}}\} \quad (5\text{-}26)$$

$$X_{\text{embedding\_pe\_Attention}} = \{x_{0\_\text{embedding\_pe\_Attention}}, x_{1\_\text{embedding\_pe\_Attention}}, \cdots, x_{n\_\text{embedding\_pe\_Attention}}\} \quad (5\text{-}27)$$

(1) 单头注意力机制。

采用缩放点积的方法实现自注意力机制。

自注意力机制不改变 $X_{\text{embedding\_pe\_Attention}}$ 向量的维度，引入维度均为 512×512 的 W^Q、W^K、W^V 三个可学习矩阵，可知：

$$Q = X_{\text{embedding\_pe}} W^Q = \begin{bmatrix} x_{0\_\text{embedding\_pe\_Attention}} \\ x_{1\_\text{embedding\_pe\_Attention}} \\ \cdots \\ x_{n\_\text{embedding\_pe\_Attention}} \end{bmatrix} W^Q \quad (5\text{-}28)$$

$$K = X_{\text{embedding\_pe}} W^K = \begin{bmatrix} x_{0\_\text{embedding\_pe\_Attention}} \\ x_{1\_\text{embedding\_pe\_Attention}} \\ \cdots \\ x_{n\_\text{embedding\_pe\_Attention}} \end{bmatrix} W^K \quad (5\text{-}29)$$

$$V = X_{\text{embedding\_pe}} W^V = \begin{bmatrix} x_{0\_\text{embedding\_pe\_Attention}} \\ x_{1\_\text{embedding\_pe\_Attention}} \\ \cdots \\ x_{n\_\text{embedding\_pe\_Attention}} \end{bmatrix} W^V \quad (5\text{-}30)$$

$$\text{Attention}(Q, K, V) = \text{softmax}\left(\frac{QK^T}{\sqrt{d_k}}\right) V \quad (5\text{-}31)$$

各参量的维度示意如图 5-27 所示。

注意力机制 $\text{Attention}(Q, K, V)$ 采用缩放点积，K^T 为 K 矩阵的转置，QK^T 为点积，采用 $1/\sqrt{d_k}$ 比例因子进行缩放，优化了 softmax( ) 函数的计算性能。

(2) 多头注意力机制。

多头注意力机制 (Multi-head Attention, MSA) 可以更好地关注不同维度 (d_{model}) 具有的特征，其结构如图 5-28 所示。

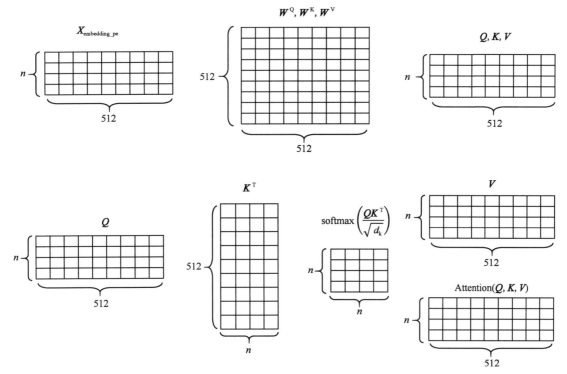

图 5-27 单头注意力机制张量维度示意图

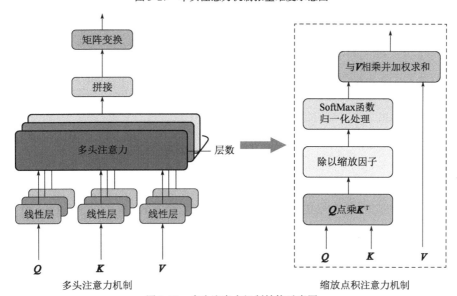

图 5-28 多头注意力机制结构示意图

权重矩阵 W^Q、W^K、W^V 的 d_q、d_k、d_v 维度也可以和嵌入层 d_{model} 不相同,能够被嵌入层纬度 512 整除 h 即可,对应的 h 个矩阵分别设定为 W_i^Q, W_i^K, W_i^V,$i=1,2,\cdots,h$。

d_q、d_k、d_v 满足 $k \cdot h = v \cdot h = d_{model} = 512$,$h$ 为多头注意机制的数量。

$$\text{MutiHead}(Q, K, V) = \text{Concat}(\text{head}_1, \cdots, \text{head}_h) W^O \tag{5-32}$$

$$\text{head}_i = \text{Attention}(\boldsymbol{Q}_i, \boldsymbol{K}_i, \boldsymbol{W}_i)\ (i=1,2,\cdots,h) \tag{5-33}$$

$$\boldsymbol{Q}_i = \boldsymbol{X}_{\text{embedding\_pe}} \boldsymbol{W}_i^Q \tag{5-34}$$

$$\boldsymbol{K}_i = \boldsymbol{X}_{\text{embedding\_pe}} \boldsymbol{W}_i^K \tag{5-35}$$

$$\boldsymbol{V}_i = \boldsymbol{X}_{\text{embedding\_pe}} \boldsymbol{W}_i^V \tag{5-36}$$

由于存在 head_i 的拼接,多头注意机制引入可学习矩阵 $\boldsymbol{W}^O$,可用于调整张量维度。当 $h=8$,$d_k = d_v = d_{\text{model}}/h = 512/8 = 64$ 时,$\boldsymbol{W}^O$ 维度为 512×512。多头注意力机制张量维度变化示意图如图 5-29 所示。

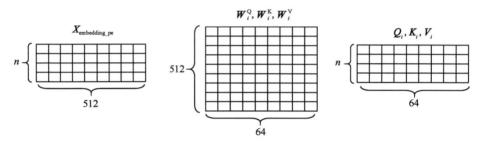

图 5-29　多头注意力机制张量维度变化示意图($h=8$)

$\text{MutiHead}(\boldsymbol{Q},\boldsymbol{K},\boldsymbol{V})$ 多头拼接 $\text{Concat}(\text{head}_1,\cdots,\text{head}_h)$ 张量维度变化示意图如图 5-30 所示。

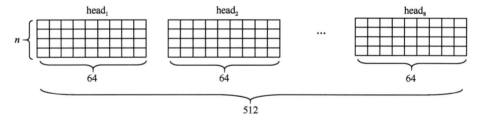

图 5-30　$\text{Concat}(\text{head}_1,\cdots,\text{head}_h)$ 张量维度变化示意图

4) 残差和标准结构、前馈神经网络

前馈神经网络(MLP)是 2 层的全连接结构,神经元采用 ReLU( ) 激活函数,输入输出均为 512 维度张量,隐藏层为 2048 维度的结构,其结构如图 5-31 所示。

通过注意力机制和前馈网络后,均需进行残差和标准化处理。

5) 应用算例

对"东北林业大学"进行自注意力机制编码(主要说明自注意力机制的机理,算例中未引入前馈神经网络、残差和标准化的计算)。

(1) embedding。

为了便于计算,令 $d_{\text{model}} = 8$。采用 torch. nn. Embedding(num_embeddings, embedding_dim, padding_idx = None, max_norm = None, norm_type = 2.0, scale_grad_by_freq = False, sparse = False, _weight = None) 进行嵌入处理。

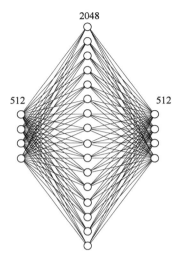

图 5-31　MLP 前馈神经网络全连接结构示意图

num_embeddings = 6, embedding_dim = 8

"东北林业大学"编码为：

tensor([[1.1963, -0.2275, 0.5159, -0.6003, 0.2120, 0.7088, -1.1434, 1.4908],
　　　　[-0.0173, -0.5461, 0.7845, 0.6816, 0.6150, -0.6809, -0.7623, -0.6091],
　　　　[1.1779, 0.2423, -1.1215, 0.9305, 0.2974, 1.0478, 0.4907, -1.0766],
　　　　[-1.2159, -1.5071, 0.1649, -0.4192, 0.5000, 2.0376, 0.7437, -0.7445],
　　　　[0.8408, -0.5695, 0.5105, -0.3413, 0.8219, -0.5291, 0.0817, 0.9670],
　　　　[-0.3740, 0.5882, -0.7524, -0.4175, 1.7123, -0.8088, -1.1207, -1.1504]],
　　　　requires_grad = True)

即"东"嵌入后由 8 维数据[1.1963, -0.2275, 0.5159, -0.6003, 0.2120, 0.7088, -1.1434, 1.4908]表示，"北"由[-0.0173, -0.5461, 0.7845, 0.6816, 0.6150, -0.6809, -0.7623, -0.6091]表示。"东北林业大学"嵌入处理见表 5-13。

"东北林业大学"嵌入处理($X_{embedding}$)　　　　表 5-13

$X_{embedding}$	1	2	3	4	5	6	7	8
"东"	1.1963	-0.2275	0.5159	-0.6003	0.2120	0.7088	-1.1434	1.4908
"北"	-0.0173	-0.5461	0.7845	0.6816	0.6150	-0.6809	-0.7623	-0.6091
"林"	1.1779	0.2423	-1.1215	0.9305	0.2974	1.0478	0.4907	-1.0766
"业"	-1.2159	-1.5071	0.1649	-0.4192	0.5000	2.0376	0.7437	-0.7445
"大"	0.8408	-0.5695	0.5105	-0.3413	0.8219	-0.5291	0.0817	0.9670
"学"	-0.3740	0.5882	-0.7524	-0.4175	1.7123	-0.8088	-1.1207	-1.1504

(2)位置编码。

"东"位置编码：

$[\sin(0/10000^{0/8}), \cos(0/10000^{0/8}), \sin(0/10000^{2/8}), \cos(0/10000^{2/8}), \sin(0/10000^{4/8}),$
$\cos(0/10000^{4/8}), \sin(0/10000^{6/8}), \cos(0/10000^{6/8})]$

"北"位置编码:

$[\sin(1/10000^{0/8}), \cos(1/10000^{0/8}), \sin(1/10000^{2/8}), \cos(1/10000^{2/8}), \sin(1/10000^{4/8}),$
$\cos(1/10000^{4/8}), \sin(1/10000^{6/8}), \cos(1/10000^{6/8})]$

按照此原则,"东北林业大学"位置编码矩阵见表 5-14,具有位置编码的"东北林业大学"嵌入结果见表 5-15。

"东北林业大学"位置编码(PE)　　　　表 5-14

PE	1	2	3	4	5	6	7	8
"东"	0.000	1.000	0.000	1.000	0.000	1.000	0.000	1.000
"北"	0.841	0.540	0.100	0.995	0.010	1.000	0.001	1.000
"林"	0.909	-0.416	0.199	0.980	0.020	1.000	0.002	1.000
"业"	0.141	-0.990	0.296	0.955	0.030	1.000	0.003	1.000
"大"	-0.757	-0.654	0.389	0.921	0.040	0.999	0.004	1.000
"学"	-0.959	0.284	0.479	0.878	0.050	0.999	0.005	1.000

"东北林业大学"嵌入处理($X_{embedding\_pe}$)　　　　表 5-15

$X_{embedding\_pe}$	1	2	3	4	5	6	7	8
"东"	1.1963	0.7725	0.5159	0.3997	0.212	1.7088	-1.1434	2.4908
"北"	0.8237	-0.0061	0.8845	1.6766	0.625	0.3191	-0.7613	0.3909
"林"	2.0869	-0.1737	-0.9225	1.9105	0.3174	2.0478	0.4927	-0.0766
"业"	-1.0749	-2.4971	0.4609	0.5358	0.53	3.0376	0.7467	0.2555
"大"	0.0838	-1.2235	0.8995	0.5797	0.8619	0.4699	0.0857	1.967
"学"	-1.333	0.8722	-0.2734	0.4605	1.7623	0.1902	-1.1157	-0.1504

(3)注意力机制。

①单头注意力机制。

产生 W^Q、W^K、W^V 三个 8×8 矩阵,因为是可学习矩阵,采用随机数作为初始值。根据 $X_{embedding\_pe}$ 和 W^Q、W^K、W^V 权重矩阵,分别求出 Q、K、V(表 5-16)。

$$Q = X_{embedding\_pe} \cdot W^Q \quad K = X_{embedding\_pe} W^K \quad V = X_{embedding\_pe} \cdot W^V$$

根据公式:

$$\text{Attention}(\boldsymbol{Q}, \boldsymbol{K}, \boldsymbol{V}) = \text{softmax}\left(\frac{\boldsymbol{QK}^T}{\sqrt{d_k}}\right)\boldsymbol{V} \tag{5-37}$$

通过上述分析可以知道,$X_{embedding\_pe}$ 矩阵经过 Attention($\boldsymbol{Q}, \boldsymbol{K}, \boldsymbol{V}$)后(表 5-17),其中每一个 $x_{iembedding\_pe}$ 包含了自身及其他变量的信息,即 $x_{iembedding\_pe}$ 的编码考虑了全局的信息。

表 5-16

Q、K、V 的求解

								$X_{embedding_pe}$															
								1.1963	0.7725	0.5159	0.3997	0.212	1.7088	-1.1434	2.4908								
								0.8237	-0.0061	0.8845	1.6766	0.625	0.3191	-0.7613	0.3909								
								2.0869	-0.1737	-0.9225	1.9105	0.3174	2.0478	0.4927	-0.0766								
								-1.0749	-2.4971	0.4609	0.5358	0.53	3.0376	0.7467	0.2555								
								0.0838	-1.2235	0.8995	0.5797	0.8619	0.4699	0.0857	1.967								
								-1.333	0.8722	-0.2734	0.4605	1.7623	0.1902	-1.1157	-0.1504								
W^Q 初始值								W^K 初始值								W^V 初始值							
0.448	0.282	0.332	0.402	0.326	0.167	0.592	0.117	0.043	0.798	0.072	0.152	0.250	0.295	0.882	0.213	0.279	0.471	0.617	0.117	0.521	0.248	0.660	0.540
0.224	0.375	0.162	0.967	0.060	0.582	0.547	0.901	0.805	0.662	0.424	0.604	0.258	0.411	0.914	0.396	0.092	0.056	0.722	0.303	0.791	0.155	0.246	0.960
0.181	0.758	0.683	0.157	0.289	0.974	0.808	0.366	0.868	0.875	0.966	0.233	0.552	0.224	0.241	0.742	0.573	0.532	0.272	0.088	0.335	0.335	0.094	0.652
0.914	0.989	0.964	0.646	0.518	0.955	0.214	0.803	0.187	0.443	0.997	0.219	0.194	0.342	0.437	0.762	0.423	0.872	0.855	0.746	0.876	0.917	0.233	0.968
0.198	0.812	0.265	0.503	0.319	0.215	0.703	0.022	0.255	0.907	0.487	0.398	0.447	0.530	0.163	0.263	0.907	0.195	0.860	0.697	0.973	0.592	0.002	0.213
0.161	0.852	0.480	0.770	0.448	0.203	0.590	0.342	0.583	0.555	0.007	0.663	0.705	0.588	0.476	0.288	0.137	0.266	0.852	0.453	0.441	0.918	0.050	0.315
0.912	0.281	0.201	0.155	0.454	0.958	0.266	0.565	0.792	0.010	0.857	0.085	0.736	0.594	0.646	0.208	0.097	0.679	0.417	0.316	0.987	0.324	0.701	0.530
0.213	0.728	0.094	0.578	0.546	0.068	0.646	0.543	0.643	0.437	0.231	0.391	0.900	0.805	0.436	0.055	0.487	0.387	0.652	0.688	0.761	0.665	0.150	0.433
$Q=X_{embedding_pe}W^Q$								$K=X_{embedding_pe}W^K$								$V=X_{embedding_pe}W^V$							
0.973	4.533	2.141	4.252	2.467	1.000	4.095	2.641	2.942	4.312	1.021	2.950	3.560	3.366	3.255	1.695	2.398	1.913	4.563	2.992	3.484	3.936	0.779	3.167
1.624	3.409	2.695	2.215	1.602	2.093	2.235	1.666	1.106	3.077	2.327	1.243	1.314	1.393	1.599	2.226	2.172	2.161	2.925	2.032	2.484	2.713	0.558	2.638
3.301	3.799	3.035	3.529	2.593	2.124	2.317	2.228	1.122	2.985	1.664	1.912	2.218	2.594	3.606	1.919	1.425	3.060	4.718	2.787	3.954	4.110	2.130	3.149
0.862	3.054	1.843	0.441	1.919	0.791	1.013	-0.166	1.106	0.415	0.822	0.941	2.603	1.659	-0.759	0.716	1.055	1.584	1.639	1.715	0.875	3.506	-0.441	-0.582
1.200	3.376	1.659	1.312	2.113	1.228	2.408	0.998	1.734	2.204	1.885	1.041	2.864	2.289	0.703	1.131	2.484	2.067	2.368	2.345	2.512	2.941	0.354	1.247
-0.700	1.369	0.276	1.335	-0.164	-0.203	0.523	0.291	0.074	1.106	0.338	1.035	-0.204	0.324	-0.652	0.487	1.189	-0.744	1.241	1.286	0.890	0.892	-1.375	0.164

Attention(Q,K,V) 的转化 表 5-17

Q								K^T						$QK^T/\sqrt{d_k}$					
0.973	4.533	2.141	4.252	2.467	1.000	4.095	2.641	2.942	1.106	1.122	1.106	1.734	0.074	23.721	14.974	19.168	5.509	12.502	3.057
1.624	3.409	2.695	2.215	1.602	2.093	2.235	1.666	4.312	3.077	2.985	0.415	2.204	1.106	18.247	11.884	15.142	5.426	11.191	2.572
3.301	3.799	3.035	3.529	2.593	2.124	2.317	2.228	1.021	2.327	1.664	0.822	1.885	0.338	23.794	14.786	17.937	7.479	14.117	3.132
0.862	3.054	1.843	0.441	1.919	0.791	1.013	−0.166	2.95	1.243	1.912	0.941	1.041	1.035	11.101	7.093	8.357	3.384	7.067	1.288
1.200	3.376	1.659	1.312	2.113	1.228	2.408	0.998	3.56	1.314	2.218	2.603	2.864	−0.204	15.852	9.817	12.432	4.155	9.086	1.635
−0.700	1.369	0.276	1.335	−0.164	−0.203	0.523	0.291	3.366	1.393	2.594	1.659	2.289	0.324	3.179	2.378	2.781	0.115	1.229	0.957
								3.255	1.599	3.606	−0.759	0.703	−0.652						
								1.695	2.226	1.919	0.716	1.131	0.487						

softmax($QK^T/\sqrt{d_k}$)						V						softmax($QK^T/\sqrt{d_k}$)V						
0.989	0.000	0.010	0.000	0.000	0.000	2.398	1.913	4.563	2.992	3.484	3.936	0.779	3.167	2.388	1.925	4.564	2.990	3.489	3.938	0.793	3.167
0.955	0.002	0.043	0.000	0.001	0.000	2.172	2.161	2.925	2.032	2.484	2.713	0.558	2.638	2.356	1.963	4.565	2.981	3.502	3.941	0.836	3.164
0.997	0.000	0.003	0.000	0.000	0.000	1.425	3.060	4.718	2.787	3.954	4.110	2.130	3.149	2.395	1.916	4.563	2.991	3.485	3.936	0.783	3.167
0.909	0.017	0.058	0.000	0.016	0.000	1.055	1.584	1.639	1.715	3.506	−0.441	−0.582	2.338	1.986	4.508	2.953	3.478	3.910	0.847	3.125
0.965	0.002	0.032	0.000	0.000	0.000	2.484	2.067	2.368	2.345	2.512	2.941	0.354	1.247	2.367	1.950	4.562	2.983	3.495	3.938	0.821	3.163
0.414	0.186	0.278	0.019	0.059	0.045	1.189	−0.744	1.241	1.286	0.890	0.892	−1.375	0.164	2.011	2.161	3.968	2.618	3.205	3.554	0.968	2.744

需要注意的是,本例中 W^Q、W^K、W^V 为随机赋值作为初始化,得到了 softmax($QK^T/\sqrt{d_k}$)V 不能直接反映 $X_{\text{embedding\_pe}}$ 正确的编码结构。采用自注意力机制的深度学习神经网络,需要通过大量的学习过程,确定 W^Q、W^K、W^V 的具体参数值。本例是未经过训练额自注意力机制深度学习神经网络,给出了编码前向的执行过程(初始阶段)。

②多头注意力机制。

相对于单头注意力机制,多头注意力机制采用形状小于 W^Q、W^K、W^V 矩阵 W_i^Q、W_i^K、W_i^V,并且增加了向量维度调整矩阵 W^O。

以"东北林业大学"为例说明多头注意力机制的运行机理,嵌入层后位置编码和单头注意力机制相同,此处不加以赘述。

进入注意力机制阶段,单头和多头存在差异。相同之处在于均为 6 个相同层组成的栈组成,但是多头注意力机制采用 h 个单头并行处理数据,采用拼接的方式组合,经过向量维度调整矩阵 W^O 后输出。单头和多头注意力机制向量维度变化对应关系见表 5-18。

第5章　交通目标识别理论与方法

单头和多头注意力机制向量维度变化对应　　　　　　　　表5-18

注意力机制	$X_{\text{embedding\_pe}}$	W^Q, W^K, W^V	W_i^Q, W_i^K, W_i^V	softmax$(QK^T/\sqrt{d_k})V$/ softmax$(Q_iK_i^T/\sqrt{d_k})V$	Concat	W^O	输出
$h=1$	6×8	8×8	—	—	—	—	6×8
$h=2$	6×8	—	8×4	6×4	6×8	8×8	6×8
$h=3$	6×8	—	8×3/8×4	6×3/6×4	6×9/6×12	9×8/12×8	6×8
$h=4$	6×8	—	8×2	6×2	6×8	8×8	6×8
$h=5$	6×8	—	8×6/8×8	6×6/6×8	6×30/6×40	30×8/40×8	6×8

分析可知，多头注意力机制的 h 可自行设定。

当 $h=2,4$ 时，W_i^Q、W_i^K、W_i^V 的 d_q、d_k、d_v 维度分别为 $8\times4(h=2)$ 和 $8\times2(h=4)$，分别为 $d_{\text{model}}=8$ 的 $1/2$ 和 $1/4$ 倍。这种情况下，W^O 可采用形状为 8×8 的权重调整矩阵，或者直接输出亦可。

当 $h=3$ 时，W_i^Q、W_i^K、W_i^V 的 d_q、d_k、d_v 向量维度分别设计为 8×3 或者 8×4，经过拼接后向量维度为 6×9 或者 6×12，由于输出限量应为 6×8 维度，需要维度为 9×8 或者 12×8 的 W^O 调整矩阵。

当 $h=5$ 时，W_i^Q、W_i^K、W_i^V 的 d_q、d_k、d_v 向量维度分别设计为 8×6 或者 8×8，经过拼接后向量维度为 6×30 或者 6×40，由于输出限量应为 6×8 维度，需要维度为 9×8 或者 12×8 的 W^O 调整矩阵。

以 $h=3$，W_i^Q、W_i^K、W_i^V 的 d_q、d_k、d_v 向量维度为 8×4 为例，给出多头注意力机制的前向传播过程。

$$\text{MutiHead}(Q,K,V) = \text{Concat}(\text{head}_1,\cdots,\text{head}_h)W^O \quad (i=1,2,3,4) \tag{5-38}$$

当 $i=1$ 时：

$$\text{head}_1 = \text{Attention}(Q_1, K_1, W_1) \tag{5-39}$$

$$Q_1 = X_{\text{embedding\_pe}} W_1^Q \tag{5-40}$$

$$K_1 = X_{\text{embedding\_pe}} W_1^K \tag{5-41}$$

$$V_1 = X_{\text{embedding\_pe}} W_1^V \tag{5-42}$$

$$\text{head}_1 = \text{Attention}(Q_1, K_1, W_1)\,\text{softmax}(Q_1 K_1^T/\sqrt{d_k})V_1 \tag{5-43}$$

不同 i 值下，W_i^Q、W_i^K、W_i^V 的计算见表5-19。

表 5-19　W_i^Q、W_i^K、W_i^V 的计算

W_i^Q初始值(i=1)			W_i^Q初始值(i=2)			$X_{embedding\_po}$								W_i^Q初始值(i=3)			W_i^Q初始值(i=4)			W_i^K初始值(i=1)			W_i^K初始值(i=2)		
0.106	0.860	0.045	0.209	0.878	0.835	1.1963	0.7725	0.5159	0.3997	0.212	1.7088	−1.1434	2.4908	0.297	0.545	0.134	0.224	0.927	0.126	0.330	0.387	0.803	0.213	0.090	0.238	0.904
0.221	0.186	0.466	0.382	0.307	0.656	0.8237	−0.0061	0.8845	0.6766	0.625	0.3191	−0.7613	0.3909	0.952	0.855	0.645	0.099	0.479	0.021	0.361	0.665	0.209	0.447	0.649	0.883	0.028
0.816	0.081	0.081	0.308	0.231	0.592	2.0869	−0.1737	−0.9225	1.9105	0.3174	2.0478	0.4927	−0.0766	0.804	0.755	0.527	0.827	0.784	0.798	0.605	0.007	0.386	0.543	0.661	0.087	0.036
0.298	0.071	0.873	0.349	0.554	0.194	−1.0749	−2.4971	0.4609	0.5358	0.53	3.0376	0.7467	0.2555	0.800	0.957	0.893	0.087	0.285	0.668	0.347	0.696	0.543	0.136	0.405	0.122	0.521
0.877	0.697	0.781	0.652	0.977	0.014									0.339	0.432	0.746	0.066	0.707	0.230	0.528	0.665	0.644	0.415	0.228	0.681	0.646
0.532	0.961	0.467	0.567	0.002	0.943									0.171	0.103	0.613	0.562	0.810	0.622	0.816	0.450	0.616	0.908	0.473	0.616	0.359
0.138	0.613	0.314	0.785	0.429	0.846	0.0838	−1.2235	0.8995	0.5797	0.8619	0.4699	0.0857	1.967	0.368	0.451	0.872	0.201	0.851	0.437	0.474	0.604	0.965	0.073	0.059	0.890	0.947
0.072	0.223	0.381	0.388	0.800	0.568	−1.333	0.8722	−0.2734	0.4605	1.7623	0.1902	−1.1157	−0.1504	0.904	0.536	0.708	0.403	0.320	0.609	0.099	0.300	0.850	0.979	0.209	0.578	0.651
	0.348				0.328											0.490		0.311								
					0.816																					

W_i^K初始值(i=3)			W_i^K初始值(i=4)			W_i^V初始值(i=1)			W_i^V初始值(i=2)			W_i^V初始值(i=3)			W_i^V初始值(i=4)		
0.447	0.902	0.216	0.258	0.100	0.308	0.835	0.679	0.188	0.177	0.465	0.077	0.832	0.278	0.269	0.009	0.452	0.621	0.447
0.288	0.972	0.127	0.932	0.186	0.378	0.973	0.683	0.403	0.862	0.716	0.615	0.614	0.450	0.087	0.921	0.123	0.082	0.288
0.234	0.944	0.500	0.263	0.343	0.176	0.177	0.635	0.090	0.101	0.757	0.622	0.842	0.522	0.590	0.528	0.487	0.833	0.234
0.906	0.968	0.287	0.900	0.624	0.483	0.533	0.948	0.725	0.299	0.637	0.271	0.408	0.220	0.065	0.079	0.332	0.563	0.906
0.026	0.455	0.833	0.477	0.165	0.587	0.208	0.999	0.846	0.409	0.568	0.448	0.455	0.338	0.655	0.388	0.719	0.048	0.026
0.133	0.948	0.361	0.452	0.973	0.662	0.247	0.387	0.773	0.719	0.315	0.702	0.805	0.141	0.973	0.518	0.797	0.752	0.133
0.012	0.904	0.793	0.970	0.691	0.774	0.447	0.207	0.416	0.633	0.240	0.381	0.472	0.955	0.409	0.945	0.211	0.979	0.012
0.066	0.119	0.003	0.910	0.777	0.370	0.166	0.079	0.595	0.681	0.619	0.184	0.219	0.647	0.559	0.958	0.967	0.489	0.066

续上表

$X_{embedding\_pe}$

1.1963	0.7725	0.5159	0.3997	0.212	1.7088	−1.1434	2.4908
0.8237	−0.0061	0.8845	1.6766	0.625	0.3191	−0.7613	0.3909
2.0869	−0.1737	−0.9225	1.9105	0.3174	2.0478	0.4927	−0.0766
−1.0749	−2.4971	0.4609	0.5358	0.53	3.0376	0.7467	0.2555
0.0838	−1.2235	0.8995	0.5797	0.8619	0.4699	0.0857	1.967
−1.333	0.8722	−0.2734	0.4605	1.7623	0.1902	−1.1157	−0.1504

W_i^Q 初始值 ($i=1$) | W_i^K 初始值 ($i=1$) | W_i^V 初始值 ($i=1$)

W_i^Q				W_i^K				W_i^V			
0.106	0.860	0.209	0.126	0.330	0.387	0.803	0.835	0.921	0.188	1.954	2.887
0.221	0.186	0.382	0.021	0.361	0.665	0.209	0.973	0.183	0.403	1.948	1.261
0.816	0.081	0.308	0.798	0.605	0.007	0.386	0.177	0.710	0.090	1.430	4.297
0.298	0.071	0.349	0.668	0.347	0.696	0.543	0.533	0.758	0.725	2.072	2.490
0.877	0.697	0.652	0.230	0.528	0.665	0.644	0.208	0.290	0.846	1.805	1.502
0.532	0.961	0.567	0.622	0.816	0.450	0.616	0.247	0.789	0.773	1.448	−0.280
0.138	0.613	0.785	0.437	0.474	0.604	0.965	0.447	0.379	0.416		
0.072	0.223	0.388	0.609	0.099	0.300	0.850	0.166	0.503	0.595		

K_1^T

2.975	2.335	2.225	3.741
2.177	1.655	1.704	2.109
2.315	2.795	3.423	4.197
3.031	2.346	0.547	2.234
2.816	1.405	1.055	3.073
−0.116	0.411	0.921	

$Q_1 K_1^T$ | $Q_1 K_1^T/\sqrt{d_k}$ | softmax$(Q_1 K_1^T/\sqrt{d_k}) V_1$

$Q_1 K_1^T$				$Q_1 K_1^T/\sqrt{d_k}$				softmax$(Q_1 K_1^T/\sqrt{d_k}) V_1$			
14.372	12.549	−0.116	2.816	9.216	9.065	0.810	8.055	15.509	11.482	12.886	
10.501	9.177	0.411	1.405	6.382	6.668	0.823	7.468	15.487	11.304	13.076	
15.688	13.617	0.921	1.055	10.427	9.711	0.698	6.279	12.486	9.097	10.430	
11.900	10.868	−0.696	3.073	8.511	8.217	0.274	7.663	15.383	11.301	12.871	
11.049	9.753			6.913	7.213	0.509	1.580	2.476	2.059	1.980	
3.732	3.647			2.612	3.000	0.103	2.188	8.410	6.332	8.151	

Q_1 | K_1 | V_1

Q_1				K_1				V_1			
2.243	2.019	2.975	2.335	2.225	3.741	2.423	4.142	2.880	3.379		
2.354	1.170	2.177	1.655	1.704	2.109	1.665	2.997	3.327	2.139		
1.652	2.478	2.315	2.795	3.423	4.197	3.208	4.539	3.729	3.635		
1.184	1.904	3.031	2.346	0.547	2.234	−1.723	2.248	0.245	2.481		
1.939	1.688	2.816	1.405	1.055	3.073	0.008	2.574	1.558	2.322		
0.873	0.454	−0.116	0.411	0.921		−0.177	−0.751	1.545	1.494		

注:softmax$(Q_1 K_1^T/\sqrt{d_k}) V_1$ 计算部分采用了 softmax$(Q_1 K_1^T/(10\sqrt{d_k})) V_1$,数值缩小了10倍。

根据此计算 $head_2$、$head_3$。Concat($head_1$, $head_2$, $head_3$) 示意图如图 5-32 所示。

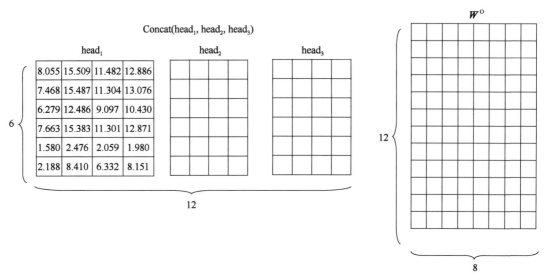

图 5-32　多头自注意力机制张量维度示意图（Concat($head_1$, $head_2$, $head_3$)）

经过 Concat($head_1$, $head_2$, $head_3$) 后，张量维度为 6×12。为了调整张量的维度为 6×8，需要与张量调整矩阵 W^O (12×8) 相乘，输出张量维度为 6×8，至此完成多头注意力编码的前向传播过程。

5.4.2　解码器

解码器是由 6 个相同层组成的栈。每层都有 3 个子层，子层 1 为多头自注意力机制，子层 2 为多头自注意力机制，子层 3 为全连接的前馈网络。子层 2 将编码器输出 $z = \{z_1, z_2, \cdots, z_n\}$ 引入多头自注意力机制。与编码器类似，数据经过子层后采用残差连接并标准化。子层 1 中采用了掩码技术，确保位置 i 的预测只能依赖于小于 i 位置的已知输出。

具体解码过程：

第 1 步：$\{z_1, z_2, \cdots, z_n\}$, $\{begin\}$ 进入解码器，输出 y_1，解码序列为 $\{y_1\}$。

第 2 步：$\{z_1, z_2, \cdots, z_n\}$, $\{begin, y_1\}$ 进入解码器，输出 y_2，解码序列为 $\{y_1, y_2\}$。

第 3 步：$\{z_1, z_2, \cdots, z_n\}$, $\{begin, y_1, y_2\}$ 进入解码器，输出 y_3，解码序列为 $\{y_1, y_2, y_3\}$。

……

第 m 步：$\{z_1, z_2, \cdots, z_n\}$, $\{begin, y_1, y_2, y_{m-1}\}$ 进入解码器，输出 y_m，解码序列为 $\{y_1, y_2, y_3, \cdots, y_m\}$。

第 $m+1$ 步：$\{z_1, z_2, \cdots, z_n\}$, $\{begin, y_1, y_2, y_{m-1}, y_m\}$ 进入解码器，输出 end，结束解码过程。

5.4.3　ViT

2017 年，Vaswani 将自注意力机制（Transformer）应用于自然语言处理（NLP），目前主流的方法采用大量文本数据预训练模型，通过微调应用于小数据样本，具有计算效率高和可测度的优点。2021 年，Alexey Dosovitskiy 借鉴文字处理中取得良好效果的 Transformer，提出了 ViT

(Vision Transformer)深度学习神经网络,用于视觉领域的图像分类,ViT 结构如图 5-33 所示。

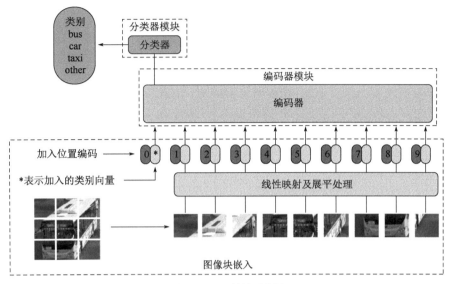

图 5-33　ViT 结构示意图

卷积神经网络是图像识别和检测领域的主流神经网络结构,其强化了局部感知、权重共享和平移不变性的归纳偏置(模型假设偏好),而 Transformer 则通过编码结构关注全局信息,两者在机理方面存在本质区别。

ViT 模型采用了 Transformer 模型的编码结构,由于 Transformer 编码结构输入为 1 维张量数据,而图像为 2 维数据,采用了分割的处理方式,具体为:

分割输入图像($H \times W \times C$)为 N 块,即 N 块图像($H_p^i \times H_p^i \times C$),$i = 1, 2, \cdots, N$,满足如下关系:

$$N = \frac{H \times W \times C}{H_p^i \times H_p^i} \tag{5-44}$$

式中:$H_p^i \times H_p^i$——分割后图像块的像素;
　　　C——图像通道;
　　　N——分割后图像块的数量,也是 Transformer 有效输出序列的长度(类比于自然语言处理语句的长度)。

图像块为 2 维结构,按照像素将图像块展平成 1 维结构。由于 Transformer 需要 D 维的输入向量,采用可学习的全连接前馈网络结构,将展平后的图像块映射至 D 维数据。

ViT 执行流程如下:

(1)图像($H \times W \times C$)分割为 N 块($H_p^i \times H_p^i \times C$)。

(2)N 块($H_p^i \times H_p^i \times C$)按照像素展平为图像块序列 $\boldsymbol{X}_p = [x_p^1, x_p^2, \cdots, x_p^N]$,$x_p^i \in \mathbb{R}^{1 \times (H_p^i \times H_p^i \times C)}$,$i = 1, 2, \cdots, N$。

(3)图像块序列 X_p 作为 MLP 前馈神经网络(全连接前馈网络为 2 层结构,采用 GELU 激活函数)的输入,图像块映射矩阵 $\boldsymbol{E}(\boldsymbol{E} \in \mathbb{R}^{(H_p^i \times H_p^i \times C) \times D})$ 做乘积 $\boldsymbol{X}_p\boldsymbol{E}$,映射至 D 维向量 $\boldsymbol{X}_p\boldsymbol{E} = [x_p^1, x_p^2, \cdots, x_p^N]\boldsymbol{E} = [x_p^1\boldsymbol{E}, x_p^2\boldsymbol{E}, \cdots, x_p^N\boldsymbol{E}]$,完成图像块的嵌入编码。

(4)为图像块序列 $X_p E$ 序列前端增加可学习的 D 维的令牌(token)信息 x_{class},图像块序列增加令牌后,为 $x_{\text{class}} + X_p E = [x_{\text{class}}, x_p^1 E, x_p^2 E, \cdots, x_p^N E]$。

(5)对图像块序列 $x_{\text{class}}, x_p^1, x_p^2, \cdots, x_p^N$ 增加可学习的位置信息 E_{pos},$E_{\text{pos}} \in \mathbb{R}^{(N+1) \times D}$,进行图像块序列的位置编码,令 $Z_0 = [x_{\text{class}}, x_p^1 E, x_p^2 E, \cdots, x_p^N E] + E_{\text{pos}}$,$Z_0 \in \mathbb{R}^{(N+1) \times D}$。

(6)多头注意力机制(MSA)和前馈神经网络(MLP):对位置编码后的 Z_0 进行标准化(LN),进入注意力机制(MSA,8头)和前馈神经网络(MLP),前向传播 $L = 6$ 层。

Z_{l-1} 进入注意力机制(MSA,8头),经过标准化、多头注意力机制和残差结构后,得到 Z'_l:

$$Z'_l = \text{MSA}(\text{LN}(Z_{l-1})) + Z_{l-1} \quad (l = 1, 2, \cdots, L) \tag{5-45}$$

Z'_l 进入前馈神经网络(MLP):

$$Z_l = \text{MSA}(\text{LN}(Z'_l)) + Z'_l \quad (l = 1, 2, \cdots, L) \tag{5-46}$$

对 Z_L 标准化后,得到输出 y:

$$y = \text{LN}(Z_L) \tag{5-47}$$

设定 $Z_0 = [x_{\text{class}}, x_p^1 E, x_p^2 E, \cdots, x_p^N E] + E_{\text{pos}}$,具体执行过程如下:

第1层:

$$\begin{aligned} Z'_1 &= \text{MSA}(\text{LN}(Z_0)) + Z_0 \\ Z_1 &= \text{MLP}(\text{LN}(Z'_1)) + Z'_1 \end{aligned} \tag{5-48}$$

第2层:

$$\begin{aligned} Z'_2 &= \text{MSA}(\text{LN}(Z_1)) + Z_1 \\ Z_2 &= \text{MLP}(\text{LN}(Z'_2)) + Z'_2 \end{aligned} \tag{5-49}$$

第 $i(i = 3, 4, 5)$ 层:

$$\begin{aligned} Z'_i &= \text{MSA}(\text{LN}(Z_{i-1})) + Z_{i-1} \\ Z_i &= \text{MLP}(\text{LN}(Z'_i)) + Z'_i \end{aligned} \tag{5-50}$$

第6层:

$$\begin{aligned} Z'_6 &= \text{MSA}(\text{LN}(Z_5)) + Z_5 \\ Z_6 &= \text{MLP}(\text{LN}(Z'_6)) + Z'_6 \end{aligned} \tag{5-51}$$

(7)对 Z_6 标准化后作为输出 y:

$$y = \text{LN}(Z_6) \tag{5-52}$$

对比分析 ViT 和 CNN 归纳偏置(模型假设偏好),CNN 局部感知、权重共享和平移不变性的归纳偏置应用模型的各结构层,ViT 仅在 MLP 层具有局部感知和平移不变性,多头自注意力层感知全局信息,仅在裁剪图像块时和预处理阶段应用2维数据处理手段。除此以外,位置编码在初始化时不携带任何2维位置信息,图像块之间的所有空间关系都是从头学习得到的。

(8)应用算例。

①输入为 RGB 图像($15 \times 15 \times 3$),图像宽和高均为15个像素点,每个像素点3通道,即 $H = W = 15$,$C = 3$。对图像进行分隔,令 $H_p^i = 5$,则:

$$N = \frac{H \times W \times C}{H_p^i \times H_p^i} = \frac{15 \times 15 \times 3}{5 \times 5} = 27$$

据此计算出 $N=27$,在 1 个通道上,15×15 划分成 9 个 5×5 的图像块。存在 3 个通道,原图像分割后形成 27 个 5×5 的图像块序列。

单通道上的图像分割示意图如图 5-34 所示。

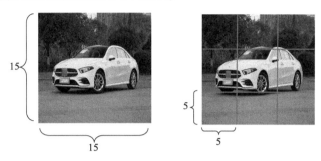

图 5-34　单通道上的图像分割示意图

②按照像素将图像块序列展平,27 块($5 \times 5 \times 1$)展平为图像块序列 $\boldsymbol{X}_p = [x_p^1, x_p^2, \cdots, x_p^i, \cdots, x_p^{27}]$,$x_p^i \in \mathbb{R}^{1 \times 25}$,$i = 1, 2, \cdots, 25$。

图片存储位置为 path = r'C:\Users\xuhui\Desktop\car.jpg'。

采用 cv2 库中的 imread(path)[0:5, 0:5, 0], imread(path)[0:5, 0:5, 1], imread(path)[0:5, 0:5, 2]命令依次截取 3 个通道的 5×5 图像块:

第 1 通道:[[18 22 16 19 29] [19 13 24 24 14] [21 5 21 27 22] [18 16 35 30 29] [32 36 36 37 44]];

第 2 通道:[[29 35 32 40 52] [30 26 40 42 35] [34 19 35 44 38] [32 30 48 43 40] [46 49 47 46 49]];

第 3 通道:[[27 33 31 38 54] [28 24 39 41 36] [32 17 33 41 37] [30 28 46 41 38] [44 47 44 43 47]]。

将 3 个通道数据展平为 x_p^1、x_p^2、x_p^3:

$x_p^1 = [18\ 22\ 16\ 19\ 29\ 19\ 13\ 24\ 24\ 14\ 21\ 5\ 21\ 27\ 22\ 18\ 16\ 35\ 30\ 29\ 32\ 36\ 36\ 37\ 44]$

$x_p^2 = [29\ 35\ 32\ 40\ 52\ 30\ 26\ 40\ 42\ 35\ 34\ 19\ 35\ 44\ 38\ 32\ 30\ 48\ 43\ 40\ 46\ 49\ 47\ 46\ 49]$

$x_p^3 = [27\ 33\ 31\ 38\ 54\ 28\ 24\ 39\ 41\ 36\ 32\ 17\ 33\ 41\ 37\ 30\ 28\ 46\ 41\ 38\ 44\ 47\ 44\ 43\ 47]$

按照上述方法,依次获取其余 24 个图像块的展平数据 x_p^i,$\boldsymbol{X}_p = [x_p^1, x_p^2, \cdots, x_p^i, \cdots, x_p^{27}]$,$\boldsymbol{X}_p \in \mathbb{R}^{27 \times 25}$,$\boldsymbol{X}_p$ 张量维度示意图如图 5-35 所示。

③Transformer 通过嵌入层,将输入张量维度调整为 512 维。本例中由 25 维调整为 512 维,采用了 2 层的前馈神经网络(MLP)结构实现维度的调整,$x_p^i (i=1,2,\cdots,27)$ 依次进入 MLP,得到 $x_p^i \boldsymbol{E}(i=1,2,\cdots,27)$

MLP 前馈神经网络全连接结构示意图如图 5-36 所示。

④维度调整后的张量增加可学习的令牌(token)信息,用于

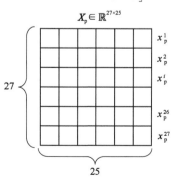

图 5-35　$\boldsymbol{X}_p$ 张量维度示意图

增加图像的类别信息。令牌采用随机数作为初始值,如图 5-37 所示。

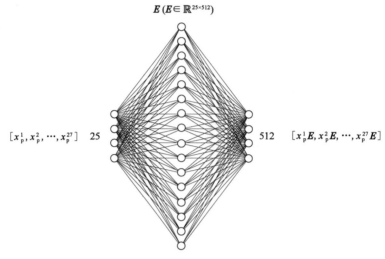

图 5-36　MLP 前馈神经网络全连接结构示意图

$[x_{class}, x_p^1 E, x_p^2 E, \cdots, x_p^{27} E]$

27+1

x_{class}	0.57	0.29	0.07	0.08	0.20	0.50	0.35	…	…	…	…	…	…	…	…	0.94	0.07	0.81	0.16	0.30	0.81	0.04
x_p^1																						
x_p^2																						
x_p^i																						
⋮																						
x_p^{26}																						
x_p^{27}																						

512

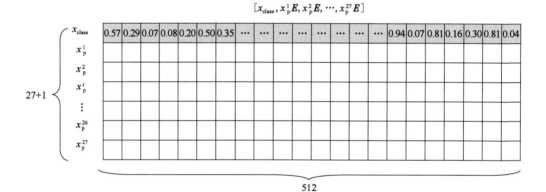

图 5-37　嵌入层增加位置信息张量维度变化示意图

⑤增加可学习的位置信息 $\boldsymbol{E}_{pos}$,采用随机数作为初始值,如图 5-38 所示。

$\boldsymbol{E}_{pos}\in\mathbb{R}^{28\times512}$

28

0.06	0.16	0.45	0.38	0.80	0.37	0.30	…	…	…	…	…	…	…	…	0.50	0.21	0.11	0.50	0.26	0.30	0.06
0.66	0.81	0.75	0.61	0.85	0.26	0.66	…	…	…	…	…	…	…	…	0.13	0.42	0.47	0.23	0.42	0.05	0.66
0.50	0.38	0.51	0.20	0.09	0.83	0.14	…	…	…	…	…	…	…	…	0.61	0.37	0.50	0.56	0.36	0.86	0.50
…	…	…	…	…	…	…	…	…	…	…	…	…	…	…	…	…	…	…	…	…	…
0.60	0.99	0.14	0.49	0.96	0.69	0.81	…	…	…	…	…	…	…	…	0.29	0.81	0.39	0.11	0.94	0.22	0.60
0.26	0.88	0.90	0.83	0.91	0.71	0.96	…	…	…	…	…	…	…	…	0.06	0.15	0.65	0.52	0.14	0.39	0.26
0.81	0.01	0.25	0.80	0.74	0.32	0.04	…	…	…	…	…	…	…	…	0.72	0.68	0.65	0.40	0.64	0.62	0.81

28

图 5-38　图像块序列位置编码

令 $Z_0 = [x_{\text{class}}, x_p^1 E, x_p^2 E, \cdots, x_p^{27} E] + E_{\text{pos}}, Z_0 \in \mathbb{R}^{28 \times 512}$。

⑥多头注意力机制(MSA)和前馈神经网络(MLP)。

将 $Z_0 \in \mathbb{R}^{28 \times 512}$ 作为 28 个 512 维的输入做多头注意力机制,至此,与 Transformer 的处理流程相同,后续流程不再举例说明。

5.4.4 ViT 车型识别实践

卷积神经网络在交通目标识别领域得到广泛应用。车型识别作为交通目标识别的重要组成部分,一般分为车辆类型识别和车辆型号识别两种,车辆类型包含客车、货车、小汽车等大类,车辆型号包含车辆品牌及车辆颜色等信息。该实践项目基于 PyTorch 深度学习框架,以 ResNet18 网络为基础构建车型识别模型,识别黑色小汽车、白色小汽车、灰色小汽车、出租汽车、公共汽车、货车等六类车型。

1) 数据集

自建车辆数据集(data_2 文件夹)由 6000 张图片组成,每类图片均有 1000 张,以 7∶3 的比例将数据集分为训练集和测试集两部分,训练集数量为 4200 张,测试集数量为 1800 张。数据集的样本数量分布见表 5-20,部分车辆图像如图 5-39 所示。

车辆图像样本数量分布　　　　　　表 5-20

序号	车型	训练集样本数量	测试集样本数量	样本总数
1	黑色小汽车	700	300	1000
2	白色小汽车	700	300	1000
3	灰色小汽车	700	300	1000
4	出租汽车	700	300	1000
5	公共汽车	700	300	1000
6	货车	700	300	1000
	合计	4200	1800	6000

图 5-39　部分车辆图像

该数据集的目录结构如图 5-40 所示,其中"train"与"val"文件夹的下级目录相同,六类车型的样本图像以划分好的比例分别存放在以类别命名的文件夹中。

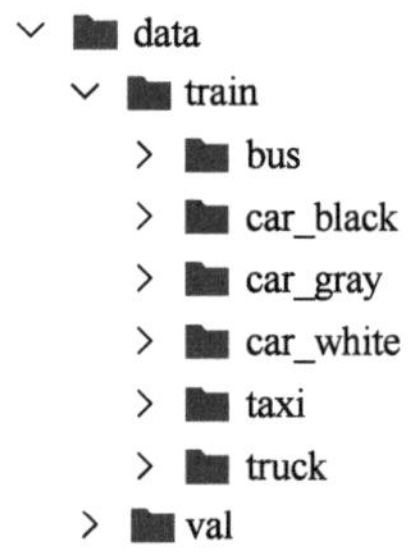

```
∨  data
   ∨  train
      >  bus
      >  car_black
      >  car_gray
      >  car_white
      >  taxi
      >  truck
   >  val
```

图 5-40　数据集目录结构

2) 程序代码

程序代码为:https://github.com/WZMIAOMIAO/deep-learning-for-image-processing/vision_transformer。

针对车型识别任务对代码进行修改:

(1) 设置数据集路径。训练模块 train.py 中,将车辆数据集的文件路径设置为数据读取路径,载入自建车辆数据集。

数据集路径设置:

parser.add_argument('--data-path', type=str, default="自建数据集的读取路径")。

(2) 设置预训练权重路径。根据自己使用的模型下载对应预训练权重,并将模块 train.py 中 weights 参数设置成下载好的预训练权重路径。

权重路径设置:

parser.add_argument('--weights', type=str, default='训练权重路径', help='initial weights path')

(3) 其他参数设置。

根据自建数据集车型的类别,设置模型相应的分类数:

model = create_model(num_classes=类别的数量, has_logits=False).to(device)

parser.add_argument('--num_classes', type=int, default=类别的数量)

设置训练的轮次:

parser.add_argument('--epochs', type=int, default=训练轮次)

设置训练的批大小:

parser.add_argument('--batch-size', type=int, default=批大小)

设置训练的学习率:

parser.add_argument('--lr', type=float, default=学习率)

设置训练的优化器:

optimizer = optim.优化器名称

3) 模型训练

实验流程可以分为自建数据集、构建训练模型、设置网络训练参数、训练模型、获取结果五个部分。使用 Adam 作为优化器,设置学习率为 0.0001、训练轮次为 50、批大小为 32,以 ViT-B16 模型和 ViT-L16 模型为例,分析实验结果。

4) 测试结果

对 ViT-B16 和 ViT-L16 模型进行训练,训练集准确率曲线与损失值曲线、测试集准确率曲线与损失值曲线分别如图 5-41、图 5-42 所示,实验结果见表 5-21,两种模型的车型分类结果见表 5-22、表 5-23。

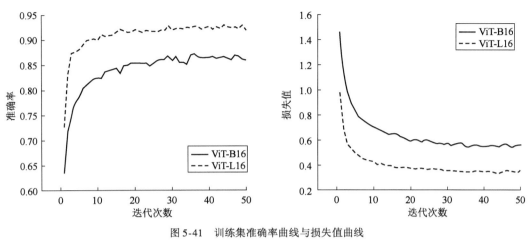

图 5-41 训练集准确率曲线与损失值曲线

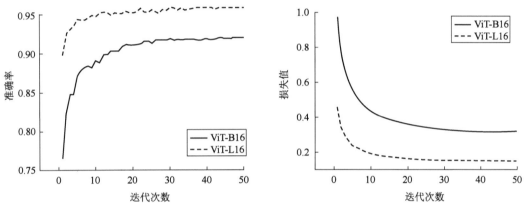

图 5-42 测试集准确率曲线与损失值曲线

实验结果　　　　　　　　　　　　　　　　　　　　　　　　　　表 5-21

模型	准确率(%)	损失
ViT-B16	81.63	0.3172
ViT-L16	93.04	0.1484

ViT-B16 模型车型分类　　　　　　　　　　　　　　　　　　　表 5-22

车型	准确率(%)	召回率(%)	F1-分数(%)
黑色小汽车	95.12	51.75	67.04
白色小汽车	86.13	78.34	82.08
灰色小汽车	76.95	81.02	78.96
出租汽车	66.17	97.06	78.61
公共汽车	90.94	97.08	93.82
货车	88.26	84.74	86.43

ViT-L16 模型车型分类　　　　　表 5-23

车型	准确率(%)	召回率(%)	F1-分数(%)
黑色小汽车	93.63	92.34	92.95
白色小汽车	84.94	97.75	90.92
灰色小汽车	97.76	86.36	91.67
出租汽车	97.75	99.35	98.58
公共汽车	93.62	97.33	95.46
货车	94.61	87.31	90.85

可以看出，两类模型的识别准确率均较好，ViT-L16 模型的识别准确率更高，达到 93%，比 ViT-B16 模型高出 11.4%。从精确率、召回率、F1-分数等性能指标来看，ViT-L16 模型的性能优于 ViT-B16 模型，但 ViT-L16 模型的预训练权重较大，是 ViT-B16 模型的 3 倍。利用混淆矩阵将两种模型车型分类结果可视化，如图 5-43、图 5-44 所示。

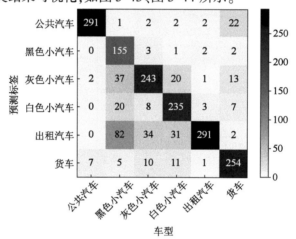

图 5-43　ViT-B16 模型混淆矩阵

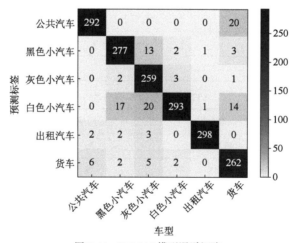

图 5-44　ViT-L16 模型混淆矩阵

在模块 predict.py 模块中测试结果，设置测试图片的路径、训练好的模型权重路径和数据集的类别的数量：

img_path ="测试图片路径"/model_weight_path = "训练好的模型权重路径"

model = create_model(num_classes =类别的数量,has_logits = False).to(device),测试结果如图 5-45 所示。

a)黑色小汽车置信度:0.728　　　　　　　b)灰色小汽车置信度:0.912

c)白色小汽车置信度:0.736　　　　　　　d)出租汽车置信度:0.984

e)公交车置信度:0.969　　　　　　　　f)货车置信度:0.863

图 5-45　测试结果

由图 5-45 可知,测试图片依次为黑色小汽车、白色小汽车、灰色小汽车、出租汽车、公共汽车和货车,测试给出的准确率分别是 72.8%、91.2%、73.6%、98.4%、96.9% 和 86.3%。

5.5 迁移学习

深度学习在众多知识工程领域取得了重大成功,包括分类、回归和聚类。神经网络的输出对于输入的依赖性越小,其泛化能力就越强。训练和测试数据来自相同的特征空间和概率分布。当条件发生变化时,深度学习模型需要重新收集训练数据从头开始重建。现实应用中,重新收集所需的训练数据和重建模型费时费力,时间和金钱代价昂贵。迁移学习是机器学习方法,是将预训练模型重新用在另一个任务中。

5.5.1 迁移学习的概念和分类

引入迁移学习概念前,首先定义域和任务。

(1)域:由样本特征空间和样本边缘概率分布两部分组成。具体分为源域和目标域。源域中有着丰富的监督学习信息,但与测试样本不属于同一个域。目标域是测试样本所处的域,通常无标签或者只含有少量的标签。

(2)任务:由样本标签空间和分类器函数组成,分类器是隐形科学系函数,通过提取样本特征确定分类器函数具体结构形式。

也可以将域理解为样本总体,任务为具体样本子集。在域和任务概念的基础上,给出迁移学习的概念。

(3)迁移学习:旨在将解决一个问题的模型应用到不同问题模型上的方法。

根据标签的可见性,迁移学习分成转导迁移学习(源域具有标签)、推导迁移学习(目标域具有标签)、无监督迁移学习(源域和目标域均无标签)三个类别。

根据源域和目标域的样本特征空间和标签空间异同,迁移学习可分为同质迁移学习、异质迁移学习两个类别。

根据遵循的方法来区分,迁移学习又可以划分成基于样本(原样本增加权重映射至新样本)、基于特征(原样本特征映射到新样本)、基于参数(模型或者模型参数迁移学到的知识)、基于关系(相似域学习)四种类别。

迁移学习还可以依据样本数据和分类模型进行分类。

5.5.2 迁移学习的应用

在实践中,很少从头开始训练整个卷积神经网络(随机初始化),因为较难拥有足够大小的训练数据集。相反,通常在非常大的数据集(例如 ImageNet,其中包含 120 万张具有 1000 个类别的图像)上预训练 ConvNet,然后将 ConvNet 用作初始化或固定特征提取器来完成感兴趣的任务。

两个主要的迁移学习步骤如下:

微调骨干网:不随机初始化神经网络权重,而是采用预训练网络作为初始化网络,即使用

Imagenet 1000 数据集训练神经网络,获取的权重作为初始权重。

ConvNet 作为固定特征提取器:冻结除全连接层之外的所有网络的权重,并将全连接层替换为随机权重的新层,仅训练此新层。

5.5.3 迁移学习车型识别实践

此实践项目采用微调骨干网络的迁移学习方法,将已经在 ImageNet 图像数据集上训练好的 ResNet 模型权重迁移到车型识别目标任务中,再使用自建车辆数据集训练模型。

在本例中,源域为 ImageNet 图像数据集;目标域为自建车辆数据集(黑色小汽车、白色小汽车、灰色小汽车、出租汽车、公共汽车、货车),迁移学习在该项目中的应用如图 5-46 所示。

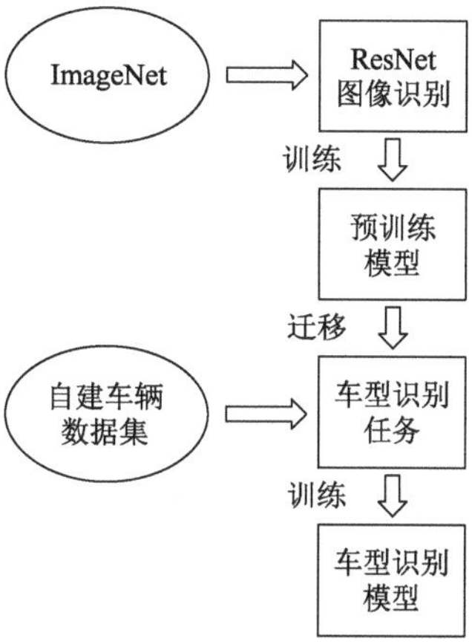

1)数据集

同 5.3.6 节中的数据集。

2)预训练模型及修改

(1)加载预训练模型。

训练卷积神经网络耗时长,且对硬件设施要求高,在实际应用中很少从随机初始化参数开始训练网络,而是加载预训练模型,在其基础上进行训练。PyTorch 中提供了典型的卷积神经网络结构和不同层数网络的预训练模型,如 Alexnet、VGG、ResNet 等,详细信息见表 5-24。

图 5-46 迁移学习应用示意图

常用的预训练模型   表 5-24

网络	预训练模型							
Alexnet	alexnet	—	—	—	—	—	—	—
VGG	vgg11	vgg11_bn	vgg13	vgg13_bn	vgg16	vgg16_bn	vgg19	vgg19_bn
ResNet	ResNet18	ResNet34	ResNet50	ResNet101	ResNet152	—	—	—

以加载 ResNet18 为例,首先导入所需模块:import torchvision. models as models,再输入 models. resnet18(pretrained = True, **kwargs)导入训练所需的 ResNet18 预训练模型,如果将 pretrained 参数设置为 False,则只加载网络结构,不加载训练参数,即不需要用预训练模型的参数来初始化。

(2)参数修改。

以 ResNet18 预训练模型为例,打印 ResNet18 网络结构,其最后一层全连接层为:

(fc):Linear(in_features = 512, out_features = 1000, bias = True),参数 in_features = 512 表示输入神经元个数为 512,该模型在类别为 1000 的 ImageNet 图像数据集上训练,因此参数 out_features = 1000,表示输出神经元个数为 1000。在此处,参数 out_features 可理解为类别数量,该项目使用的自建车辆数据集类别个数为 6,因此利用 torch. nn. Linear(in_features, out_features, bias = True, device = None, dtype = None)类修改输出维度,输入 model. fc = nn. Linear(512, 6)将参数 out_features 设置为 6。

需要注意的是,不同网络模型的输出层修改方式可能不同。以 vgg16 为例,打印该模型结构,其输出层为分类器的第 6 层:
(classifier): Sequential(
…
　　(6): Linear(in_features = 4096, out_features = 1000, bias = True)
)
若要在自建车辆数据集中使用该模型,需输入 model.classifier[6] = nn.Linear(4096,6),将输出维度修改为 6。

3) 程序代码及处理

该项目代码以 pytorch tutorials 中的迁移学习示例代码为基础,并针对车型识别任务进行修改:

(1)在加载数据集部分将车辆数据集的文件路径设置为数据读取路径,载入自建车辆数据集。

(2)利用 torch.nn.Linear(in_features, out_features, bias = True, device = None, dtype = None)类修改最后一个全连接层的输出维度,该类中 in_features 为输入神经元个数,out_features 为输出神经元个数。由于源域 ImageNet 包含 1000 个图像类别,目标域中的车辆数据集包含 6 个图像类别,故需将 out_features 参数设置为 6。

(3)损失函数、优化器以及 epoch、batch size、learning rate 等超参数根据需要作出相应更改。

迁移学习示例代码:

Github:https://github.com/pytorch/tutorials/blob/master/beginner_source/transfer_learning_tutorial.py

4) 模型训练

模型训练可以分为加载数据集、构建训练模型、设置网络训练参数、训练模型、模型保存、模型测试等六个部分。模型训练前需要设定网络训练参数,该项目 batch size 设置为 32,epoch 设置为 50,初始 learning rate 设置为 0.01,采用学习率衰减策略、交叉熵损失函数、SGDM 优化器。

利用 torch.save(obj, f, pickle_module: pickle.pyi = pickle, pickle_protocol: int = DEFAULT_PROTOCOL, _use_new_zipfile_serialization: bool = True)类保存训练好的模型参数,其中参数 obj 为保存对象,f 可理解为保存路径,该类提供两种保存方式:①保存训练神经网络模型的参数,保存对象为 model.state_dict()。②保存神经网络的整体结构和参数,保存对象为整个模型(model)。保存的文件名后缀一般为".pth",以该项目为例,采用第一种保存方式:torch.save(model_ft.state_dict(), "resnet18_pretrained.pth")

设置相关参数后,使用自建车辆数据集(data_2)分别对 ResNet18 和 VGG16 模型进行训练,迭代 50 轮次准确率曲线与损失曲线如图 5-47 所示。由表 5-25 中的训练结果可知,使用 ResNet18 预训练模型时,测试集准确率最大值为 97.11%,训练耗时为 15min,说明采用迁移学习方法能够达到更高的精度,且减少训练耗时。

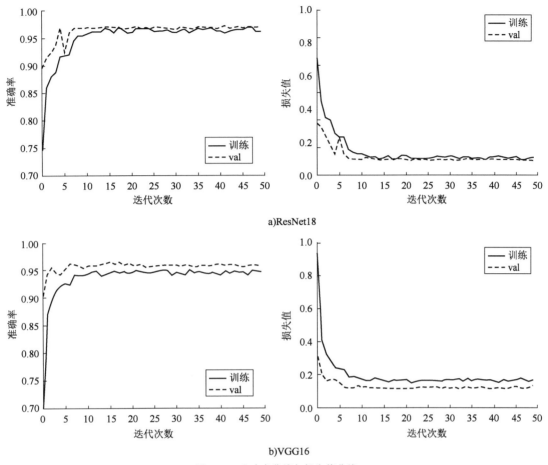

图 5-47 准确率曲线与损失值曲线

训练结果　　　　　　　　　　　　　　　　　　　表 5-25

网络模型	准确率(%)	损失值	训练耗时(min)
ResNet18 初始网络	94.50	0.1816	18
ResNet18 迁移学习	97.11	0.0884	15
VGG16 迁移学习	96.44	0.1106	17

5）测试结果

利用 model. load_state_dict (torch. load (f, map_location = None, pickle_module = pickle, ** pickle_load_args))将训练好的 ResNet 模型参数载入模型,并使用测试集测试模型性能。

车型的识别分类结果见表 5-26。以 F_1 分数为最终性能指标,模型的分类性能从高到低依次是出租汽车、黑色小汽车、公共汽车、白色小汽车、灰色小汽车、货车。

模型的分类结果　　　　　　　　　　　　　　　表 5-26

交通标志类别	准确率(%)	召回率(%)	F1-分数(%)
黑色小汽车	94.74	96.00	95.37
白色小汽车	95.89	93.33	94.59

续上表

交通标志类别	准确率(%)	召回率(%)	F1-分数(%)
灰色小汽车	92.81	94.67	93.73
出租汽车	97.37	98.67	98.02
公共汽车	92.11	97.33	94.65
货车	94.22	87.00	90.47

训练完成的模型识别车型结果可视化如图 5-48 所示。

a)预测类型：黑色小汽车

b)预测类型：公共汽车

c)预测类型：货车

d)预测类型：黑色小汽车

e)预测类型：黑色小汽车

f)预测类型：出租汽车

g)预测类型：白色小汽车

h)预测类型：货车

图 5-48　识别结果可视化

第6章　交通目标检测理论与方法

6.1　概　　述

6.1.1　现状及新趋势

目标检测(Object Detection)的任务是检测出图像中所有感兴趣的目标(物体),确定类别和位置。由于各类物体有不同的外观、形状和姿态,加上成像时光照、遮挡等因素的干扰,目标检测是计算机视觉领域具有挑战性的问题。目标检测需要解决任务如下:

(1)分类:检测框级别的目标在哪里。
(2)定位:检测框级别的目标是什么。
(3)检测:检测框级别的目标在哪里和是什么。
(4)分割:像素级别的目标在哪里和是什么。

随着计算机算力不断地提升,大规模数据集不断地出现,基于深度学习的目标检测技术逐渐替代传统的人工提取特征的方式成为主流,而基于深度学习的目标检测算法的发展历程又可以根据检测过程的不同,分为"两阶段"和"一阶段"两类。

1) 两阶段

"两阶段"先进行区域生成,该区域称为一个有可能包含待检物体的预选框(region proposal,HP),再通过卷积神经网络进行样本分类,两个任务由不同的网络完成。常见算法有 R-CNN、Fast R-CNN、Faster R-CNN、RFCN、SPP-Net、Cascade RCNN 和 R-FCN 等。

2) 一阶段

"一阶段"将图像输入深度学习神经网络,进行位置检测和目标识别,输出检测框和分类标签。常见的测算法有 OverFeat、YOLOvX、SSD 和 RetinaNet 等。

此外,考虑运行速度,提出了基于不限定锚框(CenterNet, ConterNet, FSAF, FCOS, SAPD)和非极大值抑制(OneNet, PSS, DeFCN)的目标检测算法。

鉴于 Transformer 在自然语言领域获得的成功,目前基于 Transformer 的目标检测方法成为研究的热点。

6.1.2　目标检测传统候选区域方法

1) 滑动窗口算法(Sliding Window)

滑动窗口算法是较为经典的目标检测方法,采用不同尺寸窗口在图像上滑动,根据进行卷积运算后的结果与已经训练好的分类器判别存在物体的概率,流程如图 6-1 所示。

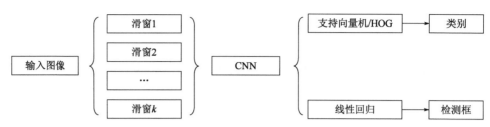

图 6-1 基于卷积神经网络的滑动窗口目标检测流程

首先,采用不同尺寸的滑窗,遍历图像的每一个像素,从左往右、从上到下在输入图像上滑动。向滑动得到的窗口输入训练好的分类器(可采用支持向量机分类器)。如果窗口得到较高的分类概率,则认为检测到了目标。依次计算各窗口检测目标的概率,分类排序后按照一定的阈值确定该窗口是否保留或删除,采用非极大值抑制(Non-Maximum Suppression,NMS)的方法进行筛选。最终,经过 NMS 筛选后获得检测到的物体,并且得到位置信息。由于目标可以位于图像中的任何位置,并且比例不同,故采用滑动窗口算法搜索存在较大不确定性,且计算量巨大。

2) SS 目标检测算法(Selective Search)

2012,J. R. R. Uijlings 提出了 SS 目标检测算法,它有三个优势:捕捉不同尺度(Capture All Scales)、多样化(Diversification)、快速计算(Fast to Compute)。SS 目标检测算法的核心是 4 个相似度计算:颜色相似度、尺度相似度、交叠相似度、纹理相似度。据此图像分割后,使用选择性搜索算法找到目标的候选区域。相比滑窗法在不同位置和大小的穷举,SS 目标检测算法将像素分配到少量分割区域。最终候选区域算法产生的数量比滑窗法少,从而大大减少了运算量。SS 目标检测算法应用及输出见表 6-1。

表 6-1　SS 目标检测算法

程序 6-1	输出
| ```python
import cv2

path = rc:\Users\xuhui\Desktop\car_4.jpg'
img = cv2.imread(path)

ss = cv2.ximgproc.segmentation.createSelectiveSearchSegmentation()
ss.setBaseImage(img)
ss.switchToSelectiveSearchQuality()
# ss.switchToSelectiveSearchFast()
# ss.switchToSingleStrategy()

rects = ss.process()
print(type(rects), rects.shape)   #候选框数量

numShowRects = 10    #展现候选框数量

img_out = img.copy()
for i, rect in enumerate(rects):
``` | \<class 'numpy.ndarray'\> (1058, 4)<br><br>10个候选框　　20个候选框<br><br>100个候选框　　1058个候选框 |
```

续上表

程序 6-1	输出

if i < numShowRects：
        x,y,w,h = rect#boundingbox
cv2.rectangle(img_out,(x,y),(x+w,y+h),(0,255,0),1)
    else：
        break
cv2.imshow("Output",img_out)
cv2.waitKey(0)
cv2.destroyAllWindows()
	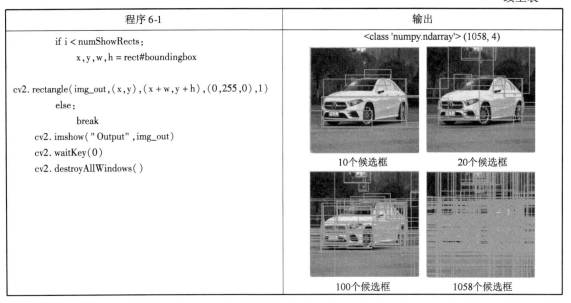

OpenCV 提供了基于速度、质量和单策略等方案,命令分别为 ss.switchToSelectiveSearchQuality()、ss.switchToSelectiveSearchFast() 和 ss.switchToSingleStrategy(),对应产生的候选框数量存在差异。对于案例图像,应用程序 6-1,分别产生 1058、340 和 65 个候选框,如图 6-2 所示。

a)ss.switchToSelectiveSearchQuality()
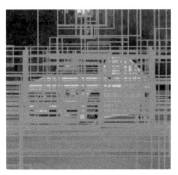
b)ss.switchToSelectiveSearchFast()

c)ss.switchToSingleStrategy()

图 6-2　OpenCV 实现 SS 算法

6.2　X-CNN 目标检测算法

X-CNN 目标检测算法由 R-CNN、Fast-CNN 和 Faster R-CNN 组成,均为"两阶段"检测方法。

6.2.1　R-CNN

2014 年,Ross Girshick 提出 R-CNN 图像目标检测算法,在 PASCAL VOC 2010 数据集上的 mAP 达到 53.7%。SIFT、HOG 等传统算法根据底层图像信息(轮廓、边缘、颜色、纹理、形状等)和上下文语义信息,实现图像目标检测。R-CNN 采用卷积神经网络提取候选区域特征值,用于定位和分割图像目标,模型框架如图 6-3 所示。为了解决缺少标注且小样本的深度学习模型训练问题,采用预训练模型和迁移学习的方法。

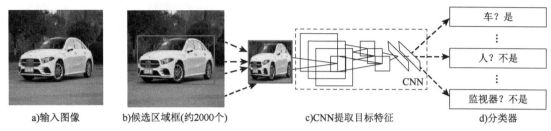

图 6-3　R-CNN 模型框架

1) 模型框架

R-CNN 主要由图像输入、区域选择、特征提取、分类器 4 个主要部分组成。

图像输入:RGB 的 3 通道图像数据。

区域选择:采用 SS 目标检测算法,提取约 2000 个候选区域,缩放图像规格为 224×224 的尺寸。

特征提取:候选区域输入 CNN(AlexNet 深度学习神经网络),提取 4096 维的候选区域特征。

分类器:采用支持向量机 SVMs 作为分类器。

(1)候选区域(Region proposals)。

候选区域选择,存在 Objectness、Selective Search、Category-independent Object Proposals、Constrained Parametric Min-cuts(CPMC)、Multi-scale Combinatorial Grouping、Ciresan 等方法,R-CNN 采用了 Selective Search 算法。输入图像($H \times W \times C$),使用 Selective Search 方法获得 2000 个候选区域,截取候选区域,得到 2000 张图像,变成缩放成相同尺寸(224×224)。

(2)特征提取器(Feature extraction)。

采用 5 个卷积层、2 个全连接层的 AlexNet 深度学习神经网络作为特征提取器,输入是经缩放的候选区域图像。缩放之前,将截取的候选区域周边扩张 16 个像素。

候选区域为任意形状($H \times W$),进入 AlexNet 深度学习神经网络之前需要缩放成 224×224 的尺寸,图像缩放方式如图 6-4 所示。

a)原图

b)候选区域
($H \times W$)

c)候选区域
[$(H+16) \times (W+16)$]

d)缩放候选区域
(224×224)

图 6-4　候选区域图像缩放方式

候选区域特征提取流程示意图如图 6-5 所示。

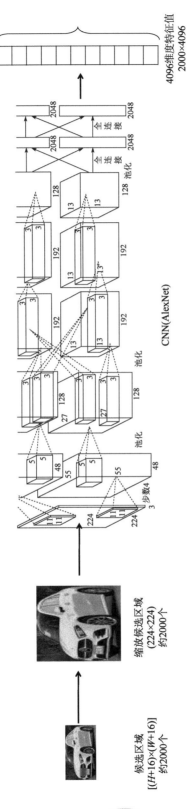

图 6-5 候选区域特征提取流程示意图

①候选区域,采用 SS 目标检测算法在原图上获取约 2000 个候选区域。

②维持上下文(候选区像素点和周围像素点存在的相关性,也可直观理解为目标和背景的相关性)关系,将候选区域($H \times W$)调整至 224×224 的尺寸,不存在图像的缩放。

③维持有限的上下文信息(在候选区域周边扩张 16 个像素点作为上下文信息),维持宽高比(H 和 W 的比例保持不变,空白处像素填充为 0),图像缩放至 224×224 的尺寸。

④维持有限的上下文信息(在候选区域周边扩张 16 个像素点作为上下文信息),扩张后图像缩放至 224×224 的尺寸。

2) 分类器

分类器采用支持向量机(SVM)作为分类器。

候选区域经过 AlexNet 提取 4096 维特征后,进入 SVM 分类器。值得注意的是,每 1 个类别采用 1 个 SVM。如果类别为 N 类,则 AlexNet 和 SVMs 之间采用 $4096 \times N$ 的权重矩阵。分类器维度变化示意图如图 6-6 所示。

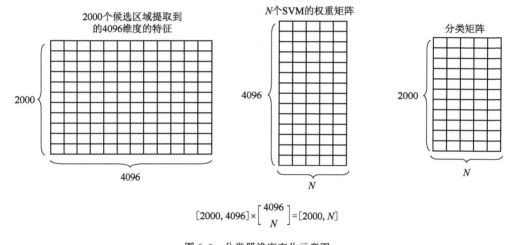

图 6-6 分类器维度变化示意图

3) 模型训练

R-CNN 网络训练分为 2 个阶段。

第 1 阶段:AlexNet 深度学习神经网络预训练。使用 ImageNet 数据集(包含 1000 个类别的图片)训练 AlexNet,将网络训练为 1000 个类别的图片分类器(预训练)。

该部分训练用以提取候选区域 4096 维的特征向量,训练完成后,即冻结 AlexNet 的结构参数。

第 2 阶段:SVM 分类器训练。冻结 AlexNet 的 5 个卷积层和 2 个全连接层结构参数,采用迁移学习的方法,进行监督学习,分别训练 N 类图片分类器(N 类的目标 +1 背景类,AlexNet 提取候选区域的 4096 维的特征信息,通过权重系数对应至 N 个 SVM 分类器)。

监督学习过程如下:

(1) 标注图像中存在的目标标签,确定目标框的大小和位置。

(2) 采用 SS 目标检测算法在图像中产生 2000 个候选区域。

(3) 2000 候选区域与目标框进行 IoU,如 IoU > 0.5,候选区域框标注"目标"标签;IoU < 0.5 的标注为"背景"。按照类别进行极大值抑制(NMS),删除重复的"目标"候选区域框,采用迁移学习的方法,用于训练 AlexNet 适用于 N 类,即训练连接 4096 维和 N 个 SVM 的权重矩阵。

(4) 冻结 AlexNet,输入将"目标"和"背景"候选区域以及对应的标签,采用迁移学习的方式训练 SVM 分类模型。N 个 SVM 分类器需要训练 N 次。对每 1 个类,真实样本输入输出 AlexNet 获取 4096 维,分别作为正样本的输入和标签。在 2000 个候选区域中,与真实样本 IoU < 0.3 的候选区域框(采用 hard negative mining 方法)作为负样本,输入 AlexNet 获取 4096 维特征作为负样本的标签。

第 3 阶段:检测框回归器训练。由于检测目标的尺寸和形状存在较大差异,候选区域 Selective Search 候选区域框较难和检测目标相重合,需要检测框回归器微调。

通过极大值抑制后,获取 N 个候选区域框和真实目标框 $\{(P^i, G^i)\}$,$i = 1, 2, \cdots, N$,P^i 为候选区域框,G^i 为真实目标框。每一个候选区域框存在 4 个参量 $P^i = (P_x^i, P_y^i, P_w^i, P_h^i)$,分别为第 i 个候选区域框的中心坐标 x, y 和候选区域框的宽和高。与之对应的真实目标框 $G^i = (G_x^i, G_y^i, G_w^i, G_h^i)$ 分别为第 i 个真实目标框的中心坐标 x, y 和候选区域框的宽和高。与之对应的估计目标框 $\hat{G}^i = (\hat{G}_x^i, \hat{G}_y^i, \hat{G}_w^i, \hat{G}_h^i)$ 分别为第 i 个真实目标框的中心坐标 x, y 和候选区域框的宽和高。检测框回归器的目的在于学习 P 和 G 存在的映射关系,如果存在 N 个 SVM 分类器,则需要训练 $4N$ 个检测框回归器。

候选区域框、真实目标框、估计目标框关系示意图如图 6-7 所示。

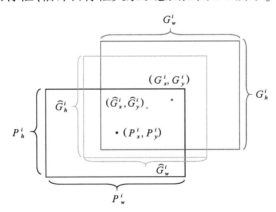

图 6-7 候选区域框、真实目标框、估计目标框关系示意图

候选区域框和估计目标框涉及 4 个可学习的转换函数 $d_x(P)$、$d_y(P)$、$d_w(P)$、$d_h(P)$,P 映射变换后得到 $\hat{G}$,令 $\hat{G} \approx G$,变换分为平移转换和缩放转换两类。候选区域框和真实目标框涉及 4 个转换系数 t_x、t_y、t_w、t_h。

其中,$d_x(P)$、$d_y(P)$ 表示为候选区域框与估计目标框的可学习平移变换,$d_w(P)$、$d_h(P)$ 为候选区域框与估计目标框的可学习缩放变换。t_x、t_y 表示候选区域框与真实目标框的平移转换系数,t_w、t_h 为候选区域框与真实目标框的缩放转换系数。候选区域框与估计目标框的关系如下:

$$\left.\begin{aligned}\hat{G}_x &= P_w d_x(P) + P_x \\ \hat{G}_y &= P_h d_y(P) + P_y \\ \hat{G}_w &= P_w \exp(d_w(P)) \\ \hat{G}_h &= P_h \exp(d_h(P))\end{aligned}\right\} \tag{6-1}$$

候选区域框与真实目标框的关系如下：

$$\left.\begin{aligned}G_x &= P_w t_x + P_x \\ G_y &= P_h t_y + P_y \\ G_w &= P_w \exp(t_w) \\ G_h &= P_h \exp(t_h)\end{aligned}\right\} \tag{6-2}$$

第 i 个候选区域框和估计目标框关系为：

$$\left.\begin{aligned}\hat{G}_x^i &= P_w^i d_x(P^i) + P_x^i \\ \hat{G}_y^i &= P_h^i d_y(P^i) + P_y^i \\ G_w^i &= P_w^i \exp(d_w(P^i)) \\ \hat{G}_h^i &= P_h^i \exp(d_h(P^i))\end{aligned}\right\} \tag{6-3}$$

第 i 个候选区域框和真实目标框关系为：

$$\left.\begin{aligned}G_x^i &= P_w^i t_x^i + P_x^i \\ G_y^i &= P_h^i t_y^i + P_y^i \\ G_w^i &= P_w^i \exp(t_w^i) \\ G_h^i &= P_h^i \exp(t_h^i)\end{aligned}\right\} \tag{6-4}$$

其中，P^i 是第 i 个候选区域框进入 AlexNet 后第 5 层卷积层后输出的 4096×1 维特征向量，用 $\emptyset_5(P)$ 表示。令 $d_*(P^i) = W_*^T \emptyset_5(P)$，$* \in \{x,y,w,h\}$，$W_*^T$ 为 1×4096 维可学习的权重矩阵，检测框回归器的作用就是训练 W_*^T，通过转换矩阵 $d_*(P^i)$，令估计目标框和候选区域框重合。

$d_*(P^i) = W_*^T \emptyset_5(P)$，$* \in \{x,y,w,h\}$ 的形式为：

$$\left.\begin{aligned}d_x(P^i) &= W_x^T \emptyset_5(P) \\ d_y(P^i) &= W_y^T \emptyset_5(P) \\ d_w(P^i) &= W_w^T \emptyset_5(P) \\ d_h(P^i) &= W_h^T \emptyset_5(P)\end{aligned}\right\} \tag{6-5}$$

为了训练 W_*^T，需要分别确定 4 个损失函数：

$$\text{Loss}_* = (G_* - \hat{G}_*)^2 = \underset{W_*^T}{\arg\min} \sum_i^N (G_*^i - \hat{G}_*^i)^2 \quad * \in \{x,y,w,h\} \tag{6-6}$$

以 $* = x$ 为例,给出损失函数的确定过程:

$$\text{Loss}_x = (G_* - \hat{G}_*)^2 = \underset{W_x^T}{\arg\min} \sum_i^N (G_*^i - \hat{G}_*^i)^2$$

$$= \underset{W_x^T}{\arg\min} \sum_i^N [(P_w^i t_x^i + P_x^i) - (P_w^i d_x(P^i) + P_x^i)]^2 \quad (6\text{-}7)$$

$$\text{Loss}_x = \underset{W_x^T}{\arg\min} \sum_i^N [P_w^i (t_x^i - d_x(P^i))]^2 \quad (6\text{-}8)$$

$$\text{Loss}_x = \underset{W_x^T}{\arg\min} \sum_i^N \{P_w^i [t_x^i - W_x^T \varnothing_5(P)]\}^2 \quad (6\text{-}9)$$

P_w^i 为不可学习系数,对损失函数 Loss_x 无贡献,从简便计算角度出发,将 Loss_x 调整为:

$$\text{Loss}_x = \underset{W_x^T}{\arg\min} \sum_i^N (t_x^i - W_x^T \varnothing_5(P))^2 \quad (6\text{-}10)$$

防止模型训练的过拟合,对 Loss_x 增加 L2 正则化,则:

$$\text{Loss}_x = \underset{W_x^T}{\arg\min} \sum_i^N (t_x^i - W_x^T \varnothing_5(P))^2 + \lambda \|W_x^T\|^2 \quad (6\text{-}11)$$

由于 $G_x^i = P_w^i t_x^i + P_x^i$,故上式为:

$$\text{Loss}_x = \underset{W_x^T}{\arg\min} \sum_i^N \left(\frac{G_x^i - P_x^i}{P_w^i} - W_x^T \varnothing_5(P) \right)^2 + \lambda \|W_x^T\|^2 \quad (6\text{-}12)$$

对应建立的其他 3 个损失函数为:

$$\text{Loss}_y = \underset{W_y^T}{\arg\min} \sum_i^N \left(\frac{G_y^i - P_y^i}{P_h^i} - W_x^T \varnothing_5(P) \right)^2 + \lambda \|W_y^T\|^2 \quad (6\text{-}13)$$

$$\text{Loss}_w = \underset{W_w^T}{\arg\min} \sum_i^N \left(\ln\left(\frac{G_w^i}{P_w^i}\right) - W_w^T \varnothing_5(P) \right)^2 + \lambda \|W_w^T\|^2 \quad (6\text{-}14)$$

$$\text{Loss}_h = \underset{W_h^T}{\arg\min} \sum_i^N \left(\ln\left(\frac{G_h^i}{h}\right) - W_h^T \varnothing_5(P) \right)^2 + \lambda \|W_h^T\|^2 \quad (6\text{-}15)$$

至此,可采用反向传播方式训练检测框回归器训练(4 个可学习矩阵 $d_x(P)$、$d_y(P)$、$d_w(P)$、$d_h(P)$ 需分别训练)。

6.2.2 Fast-CNN

2015 年,在 R-CNN 图像目标检测算法的基础上,Ross Girshick 提出了 Fast R-CNN。在增加检测精度的同时,Fast R-CNN 提升了模型训练和检测速度。PASCAL VOC 2010 数据集,采用 VGG16 作为特征提取器,对比 R-CNN,Fast R-CNN 训练速度提升 9 倍,检测速度提升 213 倍。对比 SPP 深度学习神经网络,Fast R-CNN 训练速度提升 3 倍,检测速度提升 10 倍,并且检测精度有所提升。

1) 模型框架

Fast R-CNN 主要由图像输入、区域选择、特征提取、分类器等 4 个主要部分组成。
图像输入:3 通 RGB 道图像。
区域选择:采用 SS 目标检测算法提取约 2000 个候选区域框。

特征提取:图像输入 CNN(由卷积层和最大池化层组成的深度学习神经网络。AlexNet、VGG CNN M 1024、VGG16 分别表示为 S 模型、M 模型和 L 模型),将图像转换为特征图。

分类器:采用映射的方式,将输入图像的每 1 个 RoI 对应至特征图,截取特征图的 RoI,通过最大池化缩放至规定尺寸($7 \times 7 \times 512$),提取特征向量(25088×1)。每 1 个 RoI 提取的特征向量,进入全连接层(FCs)后形成 2 路分支结构,一路分支采用 softmax 进行对象分类($K+1$, K 类对象和背景),另一路分支为 K 类对象分别输出检测框。

Fast R-CNN 模型框架如图 6-8 所示。

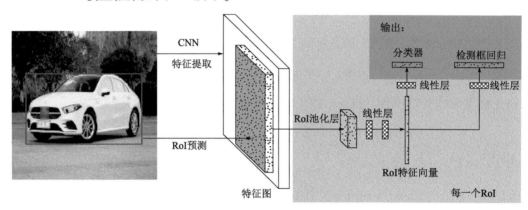

图 6-8　Fast R-CNN 模型框架

2)模型组成和训练

(1) RoI(region of interest)池化层。

输入图像和特征图的 RoI 是由 (r,c,h,w) 4 维元组表示的矩形框,(r,c) 是矩形框的左上角坐标,(h,w) 是矩形框的高和宽。

如,输入图像 (H^0, W^0, C^0) 存在 3 个 RoI,分别表示为 $(r_i^0, c_i^0, w_i^0, h_i^0)$,通过 AlexNet(or VGG CNN M 1024 or VGG16),生成特征图 (H^1, W^1, C^1),对应的 RoI 为 $(r_i^1, c_i^1, w_i^1, h_i^1)$。

深度学习的卷积神经网络对输入图像尺寸没有约束,(H^0, W^0, C^0) 可取 $(227, 227, 3)$ 或 $(450, 500, 3)$ 或其他值。输入图像进入卷积神经网络后,通过一些列的卷积和池化,尺寸和通道调整为 (H^1, W^1, C^1),取值 512 个通道的特征图 $(H^1, W^1, 512)$。输入图像和特征图 RoI 存在如下关系:

$$(r_i^1, w_i^1) = \frac{W^1}{W^0}(r_i^0, w_i^0) \tag{6-16}$$

$$(c_i^1, h_i^1) = \frac{H^1}{H^0}(c_i^0, h_i^0) \tag{6-17}$$

输入图像 RoI 和特征图 RoI 对应关系如图 6-9 所示。

RoI 池化层采用最大池化方法,将任意尺寸输入转换为 $H \times W$(如 7×7)尺寸。H 和 W 是独立与 RoI 池化层输入的超参数。RoI 最大化池化如图 6-10 所示。不同尺寸特征图转换为 RoI 如图 6-11、图 6-12 所示。

最大池化的关键参数为滑动窗口和步长,如果特征图通道数大于 1,则在每个特征图上实施 RoI 最大化池化操作。

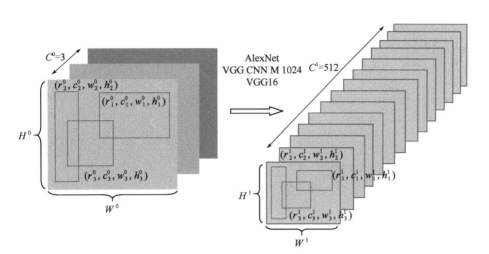

图 6-9　输入图像 RoI 和特征图 RoI 对应关系示意图

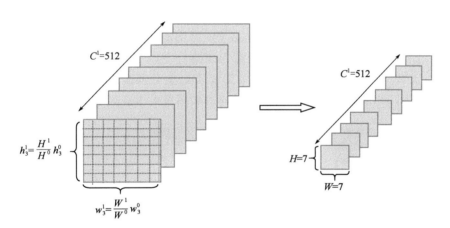

图 6-10　RoI($r_3^1, c_3^1, w_3^1, h_3^1$)最大化池化

3	1	8	4	7	1	9	5	10	1	1	5	5	4
6	1	5	8	7	9	9	6	1	5	10	3	5	2
7	6	2	3	9	7	9	1	10	4	0	3	10	1
1	4	8	9	0	8	0	9	0	8	0	8	8	5
2	7	8	5	7	2	2	8	7	2	6	8	2	8
8	10	7	3	8	9	2	4	3	8	0	3	1	6
10	8	0	5	9	10	8	1	8	4	1	2	6	9

⇨

3	8	7	5	10	5	5
6	8	9	9	5	10	5
7	3	9	9	10	3	10
4	9	8	9	8	8	8
7	8	7	8	7	8	8
10	7	9	4	8	3	6
10	5	10	8	8	2	9

图 6-11　特征图 RoI(14 ×7 ×1)最大化池化为(7 ×7 ×1)

3	1	8	4	7	1	9	5	10	1	1	5	5	4
7	3	1	9	8	2	8	4	7	6	1	5	6	7
2	9	2	6	8	4	2	2	2	2	9	10	10	9
6	1	5	8	7	9	9	6	1	5	10	3	5	2
6	8	7	2	8	0	2	7	9	7	6	9	2	1
1	10	1	9	7	8	7	4	4	2	4	5	2	5
7	6	2	3	9	7	9	1	10	4	0	3	10	1
4	0	6	6	6	9	3	5	2	3	5	9	5	2
4	8	3	1	6	0	9	3	9	7	7	3	3	3
1	4	8	9	0	8	0	9	0	8	0	8	8	5
4	3	6	5	6	9	9	2	0	9	0	4	5	4
9	5	3	9	1	0	8	9	3	6	2	7	9	2
2	7	8	5	7	2	2	8	7	2	6	8	2	8
4	5	0	2	8	8	7	6	7	7	6	6	10	7
3	10	7	4	9	6	8	5	6	4	0	6	9	6
8	10	7	3	8	9	2	4	3	8	0	3	1	6
7	7	5	4	10	3	3	7	0	5	6	5	3	4
5	7	7	2	1	4	7	3	7	8	3	6	8	10
10	8	0	5	9	10	8	1	8	4	1	2	6	9
3	4	5	4	0	6	6	5	3	10	0	9	9	2
1	4	4	8	4	4	4	6	3	3	9	2	7	3

⇨

9	9	9	9	10	10	10
10	9	9	9	9	10	5
8	6	9	9	10	9	10
9	9	9	9	9	8	9
10	8	9	8	7	8	10
10	7	10	7	8	6	10
10	8	10	8	10	9	9

图 6-12　特征图 RoI(14 ×3 ×1)最大化池化为(7 ×7 ×1)

(2)预训练网络初始化。

采用 AlexNet、VGG CNN M 1024、VGG16 预训练深度学习模型作为 Fast R-CNN 的主干网络,网络结构如图 6-13 所示,并作出以下 3 点调整:

首先,将骨干网络的最后 1 个卷积层调整为 $H \times W$ 的 RoI 池化层,再进入全连接层(例如,采用 AlexNet 预训练模型作为骨干网络,令 7 ×7 的 RoI 池化层替换 Max pooling)。

其次,将骨干网络中的全连接层和 softmax 层(输出层,AlexNet 预训练模型在 ImageNet 训练 1000 个分类)进入全连接层(FCs)后,调整为两路分支结构,一路分支采用 softmax 进行对象分类($K+1$,K 类对象和背景),另一路分支为 K 类对象分别输出检测框。

最后,将骨干网络的数据输入调整为图像列表和图像中 RoI 列表。

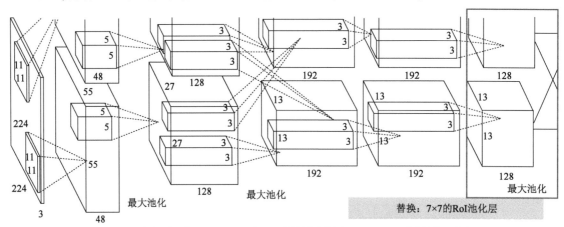

图 6-13　调整主干网络 Max pooling 为 RoI 池化层示意图(以 AlexNet 预训练模型为例)

(3)骨干网络微调。

①多任务损失(Multi-task loss)。

Fast R-CNN 有两路并列输出,特征图上的 RoI 依次进入池化层后,分别连接 softmax 分类和检测框。其中一路输出采用 softmax 方法,为每个 RoI 进行分类,计算 RoI 对应 N 个类别的概率分布,用 $p=(p_0,\cdots,p_K)$ 表示,p_0 为 RoI 识别为背景的概率。另一路输出 RoI 检测框回归损失,用 $t^k=(t_x^k,t_y^k,t_w^k,t_h^k)$ 表示,t^k 为 RoI 检测为 $k(k=1,2,\cdots,K)$ 类对象对应的检测框回归损失,t^k 的计算方法和 R-CNN 相同。

模型训练过程中,训练样本 RoI 具有真实的类别 u 和检测框回归损失 v。提出多任务损失函数 L,由分类损失 $L_{cls}(p,u)$ 和检测框回归损失 $L_{loc}(t^u,v)$ 组成,计算如下:

$$L(p,u,t^u,v) = L_{cls}(p,u) + \lambda \mathbb{I}[u \geq 1] L_{loc}(t^u,v) \tag{6-18}$$

$\mathbb{I}[u \geq 1]$ 为指示函数,当 $u=0$ 时,表示 RoI 识别为背景,不涉及检测框误差,$\mathbb{I}[u=1]$ 取值为 0。在 $\mathbb{I}[u \geq 1]$ 情况下取值为 1。λ 为调整系数,决定了类别分类损失和检测框回归损失在多任务损失中的重要度,一般情况令 $\lambda=1$。

分类损失函数 $L_{cls}(p,u)$ 采用 $-\log(\ )$ 函数计算:

$$L_{cls}(p,u) = -\log p_u \tag{6-19}$$

检测框回归损失 $L_{loc}(t^u,v)$ 需要数据标准化后,采用 R-CNN 相同的方法计算检测框损失,并进行 smooth_{L_1} 处理:

$$L_{loc}(t^u,v) = \sum_{i \in \{x,y,w,h\}} \text{smooth}_{L_1}(t_i^u - v_i) \tag{6-20}$$

$\text{smooth}_{L_1}(t_i^u - v_i)$ 计算公式为:

$$\text{smooth}_{L_1}(t_i^u - v_i) = \begin{cases} 0.5((t_i^u - v_i))^2, & |t_i - t_i^*| < 1 \\ |(t_i^u - v_i)| - 0.5 & (\text{其他}) \end{cases} \tag{6-21}$$

② 小批量取样(Mini-batch sampling)。

梯度下降法有批量梯度下降(Batch Gradient Descent,BGD)、随机梯度下降(Stochastic Gradient Descent,SGD)以及小批量梯度下降(Mini-Batch Gradient Descent,MBGD)等 3 种形式,作为机器学习中较常使用的结构参数优化算法。每一次迭代,BGD 使用所有样本、SGD 使用 1 个随机样本、MBGD 使用 Mini-batch 个随机样本计算损失,优化模型结构参数。

Fast R-CNN 微调期间,在训练样本中随机选择 2 张图像,采用 Mini-batch($N=2$)的 SGD 算法(每个图像采样 64 个 RoI,生成 $R=128$ 的 RoI 小批量),优化神经网络权重、偏置等结构参数。1 张图片随机选取 64 个建议框("目标"标签:"背景"标签 = 1:3),与真实目标框的 IoU > 0.5,候选区域框标注"目标"标签,0.1 ≤ IoU < 0.5 的标注为"背景"。按照类别进行极大值抑制(NMS),删除重复的"目标"候选区域框。图像以概率 0.5 水平翻转。不使用其他数据增强。

③ RoI 池化层反向传播。

为了更好地说明 RoI 池化层的反向传播过程,假设 Mini-batch = 1,即只有 1 张图像通过 RoI 池化层。

令 $x_i \in \mathbb{R}$ 为特征图第 i 个激活单元,y_{rj} 是第 r 个 RoI 的第 j 个输出单元,RoI 池化层正向传播为:

$$y_{rj} = x_{i^*(r,j)}, \quad i^*(r,j) = \underset{i' \in R(r,j)}{\arg\max}\, x_{i'} \tag{6-22}$$

设 $R(r,j)$ 是输出单元 y_{rj} 在特征图样本框内最大值的索引集合(索引的目的在于留存数据传播链)。1 个 x_i 可以被分配给不同的输出 y_{rj}。

假定特征图存在 3 个目标,分别位于 RoI_1、RoI_2 和 RoI_3 方框内部,则 RoI 池化层正向传播示意图如图 6-14 所示。

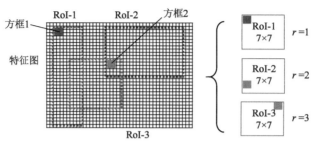

图 6-14 RoI 池化层正向传播

执行最大化池化操作,对应右侧的 3 个 7×7 的 RoI 层。以特征图上方框 1 和方框 2 输入单元为例,说明正向传播过程。设定特征图中方框 1 为 x_1,方框 2 为 x_2,对应坐标分别为 $i^1(r,j)$ 和 $i^2(r,j)$。$y_{1j}=x_{i^1(r,j)}$ 表示 7×7 的第 1 个 RoI 层第 j 个单元的值为 x_1,即特征图中方框 1 内部的最大值,同步记录这个最大值对应的坐标 $i^1(r,j)$ 作为索引。特征图中的方框 2 在第 2 个和第 3 个 RoI 层均出现,存在 $y_{2j}=x_{i^2(r,j)}$ 和 $y_{3j}=x_{i^2(r,j)}$ 的关系,即 x_2 作为最大激活值同步赋值第 2 个和第 3 个的对应 y_{rj},并记录坐标值作为索引。

根据如下公式计算输入变量 x_i 关于损失函数的偏导数:

$$\frac{\partial L}{\partial x_i}=\sum_r\sum_j[i=i^*(r,j)]\frac{\partial L}{\partial y_{rj}} \tag{6-23}$$

对于每个小批量 ROI 的 r 和对于每个池化输出单元 y_{rj},通过最大池化 x_i 作为最大值赋给 y_{rj},将偏导数 $\partial L/\partial y_{rj}$ 积累下来。反向传播中,偏导数 $\partial L/\partial y_{rj}$ 索引最大值 x_i 在特征图上的位置后,调整网络结构参数。

3) SGD 超参数

连接 Softmax 分类器和检测框回归器的全连接层,初始偏置初始化均为 0,初始权重均服从均值为 0 的高斯分布,方差分别为 0.01 和 0.001。在 VOC07 或 VOC12 数据集,初始学习率设定为 0.001,执行 30000 轮次小批量 SGD 迭代后,将学习率降低到 0.0001,再训练 10000 轮次迭代,使用了 0.9 的动量和 0.0005 的参数衰减(权重和偏置)。

6.2.3 Faster R-CNN

2015 年,在 Fast R-CNN 和 SPPnet 图像目标检测算法的基础上,Shaoqing Ren、Kaiming He、Ross Girshick、Jian Sun 提出了 FasterR-CNN。候选区域框生成算法影响 R-CNN、Fast R-CNN 和 SPPnet 等目标检测算法的运行速度。FasterR-CNN 在共享卷积特征图的基础上,提出 Region Proposal Network(RPN)用以生成候选区域框,将卷积神经网络引入候选区域框的生成领域,极大地减少了程序运行时间。RPN 预测生成目标类型和候选区域框,接入 Fast R-CNN 的最大池化层 RoI,进行图像目标检测。RPN 和 Fast R-CNN 训练期间共享卷积层(VGG-16),在每个图像上使用 300 个候选区域框的条件下,FasterR-CNN 在 PASCAL VOC2007 和 PASCAL VOC2012 取得了较好的识别效果(平均准确率分别为 73.2%、70.4%)。

1）模型框架

Faster R-CNN 模型框架以 Fast R-CNN 结构为基础，由图像输入、特征提取（卷积层）、区域生成网络（RPN）、分类器等 4 个主要部分组成。Faster R-CNN 结构也可以看作由 RPN 和 Fast R-CNN 两部分组成，框架结构如图 6-15 所示。

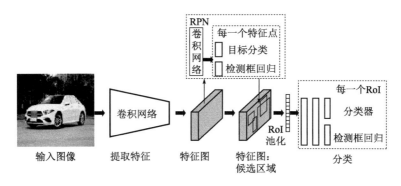

图 6-15 Faster R-CNN 模型框架

Faster R-CNN 采用 RPN 代替了 Fast R-CNN 的 SS 算法，生成候选区域框，其余部分与 Fast R-CNN 结构相同。

图像进入 Faster R-CNN 后，采用卷积神经网络（VGG-16 或 ZF，主干网络亦可采用 resnet 系列网络）提取特征图，采用 RPN 生成若干 RoI（极大值抑制后 300 个检测效果较好）。截取特征图的 RoI，通过最大池化缩放至规定尺寸（如输入为 $224 \times 224 \times 3$，输出为 $7 \times 7 \times 512$），提取特征向量（25088×1）。每个 RoI 提取的特征向量，进入全连接层（FCs）后形成两路分支结构，一路分支采用 softmax 进行对象分类（$K+1$，K 类对象和背景），另一路分支为 K 类对象分别输出检测框。

Faster R-CNN 和 Fast R-CNN 模型框架具有以下共同点：

（1）均需要卷积神经网络（骨干网络）提取特征，即输入图像进入卷积神经网络形成特征图。

（2）RoI pooling、RoI 分类和检测框回归方法相同。

不同点在于：

（1）RPN（卷积神经网络）替换 SS 目标检测算法（图像底层特征聚类）生成 RoI。

（2）Fast R-CNN 在原图上生成 RoI，采用映射的方式对应至特征图，再进入 RoI Pooling；Faster R-CNN 在特征图直接生成 RoI 后进入 RoI Pooling。

（3）RPN 网络需要训练，SS 目标检测算法不需要训练。

2）模型组成和训练

（1）RPN。

RPN 是 Faster R-CNN 的特色（图 6-16），采用卷积神经网络生成候选区域框，作为 RoI Pooling 的输入。具体为：输入图像经过卷积神经网络处理后，生成的特征图作为 RPN 的输入，采用遍历方式，引入锚点（Anchors）的概念，通过一系列的候选区域框判别内部是否存在物体。采用 softmax 方法评定分数，并进行检测框回归。

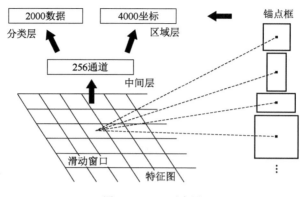

图 6-16 RPN 示意图

以 VGG-16 为例进行说明。

图像(3 通道,彩色图片)尺寸为 800×600(输入图像尺寸没有规定,一般把图像的短边缩放至 600),进入卷积神经网络,经处理后特征图形状为 50×38,512 个通道(采用 VGG-16 卷积神经网络。如采用 ZF 卷积神经网络,则为 512 个通道)。

RPN 以 50×38、512 维度(通道)的特征图为基础,遍历 50×38=1900 个特征图上的滑移点,每 1 个滑移点对应原图 1 锚点(输入图像以锚点为中心,生成 3 个尺寸和 3 个比例组合形成的 9 个候选区域框)。依次判断锚点对应的候选区域框是否存在目标以及进行候选区域框初步调整。首先,采用 3×3 卷积(512 维)与特征图做卷积,维度和尺寸保持不变;其次,卷积结果进入 2 路分支。1 路采用 1×1 的卷积核与特征图做卷积,卷积核数量为 18,将维度调整为 18,尺寸不改变。特征图上的每个锚点对应 18 个数值,分别表示该锚点对应 9 个候选区域框"是"和"否"存在目标的概率(分数);另 1 路也采用 1×1 的卷积核与特征图做卷积,卷积核数量为 36,将维度调整为 36,表示该锚点存在目标时,初步调整候选区域框后对输入图像的 4 个坐标。最后,RPN 生成存在目标的锚点坐标(存在目标并检测框经过初步调整),依据平移不变的原理映射至特征图。作为特征图的候选区域框,输入 RoI Pooling 进行分类和检测框回归。特征图滑移点、输入图像锚点和候选区域对应关系如图 6-17 所示。

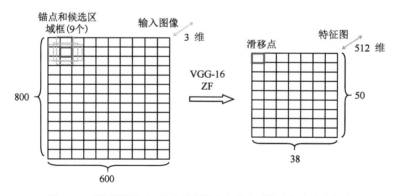

图 6-17 特征图滑移点、输入图像锚点和候选区域对应关系示意图

(2)锚点(Anchors)。

输入图像(3 通道,彩色图片)尺寸为 800×600,采用 VGG-16(or ZF)卷积神经网络(经过

卷积后,感受野输入图像:特征图 = 16:1),经处理后特征图形状为 50×38(一般为 60×40,不同的特征提取卷积神经网络形状存在差异),512 个通道,存在 50×38 = 1900 个锚点,对应 50×38×9 = 17100 个候选区域框。候选区域框采用(128×128,256×256,512×512)3 个面积尺寸以及(1:1,1:2,2:1)3 个比例组合,具体见表 6-2。

Anchor 组合与候选区域框的对应关系 表 6-2

Anchor 组合	面积	128×128	128×128	128×128	256×256	256×256	256×256	512×512	512×512	512×512
	宽高比例	2:1	1:1	1:2	2:1	1:1	1:2	2:1	1:1	1:2
理论计算		181×91	128×128	91×181	362×181	256×256	181×362	724×362	512×512	362×724
实际候选区域框平均值（ZF 卷积网络）		188×111	113×114	70×192	416×229	261×284	174×332	768×437	499×501	355×715

以 Anchor(128×128,2:1)为例说明表格数据。128×128 表示 Anchor 的感受野(面积)为 16384 Pixel 的矩形区域,2:1 表示宽高比为 2:1,假设宽度为 x,存在 $2x^2 = 16384$ 的关系,据此计算得到 $x = 91$,即候选区域框宽高为 181×91。需要注意,每个 Anchor 均对应相同锚点中心的 9 个候选区域框,此处仅仅给出了 3 个,示意图如图 6-18 所示。

(3)RPN 损失函数。

RPN 的损失函数由候选区域框分类和检测框回归两部分组成。

RPN 训练阶段,候选区域框识别为"目标"和"背景",如识别为目标,根据真实目标和候选区域框对检测框进行初步调整。候选区域框识别为"目标"依据以下 2 个原则:与真实目标 IoU 最大的候选区域框;候选区域框与真实目标 IoU 大于 0.7。候选区域框与真实目标 IoU 小于 0.3,将其识别为"背景"。真实目标可以对应若干检测区域框,目标赋值 1,背景赋值 0。

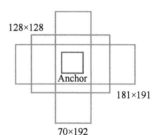

图 6-18 Anchor(128×128,2:1,1:1,1:2)与候选框位置示意图

多任务损失函数定义如下:

$$L(\{p_i\},\{t_i\}) = \frac{1}{N_{cls}}\sum_i L_{cls}(p_i, p_i^*) + \lambda \frac{1}{N_{reg}}\sum_i p_i^* L_{reg}(t_i, t_i^*) \quad (6-24)$$

式中:i——候选区域框的索引;

p_i——第 i 个候选区域框为目标的预测概率;

p_i^*——第 i 个候选框真实目标的概率,如果为真实目标 $p_i^* = 1$,则背景 $p_i^* = 0$;

t_i——第 i 个候选区域框的 4 个坐标参数;

t_i^*——真实目标框的 4 个坐标参数。

$L_{cls}(p_i, p_i^*)$ 为分类误差,计算公式为:

$$L_{cls}(p_i, p_i^*) = -\log[p_i^* p_i + (1 - p_i^*)(1 - p_i)] \quad (6-25)$$

根据预测框、锚点候选区域框、真实目标框计算检测框回归误差。预测框中心点横坐标、纵坐标、宽、高表示为 $\{x, y, w, h\}$,预锚点候选区域框中心横坐标、纵坐标、宽、高表示为 $\{x_a, y_a, w_a, h_a\}$,真实目标框中心点横坐标、纵坐标、宽、高表示为 $\{x^*, y^*, w^*, h^*\}$。

预测框 $\{x, y, w, h\}$ 与锚点候选区域框 $\{x_a, y_a, w_a, h_a\}$ 误差 $\{t_x, t_y, t_w, t_h\}$ 的计算公式为:

$$\left.\begin{array}{l} t_x = \dfrac{x - x_a}{w_a} \\[6pt] t_y = \dfrac{y - y_a}{h_a} \\[6pt] t_w = \log\left(\dfrac{w}{w_a}\right) \\[6pt] t_h = \log\left(\dfrac{h}{h_a}\right) \end{array}\right\} \tag{6-26}$$

真实目标框 $\{x^*, y^*, w^*, h^*\}$ 与锚点候选区域框 $\{x_a, y_a, w_a, h_a\}$ 误差 $\{t_x^*, t_y^*, t_w^*, t_h^*\}$ 计算公式为：

$$\left.\begin{array}{l} t_x^* = \dfrac{x^* - x_a}{w_a} \\[6pt] t_y^* = \dfrac{y^* - y_a}{h_a} \\[6pt] t_w^* = \log\left(\dfrac{w^*}{w_a}\right) \\[6pt] t_h^* = \log\left(\dfrac{h^*}{h_a}\right) \end{array}\right\} \tag{6-27}$$

$L_{\text{reg}}(t_i, t_i^*)$ 为检测框回归误差，计算公式为：

$$L_{\text{reg}}(t_i, t_i^*) = \sum_{i \in \{x,y,w,h\}} \text{smooth}_{L_1}(t_i - t_i^*) \tag{6-28}$$

$\text{smooth}_{L_1}(t_i - t_i^*)$ 计算公式为：

$$\text{smooth}_{L_1}(t_i - t_i^*) = \begin{cases} 0.5(t_i - t_i^*)^2, & |t_i - t_i^*| < 1 \\ |t_i - t_i^*| - 0.5, & \text{其他} \end{cases} \tag{6-29}$$

（4）SGD 超参数。

RPN 为卷积网络，通过反向传播和随机梯度下降（SGD）进行端到端训练。图像中随机采样 256 个锚点对应的候选区域来计算小批量的损失函数，采样的正和负锚点的比率为 1∶1。如果图像中的正样本少于 128 个，则将小批量填充为负数。

Fast RCNN 部分采用标准偏差为 0.01 的零均值高斯分布初始化 ZF 或者 VGG-16 网络，采用 ImageNet 预训练主干网络。PASCAL 数据集 60k 批量数据，使用 0.001 的学习率；下一个 20000 小批量数据，使用 0.0001 的学习率。同时采用了 0.9 的动量和 0.0005 的权重衰减。

（5）模型训练。

训练 RPN，使用大型数据集预训练模型初始化共享卷积和 RPN 权重，端到端训练 RPN，用于生成 Region Proposals；训练 Fast R-CNN，使用相同的预训练模型初始化共享卷积层，结合 RPN 得到的 Proposals 训练 RCNN 网络，冻结第 1 步训练好的 RPN 权重；使用训练好的共享卷积和 RCNN，冻结共享卷积层，训练微调 RPN；使用训练好的共享卷积和 RPN，继续对 RCNN 进行训练微调，训练之后得到最终完整的 Faster-RCNN 模型。

6.2.4 Faster R-CNN 交通标志检测实践

1）数据集

Fster R-CNN 在交通标志检测中得到广泛应用。该实践项目基于 PyTorch 深度学习框架，以 Fster R-CNN 网络为基础，backbone 使用 ResNet50 + FPN 构建交通标志检测模型，检测出口、方向导向、电子不停车收费（Electronic Toll Collection，ETC）、强制性标志、限速标志、汽车标志、公共汽车标志、货车标志、抑制性标志、速度标志、旅游区标志 11 类交通标志。

自建交通标志数据集由 400 张图片组成，其中训练集 324 张，测试集 76 张，部分交通标志图像如图 6-19 所示。

图 6-19　部分交通标志图像

使用 Lbelimg 标注图像，格式为 Pascal VOC 格式。该数据集的目录结构与 Pascal VOC2012 格式相同，如图 6-20 所示。"Annotation"为数据标定信息，其中为".xml"格式文件记录图片中交通标志坐标信息；"JPEGImages"为所有图片；"Main"文件夹下包含三个索引文件，其中"train.txt"为训练集图片名称索引，"val.txt"为测试集训练图片名称索引，"trainval.txt"为所有图片名称索引。以图 6-21 为例，查看 6005.jpg 图片的标注信息 6005.xml。

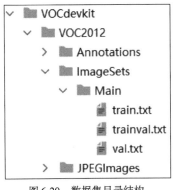

图 6-20　数据集目录结构

图 6-21　6005.jpg 示例图

6005.xml 标注文件中，包含图片名称和图片所在位置，具体格式见表 6-3。

6005.xml 标注文件　　　　　　　　　　　　　　　　　　　　　　表 6-3

"6005.xml" 文件示例	注释
< annotation > 　< folder > 图片 </ folder > 　< filename > 6005.jpg </ filename > 　< path > C：\ Users \ 28997 \ Desktop \ 6001 - 6500 \ 图片 \ 6005.jpg </ path > 　< source > 　　< database > Unknown </ database > 　</ source > 　< size > 　　< width > 1920 </ width > 　　< height > 1080 </ height > 　　< depth > 3 </ depth > 　</ size > 　< segmented > 0 </ segmented > 　< object > 　　< name > direction guide </ name > 　　< pose > Unspecified </ pose > 　　< truncated > 0 </ truncated > 　　< difficult > 0 </ difficult > 　　< bndbox > 　　　< xmin > 1263 </ xmin > 　　　< ymin > 176 </ ymin > 　　　< xmax > 1471 </ xmax > 　　　< ymax > 401 </ ymax > 　　</ bndbox > 　</ object > </ annotation >	图片名称：6005.jpg 所在位置：C：\ Users \ 28997 \ Desktop \ 6001 ~ 6500 \ 图片 \ 6005.jpg 图片宽：1920 图片高：1080 通道数：3 图片标记数：1 标记名称：direction guide 标注框坐标：左上角坐标为(1263,176) 　　　　　　右下角坐标为(1471,401) （图像定位以左上角为原点）

2）程序代码

（1）Backbone。

特征提取网络可根据实践所需进行更换，在交通标志检测实践中，选择轻量化网络 ResNet50 + FPN 作为 Faster R-CNN 的特征提取网络，输入图像大小为[3,224,224]，输出特征图大小为[1280,1,1]。

示例代码：

Github：https：//github.com/pytorch/vision/blob/main/torchvision/models/resnet.py

（2）Region Proposal Network（RPN）。

获取每个预测特征层和输入图像的尺寸高和宽，计算感受野，根据 sizes 和 aspect_ratios 生成 anchors 模板，计算并读取所有 anchors 原图坐标信息，将每一张图像的所有预测特征层 anchors 坐标拼接成一个 list。

示例代码：

Github：https：//github.com/pytorch/vision/blob/main/torchvision/models/detection/rpn.py

（3）RoI Head。

检查 targets 的数据是否正确，划分正负样本，统计对应 ground ture 的标签以及边界框回归信息,将采集样本通过 Multi-scale RoIAlign pooling 层和两层全连接层,分别预测目标类别和边界框回归参数。

示例代码:

Github:https://github.com/pytorch/vision/blob/main/torchvision/models/detection/roi_heads.py

(4) Transform。

调用 GeneralizedRCNNTransform(nn.Moudule)类,对输入图像使用 normalize 和 resize 函数进行标准化处理;使用 postprocess 函数对网络预测结果进行后处理,将 bounding boxes 还原到原图像尺寸上。

示例代码:

Github:https://github.com/pytorch/vision/blob/main/torchvision/models/detection/transform.py

(5)模型训练。

本实践计算机环境见表 6-4。

计算机环境　　　　　表 6-4

类别	型号	类别	型号
系统	Window10	Python	Python3.8
内存	64GB	Pytorch	Pytorch 1.11.0
处理器	Intel(R) i9-10900K CPU @ 3.70GHz	CUDA	CUDA 11.3
GPU 型号	NVIDIA GeForce RTX 3090		

模型训练前需要设定网络训练参数,该实践项目将 batch size 设置为 8,epoch 设置为 15。使用 SGD 优化器,初始学习率为 0.005,动量因子为 0.9,权重衰减为 0.0005。使用 lr_scheduler.StepLR()调整学习率机制,每训练 3 个 epoch 更新一次参数,乘法因子为 0.33。使用 cross_entropy()计算类别损失信息,smooth_l1_loss()计算边界框损失信息。

设置训练参数后,损失值曲线和准确率曲线如图 6-22 所示,测试集准确率最大值为 76.66%,训练耗时为 9min26s。

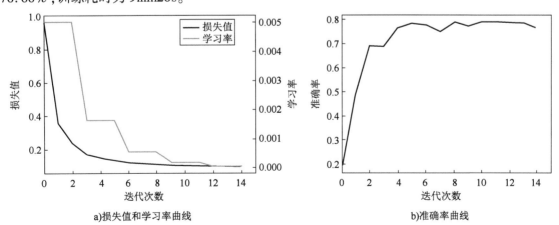

a)损失值和学习率曲线　　　　b)准确率曲线

图 6-22　损失值曲线和准确率曲线

(6) 性能指标。

使用 COCO 监测评估指标,包括 6 个平均精度(Average Precision,AP)数据、6 个平均召回率(Average Recall,AR)数据,见表 6-5。

COCO 数据集评价结果　　表 6-5

序号	IoU	Area	maxDets	AP	序号	IoU	Area	maxDets	AR
1	0.50:0.95	all	100	0.530	7	0.50:0.95	all	1	0.482
2	0.50	all	100	0.767	8	0.50:0.95	all	10	0.577
3	0.75	all	100	0.613	9	0.50:0.95	all	100	0.577
4	0.50:0.95	small	100	-1.000	10	0.50:0.95	small	100	-1.000
5	0.50:0.95	medium	100	0.493	11	0.50:0.95	medium	100	0.542
6	0.50:0.95	large	100	0.487	12	0.50:0.95	large	100	0.550

IoU = 0.50:表示 IoU 大于 0.5 被认为是检测目标。

IoU = 0.50:0.95:表示 IoU 在 0.5~0.95 之间,间隔 0.05 取值,求平均值。

Small:表示候选区域框尺寸小于 32×32(实验中不存在目标框小于 32×32,所以 AP 和 AR 取值为 -1)。

Medium:表示候选区域框尺寸介于 32×32 和 96×96 之间。

Large:表示候选区域框尺寸大于或等于 96×96。

All:表示全部候选区域框。

maxDets:表示最大候选区域框数量。

训练完成的模型识别交通标志结果可视化如图 6-23 所示。

图 6-23　检测结果可视化

6.3　YOLO 目标检测算法

6.3.1　YOLOv1~v4 算法

1) YOLOv1 算法

随着 YOLO 算法的更新换代,在快速检测的同时达到了高精度,模型参数和计算量不断减少,越来越能适应移动端的部署。YOLOv1 算法网络体系结构是卷积神经网络的经典形式,网络经过卷积层和池化层改变了维度并提取到了特征,并最终由全连接层输出各类别的预测结果。网络结构基于 GoogleNet,在 GoogleNet 里输入 448×448 规格的尺寸图像,使用 24 个卷积层、4 个最大化池层、2 个全连接层,最终产生 7×7×30 的张量。其中,7×7 表示通过网络后的特征图的宽高,30 表示包含的 20 个物体分类、2 个预测框的置信度得分和对应的 8 个坐标值(包括中心点横纵坐标、宽高坐标)。YOLOv1 算法的不足之处是只能检测 20 个物体分类,但作为 YOLO 系列的第一款产品,还是提供了可供后续研究参考的想法。YOLOv1 算法主骨干 GoogLeNet 卷积神经网络结构如图 6-24 所示,YOLOv1 算法网络框架见图 6-25。

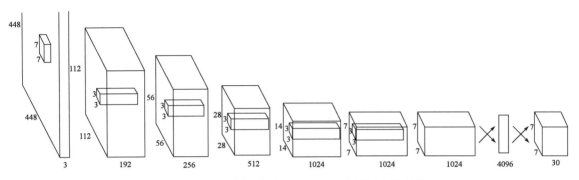

图 6-24 YOLOv1 算法主骨干 GoogLeNet 卷积神经网络结构

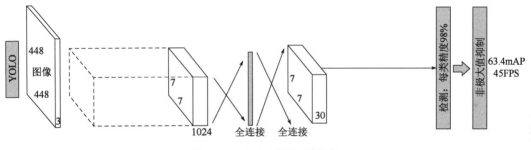

图 6-25 YOLOv1 算法网络框架

2) YOLOv2 算法

与 YOLOv1 算法相比,YOLOv2 算法作了许多改进,引入了轻量级网络 DarkNet19 和批量标准化的概念。在 VOC2007 数据集上,YOLOv2 算法均值平均精度比 YOLOv1 算法提升了 15.2%。对于较大的目标,坐标通常位于图像的中心,因此可以设置先验框;对于其他尺寸的目标,设置四个不同宽高比的先验框。通过 K-means 聚类方法,对样本框进行分析,接着设置高精度的先验框,使得 YOLOv2 算法网络收敛更快、识别精度更高。YOLOv2 算法网络采用 DarkNet19 作为提取特征的骨干网络,网络使用了 3×3 大小的卷积核,每次经过池化层后通道数增加了 1 倍。采用标准化的操作来稳定模型训练,使模型收敛速度加快。

3) YOLOv3 算法

YOLOv3 算法在 YOLOv2 算法的基础上增加了神经网络的层数,骨干网络从 Darknet19 替换成 Darknet53,从而能够更深入地提取目标特征并提高其准确性。与 YOLOv2 算法相比,YOLOv3 算法仍然保留了锚框,YOLOv3 算法的改进之处在于设置了 9 个不同大小的边界盒,划分为3组,对应3个不同尺寸的特征图。在Darknet53中大量使用由ResNet残差结构和CBL组件构成的ResX模块,在训练提取深度网络条件下深度语义信息的同时,利用残差网络防止梯度消失。YOLOv3算法设计了1个可以输出3类输出端,以640×640的输入图像为例,输出特征图像的大小分别为原始图像的1/32、1/16和1/8,对应的输出特征图像张量为20×20×255、40×40×255和80×80×255(255可以分解为3×[(1+4)+80],其中3表示三个边界框,1表示一个置信度得分,4表示预测框的四个坐标值,80表示80个物体分类)。YOLOv3算法结构清晰,实时性好,虽然在定位小目标方面不够精确,但由于其网络结构简单,可以安装在移动设备上。

4)YOLOv4算法

与YOLOv3算法相比,YOLOv4算法在骨干网络中采用了CSPDarknet53,在Neck网络中引入了空间金字塔池化层和路径聚合网络,并采用了新的Mish激活函数。

6.3.2 YOLOv5算法

YOLOv5算法解决了以往YOLO各版本在目标检测方面的许多问题,与以往YOLO版本算法相比,其特点是网络层数和模型参数变小,图片和视频推理速度较快,在精度和速度上取得了很好的平衡。YOLOv5算法按网络层数和模型参数从少到多分为YOLOv5s、YOLOv5m、YOLOv5l和YOLOv5x。下面以YOLOv55.0版本的m型号的网络结构为主线,介绍YOLOv5的各个板块。YOLOv5算法的模型结构由四部分组成:输入端、主干网络、Neck网络和输出端,其结构如图6-26所示。

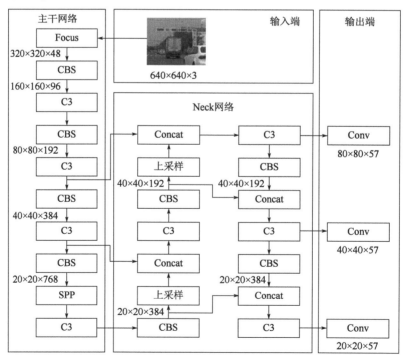

图6-26 YOLOv5模型结构图

1) 输入端

输入端为输入图像,输入图像尺寸与识别检测效果存在关联性。因为涉及下采样操作,提升图像尺寸会增强小目标的检测效果。图像尺寸影响模型运行速度,图像的输入大小不宜过大。YOLOv5 算法对图像输入尺寸没有严格要求,在将图像输入卷积神经网络提取特征之前,需要进行自适应图像缩放、Mosaic 数据增强、自适应锚框计算等预处理步骤。

(1)自适应图像缩放。

当将 1 幅图像进入网络处理前,如果图像的宽度和高度不符合网络指定的要求,则要拉伸或缩放图像,将图像的大小转化为网络所需的固定的宽高。变化导致图像中目标产生变形,影响检测效果。

当输入的图像大小与网络模型指定的不同时,YOLOv5 算法维持图像的原始宽高比。正方形推理是均匀填充图像两端的灰色边缘,并将正方形图像发送到网络进行处理。由于 YOLOv5 算法网络将进行 32 倍下采样,因此使用矩形推理将长边更改为指定的尺寸,并尽可能少地填充短边,使其宽度为 32 的倍数。矩形推理的缩放图用于减少测试时需要填充的灰色边缘,起到提高推理速度的作用。

假设网络输入指定的大小为 640×640,当输入到网络的图像大小为 1920×1080 时,矩形推理填充规则为:

步骤一:计算缩放比。原始缩放大小为 1920×1080,除以原始图像的大小($640/1920 = 0.33, 640/1080 = 0.59$),可以得到两个缩放因子 0.33 和 0.59,选择较小的缩放因子 0.33。

步骤二:计算缩放后的尺寸。将原始图像的长度和宽度乘以最小的缩放因子 0.33,宽度变成 640,高度变成 360。

步骤三:计算并得到需要再次填充的矩形黑色边的高度。填充矩形黑色边高度 180,使其高、宽均为 640,得到同样需要再次填充的矩形黑色边的高度。YOLOv5 算法下采样 5 次(2 的 5 次方 32),从 180 中减去 32 的倍数,取余为 20。需要在高的上下分别都填充 10 个像素,图像调整为 640×380。

(2)Mosaic 数据增强。

训练数据集数量不足,会导致过拟合发生。应采用图像处理方法,增强数据集,避免过拟合的发生,提高模型的精度和泛化能力。采用 Mosaic 数据增强方法,可增强模型鲁棒性。Mosaic 数据增强的基本过程为:①随机选择小批量图像进行翻转、缩放、色域变化等操作;②随机裁剪后随机拼接、随机排布,生成新的图像重构数据集进行模型训练。

(3)自适应锚框计算。

YOLO 算法的锚框(锚点对应的候选框)具有初始值,需要采用自适应锚框(Batch Normalizing,BN)算法,根据目标特征微调锚框。

Coco 数据集上,YOLOv5 算法提供了大、中、小等 3 类目标锚框初始值。(116,90)、(156,198)、(373,326)为大目标锚框初始值,(30,61)、(62,45)、(59,119)为中目标锚框初始值,(10,13)、(16,30)、(33,23)为小目标锚框初始值。

YOLOv5 算法训练期间,根据训练集特征,自适应地优化锚框;也可改用 K-means 聚类方法,分析训练集真实框信息,计算锚框的最优尺寸。

2）主干网络

主干网络主要由 Focus 结构、CBS 模块、C3 结构和空间金字塔池化层组成,用以提取目标的特征,如图 6-27 所示。

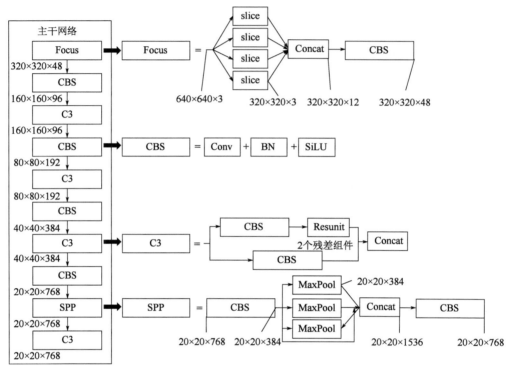

图 6-27 主干网络结构图

（1）Focus 结构。

YOLOv5 算法之前的版本中没有 Focus 结构,切片操作是 Focus 结构中最关键的操作之一。Focus 结构可以防止在下采样过程中丢失特征图信息,并在卷积运算时获得更精确的特征。例如,将 4×4×3 的图像切片成 2×2×12 的特征图。Focus 模块的操作如下:对输入网络的图片进行切片,设置步长为 2 的下采样操作,由此宽和高都变为原来的一半,从 4 个减少到 2 个,通道数变为原来的 4 倍,从 3 个增加到了 12 个。切片操作的计算量为一般卷积的 4 倍,通过这种方法,将一张原始图切割成 4 张特征互补的图片,且在卷积运算后不丢失信息,操作示意图如图 6-28 所示。

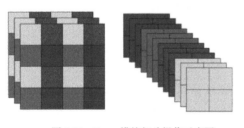

图 6-28 Focus 模块切片操作示意图

原始 640×640×3 的图像先复制 4 份,然后通过切片操作将这 4 个图片切成 4 个 320×320×3 的切片,接下来使用 Concat 从深度上连接这 4 个切片,输出为 320×320×12,之后再通过卷积核数为 48 的卷积层,得到 320×320×48 的特征图,最后经过激活函数将结果输入到下一个卷积层。

（2）CBS 模块。

CBS 模块是 YOLOv5 算法网络架构中最小的组件,在这个基本卷积模块中封装了卷积、

BN 以及激活函数这三个功能。在 YOLOv5 算法中，与以往版本不同的是，激活函数使用了 SiLU 函数，并在填充步骤时使用的是自动计算填充。总的来说，CBS 实现了将输入特征经过卷积层、激活函数和归一化层来获得输出层。

在 CBS 模块的不同阶段，4 种型号的 YOLOv5 算法结构卷积核数不同。因此，它也直接影响到网络的宽度。例如：在 YOLOv5m 结构的第一个 CBS 结构中，包含了 96 个卷积核，经过卷积运算后，特征图的尺寸为 160×160×96。其余三种型号的 YOLOv5 的工作原理相同，其中包含的卷积核数量越多，特征图通道越多，则网络特征提取的学习能力越强。CBS 模块卷积核数量统计见表 6-6。

CBS 模块卷积核数量统计 表 6-6

模块	型号			
	YOLOv5s	YOLOv5m	YOLOv5l	YOLOv5x
第一个 CBS 模块	64	96	128	160
第二个 CBS 模块	128	192	256	320
第三个 CBS 模块	256	384	512	640
第四个 CBS 模块	512	768	1024	1280

(3) C3 模块。

C3 模块是 YOLOv5 算法主干网络的核心，解决了网络中梯度信息重复的问题。在 YOLOv5 算法中，将瓶颈层模块转换为 C3 模块，其结构和功能相似，差异体现在修正单元的选择方面，含有标准卷积层和瓶颈层模块，其数量由配置文件和参数乘积决定。C3 模块与瓶颈层模块的差异为：卷积模块在残差计算后被删除，而连接后的标准卷积模块中的激活函数由 LeakyRelu 调整为 SiLU。C3 模块是学习残差特征的主要模块，其结构由两部分组成：一部分使用 CBS 模块和 2 个残差组件，而另一部分只使用了一个 CBS 模块，然后将两部分串联起来。

YOLOv5 算法的主干网络和 Neck 网络中都使用了 C3 模块。C3 模块的主要目的是使特征学习网络在梯度组合上更加丰富，增强卷积层的学习能力，减少计算瓶颈和近一半的内存消耗。四种型号的 YOLOv5 算法网络结构中，每一个 C3 模块都有不同的深度。YOLOv5s、YOLOv5m、YOLOv5l 和 YOLOv5x 第一个 C3 模块中分别使用了 1、2、3、4 个残差组件，残差组件均设置在同样的位置，随着残差组件的增加，网络深度也在加深。主干网络中第二个、第三个 C3 模块也是如此。第一个 C3 模块中，YOLOv5s、YOLOv5m、YOLOv5l 和 YOLOv5x 使用的卷积组数量分别为一组、两组、三组和四组，其他四个 C3 模块也是如此。在 YOLOv5 算法中，网络的深化不断增强网络特征提取和特征融合的能力。

(4) 空间金字塔池化层。

主干网络的末端，采用了空间金字塔池化层，该层的优点是在无须输入固定大小的图像的情况下就可以生成大小相同的输出特征，并集成多尺度池化信息。采用多尺度融合，汇集 5×5、9×9、13×13 的最大池化的方式来提升感受野。空间金字塔池化层的输入首先经过卷积层，然后通过三个最大池化层下采样，接着将结果添加到它的初始特征中，最后使用卷积核将其尺寸恢复到与进入空间金字塔池化层之前相同的尺寸。

3) Neck 网络

Neck 网络位于主干网络与输出端之间，它进一步丰富了特征的多样性，提高了模型的鲁棒性。YOLOv5算法将三个尺度的路径聚合网络(PathAggregationNetwork，PAN)集成到特征金字塔网络FPN中，即在FPN特征金字塔结构之后添加一条自底向上的路径，达到了特征融合的目的。FPN+PAN结构如图6-29所示。

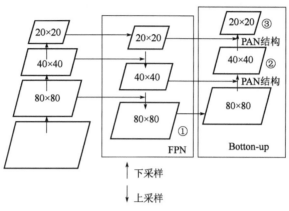

图6-29　FPN+PAN结构

由图6-29可知，FPN使深度特征与底部特征通过上采样进行整合，采取从上到下的方式进行特征图的预测。然而，这种操作只能由上向下单向传递高层次的强语义特征，虽然提高了模型的学习能力，但会损失部分定位特征。因此，在FPN之后加入PAN，增加一条由下向上的强定位特征数据传输，实现与FPN信息互补。将这两个模块相互融合，从不同的主干层聚合不同检测层的参数，从而使模型的鲁棒性和学习性能整体提升。浅层特征对目标的纹理和位置信息更关注，而深度特征对目标的整体信息更关注，FPN+PAN结构使底层信息再添加路径到顶部，在深度位置信息到浅层纹理信息流传递过程中减少了需跨越的卷积层数，使不同层、不同尺度信息之间的交流更加流畅。YOLOv5算法与YOLOv4算法的区别在于YOLOv4算法的Neck网络中使用了常规的卷积操作，而在YOLOv5算法的Neck网络中，采用C3模块增强网络特征融合的能力，Neck网络中的C3模块设置与主干网络中的C3模块设置相同，如图6-30所示。

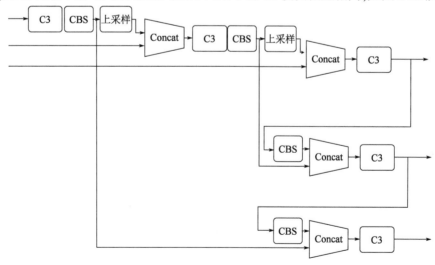

图6-30　YOLOv5算法的Neck网络结构图

4) 输出端

(1) 边界框损失函数。

在目标检测训练任务中,正-负(前景-背景)样本不均衡是影响算法性能的一个常见因素,YOLOv5 算法在训练中会将标签框同时分配给 3 个候选框,相当于使样本容量扩大到 3 倍,由此使得训练过程中的正-负样本变得均衡。CIoULoss 是 YOLOv5 算法中与置信度相关的边界框回归损失函数(Boundingbox),计算得到大(20×20)、中(40×40)、小(80×80)三个尺度的预测输出层。

(2) NMS 非极大值抑制。

最终的预测框通过解码和非极大值抑制来获得。如果交并比超过 0.5,就视为识别正确。当有多个边框的交并比大于 0.5 时,将选取最大的交并比边框作为检测结果并保存输出,这种方法称为 NMS 非极大值抑制。

6.3.3 YOLO 交通标志检测实践

1) 数据集

同 6.2.4 中数据集。

使用 Lbelimg 标注图像,格式为 YOLO 格式。该数据集的目录结构如图 6-31 所示,数据集划分训练集和测试集后,分别将图像与标签存入"train"和"val"文件中。其中,标签文件为.txt 格式,存放图像中标注点坐标。

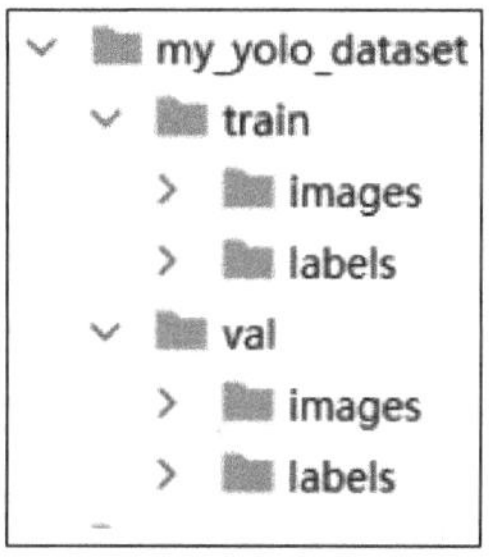

2) 程序代码

示例代码:

Github:

https://github.com/WZMIAOMIAO/deep-learning-for-image-processing/tree/master/pytorch_object_detection/yolov3_spp

图 6-31 数据集目录结构

train_utils:训练验证网络时使用到的工具(包括多 GPU 训练以及使用 cocotools)。

weights:预训练权重。

model.py:模型搭建文件。

train.py:针对单 GPU 或者 CPU 的用户使用。

train_multi_GPU.py:针对使用多 GPU 的用户使用。

trans_voc2yolo.py:将 voc 数据集标注信息(.xml)转为 yolo 标注格式(.txt)。

calculate_dataset.py:(1) 统计训练集和验证集的数据并生成相应.txt 文件。

(2) 创建 data.data 文件。

(3) 根据 yolov3-spp.cfg 结合数据集类别数创建 my_yolov3.cfg 文件。

predict_test.py:预测脚本,使用训练好的权重进行测试。

3) 模型训练

模型训练前需要设定网络训练参数,该实践项目将 batch size 设置为 4,epoch 设置为 15。使用 SGD 优化器,通过 lr_scheduler.LambdaLR() 调整学习率。使用二值交叉熵损失(Binary

Cross Entropy)计算目标置信度损失和目标类别损失,目标定位损失采用 Sum of Squared Error Loss。设置训练参数后,损失曲线和准确率曲线如图 6-32 所示,测试集准确率最大值为 40.38%,训练耗时为 3min45s。

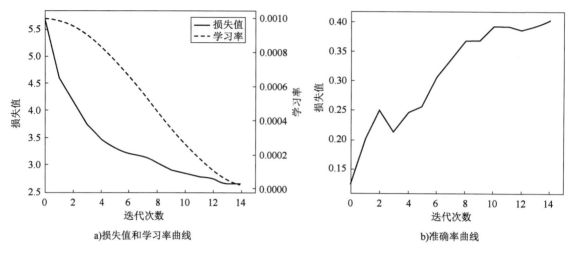

a)损失值和学习率曲线　　　　　　　　　　b)准确率曲线

图 6-32　损失值曲线和准确率曲线

4) 性能指标

使用 COCO 监测评估指标,6 个平均精度(Average Precision, AP)数据,6 个平均召回率(Average Recall, AR)数据,见表 6-7。

COCO 评价结果　　　　　　　　　　表 6-7

序号	IoU	Area	maxDets	AP	序号	IoU	Area	maxDets	AR
1	0.50:0.95	all	100	0.277	7	0.50:0.95	all	1	0.239
2	0.50	all	100	0.404	8	0.50:0.95	all	10	0.312
3	0.75	all	100	0.335	9	0.50:0.95	all	100	0.312
4	0.50:0.95	small	100	-1.000	10	0.50:0.95	small	100	-1.000
5	0.50:0.95	medium	100	0.221	11	0.50:0.95	medium	100	0.239
6	0.50:0.95	large	100	0.378	12	0.50:0.95	large	100	0.393

训练完成的模型识别交通标志结果可视化如图 6-33 所示。

图 6-33　检测结果可视化

6.4 SSD目标检测算法

2016年,Wei Liu提出了单次多框检测器(The Single Shot Detector,SSD)算法,采用深度学习神经网络,提取图像不同尺度的特征图,提供若干尺度和比例的默认候选框,依次遍历特征图上的所有特征点。预测阶段,深度学习神经网络为默认候选框产生类别分值和检测框回归,在默认候选框的基础上,令检测框更加符合真实目标的轮廓。该深度学习神经网络整合了不同尺寸的特征图,是一阶段的目标检测算法。在PASCAL、VOC、COCO和ILSVRC等数据集上,SSD的精确度和运算速度均取得了较好的成绩,相对于二阶段法(选择候选区域,提取检测目标特征),训练和预测均为同一深度学习神经网络结构。对于300×300的图像输入,在VOC2007数据集上SSD取得74.3% mAP和59FPS。对于512×512的图像输入,SSD取得76.9% mAP。

6.4.1 模型框架

1)多尺度特征图

采用"猫狗识别"说明SSD多尺度目标检测的基本原理。多尺度特征图的目标检测原理示意图如图6-34所示。

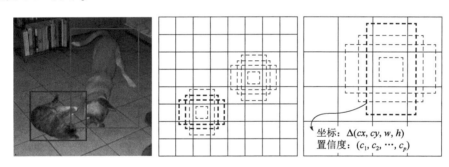

图6-34 多尺度特征图的目标检测原理示意图

(1)输入图像存在猫和狗2个目标,狗用红框标注,猫用篮框标注。

(2)原始图像输入采用深度学习神经网络,生成8×8特征图和4×4的特征图。

(3)8×8特征图采用4个默认候选框,以特征点为检测框中心点,依次遍历64个特征点。将每个检测框的预检测范围对应至原始输入图像,计算该检测范围与真实目标"猫"和"狗"的IoU指标,预测"猫""狗"类别信息并进行检测框回归。8×8特征图中2个候选框预测为"猫",用粗线条虚线方框表示,其余特征点未检测出目标信息。

(4)4×4特征图也采用4个默认候选框,以特征点为检测框中心点,依次遍历16个特征点。对应至原始输入图像,计算该候选框(大于8×8特征图对应的检测范围)与真实目标"猫""狗"的IoU指标,预测"猫""狗"类别信息并进行检测框回归。4×4特征图中1个默认候选框预测为"狗",用细线条虚线方框表示,其余特征点未检测出目标信息。

(5)至此,通过多尺度特征图,识别出"猫""狗"目标。

2) 深度学习神经网络结构

采用前馈深度学习神经网络,SSD 输出候选框类别信息并进行检测框回归,具有如下特点:

(1) 采用多尺度特征图检测目标。在 VGG-16 深度学习神经网络的基础上,微调了网络结构(去掉 FC 分类层)并增加了辅助结构。保留 VGG-16 的 5 个卷积层(编号依次为 Conv_1、Conv_2、Conv_3、Conv_4、Conv_5),辅助结构中增加 6 个卷积层(编号依次为 Conv_6、Conv_7、Conv_8、Conv_9、Conv_10、Conv_11),共 11 层卷积,SSD 选取其中的 6 层(选取 Conv_5、Conv_7、Conv_8、Conv_9、Conv_10、Conv_11)作为多尺度特征图连接至检测器。SSD 网络框架如图 6-35 所示。

(2) 卷积预测器。Conv_5、Conv_7、Conv_8、Conv_9、Conv_10、Conv_11 等特征层通过 3×3 的卷积核,连接检测器输出。Conv_5 尺寸为 38×38,共计 1444 个特征点,每个特征点对应 4 个默认候选框,Conv_5 特征图对应 5776 个预测器。

针对某一预测器,给出对应特征点的分类概率(分为 n 类,给出 n 维概率)和检测框回归信息(4 维,分别为真实检测框相对默认候选框中心横坐标、中心纵坐标、宽、高的偏差)。

(3) 默认候选框和宽高比。特征图上的每一个特征点,均提供若干默认候选框(检测范围保持一定,默认候选框宽高比存在差异)。

卷积层 Conv_5,尺寸为 38×38,提供 4 个默认候选框。其中,3 个默认候选框检测范围相同,宽高比分别为 $1:2,1:1,2:1$,剩余 1 个默认候选框为正方形,检测范围宽度大于前 3 个。Conv_10 和 Conv_11 类似 Conv_5,提供类似的 4 个默认候选框。

卷积层 Conv_7,尺寸为 38×38,提供 6 个默认候选框。其中,5 个默认候选框检测范围相同,宽高比分别为 $1:3,1:2,1:1,2:1,3:1$,剩余 1 个默认候选框为正方形,检测范围宽度大于前 5 个。Conv_8 和 Conv_9 类似 Conv_7,提供 6 个默认候选框。

经计算,全部默认备选框数量为 $38\times38\times4+19\times19\times6+10\times10\times6+5\times5\times6+3\times3\times4+1\times1\times4=8732$ 个。

特征图层和检测器对应关系见表 6-8。

特征图层和检测器对应关系 表 6-8

卷积层	特征图宽×高	默认候选框数量
Conv_5	38×38	$38\times38\times4=4776$
Conv_7	19×19	$19\times19\times6=2166$
Conv_8	10×10	$10\times10\times6=600$
Conv_9	5×5	$5\times5\times6=150$
Conv_10	3×3	$3\times3\times4=36$
Conv_11	1×1	$1\times1\times4=4$
合计		8732

SSD 网络框架如图 6-35 所示。

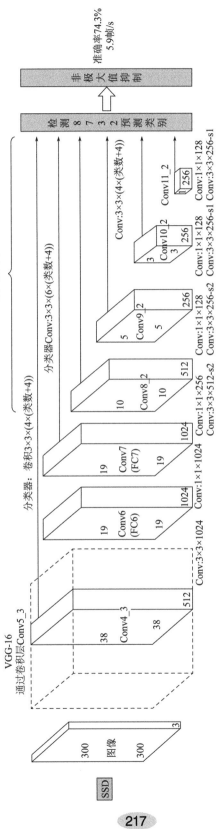

图 6-35　SSD网络框架

采用卷积神经网络获取 Conv_5、Conv_7、Conv_8、Conv_9、Conv_10、Conv_11,特征图上的特征点具有局部感受野(local receptive fields)、权重共享(shared weights)和下采样(sub-sampling)的卷积特性,默认备选框在原始输入图像位置可以通过固定的映射获取。关于输出分类器,如特征点给定 k 个默认候选框,目标可分为 c 个类别,则需要 $(c+4)k$ 个卷积核,实现 1 个特征点默认候选框的卷积处理,进行目标分类和检测框回归。对于 mn 尺寸的特征图,连接 $(c+4)kmn$ 的输出。以 Conv_5 为例,特征点与输出映射的关系示意图如图 6-36 所示。

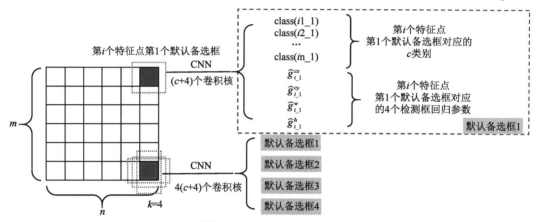

图 6-36　以 Conv_5 为例,特征点与输出映射的关系示意图($m=38, n=38, k=4$)

6.4.2　模型训练

对比 Faster R-CNN 模型训练,SSD 采用固定的默认候选框代替 Faster R-CNN 使用的候选区域框(非固定,采用 SS 目标检测等算法获取)。SSD 模型训练的关键在于建立真实目标检测框和默认候选框的对应关系,通过建立损失函数和反向传播,进行检测框回归。采用真实目标框和默认候选框进行 SSD 模型训练,匹配策略为:

(1)匹配 IoU 最大的真实目标框和默认候选框。

(2)匹配 IoU > 0.5 的真实目标框和默认候选框,不限默认候选框匹配真实目标的数量,意味着同一个默认候选框可以匹配 1 个或者 1 个以上的真实目标(可以是不同种类)。默认候选框和真实目标框的对应关系如图 6-37 所示。

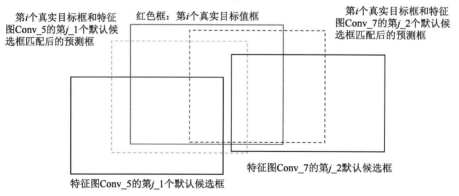

图 6-37　默认候选框和真实目标框的对应关系(1 个真实目标分别对应 2 个特征层的默认候选框)

1)损失函数

SSD 多任务损失函数 $L(z,c,t,t^*)$,由分类损失 $L_{cls}(z,c)$ 和检测框回归损失 $L_{loc}(z,t_k,t_k^*)$ 组成,计算如下:

$$L(z,c,t,t^*) = \frac{1}{N}(L_{cls}(z,c) + \lambda L_{loc}(z,t_k,t_k^*))(k \in \{x,y,w,h\}) \quad (6\text{-}30)$$

式中:N——匹配成功的默认候选框的数量。

如果 $N=0$,令损失函数 $L(z,c,t,t^*)=0$。类似 Faster R-CNN 规定,根据预测框、默认候选框、真实目标框计算检测框回归误差。预测框中心点横坐标、纵坐标、宽、高表示为 $\{x,y,w,h\}$,匹配成功的第 i 个默认候选框中心横坐标、目标框中心点纵坐标、宽、高表示为 $\{x_i^a, y_i^a, w_i^a, h_i^a\}$,真实目标框中心点横坐标、目标框中心点纵坐标、宽、高表示为 $\{x_i^*, y_i^*, w_i^*, h_i^*\}$。

λ 为权重参数,表示分类损失和检测框回归损失在 SSD 多任务损失所占的比重。

(1)分类损失。

分类损失计算公式为:

$$L_{cls}(z,c) = -\sum_{i \in Pos}^{N} \mathbb{1}[z_{ij}^p]\log(\hat{c}_i^p) - \sum_{i \in Neg}^{N} \log(\hat{c}_i^0) \quad (6\text{-}31)$$

式中:z_{ij}^p——第 i 个默认候选框与属于 p 类的第 j 个真实目标匹配情况;

$\mathbb{1}[z_{ij}^p]$——指示函数,当 z_{ij}^p 匹配成功时,$\mathbb{1}[z_{ij}^p]=1$,当 x_{ij}^p 没有匹配成功时,$\mathbb{1}[z_{ij}^p]=0$。

$$\hat{c}_i^p = \frac{\exp(c_i^p)}{\sum_{i \in Pos}^{N} \hat{c}_i^p} \quad (6\text{-}32)$$

(2)检测框回归损失。

检测框回归损失计算公式为:

$$L_{loc}(z,t_k,t_k^*) = \sum_{i \in Pos}^{N} \sum_{k \in \{x,y,w,h\}} \mathbb{1}[z_{ij}^p] \text{smooth}_{L_1}(t_{ik} - t_{ik}^*) \quad (6\text{-}33)$$

式中:$i \in Pos$——匹配成功的默认候选框,数量为 N 个;

$(t_k - t_k^*) k \in \{x,y,w,h\}$——中心横坐标、中心纵坐标,宽、高等 4 项的误差拟合。

预测框 $\{x,y,w,h\}$ 与第 i 个默认候选框 $\{x_i^a, y_i^a, w_i^a, h_i^a\}$ 误差 $\{t_{ix}, t_{iy}, t_{iw}, t_{ih}\}$ 计算公式为:

$$\left.\begin{array}{l} t_{ix} = \dfrac{x - x_i^a}{w_i^a} \\[6pt] t_{iy} = \dfrac{y - y_i^a}{h_i^a} \\[6pt] t_{iw} = \log\left(\dfrac{w}{w_i^a}\right) \\[6pt] t_{ih} = \log\left(\dfrac{h}{h_i^a}\right) \end{array}\right\} \quad (6\text{-}34)$$

真实目标框 $\{x_i^*, y_i^*, w_i^*, h_i^*\}$ 与默认候选框 $\{x_i^a, y_i^a, w_i^a, h_i^a\}$ 误差 $\{t_{ix}^*, t_{iy}^*, t_{iw}^*, t_{ih}^*\}$ 计算公式为:

$$\left.\begin{aligned} t_{ix}^* &= \frac{x_i^* - x_i^a}{w_i^a} \\ t_{iy}^* &= \frac{y_i^* - y_i^a}{h_i^a} \\ t_{iw}^* &= \log\left(\frac{w_i^*}{w_i^a}\right) \\ t_{ih}^* &= \log\left(\frac{h_i^*}{h_i^a}\right) \end{aligned}\right\} \quad (6\text{-}35)$$

$\mathrm{smooth}_{L_1}(t_{ik} - t_{ik}^*)$ 计算公式为:

$$\mathrm{smooth}_{L_1}(t_{ik} - t_{ik}^*) = \begin{cases} 0.5\,(t_{ik} - t_{ik}^*)^2, & |t_{ik} - t_{ik}^*| < 1 \\ |t_{ik} - t_{ik}^*| - 0.5(\text{其他}) \end{cases} \quad (6\text{-}36)$$

2) 默认候选框的感受野面积和宽高比例

卷积神经网络中,感受野是指特征图上某个点对应输入图像的区域,即特征图上的点是由输入图像中感受野大小区域内的数值计算得到。

SSD 采用卷积神经网络获取 Conv_5、Conv_7、Conv_8、Conv_9、Conv_10、Conv_11 等 6 个特征图,并为特征点设置了若干默认候选框。卷积层的尺寸具有差异性,采用相同尺寸的默认候选框,映射至原始输入图像会获取不同的感受野。不同尺寸特征图可单独训练,更好地适应目标尺寸的变化,解决以往目标检测算法小目标识别困难的问题。

理想默认候选框的感受野和候选框宽高比例,应对原始输入目标尺寸的全覆盖,大、中、小等目标对应默认检测框,降低检测框回归的难度,提升精确度。

(1) 默认候选框感受野面积。

m 个特征图对应 m 个映射,第 k 个特征图默认候选框的比例 s_k 计算公式为:

$$s_k = s_{\min} + \frac{s_{\max} - s_{\min}}{m - 1}(k - 1)\,(k \in [1, m]) \quad (6\text{-}37)$$

SSD 有 6 个特征图,第 k 个特征图默认候选框的比例计算公式为:

$$s_k = s_{\min} + \frac{s_{\max} - s_{\min}}{5}(k - 1)\,(k \in [1,2,3,4,5,6]) \quad (6\text{-}38)$$

如 $s_{\min} = 0.2, s_{\max} = 0.9$,则计算:

$$\begin{cases} s_1 = 0.2 + 0.14 \cdot 0 = 0.20 \\ s_2 = 0.2 + 0.14 \cdot 1 = 0.34 \\ s_3 = 0.2 + 0.14 \cdot 2 = 0.48 \\ s_4 = 0.2 + 0.14 \cdot 3 = 0.62 \\ s_5 = 0.2 + 0.14 \cdot 4 = 0.76 \\ s_6 = 0.2 + 0.14 \cdot 5 = 0.90 \end{cases} \quad (6\text{-}39)$$

默认候选框感受野面积对应关系见表 6-9。

第6章 交通目标检测理论与方法

默认候选框感受野面积对应关系 表6-9

k	图像 $h \times w$	卷积层	特征图 $h_k \times w_k$	step	s_k	$s_k \times h / s_k \times w$	感受野面积 $h_k^a \times w_k^a$
1	300×300	Conv_5	38×38	8	0.20	60	60×60
2	300×300	Conv_7	19×19	16	0.34	102	102×102
3	300×300	Conv_8	10×10	30	0.48	144	144×144
4	300×300	Conv_9	5×5	60	0.62	186	186×186
5	300×300	Conv_10	3×3	100	0.76	228	228×228
6	300×300	Conv_11	1×1	300	0.90	270	270×270

（2）宽高比例。

感受野面积计算公式为：

$$h_k^a w_k^a = s_k^2 h w \tag{6-40}$$

式中：h_k^a、w_k^a——默认候选框的高和宽；

h、w——原始图像的高和宽；

s_k——默认候选框感受野面积比例。

面积保持不变，宽高比计算公式为：

$$w_k^a = \lceil s_k w \sqrt{a_r} \rceil \tag{6-41}$$

$$h_k^a = \lceil s_k h / \sqrt{a_r} \rceil \tag{6-42}$$

$$a_r = \frac{w_k^a}{h_k^a} \tag{6-43}$$

式中：$\lceil \ \rceil$——向上取整运算。

卷积层 Conv_5、Conv_10 和 Conv_11 的 a_r 取值为 $\{1:2, 1:1, 2:1\}$ 和 $\{1:1\}$，共计4个检测框。

卷积层 Conv_7、Conv_8 和 Conv_9 的 a_r 取值为 $\{1:3, 1:2, 1:1, 2:1, 3:1\}$ 和 $\{1:1\}$，共计6个尺寸，SSD 默认候选框的宽高见表6-10。

SSD 默认候选框的宽高 表6-10

k	卷积层	$h_k \times w_k$	step	$s_k \times h / s_k \times w$	1:3		1:2		1:1		2:1		3:1		1:1	
					w_1^a	h_1^a	w_2^a	h_2^a	w_3^a	h_3^a	w_4^a	h_4^a	w_5^a	h_5^a	$w\sqrt{s_k s_{k+1}}$	$h\sqrt{s_k s_{k+1}}$
1	Conv_5	38×38	8	60			43	85	60	60	85	43			79	79
2	Conv_7	19×19	16	102	59	177	73	145	102	102	145	73	177	59	122	122
3	Conv_8	10×10	30	144	84	250	102	204	144	144	204	102	250	84	164	164
4	Conv_9	5×5	60	186	108	323	132	264	186	186	264	132	323	108	206	206
5	Conv_10	3×3	100	228			162	323	228	228	323	162			249	249
6	Conv_11	1×1	300	270			191	382	270	270	382	191			285	285

需要说明的是,特征图尺寸与默认候选框的感受野及宽高比无直接关系。一般来说,特征图尺寸越大,对应默认候选框感受野可适当减小。

SSDConv_5、Conv_7、Conv_8、Conv_9、Conv_10、Conv_11 对应的特征图,负责检测不同尺寸的目标。目标越小,要求默认候选框越小,在输入图像上的分布越密集;目标越大,要求默认候选框相应增加,在输入图像上的分布可以适当稀疏。

Conv_5 在原始图像上生成 38×38 个锚点,每个锚点对应 4 个默认候选框,(w_1^a, h_1^a) 分别为 (43,85)、(60,60)、(85,43) 和 (79,79),负责检测图像中的小尺寸目标(小尺寸为相对于原图 300×300,下同)。

Conv_7 在原始图像上生成 19×19 个锚点,每个锚点对应 6 个默认候选框,(w_2^a, h_2^a) 分别为 (59,177)、(73,145)、(102,102)、(145,73)、(177,59) 和 (122,122),负责检测图像中的中小尺寸目标。

Conv_8 在原始图像上生成 10×10 个锚点,每个锚点对应 6 个默认候选框,(w_3^a, h_3^a) 分别为 (84,250)、(102,204)、(144,144)、(204,102)、(250,84) 和 (164,164),负责检测图像中的中等尺寸目标。

Conv_9 在原始图像上生成 5×5 个锚点,每个锚点对应 6 个默认候选框,(w_4^a, h_4^a) 分别为 (108,323)、(132,264)、(186,186)、(264,132)、(323,108) 和 (206,206),负责检测图像中的中大尺寸目标。

Conv_10 在原始图像上生成 3×3 个锚点,每个锚点对应 4 个默认候选框,(w_5^a, h_5^a) 分别为 (162,323)、(228,228)、(323,162) 和 (249,249),负责检测图像中的中大尺寸目标。

Conv_11 在原始图像上生成 1×1 个锚点,每个锚点对应 4 个默认候选框,(w_6^a, h_6^a) 分别为 (191,382)、(270,270)、(382,191) 和 (285,285),负责检测图像中的大尺寸目标。

6.4.3 SSD 交通标志检测实践

1) 数据集

同 6.2.4 数据集。

2) 程序代码

SSD 目录下的模块有:

train_ssd300.py:以 resnet50 作为 backbone 的 SSD 网络,使用 CPU 或单 GPU 进行训练。
predict_test.py:预测脚本,使用预训练模型预测。
pascal_voc_classes.json:pascal_voc 标签文件。
plot_curve.py:用于绘制训练过程的损失以及验证集的 mAP。
validation.py:利用训练好的权重测试数据的 COCO 指标,生成 txt 文件。
scr 目录下的模块有:
resnet50_backbone.py:采用 resnet50 网络作为 SSD 的 backbone。
ssd_model.py:SSD 网络。
utils.py:训练过程中应用的辅助函数。

在使用 train_ssd300.py 模块训练时,提前准备好数据集,下载好预训练权重,更改部分参数。

def create_model(num_classes = 检测的类别数目 + 1):加 1 是因为检测时会有背景,算作是 1 个类别。

pre_ssd_path = "训练权重的路径"。

数据集路径 = parser_data.data_path。

optimizer = torch.optim.优化器名称(params, lr = 学习率大小, momentum = 0.9, weight_decay = 0.0005)。

torch.save(save_files, "训练权重的保存路径".format(epoch))。

parser.add_argument('- - num_classes', default = 检测的类别数目, type = int, help = 'num_classes')。

parser.add_argument('- - epochs', default = 轮次, type = int, metavar = 'N', help = 'number of total epochs to run')。

parser.add_argument('- - batch_size', default = 批大小, type = int, metavar = 'N', help = 'batch size when training.')。

代码参考:

https://github.com/WZMIAOMIAO/deep-learning-for-image-processing/pytorch_object_detection/ssd

3) 模型训练

实验流程大体可以分为自建数据集、构建训练模型、设置网络训练参数、训练模型、获取结果五个部分。实验使用 SGD 作为优化器,学习率为 0.0001,训练轮次为 15,批大小为 8,以 resnet50 作为 backbone 的 SSD 网络为例,在 train_ssd300.py 模块中训练,分析实验结果。

4) 试结果

通过 IoU 阈值评估检测器的性能,检测指标见表 6-11。

SSD 实验检测指标　　　　　　　　　　　　　　　　　表 6-11

指标名称		检测结果
平均精度	平均精度	0.550
	平均精度(相似度为 0.5)	0.762
	平均精度(相似度为 0.75)	0.695
跨尺度的平均精度	平均精度(面积 < 32×32)	-1.000
	平均精度(32×32 < 面积 < 96×96)	0.409
	平均精度(面积 > 96×96)	0.530
平均召回率	平均召回率	0.506
	平均召回率(相似度为 0.5)	0.578
	平均召回率(相似度为 0.75)	0.578
跨尺度的平均召回率	平均召回率(面积 < 32×32)	-1.000
	平均召回率(32×32 < 面积 < 96×96)	0.438
	平均召回率(面积 > 96×96)	0.557

由表可知,IoU = 0.5 时,检测结果较好,对于大目标物体的检测效果较好,对于多目标图片的检测效果较好。

Loss 训练曲线快速收敛,损失值在训练过程中的变化如图 6-38a)所示。从训练曲线可以看出,达到 5 个轮次后,损失值趋于平稳,准确率曲线开始呈现平稳趋势。训练 15 轮次后,准确率达到了 76.2%,部分检测效果如图 6-38b)所示。

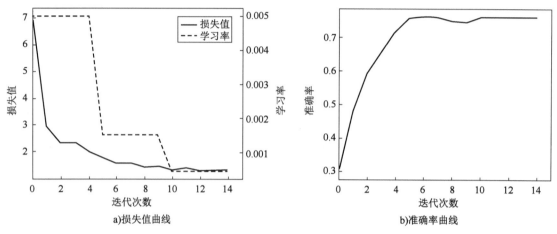

图 6-38 损失值和准确率曲线

SSD 检测结果如图 6-39 所示,可以正确地识别交通标志,检测性能良好。

图 6-39 SSD 检测效果

第 7 章 交通目标轨迹跟踪理论与方法

7.1 概　　述

7.1.1 现状及新趋势

同一质点在视频中连续运动所形成的图形称为轨迹。利用目标运动的时空相关信息,由前序帧图像中的目标运动轨迹预测其在未来连续 n 帧图像中位置坐标的方法,称为轨迹预测。从图像或视频序列中目标初始位置出发,跟踪其在每一帧图像中的位置坐标的方法,称为轨迹跟踪。

单目标轨迹跟踪任务就是在给定某视频序列初始帧的目标大小与位置的情况下,预测后续帧中该目标的大小与位置。

多目标轨迹跟踪(Multi-Object Tracking,MOT)是在一段视频中同时跟踪多个目标。MOT 的主要应用场景是安防监控和自动驾驶等。

多目标轨迹跟踪算法可分为 TBD(Tracking-by-Detection)与 DFT(Detection-Free Tracking),即基于检测的多目标轨迹跟踪与基于初始框无须检测器的多目标轨迹跟踪,其中 TBD 是目前学界业界研究的主流。多目标轨迹跟踪算法还可以分为在线跟踪(Online)与离线跟踪(Offline)两类。在线跟踪只能使用当前帧及之前帧的信息来进行当前帧的跟踪。离线跟踪可以使用全部视频的信息,这样更容易获得全局最优解。介于在线跟踪与离线跟踪两者之间,还有 Near-Online 跟踪方式,即可以部分利用未来帧的信息。

目标轨迹跟踪是一个研究已久的技术,以往的研究主要集中于单目标轨迹跟踪,直到近几年随着相关算法的不断优化,多目标轨迹跟踪才得到深入研究与应用。但受制于数据集以及其他条件的影响,目前多目标轨迹跟踪面临的挑战如下:

(1)遮挡。

(2)形变。

(3)背景杂斑。

(4)尺度变换。

(5)数据集缺乏且标注困难。

(6)速度较慢,实时性不够。

7.1.2 MOT 基础算法

1) Meanshift 算法和 Camshift 算法

1975 年,Fukunaga 提出 Meanshift 算法,该算法的核心是 mean(均值)和 shift(偏移)。

mean(均值)操作为设定计算点 x 周围存在若干点 x_i，累加点 x 至每个点 x_i 的偏移量，计算平均偏移量，该偏移量包含大小和方向。shift(偏移)操作为点 x 往平均偏移量方向移动，再以此为新起点，不断迭代直到满足约束条件结束。Meanshift 算法在交通目标轨迹跟踪中，存在半自动跟踪和自动跟踪两种方式。

半自动跟踪：输入视频，人工标注交通目标，再对物体跟踪。

步骤1：选中物体，记录输入方框和物体。

步骤2：求出视频中交通目标的反向投影图。

步骤3：根据反向投影图和输入方框进行 meanshift 迭代。shift(偏移)是向 mean(均值)移动，移向反向投影图中概率大区域，实现目标轨迹跟踪。

步骤4：下一帧图像用上一帧输出方框迭代。

全自动跟踪：输入视频，对运动物体进行跟踪。

步骤1：运动检测算法分割交通目标和背景。

步骤2：提取交通目标轮廓，从原图中获取交通目标信息。

步骤3：对交通目标反向投影，获取反向投影图。

步骤4：根据反向投影图和输入方框进行 meanshift 迭代。shift(偏移)是向 mean(均值)移动，移向反向投影图中概率大区域，实现交通目标轨迹跟踪。

步骤5：下一帧图像用上一帧输出方框迭代。

Meanshift 算法程序及输出见表 7-1。

Meanshift 算法程序及输出 表 7-1

程序 7-1	输出
| ```python
import numpy as np
import cv2 as cv

path = r'C:\Users\xuhui\Desktop\trafficflow_4.MP4'
cap = cv.VideoCapture(path)

ret,frame = cap.read()

r,h,c,w = 405,55,1025,45
track_window = (c,r,w,h)

roi = frame[r:r+h, c:c+w]
hsv_roi = cv.cvtColor(roi, cv.COLOR_BGR2HSV)
mask = cv.inRange(hsv_roi, np.array((0., 60., 32.)), np.array((180.,255.,255.)))
roi_hist = cv.calcHist([hsv_roi],[0],mask,[180],[0,180])
cv.normalize(roi_hist,roi_hist,0,255,cv.NORM_MINMAX)

term_crit = ( cv.TERM_CRITERIA_EPS | cv.TERM_CRITERIA_COUNT, 10, 1 )
``` | <br><br> |
```

续上表

程序 7-1	输出
| ```
while(1):
    ret,frame = cap.read()

    if ret == True:
        hsv = cv.cvtColor(frame, cv.COLOR_BGR2HSV)
        dst = cv.calcBackProject([hsv],[0],roi_hist,[0,180],1)
        ret, track_window = cv.meanShift(dst, track_window, term_crit)
        x,y,w,h = track_window
        img2 = cv.rectangle(frame,(x,y),(x+w,y+h),255,2)
        cv.imshow('img2',img2)

        k = cv.waitKey(60) & 0xff
        if k == 27:
            break
        else:
            cv.imwrite(chr(k)+".jpg",img2)
    else:
        break
cv.destroyAllWindows()
cap.release()
``` | |

采用 Meanshift 算法,无论汽车离摄像机很远还是很近,跟踪窗口大小均一致,需要根据目标的大小和旋转来适应调整窗口大小。1998 年,Gary Bradsky 提出了 Camshift 算法(连续自适应 Meanshift 算法)。首先利用 meanshift 跟踪检测目标,一旦 meanshift 收敛,自动更新窗口的大小。缩放后的窗口和先前窗口都会应用 Meanshift 算法,该过程将持续到精确度满足要求。Camshift 算法程序及输出见表 7-2。

Camshift 算法程序及输出 表 7-2

程序 7-2	输出
| ```
import numpy as np
import cv2 as cv

path = r'C:\Users\xuhui\Desktop\trafficflow_4.MP4'
cap = cv.VideoCapture(path)

ret,frame = cap.read()

r,h,c,w = 475,55,1025,45
track_window = (c,r,w,h)

roi = frame[r:r+h, c:c+w]
``` | |

续上表

程序 7-2	输出
| ```
hsv_roi = cv.cvtColor(roi, cv.COLOR_BGR2HSV)
mask = cv.inRange(hsv_roi, np.array((0., 60., 32.)), np.array((180.,255.,255.)))
roi_hist = cv.calcHist([hsv_roi],[0],mask,[180],[0,180])
cv.normalize(roi_hist,roi_hist,0,255,cv.NORM_MINMAX)

term_crit = ( cv.TERM_CRITERIA_EPS | cv.TERM_CRITERIA_COUNT, 10, 1 )

while(1):
    ret,frame = cap.read()
    if ret == True:
        hsv = cv.cvtColor(frame, cv.COLOR_BGR2HSV)
        dst = cv.calcBackProject([hsv],[0],roi_hist,[0,180],1)
        ret, track_window = cv.CamShift(dst, track_window, term_crit)
        pts = cv.boxPoints(ret)
        pts = np.int0(pts)
        img2 = cv.polylines(frame,[pts],True, 255,2)
        cv.imshow('img2',img2)
        k = cv.waitKey(60) & 0xff
        if k == 27:
            break
        else:
            cv.imwrite(chr(k) + ".jpg",img2)
    else:
        break
cv.destroyAllWindows()
cap.release()
``` | |

2) KCF 算法

2014 年,Joao F. Henriques 提出 KCF(Kernelized Correlation Filters)算法,使用循环矩阵对样本进行采集,采用快速傅里叶变换对算法进行加速计算。KCF 算法采用可训练(选取目标区域为正样本,目标周围区域为负样本)的目标检测器跟踪目标,使用目标检测器检测下一帧预测位置是否是目标,然后再使用新检测结果去更新训练目标检测器。

3) 粒子滤波算法

粒子滤波(Particle Filter)算法的思想基于蒙特卡罗方法(Monte Carlo methods),利用粒子集表示概率。算法的核心思想是通过后验概率抽取随机状态粒子表达分布,它是顺序重要性采样法。
```

粒子滤波算法的主要步骤如下：
步骤1：初始交通目标化粒子滤波范围约束。
步骤2：所有粒子增加交通目标的控制输入（速度、角速度等），预测所有粒子的下一步位置。
步骤3：根据观测值更新所有粒子的权重。
步骤4：根据粒子的权重，对所有粒子重采样，留存权重高的粒子，实现交通目标轨迹跟踪。

4) 卡尔曼滤波算法

Swerling(1958)、Kalman(1960)与Kalman and Bucy(1961)发表了卡尔曼滤波器的论文（*A New Approach to Linear Filtering and Prediction Problems*），标志着卡尔曼滤波算法的产生。卡尔曼滤波（Kalman filtering）是一种利用线性系统状态方程，通过系统输入输出观测数据对系统状态进行最优估计的算法。由于观测数据中包括系统中的噪声和干扰的影响，所以最优估计也可看作是滤波过程。

数据滤波是去除噪声还原真实数据的一种数据处理技术，卡尔曼滤波在测量方差已知的情况下能够从一系列存在测量噪声的数据中估计动态系统的状态。由于它便于计算机编程实现，并能够对现场采集的数据进行实时的更新和处理，因此卡尔曼滤波是目前应用最为广泛的滤波方法，在通信、导航、制导与控制等多领域得到了较好的应用。卡尔曼在美国航空航天局（NASA）埃姆斯研究中心访问时，发现该方法对于解决阿波罗计划的轨道预测很有用，阿波罗飞船导航计算机也使用了卡尔曼滤波器。

卡尔曼滤波算法设定：
（1）系统在每个帧的状态是概率分布空间，即系统下一帧状态存在不确定性。
（2）系统状态转移取决于状态转移矩阵，检测系统存在随机干扰，某一帧的观测值并非系统的最优值。
（3）系统每个帧均存在3个状态变量，分别为前验估计值（理论推算值）、后验估计值（卡尔曼滤波值）和观测值，认为卡尔曼滤波值能够较真实地反映系统状态。

构建模型使用到的变量见表7-3。

构建模型使用到的变量汇总表　　　　　　　　　　表7-3

符号	帧	含义
$\hat{x}_{k-1}$	$k-1$	状态后验估计值
$\hat{x}_k^-$	k	状态前验估计值
$\langle \hat{x} \rangle_k$	k	状态后验估计值
p_{k-1}	$k-1$	状态后验协方差矩阵
p_k^-	k	状态前验协方差矩阵
p_k	k	状态后验协方差矩阵
z_k	k	状态实际观测值
K_k	k	卡尔曼增益矩阵
H	—	转换矩阵

续上表

符号	帧	含义
A	—	状态转移矩阵
BU_{k-1}	$k-1$	控制系统增益
Q	—	系统随机误差协方差矩阵
R	—	观测随机误差协方差矩阵

卡尔曼滤波流程如下：

步骤1：确定系统（如路段上运行的车辆等）的表征向量（表征系统状态的位置、速度、加速度等指标）。

设定系统状态 x 由 n 维向量组成，例如由 $x = \{location, velocity, acceleration\}$ 组成，$n=3$，维度空间可表示为 $x \in \mathbb{R}^{3 \times 1}$。如由 $x = \{location, velocity\}$ 组成，则 $n=2$，维度空间可表示为 $x \in \mathbb{R}^{2 \times 1}$。

基于 $k-1$ 帧系统状态后验估计值 $\hat{x}_{k-1}$（$\hat{x}_{k-1} \in \mathbb{R}^{n \times 1}$）预测 k 帧系统状态先验估计值 $\hat{x}_k^-$（后验估计值可理解为观测值、先验估计值为理论推算值）。

系统为平稳过程（如匀速运动）时：

$$\hat{x}_k^- = A\hat{x}_{k-1} \tag{7-1}$$

系统存在外部控制输入（交通控制、限速、交通信号灯管控等）时：

$$\hat{x}_k^- = A\hat{x}_{k-1} + BU_{k-1} \tag{7-2}$$

式中：A——系统 $k-1$ 帧状态与 k 刻状态映射关系，$A \in \mathbb{R}^{n \times n}$，为状态转移矩阵；

BU_{k-1}——控制系统的增益。

步骤2：基于 $k-1$ 帧系统表征向量协方差的后验估计值 p_{k-1}，（$p_{k-1} \in \mathbb{R}^{n \times n}$），预测 k 帧系统表征向量协方差先验估计值 p_k^-。

如系统不受随机误差影响：

$$p_k^- = Ap_{k-1}A^T \tag{7-3}$$

系统存在随机误差干扰：

$$p_k^- = Ap_{k-1}A^T + Q \tag{7-4}$$

式中：A——状态转移矩阵；

Q——系统随机误差协方差矩阵。

步骤3：计算 k 刻状态系统的卡尔曼增益系数 K_k（$K_k \in [0, H^-]$）。

$$K_k = \frac{\hat{p}_{k-1}H^T}{H\hat{p}_{k-1}H^T + R} \tag{7-5}$$

其中转换矩阵 H 为：

$$H = \frac{z_k}{\hat{x}_k^-} \tag{7-6}$$

式中：H_k——反映了系统实际观测值 z_k 和 k 帧的状态先验估计值 $\hat{x}_k^-$ 的映射关系；

R——观测随机误差协方差矩阵。

步骤 4：考虑卡尔曼增益，结合 k 帧状态前验估计值 $\hat{x}_k^-$ 和状态实际观测值 z_k，更新 k 帧系统状态作为状态后验估计值 $\hat{x}_k$：

$$\hat{x}_k = \hat{x}_k^- + K_k(z_k - H\hat{x}_k^-) \qquad (7\text{-}7)$$

步骤 5：考虑卡尔曼增益，更新 k 帧系统状态后验协方差矩阵：

$$p_k = (I - K_k H)p_k^- \qquad (7\text{-}8)$$

重复步骤 1~5。卡尔曼滤波流程示意图如图 7-1 所示。

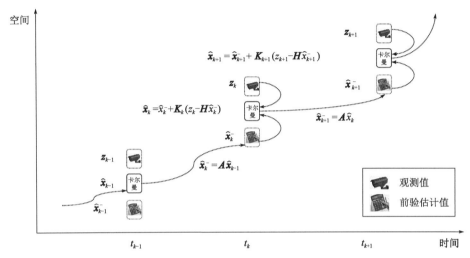

图 7-1　卡尔曼滤波流程示意图

图 7-2 举例说明了卡尔曼滤波在交通目标轨迹跟踪的应用。

a) $k=0$ 帧　　　　　　　　　　　　b) $k=1$ 帧

图 7-2　系统 3 个状态示意图

图中，存在实线框、虚线框和浅色虚线框 3 个矩形，分别表示观测值、后验估计值和先验估计值，实线框表示可观察，虚线框表示非可观察，程序后台处理。

基于 $k=0$ 数据，采用卡尔曼滤波算法求解 $k=1$ 帧系统状态。

步骤 1：参照 2017 年 Alex Bewley 使用的指标，采用"中心横坐标、中心纵坐标、检测框面积、检测框高宽比、横向运行速度、纵向运行速度、检测框面积变化率"等 7 个指标表征系统（车辆）运行状态：

$$X = [u, v, s, r, \dot{u}, \dot{v}, \dot{s}]^T \tag{7-9}$$

某 $k=1$ 一帧，针对交通目标，跟踪程序存在观测值、后验估计值和先验估计值等 3 个状态：

$$z_1 = [u_1^z, v_1^z, s_1^z, r_1^z, \dot{u}_1^z, \dot{v}_1^z, \dot{s}_1^z]^T \tag{7-10}$$

$$\hat{x}_1 = [u_1, v_1, s_1, r_1, \dot{u}_1, \dot{v}_1, \dot{s}_1]^T \tag{7-11}$$

$$\hat{x}_1^- = [u_1^-, v_1^-, s_1^-, r_1^-, \dot{u}_1^-, \dot{v}_1^-, \dot{s}_1^-]^T \tag{7-12}$$

状态转移矩阵 A 可理解 $k=0$ 帧和 $k=1$ 帧状态的映射关系。如车辆为匀速运行，存在如下关系：

$$\hat{x}_1^- = \begin{bmatrix} u_1^- \\ v_1^- \\ s_1^- \\ r_1^- \\ \dot{u}_1^- \\ \dot{v}_1^- \\ \dot{s}_1^- \end{bmatrix} = \begin{bmatrix} u_0 + \dot{u}_0 \Delta t \\ v_0 + \dot{v}_0 \Delta t \\ s_0 + s_0 \dot{s}_0 \\ r_0 \\ \dot{u}_0 \\ \dot{v}_0 \\ \dot{s}_0 \end{bmatrix} = \begin{bmatrix} 1 & 0 & 0 & 0 & \Delta t & 0 & 0 \\ 0 & 1 & 0 & 0 & 0 & \Delta t & 0 \\ 0 & 0 & 1 & 0 & 0 & 0 & s_0 \\ 0 & 0 & 0 & 1 & 0 & 0 & 0 \\ 0 & 0 & 0 & 0 & 1 & 0 & 0 \\ 0 & 0 & 0 & 0 & 0 & 1 & 0 \\ 0 & 0 & 0 & 0 & 0 & 0 & 1 \end{bmatrix} \begin{bmatrix} u_0 \\ v_0 \\ s_0 \\ r_0 \\ \dot{u}_0 \\ \dot{v}_0 \\ \dot{s}_0 \end{bmatrix} = A\hat{x}_{01} \tag{7-13}$$

可知状态转移矩阵 $A(A \in \mathbb{R}^{7 \times 7})$ 为：

$$A = \begin{bmatrix} 1 & 0 & 0 & 0 & \Delta t & 0 & 0 \\ 0 & 1 & 0 & 0 & 0 & \Delta t & 0 \\ 0 & 0 & 1 & 0 & 0 & 0 & s_0 \\ 0 & 0 & 0 & 1 & 0 & 0 & 0 \\ 0 & 0 & 0 & 0 & 1 & 0 & 0 \\ 0 & 0 & 0 & 0 & 0 & 1 & 0 \\ 0 & 0 & 0 & 0 & 0 & 0 & 1 \end{bmatrix} \tag{7-14}$$

交通现象：如图 7-3 所示，车辆在 $k=0$ 帧和 $k=1$ 帧，仅仅车辆中心位置在横向和纵向发生改变。采用 $k=0$ 帧坐标位置加上速度乘以时间，获取 $k=1$ 的位置信息。运动过程中，检测框高宽比、横向运行速度、纵向运行速度、检测框面积变化率等均不发生改变。

第7章 交通目标轨迹跟踪理论与方法

a) $k=0$ 帧

b) $k=1$ 帧

图 7-3 步骤 1 实现的车辆运行状态预测 ($\hat{x}_1^- = A\hat{x}_{01}$)

步骤 2：基于 $k=0$ 帧状态后验协方差矩阵 $\boldsymbol{p}_0$ ($\boldsymbol{p}_0 \in \mathbb{R}^{7\times7}$)，预测 $k=1$ 帧状态先验协方差矩阵 $\boldsymbol{p}_1^-$。

如系统不受随机误差影响：

$$\boldsymbol{p}_1^- = A\boldsymbol{p}_0 A^\mathrm{T} \tag{7-15}$$

式中：A——状态转移矩阵。关于 p_k 的初始值，可采用随机数、对角阵（对角线为 1，表示 $[u, v, s, r, \dot{u}, \dot{v}, \dot{s}]$ 均不相关）和实际数据计算等 3 种方式，一般情况下通过若干轮次迭代 p_k 能够收敛，本例中采用对角阵初始值方法，即：

$$\boldsymbol{p}_0 = \begin{bmatrix} 1 & 0 & 0 & 0 & 0 & 0 & 0 \\ 0 & 1 & 0 & 0 & 0 & 0 & 0 \\ 0 & 0 & 1 & 0 & 0 & 0 & 0 \\ 0 & 0 & 0 & 1 & 0 & 0 & 0 \\ 0 & 0 & 0 & 0 & 1 & 0 & 0 \\ 0 & 0 & 0 & 0 & 0 & 1 & 0 \\ 0 & 0 & 0 & 0 & 0 & 0 & 1 \end{bmatrix} \tag{7-16}$$

$$\boldsymbol{p}_1^- = A\boldsymbol{p}_0 A^\mathrm{T} = \begin{bmatrix} 1 & 0 & 0 & 0 & \Delta t & 0 & 0 \\ 0 & 1 & 0 & 0 & 0 & \Delta t & 0 \\ 0 & 0 & 1 & 0 & 0 & 0 & s_0 \\ 0 & 0 & 0 & 1 & 0 & 0 & 0 \\ 0 & 0 & 0 & 0 & 1 & 0 & 0 \\ 0 & 0 & 0 & 0 & 0 & 1 & 0 \\ 0 & 0 & 0 & 0 & 0 & 0 & 1 \end{bmatrix} \begin{bmatrix} 1 & 0 & 0 & 0 & 0 & 0 & 0 \\ 0 & 1 & 0 & 0 & 0 & 0 & 0 \\ 0 & 0 & 1 & 0 & 0 & 0 & 0 \\ 0 & 0 & 0 & 1 & 0 & 0 & 0 \\ 0 & 0 & 0 & 0 & 1 & 0 & 0 \\ 0 & 0 & 0 & 0 & 0 & 1 & 0 \\ 0 & 0 & 0 & 0 & 0 & 0 & 1 \end{bmatrix} \begin{bmatrix} 1 & 0 & 0 & 0 & 0 & 0 & 0 \\ 0 & 1 & 0 & 0 & 0 & 0 & 0 \\ 0 & 0 & 1 & 0 & 0 & 0 & 0 \\ 0 & 0 & 0 & 1 & 0 & 0 & 0 \\ \Delta t & 0 & 0 & 0 & 1 & 0 & 0 \\ 0 & \Delta t & 0 & 0 & 0 & 1 & 0 \\ 0 & 0 & s_0 & 0 & 0 & 0 & 1 \end{bmatrix}$$

$$\tag{7-17}$$

$$\boldsymbol{p}_1^- = \begin{bmatrix} 1+\Delta t^2 & 0 & 0 & 0 & \Delta t & 0 & 0 \\ 0 & 1+\Delta t^2 & 0 & 0 & 0 & \Delta t & 0 \\ 0 & 0 & 1 & 0 & 0 & 0 & s_0 \\ 0 & 0 & 0 & 1 & 0 & 0 & 0 \\ \Delta t & 0 & 0 & 0 & 1 & 0 & 0 \\ 0 & \Delta t & 0 & 0 & 0 & 1 & 0 \\ 0 & 0 & s_0 & 0 & 0 & 0 & 1 \end{bmatrix} \quad (7\text{-}18)$$

按照公式迭代计算即可获取 $\boldsymbol{p}_1^-$。

步骤 3：计算 k 刻状系统的卡尔曼增益系数 $\boldsymbol{K}_k$。

需要测量系统状态，获取 $k=1$ 帧观测值 $z_1 = [u_1^z, v_1^z, s_1^z, r_1^z, \dot{u}_1^z, \dot{v}_1^z, \dot{s}_1^z]^T$，已知先验估计值为 $\hat{\boldsymbol{x}}_1^- = [u_1^-, v_1^-, s_1^-, r_1^-, \dot{u}_1^-, \dot{v}_1^-, \dot{s}_1^-]^T$，设定观测值和先验估计值观测指标相同，即 $k=1$ 帧转换矩阵 H 为：

$$H = \frac{[u_1^z, v_1^z, s_1^z, r_1^z, \dot{u}_1^z, \dot{v}_1^z, \dot{s}_1^z]^T}{[u_1^-, v_1^-, s_1^-, r_1^-, \dot{u}_1^-, \dot{v}_1^-, \dot{s}_1^-]^T} = \begin{bmatrix} 1 & 0 & 0 & 0 & 0 & 0 & 0 \\ 0 & 1 & 0 & 0 & 0 & 0 & 0 \\ 0 & 0 & 1 & 0 & 0 & 0 & 0 \\ 0 & 0 & 0 & 1 & 0 & 0 & 0 \\ 0 & 0 & 0 & 0 & 1 & 0 & 0 \\ 0 & 0 & 0 & 0 & 0 & 1 & 0 \\ 0 & 0 & 0 & 0 & 0 & 0 & 1 \end{bmatrix} \quad (7\text{-}19)$$

计算 $k=1$ 帧的卡尔曼增益系数 $\boldsymbol{K}_1$：

$$\boldsymbol{K}_1 = \frac{\hat{\boldsymbol{p}}_0 \boldsymbol{H}^T}{\boldsymbol{H}\hat{\boldsymbol{p}}_0 \boldsymbol{H}^T + \boldsymbol{R}} = \frac{\hat{\boldsymbol{p}}_0}{\hat{\boldsymbol{p}}_0 + \boldsymbol{R}} \quad (7\text{-}20)$$

式中，$\boldsymbol{H}^T$ 反映了系统实际观测值 z_k 和 k 帧的状态先验估计值 $\hat{\boldsymbol{x}}_k^-$ 的映射关系；$\boldsymbol{R}$ 为观测随机误差协方差矩阵。考虑特殊情况，如不存在观测误差，随机误差协方差矩阵 $\boldsymbol{R}$ 为零矩阵。

$$\boldsymbol{R} = \begin{bmatrix} 0 & 0 & 0 & 0 & 0 & 0 & 0 \\ 0 & 0 & 0 & 0 & 0 & 0 & 0 \\ 0 & 0 & 0 & 0 & 0 & 0 & 0 \\ 0 & 0 & 0 & 0 & 0 & 0 & 0 \\ 0 & 0 & 0 & 0 & 0 & 0 & 0 \\ 0 & 0 & 0 & 0 & 0 & 0 & 0 \\ 0 & 0 & 0 & 0 & 0 & 0 & 0 \end{bmatrix} \quad (7\text{-}21)$$

经计算,卡尔曼增益系数为 K_1 为对角矩阵,保持上一帧的状态转移矩阵和状态协方差矩阵。

交通现象:如图 7-4 所示, R 的取值范围为 $R \in [0, +\infty)$, $R = 0$ 表示观测能够准确真实地获取车辆的运行状态,卡尔曼增益系数为 H^-。R 为较大值时,表示观测误差较大,观测无法准确获取车辆的运行状态,卡尔曼增益系数为零矩阵。

a) $K_1=0$ 　　　　　　　　　　　　b) $K_1=H^-$

图 7-4　步骤 3 卡尔曼增益系数的影响(仅用检测框表示)

步骤 4:考虑卡尔曼增益,结合 $k = 1$ 帧状态前验估计值 $\hat{x}_1^-$ 和状态实际观测值 z_1,更新 $k = 1$ 帧系统状态作为状态后验估计值 $\hat{x}_1$:

$$\hat{x}_1 = \hat{x}_1^- + K_1(z_1 - H\hat{x}_1^-) \tag{7-22}$$

考虑特殊情况,如不存在观测误差,卡尔曼增益系数 K_1 为对角矩阵,式(7-22)演变为:

$$\hat{x}_1 = \hat{x}_1^- + z_1 - \hat{x}_1^- = z_1 \tag{7-23}$$

式(7-23)表示系统状态后验值与观测值相同,不受前一帧系统状态影响。

交通现象:卡尔曼增益系数为 H^-(本案例中为对角阵),观测值准确,车辆的运行状态就是观测值,与前一个帧测量的状态不相关。卡尔曼增益系数为零矩阵,说明观测值无参考意义,认为车辆的运行状态和上一个帧先验估计值相同。

步骤 5:考虑卡尔曼增益,更新 $k = 1$ 帧系统状态后验协方差矩阵:

$$p_1 = (I - K_1 H) p_1^- \tag{7-24}$$

考虑特殊情况,如观测产生的随机误差 R 非常大,K_1 为零矩阵时:

$$p_1 = (I - 0 \times H) p_1^- = p_1^- \tag{7-25}$$

即系统状态协方差矩阵等于前验估计值。

如观测不产生随机误差,K_1 为 H^-(本案例中为对角阵)时:

$$p_1 = (I - H^- H) p_1^- = 0 \times p_1^- = 0 \tag{7-26}$$

即系统各个状态均相互独立。

5) 匈牙利算法

1955 年,库恩(W. W. Kuhn)利用匈牙利数学家康尼格(D. König)提出的定理构造了匈牙利算法(Hungarian Algorithm)。匈牙利算法被用来求解任务分配问题,也叫指派问题,即 n 项任务，对应分配给 n 个人，能够使完成效率最高，交通目标检测采用匈牙利算法解决 n 个检测框（观测值）$Z = \{z_1, z_2, \cdots, z_n\}$ 和 n 个预测框（先验估计值）$\hat{X}^- = \{\hat{x}_1^-, \hat{x}_2^-, \cdots, \hat{x}_n^-\}$ 匹配问题，p_{ij} 表示第 i 个检测框与第 j 个预测框存在匹配关系。

检测框和预测框匹配的决策变量 p_{ij} 定义为：

$$p_{ij} = \begin{cases} 1, & 第\,i\,个检测框与第\,j\,个预测框存在匹配关系 \\ 0, & 第\,i\,个检测框与第\,j\,个预测框不存在匹配关系 \end{cases} \quad (7\text{-}27)$$

目标函数：

$$\min f(p_{ij}) = \sum_{i=1}^{n} \sum_{j=1}^{n} c_{ij} p_{ij} \quad (7\text{-}28)$$

约束函数：

$$\begin{cases} \sum_{i=1}^{n} p_{ij} = 1 \\ \sum_{j=1}^{n} p_{ij} = 1 \\ p_{ij} \in \{0, 1\} \end{cases} \quad (7\text{-}29)$$

交通目标检测（Deep Sort）采用级联匹配的方法，确定检测框和预测框额匹配度，代价矩阵指标包括余弦距离、IoU 和外观信息组成，检测框和预测框综合匹配度代价矩阵见表 7-4。

检测框和预测框综合匹配度代价矩阵　　　　表 7-4

参数	$\hat{x}_1^-$	$\hat{x}_2^-$	⋯	$\hat{x}_j^-$	⋯	$\hat{x}_n^-$
z_1	p_{11}	p_{12}	⋯	p_{1j}	⋯	p_{1n}
z_2	p_{21}	p_{22}	⋯	p_{2j}	⋯	p_{2n}
⋯	⋯	⋯	⋯	⋯	⋯	⋯
z_i	p_{i1}	p_{i2}	⋯	p_{ij}	⋯	p_{in}
⋯	⋯	⋯	⋯	⋯	⋯	⋯
z_n	p_{n1}	p_{n2}	⋯	p_{nj}	⋯	p_{nn}

根据代价矩阵，采用如下步骤实现匈牙利算法求解：

步骤 1：找到每一行最小元素，该行中的每个元素均减去这个最小元素。

步骤 2：找到每一列最小元素，该列中的每个元素均减去这个最小元素。

步骤 3：使用最少的水平线和垂直线覆盖结果矩阵中的所有零。如果行数为 n，则为最佳分配，算法停止。如果行数少于 n，继续执行步骤 4。

步骤 4：查找步骤 3 中未被行覆盖的最小元素，从所有未覆盖的元素中减去最小元素，并将最小元素添加到水平线和垂直线交叉元素中。重复步骤 3。

下面举例说明匈牙利算法在交通目标轨迹跟踪的应用。

场景（图 7-5）中存在 4 辆车辆，分别存在 4 个检测框（实线框，z_1, z_2, z_3, z_4）和 4 个预测框（虚线框，$\hat{x}_1^-, \hat{x}_2^-, \hat{x}_3^-, \hat{x}_4^-$）。采用匈牙利算法，说明检测框和预测框的匹配关系（表 7-5）。

图 7-5　目标检测框和预测框

检测框和预测框综合匹配度代价矩阵　　　　　　　　　　　　　　表 7-5

参数	$\hat{x}_1^-$	$\hat{x}_2^-$	$\hat{x}_3^-$	$\hat{x}_4^-$
z_1	82	83	69	92
z_2	77	37	49	92
z_3	11	69	5	86
z_4	8	9	98	23

步骤 1：从每行减去行最小值开始。例如，第一行中最小的元素是 69。因此，从第一行中的每个元素减去 69（表 7-6）。

步骤 1 所得矩阵　　　　　　　　　　　　　　表 7-6

参数	$\hat{x}_1^-$	$\hat{x}_2^-$	$\hat{x}_3^-$	$\hat{x}_4^-$	
z_1	13	14	0	23	(−69)
z_2	40	0	12	55	(−37)
z_3	6	64	0	81	(−5)
z_4	0	1	90	15	(−8)

步骤 2：找到每一列最小元素，该列中的每个元素均减去这个最小元素（表 7-7）。

步骤 2 所得矩阵　　　　　　　　　　　　　　表 7-7

参数	$\hat{x}_1^-$	$\hat{x}_2^-$	$\hat{x}_3^-$	$\hat{x}_4^-$
z_1	13	14	0	8
z_2	40	0	12	40
z_3	6	64	0	66
z_4	0	1	90	0
				(−15)

步骤 3：将确定覆盖矩阵中所有 0 所需的最小行数（水平或垂直），使用 3 行覆盖所有零（表 7-8）。

步骤 3 所得矩阵　　　　　　　　　　　　　　表 7-8

参数	$\hat{x}_1^-$	$\hat{x}_2^-$	$\hat{x}_3^-$	$\hat{x}_4^-$
z_1	13	14	0	8
z_2	40	0	12	40
z_3	6	64	0	66
z_4	0	1	90	0

因为所需的行数(3)小于矩阵的大小($n=4$)，继续执行步骤4。

步骤4：发现最小的未覆盖数是6。从所有未覆盖的元素中减去这个数，并将其添加到所有覆盖2次的元素中(表7-9)。

步骤4 所得矩阵　　　　　　　　　　　　　　　　　　　　　　　　表7-9

参数	$\hat{x}_1^-$	$\hat{x}_2^-$	$\hat{x}_3^-$	$\hat{x}_4^-$
z_1	7	8	0	2
z_2	40	0	18	40
z_3	0	58	0	60
z_4	0	1	96	0

现在回到步骤3。

步骤3：再次，确定覆盖矩阵中所有零所需的最小行数，需要4行(表7-10)。

步骤3 第二次计算所得矩阵　　　　　　　　　　　　　　　　　　　表7-10

参数	$\hat{x}_1^-$	$\hat{x}_2^-$	$\hat{x}_3^-$	$\hat{x}_4^-$
z_1	7	8	0	2
z_2	40	0	18	40
z_3	0	58	0	60
z_4	0	1	96	0

因为所需的行数(4)等于矩阵的大小($n=4$)，所以矩阵存在最优分配。因此，算法停止。矩阵中零表示最佳分配(表7-11)。

步骤3 第三次计算所得矩阵　　　　　　　　　　　　　　　　　　　表7-11

参数	$\hat{x}_1^-$	$\hat{x}_2^-$	$\hat{x}_3^-$	$\hat{x}_4^-$
z_1	7	8	0	2
z_2	40	0	18	40
z_3	0	58	0	60
z_4	0	1	96	0

对应原始成本矩阵中的以下最优分配(表7-12)。

最优分配　　　　　　　　　　　　　　　　　　　　　　　　　　表7-12

参数	$\hat{x}_1^-$	$\hat{x}_2^-$	$\hat{x}_3^-$	$\hat{x}_4^-$
z_1	82	83	69	92
z_2	77	37	49	92
z_3	11	69	5	86
z_4	8	9	98	23

因此，检测框1对应预测框3，检测框2对应预测框2，检测框3对应预测框1，检测框4对应预测框4。此最佳分配为 $69+37+11+23=140$。

7.2　SORT算法目标轨迹跟踪算法

2017年，Alex Bewley 提出了 SORT 多目标轨迹跟踪方法。SORT 算法是 Deepsort 算法的前身，核心算法为卡尔曼滤波算法和匈牙利算法。

SORT算法针对多目标轨迹跟踪(MOT),采用了通过检测进行跟踪(Tracking-by-Detection,TBD)的框架,检测每一帧图像内包含的物体信息并进行标记。SORT是在线跟踪算法,采用前一帧和当前帧的检测结果实现多目标轨迹跟踪。SORT算法采用跟踪器,建立视频序列帧中目标数据之间的联系。采用YOLO、Faster RCNN等深度学习模型作为检测器,获取视频单帧目标检测框,SORT算法采用卡尔曼滤波和匈牙利算法建立检测框的关联性,实现多目标轨迹跟踪。根据奥卡姆剃刀原理(单有效原理),跟踪过程中将忽略检测框之外的外观特征,SORT采用边框的位置和大小用于运动估计和数据关联。跟踪过程中,SORT算法为每一个目标赋值唯一跟踪器(唯一 ID)。

多目标轨迹跟踪、状态检测、数据关联和跟踪目标的创建和删除是SORT算法的主要功能组件。MOT目标轨迹跟踪评价指标如下:

(1) MOTA(↑)。

多对象跟踪精确度,指在一定实验条件下多次测定的平均值与真值相符合的程度,用系统误差表示。

(2) MOTP(↑)。

多对象跟踪精密度,指多次重复测定同一量时各测定值之间彼此相符合的程度,表征测定过程中随机误差的大小。

(3) FAF(↓)。

每帧错误警报的次数。

(4) MT(↑)。

跟踪基本完全的轨迹数。如目标在至少80%的生命周期中具有相同的标签。

(5) ML(↓)。

跟踪基本丢失的轨迹数。如至少在其生命周期的20%内未跟踪目标。

(6) FP(↓)。

错误检测的次数。

(7) FN(↓)。

错过漏掉检测的次数。

(8) ID sw(↓)。

ID切换到另一个先前跟踪的对象的次数。

(9) Frag(↓)。

由于错过漏掉检测而终止跟踪的片段的次数。

7.2.1 跟踪目标检测

采用YOLO、Faster RCNN等深度学习模型作为检测器,对每一帧图像进行目标检测,检测器性能对跟踪精度和时间影响较大。具体结构见6.2.3节。

7.2.2 状态估计模型

SORT算法采用线性匀速模型,描述图像目标的运动形式,估计每个对象的帧间位移。采用中心横坐标、中心纵坐标、检测框面积、检测框高宽比、横向运行速度、纵向运行速度、检测框面积变化率等 7 个指标,每个目标 $k-1$ 帧和 k 帧状态建模分别为:

$$X_{k-1}=[u_{k-1},v_{k-1},s_{k-1},r_{k-1},\dot{u}_{k-1},\dot{v}_{k-1},\dot{s}_{k-1}]^{\mathrm{T}} \tag{7-30}$$

$$X_k=[u_k,v_k,s_k,r_k,\dot{u}_k,\dot{v}_k,\dot{s}_k]^{\mathrm{T}} \tag{7-31}$$

对于 $k-1$ 帧和 k 帧,检测框高宽比、横向运行速度、纵向运行速度、检测框面积变化率恒定,中心横坐标、中心纵坐标、检测框面积符合如下状态转换关系:

$$u_k=u_{k-1}+\dot{u}_{k-1}\Delta t \tag{7-32}$$

$$v_k=v_{k-1}+\dot{v}_{k-1}\Delta t \tag{7-33}$$

$$s_k=s_{k-1}+s_{k-1}\dot{s}_{k-1} \tag{7-34}$$

通过卡尔曼滤波器关联 k 帧预测框和 $k-1$ 帧检测框,k 帧观测框进一步用于更新目标状态。如果没有检测与目标相关联,则无须使用线性匀速模型进行校正可预测状态。

7.2.3 跟踪目标数据关联

SORT 算法采用卡尔曼滤波和匈牙利算法实现 $k-1$ 帧和 k 帧的多目标轨迹跟踪。

(1)根据 $k-1$ 帧检测目标状态,采用卡尔曼滤波预测 k 帧检测目标状态。根据 k 帧多目标先验估计值和观测值,采用交并比(IoU)指标,建立多目标之间的代价矩阵,使用匈牙利算法匹配 $k-1$ 帧和 k 帧的多目标。

(2)根据 k 帧匹配的检测目标状态和卡尔曼滤波预测的目标状态,更新 k 帧的目标状态,包括状态转移矩阵和状态协方差矩阵。

SORT 算法在目标数据关联过程中,规定了 IoU 的最小值。如预测框和检测框的 IoU 小于规定值,则该分配被拒绝。该技术解决了遮挡问题并有助于维护多目标轨迹跟踪。

7.2.4 跟踪目标的创建与删除

目标进入和离开场景时,相应地创建或删除唯一标识(为目标分配单一的跟踪器,即目标对应唯一 ID)。

目标进入场景。对预测框和检测框 IoU 小于规定值,表示存在未跟踪的对象。初始状态设置目标中心横向速度和纵向速度均为零,考虑到接续帧速度状态改变较大,因此将速度分量协方差矩阵初始化为较大的值,从而反映出这种不确定性。此外,新建跟踪器(ID)会经历试用期,在此期间,目标需要与检测相关联以积累足够的证据,以防止误跟踪。

目标离开场景。如果连续若干帧未检测到目标,跟踪将终止,表示目标离开场景。设置规定的帧数确定目标是否离开场景,防止由于长时间的预测而导致的跟踪器数量无限增长和定位误差,而无须对检测器进行校正。如果目标再次出现,跟踪将以新的身份恢复,赋给新的跟踪器(新的 ID)。

7.2.5 SORT 模型框架

(1) $k-1$ 帧,SORT 模型通过深度学习模型检测图像中的目标,并为每个目标赋予唯一的跟踪器,检测出 n 个目标,即建立 n 个跟踪器。根据建立的系统状态转移矩阵,采用卡尔曼滤波算法,预测 k 帧目标的状态。

(2) k 帧,依旧采用深度学习模型检测图像中的目标,采用匈牙利算法,根据 $k-1$ 帧获取的预测框和 k 帧检测框进行 IoU 匹配。如目标不发生改变,n 个跟踪器应对应 n 个匹配操作。

k 帧,在生命周期内(连续若干帧图像),已经出现的跟踪器未实现重新匹配,则删除该检测器(记录 ID,但不更新该 ID)。

(3) 在生命周期内,与任何历史检测器不匹配,但若干帧目标实现连续匹配,则增加 1 个新的跟踪器。

(4) 实现了跟踪器匹配,根据 k 帧检测图像目标(检测框)和 $k-1$ 帧获取的预测框,计算卡尔曼增益,更新检测器状态矩阵和协方差矩阵。

k 帧更新多目标轨迹跟踪器,进入 $k+1$ 帧。SORT 模型框架如图 7-6 所示。

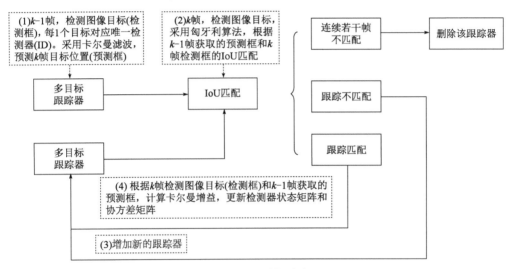

图 7-6　SORT 模型框架

7.3　Deep SORT 算法目标轨迹跟踪算法

2017 年,Nicolai Wojke 和 Alex Bewley 在 SORI 算法目标轨迹跟踪算法基础上,提出 Deep SORT 算法。SORT 算法作为多目标轨迹跟踪算法,具有简单、高效的特点。在 SORT 算法的基础上,Deep SORT 算法考虑了检测目标外表信息,具备检测长时间遮挡目标检测能力,减少了身份识别号(IDs)频繁改变现象,提升了检测性能。Deep SORT 算法将大量的计算任务放在离线阶段,通过大规模行人数据库预训练深度学习模型,获得视频帧与帧之间目标的关联矩阵。实验评估表明,Deep SORT 算法减少了 45% 的身份识别号(IDs)频繁改变现象,高帧率下实现了性能提升。

7.3.1　轨迹和状态估计

SORT 算法中,根据 $k-1$ 帧和 k 帧数据,采用卡尔曼滤波和 IoU 建立帧与帧的数据关联,但是遮挡和漏检造成交通目标身份识别号(IDs)频繁变更和丢失:$k-1$ 帧检测交通目标,k 帧被其他物体遮挡(或者检测器漏检),SORT 算法认为交通目标已经离开,删除对应的跟踪器和 IDs。遮挡消失后,如该目标在未来某帧重新被检测,则赋予新的跟踪器和 IDs。

Deep SORT 原理为 TBD(Tracking-by-Detection)算法,采用卡尔曼滤建立视频帧与帧之间的数据关联性,引入交通目标特征信息实现交通目标的稳定跟踪(解决遮挡和丢失问题)。

对视频场景的设定:

(1)未经校准标定的摄像设备,即图像像素与场景无对应关系。

(2)对摄像设备的状态未加约束,即定点摄像和运动摄像均可。

Deep SORT 算法采用检测框中心横坐标、中心纵坐标、检测框高宽比、检测框高度、横向运行速度、纵向运行速度、检测框高宽比变化率、检测框高度变化率等 8 个指标表征场景中运动目标(车辆)的运行状态:

$$X = [u, v, \gamma, h, \dot{u}, \dot{v}, \dot{\gamma}, \dot{h}]^T \tag{7-35}$$

采用标准卡尔曼滤波算法,设定场景中车辆(表现为检测框)为线性匀速运动状态,$\dot{u}$、$\dot{v}$、$\dot{\gamma}$、$\dot{h}$ 等 4 个状态参数均为常量,实际观测值 $Z = [u^z, v^z, \gamma^z, h^z]^T$。

为场景中的交通目标分配跟踪器,全部跟踪器称为跟踪器集合,每个跟踪器对应 1 个交通目标,并对应记录运行轨迹并分配 IDs。需要注意的是,场景中检测目标数量和跟踪器数量并非严格对应关系。

为了实现场景中交通目标的稳定准确跟踪,减少遮挡和漏检的影响,Deep SORT 算法采用如下方法:

(1)为检测器引入年龄变量 a_k,记录第 k 个跟踪器对应交通目标帧与帧数据关联的状态。帧与帧中的交通目标建立数据关联,表明为同一交通目标出现在不同交通场景,令 $a_k = 0$。如第 k 个跟踪器对应交通目标连续 2 帧未能建立数据关联,表明交通目标出现遮挡、漏检或者离开等状态,令 a_k 累加记录未能建立数据关联的连续帧数。引入超参数生命周期(A_{max},一般取值为 70)的概念,如果 $a_k > A_{max}$,认为交通目标已经离开场景,删除该跟踪器。如果 $a_k \leq A_{max}$,认为该交通目标可能还在场景中,由于漏检或者遮挡未检测到,保留该跟踪器。

(2)如果场景检测出的交通目标与历史均不存在关联关系,认定其为潜在的新交通目标。Deep SORT 算法针对新的交通目标规定了确认和未确认两种状态。如果新交通目标连续 3 帧图像均建立了数据关联,认为其实确认状态,将确认状态的跟踪器和 IDs 加入跟踪器集合;如果交通目标未能连续 3 帧图像建立数据关联,认为该目标为未确认状态,删除并回收该跟踪器和 IDs。

以某交通场景第 1 帧、第 2 帧、第 3 帧和第 4 帧图像为例,说明增减跟踪器和对应轨迹跟踪的过程。图 7-7 中第 1 帧检测 3 辆车,存在 3 个检测框,对应 3 个跟踪器组成跟踪器集合 $\{track_1, track_2, track_3\}$,对应交通目标的身份识别号为 $\{ID_1, ID_2, ID_3\}$。

①第 1 帧。

检测出的交通目标,建立跟踪器 $\{track_1, track_2, track_3\}$,对应身份识别号为 $\{ID_1, ID_2, ID_3\}$。由于没有连续 3 帧数据关联,3 个交通目标均为未确认状态。

令 $\{track_1, track_2, track_3\}$ 分别记录检测框的 1 个状态:

$$track_1 = \{[u_{11}, v_{11}, \gamma_{11}, h_{11}, \dot{u}_{11}, \dot{v}_{11}, \dot{\gamma}_{11}, \dot{h}_{11}]^T\} \tag{7-36}$$

$$\text{track}_2 = \{[u_{21}, v_{21}, \gamma_{21}, h_{21}, \dot{u}_{21}, \dot{v}_{21}, \dot{\gamma}_{21}, \dot{h}_{21}]^T\} \tag{7-37}$$

$$\text{track}_3 = \{[u_{31}, v_{31}, \gamma_{31}, h_{31}, \dot{u}_{31}, \dot{v}_{31}, \dot{\gamma}_{31}, \dot{h}_{31}]^T\} \tag{7-38}$$

式中,$x_{ij}(x \in \{u, v, h, \dot{u}, \dot{v}, \dot{\gamma}, \dot{h}\}; i = 1, 2, 3; j = 1, 2, \cdots, 8)$ 表示第 i 个跟踪器第 j 帧检测框的状态指标。如 u_{11}、v_{11}、γ_{11}、h_{11}、$\dot{u}_{11}$、$\dot{v}_{11}$、$\dot{\gamma}_{11}$、$\dot{h}_{11}$ 分别表示第 1 个跟踪器第 1 帧检测框的中心横坐标、中心纵坐标、检测框高宽比、检测框高度、横向运行速度、纵向运行速度、检测框高宽比变化率、检测框高度变化率。

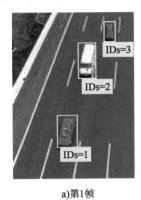 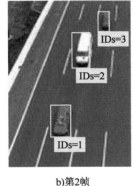 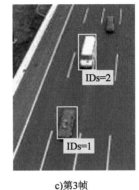 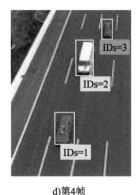

a)第1帧　　　　　　b)第2帧　　　　　　c)第3帧　　　　　　d)第4帧

图 7-7　轨迹跟踪示意图(漏检)

②第 2 帧。

检测出 3 个交通目标,与第 1 帧存在数据关联。更新 $\{\text{track}_1, \text{track}_2, \text{track}_3\}$ 记录检测框的状态。在第 1 帧轨迹信息的基础上,增加第 2 帧轨迹信息:

$$\text{track}_1 = \{[u_{11}, v_{11}, \gamma_{11}, h_{11}, \dot{u}_{11}, \dot{v}_{11}, \dot{\gamma}_{11}, \dot{h}_{11}]^T, [u_{12}, v_{12}, \gamma_{12}, h_{12}, \dot{u}_{12}, \dot{v}_{12}, \dot{\gamma}_{12}, \dot{h}_{12}]^T\} \tag{7-39}$$

$$\text{track}_2 = \{[u_{21}, v_{21}, \gamma_{21}, h_{21}, \dot{u}_{21}, \dot{v}_{21}, \dot{\gamma}_{21}, \dot{h}_{21}]^T, [u_{22}, v_{22}, \gamma_{22}, h_{22}, \dot{u}_{22}, \dot{v}_{22}, \dot{\gamma}_{22}, \dot{h}_{22}]^T\} \tag{7-40}$$

$$\text{track}_3 = \{[u_{31}, v_{31}, \gamma_{31}, h_{31}, \dot{u}_{31}, \dot{v}_{31}, \dot{\gamma}_{31}, \dot{h}_{31}]^T, [u_{32}, v_{32}, \gamma_{32}, h_{32}, \dot{u}_{32}, \dot{v}_{32}, \dot{\gamma}_{32}, \dot{h}_{32}]^T\} \tag{7-41}$$

记录帧与帧之间关联性参数 $a_1 = 0, a_2 = 0, a_3 = 0$,表示第 1 帧和第 2 帧的 3 个交通目标分别关联,实现一一对应。

3 个交通目标继续为未确认状态。

③第 3 帧。

检测出 2 个交通目标,另 1 个交通目标漏检。检测出 2 个交通目标,与第 2 帧存在数据关联。

记录帧与帧之间关联性参数 $a_1 = 0, a_2 = 0, a_3 = 1$,表示第 1 帧和第 2 帧的 2 个交通目标关联,1 个交通目标遮挡。

已经出现连续 3 帧状态,需要判断目标状态。$\text{track}_1, \text{track}_2$ 均实现了连续 3 帧的数据关联,判断为确认状态的新交通目标,保留两者轨迹。$track_3$ 没有达到连续 3 帧数据关联的标准,判断为不是新出现的交通目标。

$track_1$、$track_2$ 在第 1 帧、第 2 帧轨迹信息的基础上,增加第 3 帧轨迹信息,更新 $\{track_1, track_2, track_3\}$ 为 $\{track_1, track_2\}$,删除并回收 ID_3。

$$track_1 = \left\{ \begin{array}{c} [u_{11}, v_{11}, \gamma_{11}, h_{11}, \dot{u}_{11}, \dot{v}_{11}, \dot{\gamma}_{11}, \dot{h}_{11}]^T, [u_{12}, v_{12}, \gamma_{12}, h_{12}, \dot{u}_{12}, \dot{v}_{12}, \dot{\gamma}_{12}, \dot{h}_{12}]^T, \\ [u_{13}, v_{13}, \gamma_{13}, h_{13}, \dot{u}_{13}, \dot{v}_{13}, \dot{\gamma}_{13}, \dot{h}_{13}]^T \end{array} \right\}$$
(7-42)

$$track_2 = \left\{ \begin{array}{c} [u_{21}, v_{21}, \gamma_{21}, h_{21}, \dot{u}_{21}, \dot{v}_{21}, \dot{\gamma}_{21}, \dot{h}_{21}]^T, [u_{22}, v_{22}, \gamma_{22}, h_{22}, \dot{u}_{22}, \dot{v}_{22}, \dot{\gamma}_{22}, \dot{h}_{22}]^T, \\ [u_{23}, v_{23}, \gamma_{23}, h_{23}, \dot{u}_{23}, \dot{v}_{23}, \dot{\gamma}_{23}, \dot{h}_{23}]^T \end{array} \right\}$$
(7-43)

④第 4 帧。

检测出 3 个交通目标,其中第 3 帧漏检目标重新被检测,对应 $track_3$ 和 ID_3。$track_1$、$track_2$ 为确认的交通目标,$track_3$ 由于前 3 帧未连续关联,其状态为未确认,仍需履行 3 帧连续关联的认定流程。

记录帧与帧之间关联性参数 $a_1=0, a_2=0, a_3=0$,表示第 1 帧和第 2 帧的 2 个交通目标关联,1 个新的未确认状态的交通目标。

$track_1$、$track_2$ 在第 1 帧、第 2 帧、第 3 帧轨迹信息的基础上,增加第 4 帧轨迹信息。增加 $track_3$,更新 $\{track_1, track_2\}$ 为 $\{track_1, track_2, track_3\}$

$$track_1 = \left\{ \begin{array}{c} [u_{11}, v_{11}, \gamma_{11}, h_{11}, \dot{u}_{11}, \dot{v}_{11}, \dot{\gamma}_{11}, \dot{h}_{11}]^T, [u_{12}, v_{12}, \gamma_{12}, h_{12}, \dot{u}_{12}, \dot{v}_{12}, \dot{\gamma}_{12}, \dot{h}_{12}]^T, \\ [u_{13}, v_{13}, \gamma_{13}, h_{13}, \dot{u}_{13}, \dot{v}_{13}, \dot{\gamma}_{13}, \dot{h}_{13}]^T, [u_{14}, v_{14}, \gamma_{14}, h_{14}, \dot{u}_{14}, \dot{v}_{14}, \dot{\gamma}_{14}, \dot{h}_{14}]^T \end{array} \right\}$$
(7-44)

$$track_2 = \left\{ \begin{array}{c} [u_{21}, v_{21}, \gamma_{21}, h_{21}, \dot{u}_{21}, \dot{v}_{21}, \dot{\gamma}_{21}, \dot{h}_{21}]^T, [u_{22}, v_{22}, \gamma_{22}, h_{22}, \dot{u}_{22}, \dot{v}_{22}, \dot{\gamma}_{22}, \dot{h}_{22}]^T, \\ [u_{23}, v_{23}, \gamma_{23}, h_{23}, \dot{u}_{23}, \dot{v}_{23}, \dot{\gamma}_{23}, \dot{h}_{23}]^T, [u_{25}, v_{25}, \gamma_{25}, h_{25}, \dot{u}_{25}, \dot{v}_{25}, \dot{\gamma}_{25}, \dot{h}_{25}]^T \end{array} \right\}$$
(7-45)

$$track_3 = \{[u_{31}, v_{31}, \gamma_{31}, h_{31}, \dot{u}_{31}, \dot{v}_{31}, \dot{\gamma}_{31}, \dot{h}_{31}]^T\}$$
(7-46)

7.3.2 分配问题

采用卡尔曼滤波算法,根据 $k-1$ 帧状态预测 k 帧交通目标位置。采用匈牙利算法,对 k 帧的先验估计值和观测值进行匹配,进而建立 $k-1$ 帧和 k 帧交通目标的匹配关系,实现目标轨迹跟踪。Deep SORT 算法在匈牙利算法的代价矩阵中引入动作(马氏距离)和外观信息(余弦距离),改善跟踪过程中由于遮挡丢失目标和 IDs 频繁改变的现象。

匈牙利算法采用代价矩阵进行数据关联,Deep SORT 算法中匈牙利算法的代价矩阵由运动信息(马氏距离)和外观信息(余弦距离)两部分组成。

1) 运动信息(马氏距离)

设定场景中车辆(表现为检测框)为线性匀速运动状态,根据卡尔曼滤波得到 k 帧的先验估计值为 $\hat{\boldsymbol{x}}_k^- = [u_k^-, v_k^-, \gamma_k^-, h_k^-]^T$,实际观测值 $\boldsymbol{z}_k = [u_k^z, v_k^z, \gamma_k^z, h_k^z]^T$。体现车辆运动状态的指标选用了"中心横坐标、中心纵坐标、检测框高宽比、检测框高度","中心横坐标、中心纵坐标"为场景中的像素位置,"检测框高度"为像素距离,"检测框高宽比"为比例关系。$k-1$ 帧和 k 帧交通目标的匹配关系需要综合比选 4 个维度的信息特征,欧式距离(Euclidean distance)为绝对距离,作为运动信息指标匹配先验估计值和观测值,各维度单位及数值大小对结果影响较大。

Deep SORT 算法采用马氏距离 $d^{(1)}(i,j)$ 表征运动信息,采用协方差矩阵表征各指标的相互影响,估计状态估计的不确定度,表示观测值和轨迹的拟合程度。

$$d^{(1)}(i,j) = (\boldsymbol{z}_{kj} - \hat{\boldsymbol{x}}_{ki}^-)^T \boldsymbol{S}_i^{-1} (\boldsymbol{z}_{kj} - \hat{\boldsymbol{x}}_{ki}^-) \tag{7-47}$$

式中: $d^{(1)}$——马氏距离;

$\hat{\boldsymbol{x}}_{ki}^- (\hat{\boldsymbol{x}}_{ki}^- \in \mathbb{R}^{4 \times 1})$——第 k 帧第 i 个目标(也可以理解为第 i 条 track)的先验估计值;

$\boldsymbol{z}_{kj} (\boldsymbol{z}_{kj} \in \mathbb{R}^{4 \times 1})$——第 k 帧第 j 个目标的观测值;

$\boldsymbol{S}_i^{-1} (\boldsymbol{S}_i^{-1} \in \mathbb{R}^{4 \times 4})$——第 k 帧第 i 个目标状态向量的协方差矩阵。

$d^{(1)}$ 主要可用于筛选不符合要求的检测框,判断第 k 帧第 j 个目标观测值与第 i 个目标先验估计值是否关联成功。引入指数函数:

$$b_{i,j}^{(1)} = \mathbb{I}[d^{(1)}(i,j) \leq t^{(1)}] \tag{7-48}$$

式中:$\mathbb{I}[x]$——指示函数,当 x 为"真"时,$\mathbb{I}[x]=1$;当 x 为"假"时,$\mathbb{I}[x]=0$。如果马氏距离 $d^{(1)}(i,j)$ 小于指定的阈值 $t^{(1)}$(采用实测数据标定 $t^{(1)}$),则设置运动状态的关联成功。

2) 外观信息(余弦距离)

在目标的运动状态较为稳定情况下,根据马氏距离生成代价矩阵判断 $k-1$ 帧和 k 帧目标关联性较为适用,但是交通环境往往产生遮挡、漏检以及摄像设备运动等情况,获取的目标运动状态会有波动,运动状态协方差矩阵较大,采用卡尔曼滤波仅能获得大概的位置信息。实际获取视频数据过程中,摄像设备往往由于固定不牢镜头产生抖动,也会影响卡尔曼滤波的预测精度。如交通检测目标涉及遮挡,马氏距离无法真实反映和跟踪物体运动轨迹。因此,在判断矩阵中引入余弦距离 $d^{(2)}(i,j)$。

Deep SORT 算法采用外观信息计算余弦距离。第 k 帧第 j 个目标的实际观测值 $\boldsymbol{z}_{kj} = [u_{kj}^z, v_{kj}^z, \gamma_{kj}^z, h_{kj}^z]^T$,同时图像上对应 1 处检测框,输入深度卷积神经网络,获取特征向量 $\boldsymbol{r}_{kj}(\boldsymbol{r}_{kj} \in \mathbb{R}^{128 \times 1})$,满足 $\|\boldsymbol{r}_{kj}\|=1$,表征检测框外观信息。对于第 t 个轨迹(track),设置队列 $\mathcal{R}_t = \{\boldsymbol{r}_t^{(i)}\}(i=1,2,\cdots,100)$,保存最近的 100 个检测框信息用于余弦距离计算。

第 t 个轨迹 $\mathcal{R}_t$($\mathcal{R}_t = \{\boldsymbol{r}_t^{(i)}\}$,$\boldsymbol{r}_t^{(i)} \in \mathbb{R}^{128 \times 1}$)保存了 100 个(最多 100 个)目标外观信息,$\boldsymbol{r}_{kj}(\boldsymbol{r}_{kj} \in \mathbb{R}^{128 \times 1})$ 为第 k 帧第 j 个目标的观测值,余弦距离计算公式为:

$$d^{(2)}(i,j) = \min\{1 - \boldsymbol{r}_{kj}^T \boldsymbol{r}_t^{(i)} \mid \boldsymbol{r}_t^{(i)} \in \mathcal{R}_t\} \tag{7-49}$$

判断第 t 个轨迹 $\mathcal{R}_t$ 与第 k 帧第 j 个目标是否关联成功。引入指数函数:

$$b_{i,j}^{(2)} = \mathbb{I}[\, d^{(2)}(i,j) \leq t^{(2)}\,] \tag{7-50}$$

采用数据集训练 CNN 获取 $t^{(2)}$ 阈值。

3) 代价矩阵

结合运动信息和外观信息，建立代价矩阵：

$$c_{i,j} = \lambda\, d^{(1)}(i,j) + (1-\lambda)\, d^{(2)}(i,j) \tag{7-51}$$

引入阈值函数：

$$b_{i,j} = \prod_{m=1}^{2} b_{i,j}^{(m)} \tag{7-52}$$

如果 $c_{i,j}$ 在阈值 $b_{i,j}$ 控区域内，接受数据关联。

λ 为权重系数，决定了运动信息和外观信息在代价函数计算中的重要程度。评价运动信息的马氏距离适用于短期预测和匹配，但对于长时间遮挡的情况，使用外观信息的度量比较有效。通过实验可知，当摄像机运动较大时，令 $\lambda=0$ 较为符合实际现象。损失矩阵仅包含外观信息，马氏距离对该代价矩阵作出修正，将代价矩阵中的每个大于阈值的数，置为一个极大的值。

综上所述，级联匹配的算法流程如图 7-8 所示。

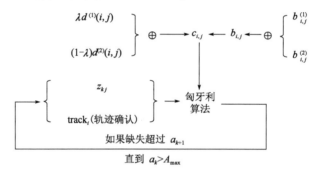

图 7-8 级联匹配的算法流程

7.3.3 级联匹配

采用卡尔曼滤波方法，可以解决帧与帧之间短时目标匹配问题，但是无法使用历史信息。交通目标出现遮挡问题，需要借助历史信息跟踪匹配，将场景中重新出现的目标继续添加至历史轨迹，避免 IDs 的丢失。

级联匹配是 Deep SORT 算法区别于 SORT 算法的一个核心算法，致力于解决目标被长时间遮挡的情况。它的核心思想就是由小到大对消失时间相同的轨迹进行匹配，这样首先保证了对最近出现的目标赋予最大的优先权，也解决了前文所述的问题。当物体被遮挡，卡尔曼滤波状态空间的协方差矩阵不断增加，预测系统状态（位置等信息）的不确定性随着遮挡时间的延长不断增加。如出现遮挡现象，卡尔曼滤波的状态转换矩阵应该随着遮挡时间增加而改变，预测状态空间的范围随之增加，更多的轨迹观测值出现在预测范围内，目标轨迹跟踪效果不断下降。当多条轨迹争夺同一交通目标时，马氏距离倾向于更大的不确定性。马氏距离的这种特点导致 IDs 的丢失和频繁变换，Deep SORT 算法采用了级联匹配的方法。

第7章 交通目标轨迹跟踪理论与方法

每个轨迹对应1个变量a_k,a_k初值为0,a_k最大值为A_{max},A_{max}称为生命周期。确认状态的交通目标,发生连续遮挡或者漏检,令a_k累加记录未能建立数据关联的连续帧数。级联匹配的内在含义即为轨迹和观测值的匹配增加优先级,轨迹对应的a_k越低,匹配优先级越高。

级联匹配算法:

输入:初始化轨迹索引$T=\{1,2,\cdots,N\}$,观测值索引$D=\{1,2,\cdots,M\}$,最大生命周期A_{max}。

(1)计算匈牙利矩阵的代价矩阵$\boldsymbol{C}=[c_{ij}]$。

(2)计算门矩阵(阈值矩阵)$\boldsymbol{B}=[b_{ij}]$。

(3)初始化完成匹配集合为空集$M\leftarrow\varnothing$。

(4)初始化未完成匹配观测值集合$u\leftarrow D$。

(5)**for** $n\in\{1,2,\cdots,A_{max}\}$ **do**。

(6)根据年龄变量$a_{k=n}$选择轨迹T_n。

(7)根据匈牙利算法进行数据匹配$[x_{i,j}]\leftarrow\mathrm{min\_cost\_matching}(\boldsymbol{C},T_n,u)$。

(8)更新完成匹配集合$M\leftarrow M\cup\{((i,j)|b_{i,j}\cdot x_{ij}>0\}$。

(9)更新未完成匹配集合$u\leftarrow u\setminus\{j|\sum_i b_{ij}\cdot x_{ij}>0\}$。

(10)**end for**。

(11)返回M,u。

作为算法输入,初始化了交通运动目标的轨迹、待匹配的观测值和轨迹的最大生命周期。第1行和第2行中,计算成本矩阵和可允许关联矩阵,然后对轨迹年龄进行迭代,解决随着年龄增长的轨迹线性分配问题。第6行,选择最近n帧中未与检测框关联的轨迹。第7行,完成轨迹与尚未不匹配的观测框的线性分配。第8行和第9行,更新完成和未完成匹配集合,并在第11行完成后返回。级联匹配优先考虑年龄较小的轨迹,即最近匹配成功的轨迹。

最后,考虑外观突然改变情况,采用SORT算法(选用IoU)指标,匹配年龄为1的一组未经确认和不匹配的轨迹,增强算法的鲁棒性。

以某交通场景第301帧、第350帧和第370帧图像为例(图7-9),说明轨迹和观测框的级联匹配过程。图中第1帧检测3辆车,存在3个检测框,对应3个跟踪器组成跟踪器集合$\{\mathrm{track}_1,\mathrm{track}_2,\mathrm{track}_3\}$,对应交通目标的身份识别号为$\{\mathrm{ID}_1,\mathrm{ID}_2,\mathrm{ID}_3\}$。

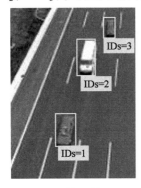 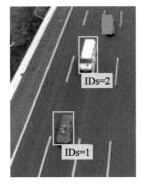 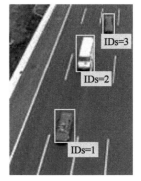

a)第301帧　　　　　b)第350帧　　　　　c)第370帧

图7-9　级联匹配示意图(遮挡)

设定第 200～300 帧图像,轨迹$track_1$、$track_2$、$track_3$均连续匹配交通运动目标,建立了 100 个交通目标外观信息(本案例中为连续帧,断续帧保持 100 个数量亦可)的队列 $\mathcal{R}_t, t=1,2,3$,第 300 帧图像交通目标和各参数的对应关系为:

交通目标 1:$track_1$,IDs = 1,$\mathcal{R}_1 = \{r_1^{(i)}\}$ $(i=1,2,\cdots,100; r_1^{(i)} \in \mathbb{R}^{128 \times 1})$。

交通目标 2:$track_2$,IDs = 2,$\mathcal{R}_2 = \{r_2^{(i)}\}$ $(i=1,2,\cdots,100; r_1^{(i)} \in \mathbb{R}^{128 \times 1})$。

交通目标 3:$track_3$,IDs = 3,$\mathcal{R}_3 = \{r_3^{(i)}\}$ $(i=1,2,\cdots,100; r_1^{(i)} \in \mathbb{R}^{128 \times 1})$。

针对交通目标 1,轨迹为$track_1$,交通目标的身份识别号 IDs = 1,并保存最近轨迹上 100 个交通目标的外观信息,该外观信息由模等于 1 的 128 维向量构成,即:

$$R_1 = \{r_1^{(1)}, r_1^{(2)}, r_1^{(3)}, r_1^{(4)}, r_1^{(5)}, r_1^{(6)}, \cdots, r_1^{(98)}, r_1^{(99)}, r_1^{(100)}\}$$

同理,R_2和R_3也保存了最近轨迹上 100 个交通目标的外观信息。交通目标外观信息队列示意图如图 7-10 所示。

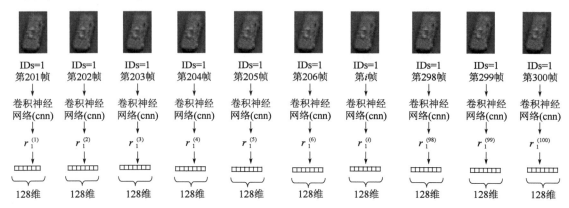

图 7-10 交通目标外观信息队列示意图($track_1$)

1) 第 301 帧

检测出$z_{301,1}$、$z_{301,2}$、$z_{301,3}$等 3 个目标,分别表示为第 301 帧图像中的第 1 个、第 2 个和第 3 个交通运动目标(暂定,后续根据级联匹配确定和轨迹的对应关系),对应的状态变量为:

$$z_{301,1} = [u_{301,1}, v_{301,1}, \gamma_{301,1}, h_{301,1}, \dot{u}_{301,1}, \dot{v}_{301,1}, \dot{\gamma}_{301,1}, \dot{h}_{301,1}]^T \qquad (7\text{-}53)$$

$$z_{301,2} = [u_{301,2}, v_{301,2}, \gamma_{301,2}, h_{301,2}, \dot{u}_{301,2}, \dot{v}_{301,2}, \dot{\gamma}_{301,2}, \dot{h}_{301,2}]^T \qquad (7\text{-}54)$$

$$z_{301,3} = [u_{301,3}, v_{301,3}, \gamma_{301,3}, h_{301,3}, \dot{u}_{301,3}, \dot{v}_{301,3}, \dot{\gamma}_{301,3}, \dot{h}_{301,3}]^T \qquad (7\text{-}55)$$

采用马氏距离删除不符合阈值限定的匹配,继而采用余弦距离匹配轨迹和检测框。$c_{i,j} = \lambda d^{(1)}(i,j) + (1-\lambda)d^{(2)}(i,j)$公式中,令 $\lambda = 0$,Deep SORT 算法实际应用中仅仅使用外观信息进行匹配。

采用级联匹配的方法:

(1)将 301 帧检测出 3 个交通目标,依次进入卷积神经网络,提取 128 维度的特征值$z_{301,1-128}, z_{301,2-128}, z_{301,3-128}$,并令其模等于 1。初始化未完成匹配的集合 $u \leftarrow \{z_{301,1-128}, z_{301,2-128}, z_{301,3-128}\}$。

(2)在外观信息队列 $\mathcal{R}_1$、$\mathcal{R}_2$、$\mathcal{R}_3$ 中选取距离 301 帧交通目标最新的关联帧数(本案例中为第 300 帧),采用马氏距离(根据第 301 帧的 $z_{301,1}$、$z_{301,2}$、$z_{301,3}$ 和第 300 帧的 $z_{300,1}$、$z_{300,2}$、$z_{300,3}$)删除不符合阈值限定的匹配。

$$\mathcal{R}_1 = \{r_1^{(1)}, r_1^{(2)}, r_1^{(3)}, r_1^{(4)}, r_1^{(5)}, r_1^{(6)}, \cdots, r_1^{(98)}, r_1^{(99)}, r_1^{(100)}\} \tag{7-56}$$

$$\mathcal{R}_2 = \{r_2^{(1)}, r_2^{(2)}, r_2^{(3)}, r_2^{(4)}, r_2^{(5)}, r_2^{(6)}, \cdots, r_2^{(98)}, r_2^{(99)}, r_2^{(100)}\} \tag{7-57}$$

$$\mathcal{R}_3 = \{r_3^{(1)}, r_3^{(2)}, r_3^{(3)}, r_3^{(4)}, r_3^{(5)}, r_3^{(6)}, \cdots, r_3^{(98)}, r_3^{(99)}, r_3^{(100)}\} \tag{7-58}$$

$\mathcal{R}_1$、$\mathcal{R}_2$、$\mathcal{R}_3$ 对应帧数均为:

$$\{251,252,253,254,255,256,\cdots,348,349,300\} \tag{7-59}$$

$a_i^{(j)}$($i=1,2,3;j=1,2,\cdots,100$)的年龄变量均为 0。

计算 301 帧 3 个交通目标与第 300 帧交通目标的余弦距离,确定匈牙利算法的代价矩阵,进行轨迹 track_1、track_2、track_3 和交通目标 $z_{301,1-128}$、$z_{301,2-128}$、$z_{301,3-128}$ 的数据匹配。匹配结果为 $\text{track}_1 \leftarrow z_{301,1}$、$\text{track}_2 \leftarrow z_{301,2}$ 和 $\text{track}_3 \leftarrow z_{301,3}$。

更新 $\mathcal{R}_1$、$\mathcal{R}_2$、$\mathcal{R}_3$,将 301 帧获取的目标表征信息替换 201 帧获取的表面信息,保持 $\mathcal{R}_1$、$\mathcal{R}_2$、$\mathcal{R}_3$ 队列中的数量为 100。由于第 301 帧和第 300 帧交通目标匹配成功,故无须考虑 299 帧及其他帧信息。第 301 帧级联匹配的效果和卡尔曼滤波类似,只不过匹配指标由 IoU 调整为外观信息。

2)第 350 帧

第 301~349 帧之间存在部分帧(本案例轨迹 1 和轨迹 2 均存在 1 帧遮挡,轨迹 3 无遮挡)遮挡,第 350 帧检测出 $z_{350,1}$、$z_{350,2}$ 等两个目标,对应的状态变量为:

$$z_{350,1} = [u_{350,1}, v_{350,1}, \gamma_{350,1}, h_{350,1}, \dot{u}_{350,1}, \dot{v}_{350,1}, \dot{\gamma}_{350,1}, \dot{h}_{350,1}]^{\text{T}} \tag{7-60}$$

$$z_{350,2} = [u_{350,2}, v_{350,2}, \gamma_{350,2}, h_{350,2}, \dot{u}_{350,2}, \dot{v}_{350,2}, \dot{\gamma}_{350,2}, \dot{h}_{350,2}]^{\text{T}} \tag{7-61}$$

采用马氏距离删除不符合阈值限定的匹配,继而采用余弦距离匹配轨迹和检测框。采用级联匹配的方法为:

(1)将 350 帧检测出 2 个交通目标,进入卷积神经网络,提取 128 维度的特征值 $z_{350,1-128}$、$z_{350,2-128}$,并令其模等于 1。初始化未完成匹配的集合 $u \leftarrow \{z_{350,1-128}, z_{350,2-128}\}$。

(2)在外观信息队列 $\mathcal{R}_1$、$\mathcal{R}_2$、$\mathcal{R}_3$ 中选取距离 350 帧交通目标最新的关联帧数,采用马氏距离(根据第 350 帧的 $z_{350,1}$、$z_{350,2}$ 和 $\mathcal{R}_1$、$\mathcal{R}_2$、$\mathcal{R}_3$ 队列目标对应的状态)删除不符合阈值限定的匹配。计算 350 帧 2 个交通目标与 $\mathcal{R}_1$、$\mathcal{R}_2$、$\mathcal{R}_3$ 队列交通目标的余弦距离,确定匈牙利算法的代价矩阵,进行轨迹 track_1、track_2、track_3 和交通目标 $z_{350,1-128}$、$z_{350,2-128}$ 的数据匹配。本案例中 $\mathcal{R}_1$、$\mathcal{R}_2$、$\mathcal{R}_3$ 队列状态为:

$\mathcal{R}_1$ 外观信息队列:

$$\mathcal{R}_1 = \{r_1^{(1)}, r_1^{(2)}, r_1^{(3)}, r_1^{(4)}, r_1^{(5)}, r_1^{(6)}, \cdots, r_1^{(98)}, r_1^{(99)}, r_1^{(100)}\} \tag{7-62}$$

$\mathcal{R}_1$ 对应帧数为:

$$\{249,250,251,252,253,254,\cdots,346,347,349\} \tag{7-63}$$

$\mathcal{R}_1$ 保存了 100 个轨迹 track_1 的交通目标外观信息,仅在第 348 帧存在遮挡。

$a_1^{(348)}$ 的年龄变量为 1,其余均为 0。

$\mathcal{R}_2$ 外观信息队列:

$$\mathcal{R}_2 = \{r_2^{(1)}, r_2^{(2)}, r_2^{(3)}, r_2^{(4)}, r_2^{(5)}, r_2^{(6)}, \cdots, r_2^{(98)}, r_2^{(99)}, r_2^{(100)}\} \tag{7-64}$$

$\mathcal{R}_2$ 对应帧数为:

$$\{249, 250, 251, 252, 253, 254, \cdots, 346, 347, 348\} \tag{7-65}$$

$\mathcal{R}_2$ 保存了 100 个轨迹 track_2 的交通目标外观信息,仅在第 349 帧存在遮挡。$a_2^{(349)}$ 的年龄变量为 1,其余均为 0。

$\mathcal{R}_3$ 外观信息队列:

$$\mathcal{R}_3 = \{r_3^{(1)}, r_3^{(2)}, r_3^{(3)}, r_3^{(4)}, r_3^{(5)}, r_3^{(6)}, \cdots, r_3^{(98)}, r_3^{(99)}, r_3^{(100)}\} \tag{7-66}$$

$\mathcal{R}_3$ 对应帧数为:

$$\{250, 251, 252, 253, 254, 255, \cdots, 347, 348, 349\} \tag{7-67}$$

$\mathcal{R}_3$ 保存了 100 个轨迹 track_3 的交通目标外观信息,不存在遮挡。$a_i^{(j)}$ ($i = 1, 2, 3; j = 1, 2, \cdots, 100$) 的年龄均为 0。

步骤 1:选取外观信息队列 $\mathcal{R}_1$、$\mathcal{R}_2$、$\mathcal{R}_3$,选取最为靠近第 350 帧外观信息。本案例中,track_1 和 track_3 在第 349 帧保留交通目标外观信息,分别为 $r_1^{(100)}$、$r_3^{(100)}$ 参与匹配。$z_{350,1-128}$、$z_{350,2-128}$ 和 $r_1^{(100)}$、$r_3^{(100)}$ 采用马氏距离(阈值判断)和余弦距离建立代价矩阵,采用匈牙利算法计算匹配关系,$z_{350,1-128}$ 与 $r_1^{(100)}$ 匹配成功,$z_{350,2-128}$ 匹配不成功需要进行下一步级联匹配。

步骤 2:选取外观信息队列 $\mathcal{R}_2$、$\mathcal{R}_3$,选取靠第 350 帧第 2 近的外观信息,track_3 在第 348 帧保留交通目标外观信息,为 $r_3^{(99)}$ 参与匹配。$z_{350,2-128}$ 与 $r_3^{(99)}$ 采用马氏距离(阈值判断)和余弦距离建立代价矩阵,采用匈牙利算法计算匹配关系,$z_{350,2-128}$ 与 $r_3^{(99)}$ 匹配不成功。

步骤 3:选取外观信息队列 $\mathcal{R}_1$、$\mathcal{R}_2$、$\mathcal{R}_3$,选取靠第 350 帧第 3 近的外观信息,track_2、track_3 在第 347 帧均保留交通目标外观信息,$r_2^{(99)}$、$r_3^{(98)}$ 参与匹配。$z_{350,2-128}$ 与 $r_2^{(99)}$、$r_3^{(98)}$ 采用马氏距离(阈值判断)和余弦距离建立代价矩阵,采用匈牙利算法计算匹配关系,$z_{350,2-128}$ 与 $r_2^{(99)}$ 匹配不成功。

至此,级联匹配结束,匹配结果为 $\text{track}_1 \leftarrow z_{351,1}$ 和 $\text{track}_2 \leftarrow z_{351,2}$。虽然 track_3 没有新目标加入,但年龄值为 1,小于寿命 70(连续 70 周期未匹配),所以保留 track_3,对应更新外观信息列表 $\mathcal{R}_1$、$\mathcal{R}_2$、$\mathcal{R}_3$。

3) 第 370 帧

track_1 和 track_2 第 351~369 帧之间无遮挡(历史数据,track_1 第 348 帧遮挡,track_2 第 349 帧遮挡),track_3 第 350~369 帧之间全部存在遮挡。第 370 帧检测出 $z_{370,1}$、$z_{370,2}$、$z_{370,3}$ 等 3 个目标,对应的状态变量为:

$$z_{370,1} = [u_{370,1}, v_{370,1}, \gamma_{370,1}, h_{370,1}, \dot{u}_{370,1}, \dot{v}_{370,1}, \dot{\gamma}_{370,1}, \dot{h}_{370,1}]^\text{T} \tag{7-68}$$

$$z_{370,2} = [u_{370,2}, v_{370,2}, \gamma_{370,2}, h_{370,2}, \dot{u}_{370,2}, \dot{v}_{370,2}, \dot{\gamma}_{370,2}, \dot{h}_{370,2}]^\text{T} \tag{7-69}$$

$$z_{370,3} = [u_{370,3}, v_{370,3}, \gamma_{370,3}, h_{370,3}, \dot{u}_{370,3}, \dot{v}_{370,3}, \dot{\gamma}_{370,3}, \dot{h}_{370,3}]^\text{T} \tag{7-70}$$

采用马氏距离删除不符合阈值限定的匹配,继而采用余弦距离匹配轨迹和检测框。采用级联匹配的方法为:

(1) 370 帧检测出 3 个交通目标,进入卷积神经网络,提取 128 维度特征值 $z_{370,1-128}$、$z_{370,2-128}$、$z_{370,3-128}$,并令其模等于 1。初始化未完成匹配的集合 $u \leftarrow \{z_{370,1-128}, z_{370,2-128}, z_{370,3-128}\}$。

(2)在外观信息队列$\mathcal{R}_1$、$\mathcal{R}_2$、$\mathcal{R}_3$中选取距离370帧交通目标最新的关联帧数,采用马氏距离(根据第370帧的$z_{370,1}$、$z_{370,2}$、$z_{370,3}$和$\mathcal{R}_1$、$\mathcal{R}_2$、$\mathcal{R}_3$队列目标对应的状态)删除不符合阈值限定的匹配。计算370帧3个交通目标与$\mathcal{R}_1$、$\mathcal{R}_2$、$\mathcal{R}_3$队列交通目标的余弦距离,确定匈牙利算法的代价矩阵,进行轨迹track_1、track_2、track_3和交通目标$z_{370,1-128}$、$z_{370,2-128}$、$z_{370,3-128}$的数据匹配。

$\mathcal{R}_1$外观信息队列为:

$$\mathcal{R}_1 = \{r_1^{(1)}, r_1^{(2)}, r_1^{(3)}, r_1^{(4)}, r_1^{(5)}, r_1^{(6)}, \cdots, r_1^{(98)}, r_1^{(99)}, r_1^{(100)}\} \quad (7\text{-}71)$$

$\mathcal{R}_1$对应帧数为:

$$\{269, 270, 271, \cdots, 346, 347, 349, 350, \cdots, 367, 368, 369\} \quad (7\text{-}72)$$

$\mathcal{R}_1$保存了100个轨迹track_1的交通目标外观信息,仅在第348帧存在遮挡。$r_1^{(348)}$的年龄变量为1,其余均为0。

$\mathcal{R}_2$外观信息队列:

$$\mathcal{R}_2 = \{r_2^{(1)}, r_2^{(2)}, r_2^{(3)}, r_2^{(4)}, r_2^{(5)}, r_2^{(6)}, \cdots, r_2^{(98)}, r_2^{(99)}, r_2^{(100)}\} \quad (7\text{-}73)$$

$\mathcal{R}_2$对应帧数为:

$$\{269, 270, 271, \cdots, 347, 348, 350, 351, \cdots, 367, 368, 369\} \quad (7\text{-}74)$$

$\mathcal{R}_2$保存了100个轨迹track_2的交通目标外观信息,仅在第349帧存在遮挡。$r_2^{(349)}$的年龄变量为1,其余均为0。

$\mathcal{R}_3$外观信息队列:

$$\mathcal{R}_3 = \{r_3^{(1)}, r_3^{(2)}, r_3^{(3)}, r_3^{(4)}, r_3^{(5)}, r_3^{(6)}, \cdots, r_3^{(98)}, r_3^{(99)}, r_3^{(100)}\} \quad (7\text{-}75)$$

$\mathcal{R}_3$对应帧数为:

$$\{250, 251, 252, 253, 254, 255, \cdots, 347, 348, 349\} \quad (7\text{-}76)$$

$\mathcal{R}_3$保存了100个轨迹track_3的交通目标外观信息,第350~369帧之间存在遮挡。$a_3^{(j)}(j=1,2,\cdots,80)$的年龄均为0。$a_3^{(j)}(j=81,82,\cdots,100)$年龄依次为1,2,3,…,18,19,20。

步骤1:选取外观信息队列$\mathcal{R}_1$、$\mathcal{R}_2$、$\mathcal{R}_3$,选取最为靠近第370帧外观信息。本案例中,track_1和track_2在第369帧保留交通目标外观信息,分别为$r_1^{(100)}$、$r_2^{(100)}$参与匹配。$z_{370,1-128}$、$z_{370,2-128}$和$r_1^{(100)}$、$r_2^{(100)}$采用马氏距离(阈值判断)和余弦距离建立代价矩阵,采用匈牙利算法计算匹配关系,$z_{370,1-128}$与$r_1^{(100)}$匹配成功,$z_{370,2-128}$与$r_2^{(100)}$匹配成功,track_3不参与匹配。

步骤2:选取外观信息队列$\mathcal{R}_3$选取靠第370帧第2近的外观信息,track_3在第349帧保留交通目标外观信息,为$r_3^{(100)}$参与匹配。$z_{370,3-128}$匹配成功。

至此,级联匹配结束,匹配结果为$\text{track}_1 \leftarrow z_{370,1}$、$\text{track}_2 \leftarrow z_{370,2}$、$\text{track}_3 \leftarrow z_{370,3}$。$\text{track}_3$有新目标加入,对应更新$\mathcal{R}_1$、$\mathcal{R}_2$、$\mathcal{R}_3$。

7.3.4 特征描述器

特征描述器是一种算法,用于从图像中提取特征并将其表示为数值向量。这些向量可以用于比较图像之间的相似性,或者用于机器学习算法来识别图像中的物体。Deep SORT算法采用卷积神经网络CNN提取交通目标外观信息。

CNN为残差网络,该网络具有2个卷积层和6个残差块。采用全链接层输出表征交通目标外观信息的 128 维度特征向量。

7.3.5 模型框架

Deep SORT 算法对比 Sort 算法的主要改进是:利用 ReID 模型提取外观语义特征,加入外观信息;增加了级联匹配(Matching Cascade)和轨迹确认(Confirmed、Tentative、Deleted)。框架流程如下:

步骤 1:第一帧图像,检测目标框初始化,采用卡尔曼滤波预测下一帧状态,轨迹为未确定状态(连续 3 帧匹配成功,转为确认状态)。

步骤 2:卡尔曼滤波预测与检测值进行级联匹配,级联匹配结果中匹配失败轨迹和匹配失败目标框用于后续 IoU 匹配,匹配成功轨迹和目标框进行卡尔曼滤波预测和更新,并将其匹配值相应轨迹。

步骤 3:如卡尔曼滤波预测与检测值级联匹配失败,则进行 IoU 匹配,仍为不确定态或为确定态但连续匹配失败次数超标则删除该轨迹;匹配成功轨迹和目标框进行卡尔曼滤波预测和更新。

步骤 4:重复步骤 2 和步骤 3,直到结束。

Deep SORT 算法程序框架流程如图 7-11 所示。

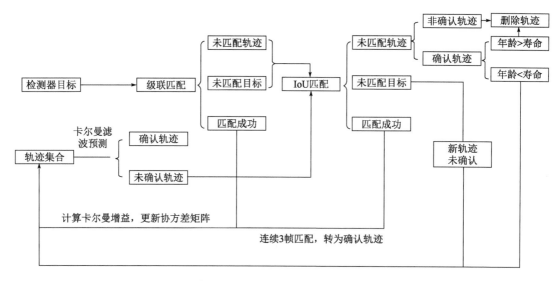

图 7-11 Deep SORT 算法程序框架流程

第 8 章 交通场景分割理论与方法

8.1 概述

图像分割是计算机从真实世界的场景中提取信息,并利用信息来完成给定的任务的过程。图像分割可分为目标检测、语义分割和实例分割等 3 类,如图 8-1 所示。

 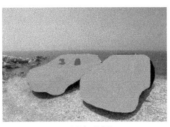 

a)目标检测　　　　　　　　　　b)语义分割　　　　　　　　　　c)实例分割

图 8-1　图像分割示例

目标检测:确认图像中是否存在指定类别的对象并确定其位置和大小。

语义分割:给图像中每个像素赋予一个所属对象类别的标签,将图像分为若干部分,每一部分属于某一类别的对象。

实例分割:在图像中将目标检测出来,并标记图像中每个像素所属的物体实例。

图像分割有许多应用领域,如自动驾驶汽车精确至像素级环境、开发机器人导航环境、诊断医疗细胞组织图像分割和器官识别、图像与视频编辑和开发"智能眼镜"向盲人描述场景等。下面举例说明目标检测、语义分割和实例分割的区别和联系。目标检测为目标创建边界框,标注其标签为"车";语义分割更进一步,在像素级别为每一目标(即"每个车")提供掩膜,并为所有人提供"车"标签,表现为相同颜色的掩膜。实例分割中,各人对应的标签为"车"且进行单独编号,表现为图像中不同颜色的掩膜。

8.2 交通场景语义分割

8.2.1 分水岭算法

分水岭算法起源于二值图像分割算法,基于区域和数学形态学,把图像分成多个区域的分割方法。将图像视为高低起伏的地面,图像的像素灰度值代表地形的高度,图像中每一个灰度局部极小值看作地形中的低洼,每一个灰度局部极小值与其相关邻域内的像素就构成了集水盆地,每一个相邻集水盆地之间的边界称分水岭。初始用不同颜色的水(标签)填充每个孤立的山谷(局部最小值)。随着水的上升,不同的颜色开始融合。为避免这种情况,在水合并的位置建立障碍。再继续填补水和建筑障碍的工作,直到所有的山峰都在水下,创建的障碍即为分割结果。

分水岭算是一种交互式图像分割,会因图像中噪声或任何其他不规则性而给出过度调整结果。分水岭算法应用及程序输出见表 8-1。

表 8-1 分水岭算法应用及程序输出

程序 8-1	输出
| ```python
import numpy as np
import cv2 as cv
from matplotlib import pyplot as plt
path = r'C:\Users\xuhui\Desktop\car_4.jpg'
img = cv.imread(path)
gray = cv.cvtColor(img, cv.COLOR_BGR2GRAY)
ret, thresh = cv.threshold(gray, 0, 255, cv.THRESH_BINARY_INV + cv.THRESH_OTSU)
cv.imshow("thresh", thresh)
cv.waitKey(0)
cv.destroyAllWindows()
kernel = np.ones((3,3), np.uint8)
opening = cv.morphologyEx(thresh, cv.MORPH_OPEN, kernel, iterations=2)
sure_bg = cv.dilate(opening, kernel, iterations=3)
dist_transform = cv.distanceTransform(opening, cv.DIST_L2, 3)
ret, sure_fg = cv.threshold(dist_transform, 0.1*dist_transform.max(), 255, 0)
sure_fg = np.uint8(sure_fg)
unknown = cv.subtract(sure_bg, sure_fg)
ret, markers = cv.connectedComponents(sure_fg)
markers = markers + 1
markers[unknown==255] = 0
markers = cv.watershed(img, markers)
img[markers == -1] = [0, 255, 0]
cv.imshow("img", img)
cv.waitKey(0)
cv.destroyAllWindows()
``` | |

8.2.2 边缘检测算法

缘检测算子包括 Canny 算子、Prewitt 算子、Sobel 算子和 Lapacian 算子。
Canny 边缘检测算子是多级边缘检测算法,实现步骤如下:
```

步骤1：灰度化。

步骤2：去噪。对图像进行滤波除去噪声，即消除平滑纹理较弱的非边缘区域，以便得到更准确的边缘，通常采用高斯滤波去除图像中的噪声。

步骤3：计算梯度的幅度与方向。梯度方向与边缘垂直，通过梯度计算得到梯度的幅度和角度。

步骤4：非极大值抑制。遍历图像中的像素点，去除所有非边缘的点。

步骤5：确定边缘。采用双阈值算法确定最终的边缘信息。设置两个阈值，高阈值为 maxVal，另一个为低阈值 minVal。

当前边缘像素梯度值大于或等于 maxVal，则当前边缘像素标记为强边缘。当前边缘像素梯度值介于 maxVal 与 minVal 之间，则将当前边缘像素标记为虚边缘（需要保留）。当前边缘像素的梯度值小于 minVal，则抑制当前边缘像素。如需进一步处理虚边缘，可通过判断虚边缘与强边缘是否连接，确定虚边缘的取舍。如果虚边缘与强边缘连接，则将该边缘处理为边缘。如果该虚边缘与强边缘无连接，则该边缘为弱边缘，将其抑制。

Canny 边缘检测是判别图像中灰度（或者颜色）突变（或者不连续）像素点并形成像素点集合的过程，算法应用及程序输出见表8-2。

Canny 边缘检测算法应用及程序输出　　　表8-2

程序 8-2	输出	说明
| ```python
import cv2 as cv
import numpy as np
from matplotlib import pyplot as plt

path = r'C:\Users\xuhui\Desktop\car_4.jpg'
img = cv.imread(path)

edges = cv.Canny(img,100,200)

plt.subplot(121),plt.imshow(img,cmap = 'gray')
plt.title('Original Image'), plt.xticks([]), plt.yticks([])
plt.subplot(122),plt.imshow(edges,cmap = 'gray')
plt.title('Edge Image'), plt.xticks([]), plt.yticks([])
plt.show()
``` | Original Image / Edge Image | (1) edges = cv.Canny(img, threshold1, threshold2 [, apertureSize [, L2gradient]])；<br>(2) cv.Canny(img, 100, 200)，其中 100 和 200 分别为强边缘和弱边缘的阈值 |

OpenCv 提供了 Sobel、Scharr 和 Laplacian 等3种类型的梯度滤波器，算法应用及程序输出见表8-3。
```

梯度滤波器算法应用及程序输出　　　表8-3

程序8-3	输出	说明
| ```
import cv2 as cv
import numpy as np
from matplotlib import pyplot as plt

path =  r'C:\Users\xuhui\Desktop\car_4.jpg'
img_1 = cv.imread(path)

img = cv.cvtColor(img_1, cv.COLOR_BGR2RGB)
img = cv.cvtColor(img_1, cv.COLOR_RGB2GRAY)

laplacian = cv.Laplacian(img,cv.CV_64F)

titles = ['Original','gray','laplacian']
images = [img_1,img, laplacian]

for i in range(3):
    plt.subplot(1,3,i+1),plt.imshow(images[i],'gray')
    plt.title(titles[i])
    plt.xticks([]),plt.yticks([])
plt.show()
``` | Original<br>gray<br>laplacian | （1）dst = cv2.Laplacian(src,ddepth[,ksize[,scale[,delta[,borderType]]]])<br>（2）Laplacian（拉普拉斯）算子是二阶导数算子，具有旋转不变性，满足不同方向的图像边缘锐化（边缘检测）的要求 |

8.2.3　FCNs

2015年，Jonathan Long将卷积结构FCN引入实例分割领域，实现了端到端、像素到像素的预测。FCN卷积结构适用于任意尺寸的输入图像，骨干网络可采用预训练卷积神经网络。其中，网络结构只使用卷积操作，输出通道数和分类数相同，采用softmax操作实现像素分类。

输入图像进入卷积神经网络，经过卷积层和池化层等操作，提取特征信息生成特征层，再采取反卷积层将特征层恢复至输入图像尺寸。如输入图像中目标划分为20类，每个像素均对应21维度（20类+1背景）的分类信息，实现像素级别的分类，如图8-2所示。

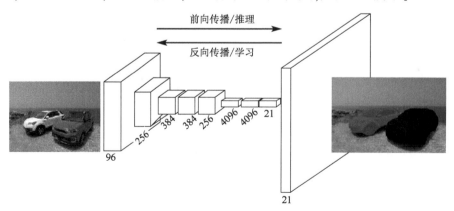

图8-2　FCN实现像素级别的分类
```

FCN 采用 VGG-16(也可采用 AlexNet 或者 GoogLeNet)卷积神经网络,通过减少尺寸增加通道数,提取输入图像信息。VGG 采用 FC 全连接层作为"分类器",这种方式对完成图像和标签对应的任务较为适用(图 8-3),全连接层在获取全局信息的同时,消除了识别目标的位置信息。实例分割需要建立像素级别的对应以及分类,需要保留可信的位置信息,而 FCN 将 VGG-16 分类卷积结构中的 FC 调整为卷积层,通过卷积结构提取输入图像特征信息,同时保留位置信息。

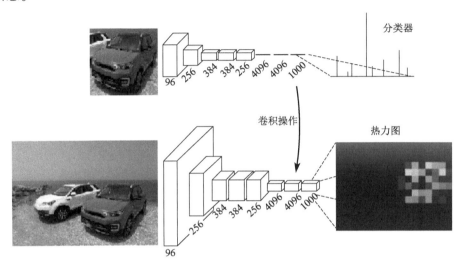

图 8-3　FCN 采用卷积层替换全连接 FC 层结构

掩膜产生过程中,引入了"跃"(skip)结构,将产生掩膜的反卷积层和提取输入图像特征的卷积层相融合(相加),增加更多的细节信息。

下面以 VGG-16 的 FCN 为例(表 8-4),说明网络结构和"跃"(skip)结构实现的具体细节。

VGG-16 网络结构(FCN 下采样部分)　　　　　表 8-4

功能结构		conv_1	pool_1	conv_2	pool_2	conv_3	pool_3	conv_4	pool_4	conv_5	pool_5	conv_6	conv_7
卷积核	INPUT	conv (3×3) conv (3×3)	maxpool (2×2)	conv (3×3) conv (3×3)	maxpool (2×2)	conv (3×3) conv (3×3) conv (1×1)	maxpool (2×2)	conv (3×3) conv (3×3) conv (1×1)	maxpool (2×2)	conv (3×3) conv (3×3) conv (1×1)	maxpool (2×2)	conv (3×3)	conv (3×3)
尺寸	224×224	224×224	112×112	112×112	56×56	56×56	28×28	28×28	14×14	14×14	7×7	7×7	7×7
通道	3	64	64	64	64	256	256	512	512	512	512	4096	4096

FCN 在 VGG-16 深度学习框架的基础上,采用反卷积结构,实现了图像至像素的实例分割。VGG-16 由 7 个卷积层和 5 个池化层组成,卷积层表示为 conv_1、conv_2、conv_3、conv_4、conv_5、conv_6、conv_7,池化层表示为 pool_1、pool_2、pool_3、pool_4、pool_5。

FCN 对 VGG-16 结构进行了微调,VGG-16 模型结构截至 pool_5,并移除了原模型中 FC-4096、FC-4096、FC-1000 的结构。

VGG-16 为卷积结构,可改变 INPUT 的尺寸,INPUT 为 224×224 时,conv_7 的尺寸为 7×7。并且 VGG-16 的卷积层不改变尺寸,池化层降低尺寸为上层的一半。如输入尺寸为 1,则特征提取过程的 pool_1、pool_2、pool_3、pool_4、pool_5 尺寸缩放比例分别为 1/2、1/4、1/8、1/16、1/32。

FCN 提取输入图像特征过程为下采样过程(卷积操作),实例分割过程为上采样过程(反卷积操作)。如输入尺寸为 1,则特征提取过程的 convTranspose_1、convTranspose_2、convTranspose_3、convTranspose_4、convTranspose_5 尺寸缩放比例分别为 2、4、8、16、32。输入图像经过特征提取和实例分割过程,通过上采样和下采样过程,输入图像和实例分割的尺寸保持一致,实现像素级别的分类(FCN 网络结构示意图如图 8-4 所示)。

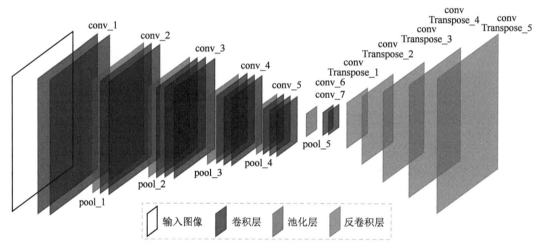

图 8-4　FCN 网络结构示意图(采用 VGG-16 主骨架)

FCN 特征提取阶段,卷积神经网络通过下取样提取输入图像特征同时,弱化了图像细节信息(FCN 特征层对应尺寸如图 8-5 所示)。上采样过程中,仅从 pool_5 中提取信息,实例分割丢失图像部分细节信息。为了解决上述问题,FCN 提供了 FCN-32s、FCN-16s、FCN-8s 等 3 个结构(图 8-6),其中 FCN-32s 为下采样和上采样的顺序结构,FCN-16s 和 FCN-8s 采用了"跃"结构。

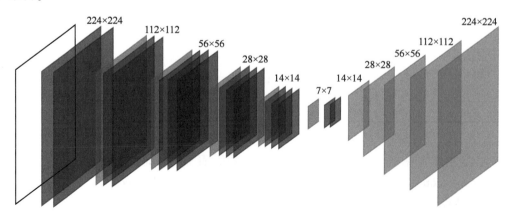

图 8-5　FCN 特征层对应尺寸(采用 VGG-16 主骨架)

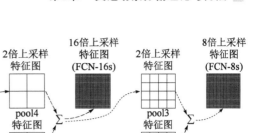

图 8-6 FCN 的跃结构示意图

FCN-32s 结构(图 8-7),输入图像顺序通过 conv_1、pool_1、conv_2、pool_2、conv_3、pool_3、conv_4、pool_4、conv_5、pool_5、conv_6、conv_7、convTranspose_1、convTranspose_2、convTranspose_3、convTranspose_4、convTranspose_5。

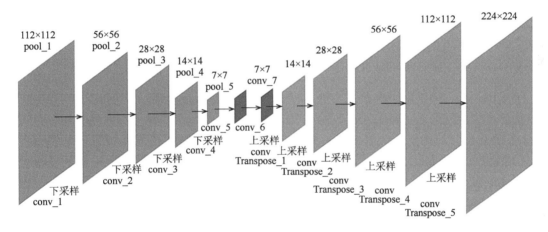

图 8-7 FCN-32s 结构

FCN-16s 和 FCN-8s 采用了"跃"结构(图 8-8、图 8-9),实现非连续层级的融合,丰富了实例分割的目标细节(FCN-16s / FCN-8s 反卷积结构见表 8-5)。

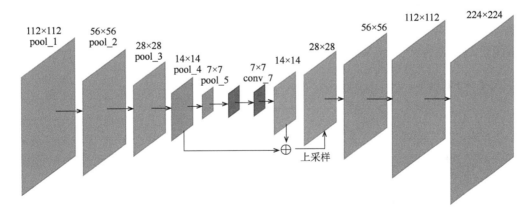

图 8-8 FCN-16s 跃结构

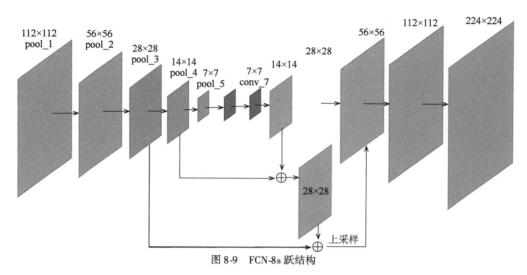

图 8-9　FCN-8s 跃结构

FCN-16s/FCN-8s 反卷积结构（FCN 上采样部分）　　　　　表 8-5

功能结构	conv_1	conv_2	conv_3	conv_4	conv_5	输出
尺寸	14×14	28×28	56×56	112×112	224×224	224×224
通道	512	512	256	64	64	21

　　FCN-16s 将 conv_7 上采样扩大 2 倍,得到的特征层和 pool_4 融合(相加),融合后执行上采样操作,顺次通过 convTranspose_2、convTranspose_3、convTranspose_4、convTranspose_5 扩大 16 倍,实例分割与原始图像尺寸相同。FCN-8s 将 conv_7 上采样扩大 2 倍,得到的特征层和 pool_4 融合(相加),融合后执行上采样操作,再和 pool_3 融合(相加),上采样后,顺次通过 convTranspose_3、convTranspose_4、convTranspose_5 扩大 8 倍,实例分割与原始图像尺寸相同。

　　输入图像通过 FCN 网络结构后,每个像素点存在 21 个通道(目标分为 20 类,增加 1 个背景,共计 21 类),实现像素级别的分类。

8.3　交通场景实例分割

　　实例分割有别于语义分割。在语义分割中,同一类的物体并不区分个体,而是统一标记为同一类,但物体分割需要区分每一个独立的个体,且每个独立的个体标记为一类。语义分割实现像素级别的分类,实例分割需要实现像素级别的检测和分类。

8.3.1　FCIs

　　2017 年,Yi Li 在 FCN 和 InstanceFCN 的基础上,提出了 FCIs 实例分割模型。在 FCN 能够语义分割的基础上,实例分割则需要区分独立个体,要求特定像素点可拥有不同标签。FCIs 采用卷积神经网络提取输入图像特征信息,对位置信息不敏感。它通过采用位置特征层结构,实现多层特征层拼接,提取输入图像特征的同时,增强目标的位置信息。

　　假设输入图像中,存在 C 类目标,尺寸为 $H \times W$,通道为 3,比较分析 FCN、Instance FCN 和 FCIs 方法的异同点(FCN 和 instance FCN 处理位置信息的异同点如 8-10 所示)。

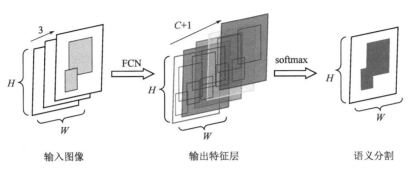

图 8-10　FCN 和 instance FCN 处理位置信息的异同点

（1）FCN 通过卷积和反卷积结构，实现像素级别的分类。输入图像尺寸 $H \times W$，由于通道数为 3，每个像素对应 3 个值。输出特征层尺寸保持不变为 $H \times W$，由于需要对每个像素进行分类，C 个类别对应 C 个通道，同时增加一个背景类别，即 $C+1$ 个通道，通过 softmax 操作，则每个像素对应唯一一类别。

（2）Instance FCN 通过多层特征层拼接结构，实现了实例分割。为了实现像素类别的可变性，引入位置特征层结构。

位置特征层将 RoI 在 H 和 W 均匀划分成 k 份，共计 k^2 个区域（如 $k=3$，RoI 均匀分为 9 份）。划分区域位于 RoI 不同位置，特征值也存在差异（图 8-11）。

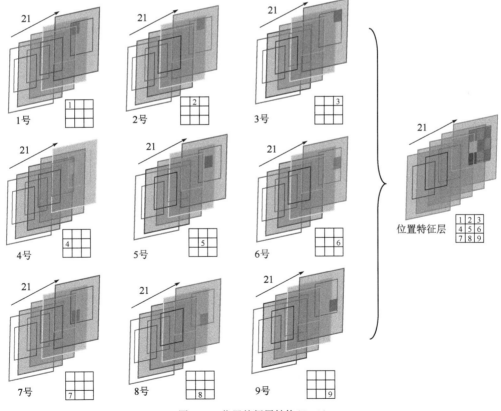

图 8-11　位置特征层结构（$k=3$）

以20类目标RoI实例分割为例,对比FCN生成唯一的21通道(20类+1背景)的特征层,Instance FCN生成9个21通道的特征层(图8-12)。RoI在9个特征层上均被划分为9份($k=3$为例,3×3),整合9个特征层对应部分生成位置特征层。对应关系如下:

归纳号左侧1号特征层左上角区域(表格中1区域)对应归纳号右侧位置特征层左上角区域(表格中1区域);

归纳号左侧2号特征层左中上角区域(表格中2区域)对应归纳号右侧位置特征层左中上角区域(表格中2区域);

……

归纳号左侧8号特征层右中下角区域(表格中8区域)对应归纳号右侧位置特征层右中下角区域(表格中8区域);

归纳号左侧9号特征层右下角区域(表格中9区域)对应归纳号右侧位置特征层右下角区域(表格中9区域)。

至此,位置特征层整合了1~9号特征层的特征信息。下面举例说明位置特征层如何实现特定像素点取值的差异化,实现实例分割。

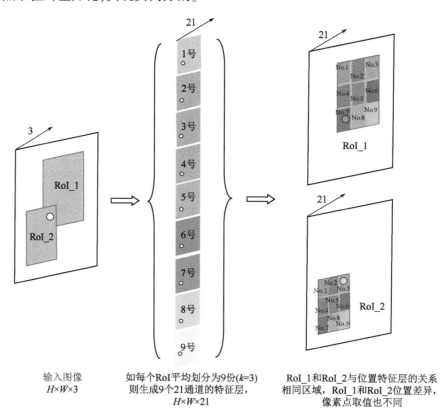

图8-12 Instance FCN实例分割示意图

InstanceFCN引入位置特征层结构,对于感兴趣区域RoI_1和RoI_2,存在重叠区域,用深色圆圈表示。输入图像中,重叠区域的像素值相同,通过卷积神经网络提取输入图像特征,获取9个21通道(如果将RoI平均分为9份,则生成9个特征层,如分成16份,则生成16个特征层。21 通道对应 20 个类别和 1 个背景)的特征层,编号为 1 号、2 号、⋯、8 号、9 号。

RoI_1 均匀分为 9 部分,分别用 RoI_1_11、RoI_1_12、RoI_1_13、RoI_1_21、RoI_1_22、RoI_1_23、RoI_1_31、RoI_1_32、RoI_1_33 表示,令 RoI_1_11 取值为特征层 1 号对应区域、RoI_1_12 取值为特征层 2 号对应区域、RoI_1_13 取值为特征层 3 号对应区域、RoI_1_21 取值为特征层 4 号对应区域、RoI_1_22 取值为特征层 5 号对应区域、RoI_1_23 取值为特征层 6 号对应区域、RoI_1_31 取值为特征层 7 号对应区域、RoI_1_32 取值为特征层 8 号对应区域、RoI_1_33 取值为特征层 9 号对应区域。关于深色圆圈表示的区域,取值来源于特征层 7 号。

RoI_2 均匀分为 9 部分,分别用 RoI_2_11、RoI_2_12、RoI_2_13、RoI_2_21、RoI_2_22、RoI_2_23、RoI_2_31、RoI_2_32、RoI_2_33 表示,令 RoI_2_11 取值为特征层 1 号对应区域、RoI_2_12 取值为特征层 2 号对应区域、RoI_2_13 取值为特征层 3 号对应区域、RoI_2_21 取值为特征层 4 号对应区域、RoI_2_22 取值为特征层 5 号对应区域、RoI_2_23 取值为特征层 6 号对应区域、RoI_2_31 取值为特征层 7 号对应区域、RoI_2_32 取值为特征层 8 号对应区域、RoI_2_33 取值为特征层 9 号对应区域。关于深色圆圈表示的区域,取值来源于特征层 3 号。

RoI_1 和 RoI_2 共享特征层 1 号、2 号、⋯、8 号、9 号,红色圆圈表示的区域在不同的 RoI 有不同的位置信息,RoI_1 位于特征层 7 号,RoI_2 位于特征层 3 号,输入图像相同的区域,不同的 RoI 取值不相同,即 RoI_1 为目标的区域,RoI_2 可能背景或者目标,解决了相同区域实现不同语义。

(3)FCIs 在 Instance FCN 基础上,将位置特征层扩展为外部位置特征层和内部位置特征层,将 RoI 在 H 和 W 均匀划分成 k 份,共计 $2k^2$ 个区域(如 $k=3$,RoI 均匀分为 9 份,内部特征层和外部特征层均为 9 层,共计 18 层)。划分区域位于 RoI 位置不同,特征值也存在差异。

对于 $H \times W \times 3$ 的输入图像,采用 InstanceFCN 类似方式,分别合成 RoI 内部和外部 2 个位置特征层 $H \times W \times (C+1)$(C 为类别)。

输入图像对应的内部和外部 2 个位置特征层的特征点,存在 3 种情况:
(1)内部位置特征层分值高,外部位置特征层分值低,判定该像素点是 RoI 的目标。
(2)内部位置特征层分值低,外部位置特征层分值高,判定该像素点是 RoI 的背景。
(3)内部位置特征层分值低,外部位置特征层分值高,判定该像素点不在 RoI 范围内。

FCIs 并行处理图像分类和实例分割任务:
(1)对于图像分类,内部和外部位置特征层逐像素取最大值生成特征图,执行 softmax 操作后,平均池化获取 RoI 的分值。
(2)对于实例分割,内部和外部位置特征层执行 softmax 操作识别目标和背景。

FCIs 采取了并行的框架结构,组成为:
(1)输入图像进入卷积结构,提取特征生成特征层,生成 2 个分支结构。第 1 个分支结构进入卷积层,根据分类数 C 和 RoI 分割块数 k^2,生成 $2(C) \times k^2$ 个特征层。第 2 个分支结构执行 RPN 结构,提取输入图像的 RoI。
(2)RoI 被划分为 k^2 个区域,生成 $2(C) \times k^2$ 个特征层中,Ck^2 个特征层整合成 $C+1$ 个内部位置特征层,Ck^2 个特征层整合成 $C+1$ 个外部位置特征层,生成 2 个分支结构,分别执行实例分割和图像分类任务。第 1 个分支,对于每一类的内部位置特征层和外部位置特征层逐像素取最大值,得到了 $C+1$ 个特征图,再对 $C+1$ 个特征图逐像素求平均值,将平均值同阈值比较,若大于阈值,则判定该 ROI 合理,执行 softmax 分类。若小于阈值,则不执行任何操作。第 2 个分支,执行 $C+1$ 次 softmax 分类,获得每一个类别的前景与背景,然后根据第 1 分支并行线的分类结果,选择对应类别前景与背景作为输出。

8.3.2 Mask R-CNN

2018 年,Kaiming He(何凯明)在提出 Mask R-CNN,图像目标检测的同时,实现了高精度的实例分割。Mask R-CNN 是 Faster R-CNN 框架的拓展应用,在图像分类和候选区域框边缘回归 2 个分支的基础上,增加了第 3 个 Mask 分支,用于预测目标掩膜,实现像素级的实例分割。Mask R-CNN 具有模型易训练、运行速度快点的特点,还可以用于人体姿势估计。图像输入 Mask R-CNN 之前,需要将其短边调整至 800 像素。

1)模型框架

Faster R-CNN 采用 RPN 生成候选区域框,实现了分类和定位功能。FCN 利用卷积神经网络,实现了对影像进行像素级的分割。

Mask R-CNN 以 Faster R-CNN 框架为基础,框架由骨干网(backbone)、区域建议网络(RPN)、head 分支等 3 个部分构成。

Mask R-CNN 流程如下:

步骤 1:预处理输入图像(尺寸归一化)。
步骤 2:图像进入骨干网提取特征层。
步骤 3:遍历特征层生成 RoI 候选框。
步骤 4:RoI 候选框进入 RPN 中进行二值分类(目标或背景)和候选区域框回归。
步骤 5:提取目标的 RoI 进行 RoI Align 操作(特征层和原图、特征层 RoI 和原图目标位置的像素对齐关系)。
步骤 6:RoI 进行分类、候选区域框回归和生成 Mask(ROI 进行 FCN 操作)。

步骤 2、步骤 5 和步骤 6 的具体细节如下:

(1)骨干网在残差神经网络 ResNet 的基础上,引入了特征金字塔 FPN 结构,具体为 ResNet50 + FPN 和 ResNet101 + FPN。

ResNet-FPN 结构包括 3 部分:自下而上连接、自上而下连接和横向连接,如图 8-13 所示。

自下而上:从下到上路径。ResNet 作为骨架网络提取特征,5 个卷积层 conv1、conv2、conv3、conv4 和 conve5 生成 5 个尺寸的特征层,定义为 C1、C2、C3、C4 和 C5,{原始图像:特征层}的缩放比例为{2:1,4:1,8:1,16:1,32:1}。

自上而下:从最高层开始进行最近邻上采样。

横向连接:融合上采样和同层特征层。C5、C4、C3、C2 经过 conv 1×1 操作(1×1 卷积用于降低通道数,256 通道),分别与 M5、M4、M3、M2 上采样特征层融合,经过 conv 3×3 操作消除上采样的混叠效应,生成 P5、P4、P3、P2。

输入图像经过 ResNet-FPN 结构,形成 P6、P5、P4、P3、P2 等 5 个尺寸的特征层(P6 层未应用),根据检测目标尺寸选择适当的特征层截取 RoI(图 8-13)。

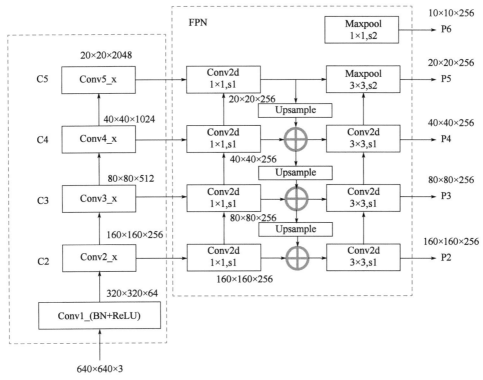

图 8-13 ResNet-FPN 模型框架

(2)区域建议网络工作原理和 Faster R-CNN 基本相同,在感兴趣区域的 RoI 处理方式上进行了调整,采用 RoIAlign 替换了 Faster R-CNN 框架中的 RoIPool,更好地实现了特征层和原图、特征层 RoI 和原图目标位置的像素对齐关系。

(3)RoIAlign 存在 3 个分支结构,前 2 个分支结构实现识别分类和定位功能,第 3 个分支结构采用 FCN 卷积神经网络,实现感兴趣区域像素级别的分类。

2)模型组成和训练

(1)RoIAlign。

Faster R-CNN 采用 RoIPool 提取特征层 RoI 信息,位置信息存在"输入图像"↔"特征层像"↔"RoIPool"的对应关系。其间,存在 2 次位置不对准现象(图 8-14),"输入图像"生成"特征层像"阶段,采用下采样方法,如 800×600 尺寸的输入图像,经过 VGG 卷积神经网络,下采样 16 倍,对应特征层尺寸严格为 50×37.5,取整生成 50×38 的特征层;"特征层像"生成"RoIPool"阶段,特征层检测目标尺寸为 2×3,生成 2×2 的 RoIPool(图 8-15)。

通过案例分析,由于采取了 2 次取整,Faster R-CNN 高和宽位置分别产生了 73 和 27 个像素的偏差。Faster R-CNN 采用候选区域框回归,则可以调整检测目标的位置关系,标注候选区域的检测框。而通过 RoIPool 操作,丢失位置信息,不能采用候选框位置推算像素位置,位置误差传递见表 8-6。

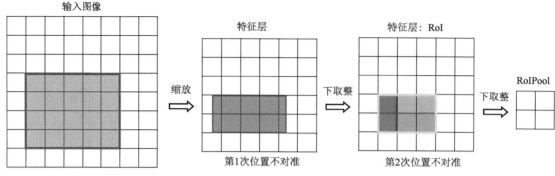

图 8-14 位置不对准发生阶段示意图

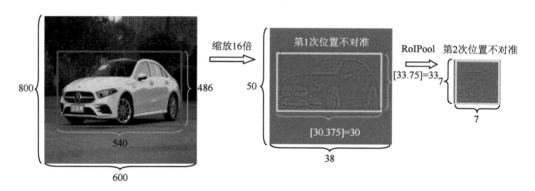

图 8-15 输入图像、特征层像、RoIPool 位置对应关系

位置误差传递表　　　　　　　　　　　　　表 8-6

输入图像		目标		特征层		特征层目标		特征层缩放比例		特征层下取整	
高	宽	高	宽	高	宽	高	宽	高	宽	高	宽
800	600	540	486	50	37.5	33.75	30.375	16	16	50	38
目标向下取整		特征层位置偏移 (对应输入图像)		RoIPool		RoIPool 缩放比例		RoIPool 位置偏移 (对应输入图像)		总偏移	
高	宽	高	宽	高	宽	高	宽	高	宽	高	宽
34	30	4	6	7	7	4.86	4.29	67	20	73	27

　　Mask R-CNN 需要对像素级别定位及分类，采用 RoIPool 提取特征层 RoI 信息产生位置偏差，为消除 2 次取整带来的位置偏差，采用了 RoIAlign 结构。

　　Mask R-CNN 的 RoIAlign 原理（图 8-16）：

　　实例分割需要精确至像素级别，可通过卷积结构实现 RoI 和输入图像的位置对应关系。特征层提取 RoI 信息后，利用 FCN 预测 RoI 尺寸为 $m \times m$ 的掩膜，且要求在掩膜分支结构中每层均需要保持明确对象空间布局，而不至于丢失位置关系。

　　RoIAlign 结构可避免对于 RoI 进行量化（例如，使用 $x/16$ 而非 $[x/16]$）。利用双线性插值法，选取特征层上距离采样点最近的四个像素得到其像素值，计算特征值的精确值，并对结果进行池化操作（使用最大值或平均值）。

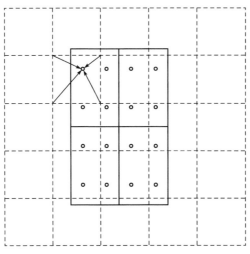

图 8-16　RoIAlign 工作原理示意图

设定特征层尺寸为 6×6,用淡虚线表示。RoI 位于特征层上,其范围用黑色实线表示。RoIAlign 操作对位置信息不作取整处理,故可保留像素的对应关系,且特征层上的 RoI 经过 RoIAlign 处理后为 2×2 尺寸。由于不存在严格的对应关系,RoIAlign 神经元涉及特征层中的 16 个神经元。

RoIAlign 计算步骤:

步骤 1:特征层上的 RoI 各神经元均匀分成 2×2 个虚拟点,分别用 $Q_{x,y}^{11}$、$Q_{x,y}^{12}$、$Q_{x,y}^{21}$、$Q_{x,y}^{22}$ 表示,如图 8-17 所示。

步骤 2:采用双线性插值法,根据距离虚拟点最近的特征层上的 4 个神经元,计算 $Q_{x,y}^{11}$、$Q_{x,y}^{12}$、$Q_{x,y}^{21}$、$Q_{x,y}^{22}$,如图 8-18 所示。

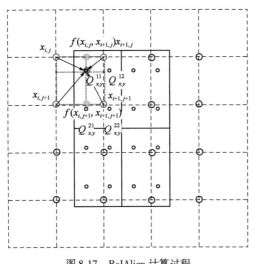
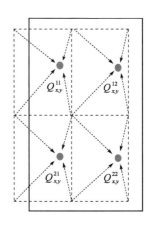

图 8-17　RoIAlign 计算过程　　　　图 8-18　RoIAlign 神经元均匀分布 4 个虚拟点

步骤 3:执行最大值(或者平均值)池化操作,max-pooling($Q_{x,y}^{11}$,$Q_{x,y}^{12}$,$Q_{x,y}^{21}$,$Q_{x,y}^{22}$)(或者 mean-pooling)值赋给 RoI 对应神经元。

双线性插值法计算过程如下：

步骤 1：x 方向分别 2 次插值，计算 $f(x_{i,j}, x_{i+1,j})$ 和 $f(x_{i,j+1}, x_{i+1,j+1})$。

$$f(x_{i,j}, x_{i+1,j}) = \frac{i+1-x}{i+1-i}x_{i,j} + \frac{x-i}{i+1-i}x_{i+1,j}$$
$$= (i+1-x)x_{i,j} + (x-i)x_{i+1,j} \tag{8-1}$$

$$f(x_{i,j+1}, x_{i+1,j+1}) = \frac{i+1-x}{i+1-i}x_{i,j+1} + \frac{x-i}{i+1-i}x_{i+1,j+1}$$
$$= (i+1-x)x_{i,j+1} + (x-i)x_{i+1,j+1} \tag{8-2}$$

步骤 2：以 $f(x_{i,j}, x_{i+1,j})$ 和 $f(x_{i,j+1}, x_{i+1,j+1})$ 为基点，y 方向插值，计算 $Q_{x,y}^{11}$。

$$Q_{x,y}^{11} = \frac{j+1-y}{j+1-j}f(x_{i,j}, x_{i+1,j}) + \frac{y-j}{j+1-j}f(x_{i,j+1}, x_{i+1,j+1}) \tag{8-3}$$

步骤 3：按照 $Q_{x,y}^{11}$ 计算的方法和流程，依次计算 $Q_{x,y}^{12}$、$Q_{x,y}^{21}$、$Q_{x,y}^{22}$。采用 pooling 池化操作，将结果赋值给 RoIAlign 对应神经元，如图 8-19 所示。

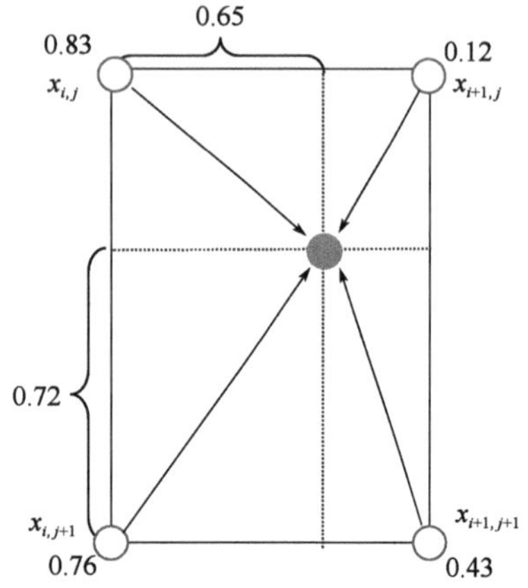

计算案例：

步骤 1：黑色方框为 RoIAlign 的 1 个神经元，均匀分成 4 份布置虚拟点，分别表示为 $Q_{x,y}^{11}$、$Q_{x,y}^{12}$、$Q_{x,y}^{21}$、$Q_{x,y}^{22}$。

步骤 2：采用双线性插值法，根据距离虚拟点最近的特征层上的 4 个神经元，以 $Q_{x,y}^{11}$ 为例计算。x 方向分别 2 次插值，计算 $f(x_{i,j}, x_{i+1,j})$ 和 $f(x_{i,j+1}, x_{i+1,j+1})$。

$$f(x_{i,j}, x_{i+1,j}) = (i+1-x)x_{i,j} + (x-i)x_{i+1,j}$$
$$= 0.35 \times 0.83 + 0.65 \times 0.12 = 0.3685$$

$$f(x_{i,j+1}, x_{i+1,j+1}) = (i+1-x)x_{i,j+1} + (x-i)x_{i+1,j+1}$$
$$= 0.35 \times 0.76 + 0.65 \times 0.43 = 0.5455$$

图 8-19　RoIAlign 计算（$Q_{x,y}^{11}$）

以 $f(x_{i,j}, x_{i+1,j})$ 和 $f(x_{i,j+1}, x_{i+1,j+1})$ 为基点，y 方向插值，计算 $Q_{x,y}^{11}$。

$$Q_{x,y}^{11} = \frac{j+1-y}{j+1-j}f(x_{i,j}, x_{i+1,j}) + \frac{y-j}{j+1-j}f(x_{i,j+1}, x_{i+1,j+1}) = 0.28 \times 0.3685 + 0.72 \times 0.5455 = 0.496$$

计算得知 $Q_{x,y}^{11} = 0.496$，同理计算 $Q_{x,y}^{12}$、$Q_{x,y}^{21}$、$Q_{x,y}^{22}$（本案例未计算，假定计算值分别为 0.556、0.756 和 0.445）。

步骤 3：执行 Max-pooling 操作。

$$\text{Maxpooling}(Q_{x,y}^{11}, Q_{x,y}^{12}, Q_{x,y}^{21}, Q_{x,y}^{22}) = \text{Maxpooling}(0.496, 0.556, 0.756, 0.445) = 0.756$$

至此，计算得到 RoIAlign 神经元赋值为 0.756。

3）FCN

Mask R-CNN 采用 FCN 结构实现像素级别的分类。FCN 是端到端的深度学习神经网络，主要模块为卷积层和反卷积层。首先，对输入图像进行卷积和池化，在降低特征层尺寸的同时增加通道数量。其次，提取到足够的图像特征信息后，进行反卷积操作。最后，增加特征层的翻边率，实现像素级别的分类和图像分割。

Mask R-CNN 提供 Faster R-CNN/ResNet 和 Faster R-CNN/FPN 两种架构，如图 8-20、图 8-21 所示。

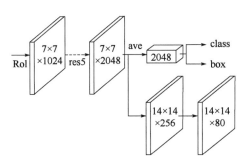

图 8-20　FCN 结构(ResNet)

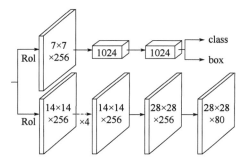

图 8-21　FCN 结构(FPN)

图 8-22 中,头结构中数字表示尺寸和通道数(14×14×256 表示尺寸为 14×14,通道数为 256)。箭头表示 conv 和 deconv,其中卷积操作,反卷积增加空间维度。输出卷积核 conv 为 1×1,其余卷积核 conv 为 3×3,反卷积核为 2×2,步长为 2,激活函数使用 ReLU( )。

对于 Faster R-CNN/ResNet 架构,获得 7×7×1024 的 RoI 特征层,RoI 进入预训练 ResNet 网络(利用第 5 阶段卷积网络作为输出),升维至 2048 通道。进入两个分支结构,上分支负责分类和回归,下分支负责生成对应的掩膜。掩膜分支执行反卷积操作,提升尺寸的同时减少通道数,尺寸变为 14×14×256,输出 14×14×80 的掩膜模板。

对于 Faster R-CNN/FPN 架构,进入两个分支结构,分别获得 7×7×256 和 14×14×256 两个尺寸的 RoI 特征层。上分支负责分类和回归,下分支负责生成对应的掩膜。下分支结构通过执行 4 次卷积操作,进一步提取特征信息,RoI 的尺寸和通道数保持 14×14×256 不变,再进行反卷积操作,最后输出 28×28×80 的掩膜模板。

Faster R-CNN/FPN 相较于 Faster R-CNN/ResNet 结构,能够输出尺寸更高大、更细致的掩膜。

4) 损失函数

Mask R-CNN 为多任务学习的实例分割算法,输出有 3 路并列,每一路任务输出都将计算其损失,故为多任务损失(Multi-task loss)。特征层上的 RoI 依次进入池化层后,分别连接 softmax 分类和检测框。第 1 路分支采用 softmax 方法,为每个 RoI 进行分类,计算 RoI 对应 N 个类别的概率分布,用 $p=(p_0,\cdots,p_K)$ 表示,p_0 为 RoI 识别为背景的概率。第 2 路分支 RoI 检测框回归损失,用 $t^k=(t_x^k,t_y^k,t_w^k,t_h^k)$ 表示,t^k 为 RoI 检测为 $k(k=1,2,\cdots,K)$ 类对象对应的检测框回归损失,t^k 的计算方法和 Faster R-CNN 相同。第 3 路分支采用平均二进制交叉熵损失(Average binary cross-entropy loss)方法计算掩膜和真实值的损失。

模型训练过程中,训练样本 RoI 具有真实的类别 u、检测框回归损失 v 以及掩膜真实值。针对模型输出(如果采用 RPN 结构,模型训练阶段单独计算 RPN 分类损失和检测框回归损失),提出多任务损失函数 L,由分类损失 $L_{cls}(p,u)$、检测框回归损失 $L_{loc}(t^u,v)$ 和掩膜损失 L_{mask} 等 3 部分组成(模型输出端不考虑 RPN 等骨干网络训练的损失函数),计算如下:

$$L(p,u,t^u,v)=L_{cls}(p,u)+\lambda_1\mathbb{I}[u\geqslant 1]L_{loc}(t^u,v)+\lambda_2\mathbb{I}[u\geqslant 1]L_{mask} \tag{8-4}$$

$\mathbb{I}[u\geqslant 1]$ 为指示函数,当 $u=0$ 时,表示 RoI 识别为背景,不涉及检测框误差,$\mathbb{I}[u=1]$ 取值为 0。当 $\mathbb{I}[u\geqslant 1]$ 情况下取值为 1。λ 为调整系数,决定了类别分类损失和检测框回归损失在多任务损失中的重要度,一般情况令 $\lambda_1 = \lambda_2 = 1$。

第 1 分支分类损失函数 $L_{\text{cls}}(p,u)$ 采用 $-\log(\ )$ 函数计算:

$$L_{\text{cls}}(p,u) = -\log p_u \tag{8-5}$$

第 2 分支检测框回归损失 $L_{\text{loc}}(t^u,v)$ 需要数据标准化后,采用与 R-CNN 相同的方法计算检测框损失,并进行 smooth_{L_1} 处理:

$$L_{\text{loc}}(t^u,v) = \sum_{i \in \{x,y,w,h\}} \text{smooth}_{L_1}(t_i^u - v_i) \tag{8-6}$$

$\text{smooth}_{L_1}(t_i^u - v_i)$ 计算公式为:

$$\text{smooth}_{L_1}(t_i^u - v_i) = \begin{cases} 0.5((t_i^u - v_i))^2, & |t_i - t_i^*| < 1 \\ |(t_i^u - v_i)| - 0.5, & \text{(其他)} \end{cases} \tag{8-7}$$

第 3 分支输出二进制 $m \times m$ 尺寸的掩膜,通道数为 k(k 为目标类别)。Mask R-CNN 为每一种类别均生成二进制掩膜,每个像素用 Sigmoid 激活函数。计算损失函数 L_{mask} 时,仅计算对应目标类别的掩膜损失。

5)模型训练

选择 0.5 作为阈值,预测值与真实值 IoU 大于 0.5 为正样本,小于 0.5 的为负样本,掩膜分支仅计算正例掩膜损失。

将输入图像短边调整为 800 像素。每个 GPU 的 mini-batch 取值为 2,每张图像选取 N 个 RoI,正负样本比例为 1∶3。迭代 160000 次,学习率设为 0.02,迭代至 120000,学习率衰减为 0.002。weight_decay 为 0.0001,动量为 0.9。

骨干网络部分,FPN 的锚点取值为 15 个制尺度(5 个面积,3 个横轴比)。RPN 和 Mask R-CNN 使用一个 backbone,所以两者权重共享,骨干网络的 RPN 经过单独训练后,Mask R-CNN 无须再进行单独训练。

8.3.3 Mask R-CNN 交通场景分割实践

1)数据集

采用宾夕法尼亚-复旦数据集,微调 Mask R-CNN 预训练模型,用于行人检测和分割。该数据集包含 170 张图像和 345 个行人实例,部分数据集如图 8-22 所示。

图 8-22

图 8-22　数据集(部分)

2) 程序代码

https://pytorch.org/tutorials/intermediate/torchvision_tutorial.html(源程序代码)

在 Mask R-CNN 预训练模型分类基础上(20 类 +1 背景),将输出调整为 2 类别(人 + 背景),程序见表 8-7。

Mask R-CNN 程序　　　　　　　　　　　　　表 8-7

程序 8-4
| ```python
import torch
import torchvision
import numpy as np
import os
import utils
import transforms as T
import matplotlib.pyplot as plt
from PIL import Image
from engine import train_one_epoch, evaluate
from torchvision.models.detection.faster_rcnn import FastRCNNPredictor
from torchvision.models.detection.mask_rcnn import MaskRCNNPredictor

os.environ["KMP_DUPLICATE_LIB_OK"] = "TRUE"

class PennFudanDataset(torch.utils.data.Dataset):
    def __init__(self, root, transforms):
        self.root = root
        self.transforms = transforms
        self.imgs = list(sorted(os.listdir(os.path.join(root, "PNGImages"))))
        self.masks = list(sorted(os.listdir(os.path.join(root, "PedMasks"))))

    def __getitem__(self, idx):
        img_path = os.path.join(self.root, "PNGImages", self.imgs[idx])
        mask_path = os.path.join(self.root, "PedMasks", self.masks[idx])
        img = Image.open(img_path).convert("RGB")
        mask = Image.open(mask_path)
        mask = np.array(mask)
        obj_ids = np.unique(mask)
        obj_ids = obj_ids[1:]
        masks = []
        num_objs = len(obj_ids)
``` |
```

续上表

程序 8-4

```python
            for i in range(num_objs):    # masks = mask == obj_ids[:, None, None]
                mask_1 = mask == obj_ids[i]
                mask_1 = mask_1 + 0
                masks.append(mask_1)
            num_objs = len(obj_ids)
            boxes = []
            for i in range(num_objs):
                pos = np.where(masks[i])
                xmin = np.min(pos[1])
                xmax = np.max(pos[1])
                ymin = np.min(pos[0])
                ymax = np.max(pos[0])
                boxes.append([xmin, ymin, xmax, ymax])
            boxes = torch.as_tensor(boxes, dtype=torch.float32)
            labels = torch.ones((num_objs,), dtype=torch.int64)
            masks = torch.as_tensor(masks, dtype=torch.uint8)
            image_id = torch.tensor([idx])
            area = (boxes[:, 3] - boxes[:, 1]) * (boxes[:, 2]-boxes[:, 0])
            iscrowd = torch.zeros((num_objs,), dtype=torch.int64)

            target = {}
            target["boxes"] = boxes
            target["labels"] = labels
            target["masks"] = masks
            target["image_id"] = image_id
            target["area"] = area
            target["iscrowd"] = iscrowd

            if self.transforms is not None:
                img, target = self.transforms(img, target)
            return img, target

        def __len__(self):
            return len(self.imgs)

def get_transform(train):
    transforms = []
    transforms.append(T.PILToTensor())
    transforms.append(T.ConvertImageDtype(torch.float))
#    if train:
#        transforms.append(T.RandomHorizontalFlip(0.5))
    return T.Compose(transforms)

def get_model_instance_segmentation(num_classes):
    model = torchvision.models.detection.maskrcnn_resnet50_fpn(weights="DEFAULT")
    in_features = model.roi_heads.box_predictor.cls_score.in_features
```

续上表

程序 8-4

```python
        model.roi_heads.box_predictor = FastRCNNPredictor(in_features, num_classes)

        in_features_mask = model.roi_heads.mask_predictor.conv5_mask.in_channels
        hidden_layer = 256
        model.roi_heads.mask_predictor = MaskRCNNPredictor(in_features_mask,
                                                          hidden_layer,
                                                          num_classes)

        return model

def main():
        device = torch.device('cuda') if torch.cuda.is_available() else torch.device('cpu')
        num_classes = 2

        dataset = PennFudanDataset(r'C:\Users\xuhui\Desktop\PennFudanPed', get_transform(train=True))
        dataset_test = PennFudanDataset(r'C:\Users\xuhui\Desktop\PennFudanPed', get_transform(train=False))

        indices = torch.randperm(len(dataset)).tolist()
        dataset = torch.utils.data.Subset(dataset, indices[:-50])
        dataset_test = torch.utils.data.Subset(dataset_test, indices[-50:])

        data_loader = torch.utils.data.DataLoader(dataset,
                                                  batch_size=2,
                                                  shuffle=True,
                                                  num_workers=0,
                                                  collate_fn=utils.collate_fn
                                                  )
        data_loader_test = torch.utils.data.DataLoader(dataset_test,
                                                       batch_size=1,
                                                       shuffle=False,
                                                       num_workers=0,
                                                       collate_fn=utils.collate_fn
                                                       )

        model = get_model_instance_segmentation(num_classes)
        model.to(device)
        params = [p for p in model.parameters() if p.requires_grad]
        optimizer = torch.optim.SGD(params, lr=0.005,
                                    momentum=0.9, weight_decay=0.0005)
        lr_scheduler = torch.optim.lr_scheduler.StepLR(optimizer,
                                                      step_size=3,
                                                      gamma=0.1)

        num_epochs = 10
        for epoch in range(num_epochs):
                train_one_epoch(model, optimizer, data_loader, device, epoch, print_freq=10)
                lr_scheduler.step()
```

续上表

程序 8-4
| ```
#            evaluate(model, data_loader_test, device = device)
        torch.save(model.state_dict(), 'ss_model.pt')
        print("That's it!")

# if __name__ == "__main__":
#     main()

dataset = PennFudanDataset(r'C:\Users\xuhui\Desktop\PennFudanPed', get_transform(train = True))
indices = torch.randperm(len(dataset)).tolist()
dataset = torch.utils.data.Subset(dataset, indices[:-50])
data_loader = torch.utils.data.DataLoader(dataset,
                                          batch_size = 2,
                                          shuffle = True,
                                          num_workers = 0,
                                          collate_fn = utils.collate_fn
                                          )
num_classes = 2
model = get_model_instance_segmentation(num_classes)
model.load_state_dict(torch.load(r'C:\Users\xuhui\Desktop\ss_model_10.pt'))

model.eval()
images, labels = next(iter(data_loader))
outputs = model(images)
print(outputs[0]['masks'].size())

img_out = []

img = outputs[0]['masks'][0].detach()
for i in range(len(outputs[0]['masks'])):
    img = outputs[0]['masks'][i].detach() + img
img = img.numpy().transpose((1, 2, 0))
mean = np.array([0.485, 0.456, 0.406])
std = np.array([0.229, 0.224, 0.225])
img = std * img + mean
img = np.clip(img, 0, 1)
plt.imshow(img)
img_out.append(img)

img_2 = labels[0]['masks'][0]
for i in range(len(labels[0]['masks'])):
    img_2 = labels[0]['masks'][i].detach() + img_2
img_2 = img_2.squeeze(0)
img_2 = img_2.numpy()
mean = np.array([0.485, 0.456, 0.406])
std = np.array([0.229, 0.224, 0.225])
img_2 = std * img_2 + mean
``` |
```

续上表

程序 8-4

img_2 = np.clip(img_2, 0, 1)
img_out.append(img_2)
 	
for i in range(2):
    plt.subplot(1, 2, i+1), plt.imshow(img_out[i])
    plt.xticks([]), plt.yticks([])
plt.show()

程序运行需要安装 pycocotools，并且将 references/detection/engine.py、references/detection/utils.py 和 references/detection/transforms.py 等辅助函数复制至程序运行当前文件夹。

输出如图 8-23 所示。

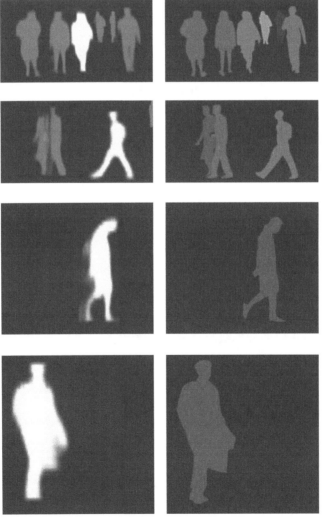

图 8-23 模型输出（掩膜和标签）

第9章 交通感知评价指标及预训练模型应用

9.1 评价指标

9.1.1 交通感知目标识别

针对目标识别任务,评价指标包括准确率(Accuracy)、查准率(Precision)、查全率(Recall)、F1-score、混淆矩阵等。

混淆矩阵(Confusion Matrix),又称为可能性矩阵\错误矩阵或匹配矩阵。在图像识别评价中,主要用于比较分类结果和实际测得值,混淆矩阵结构见表9-1。

混淆矩阵结构　　　　　表9-1

真实值	预测值	
	正	负
正	TP	FN
负	FP	TN

根据混淆矩阵,引入以下概念:TP(True Postive)为被模型预测为正类的正样本;FP(False Postive)为被模型预测为正类的负样本;TN(True Negative)为被模型预测为负类的负样本;FN(False Negative)为被模型预测为负类的正样本。

准确率(Accuracy)、查准率(Precision)、查全率(Recall)、F1-score 定义如下。

1) 准确率

准确率定义为预测正确的样本数与总样本数之比:

$$\text{Accuracy} = \frac{TP + TN}{TP + FP + TN + FN} \tag{9-1}$$

2) 查准率

查准率定义为正确预测为正类的样本数与预测为正类的样本数之比:

$$\text{Precision} = \frac{TP}{TP + FP} \tag{9-2}$$

3) 查全率

查全率定义为正确预测为正类的样本数与真正的正类总样本数之比:

$$\text{Recall} = \frac{\text{TP}}{\text{TP} + \text{FN}} \tag{9-3}$$

4) F1-分数

F1-分数同时兼顾查准率和查全率,是查准率与查全率的加权调和平均值:

$$\text{F1-分数} = \frac{2 \cdot \text{Precision} \cdot \text{Recall}}{\text{Precision} + \text{Recall}} \tag{9-4}$$

9.1.2 交通感知目标检测

针对目标检测任务,评价指标主要包括准确率(Accuracy)、查准率(Precision)、查全率(Recall)、F1-分数、平均精度(AP)、平均精度均值(mAP)等。准确率(Accuracy)、查准率(Precision)、查全率(Recall)、F1-分数同目标识别的定义相同。

1) 平均精度(AP)

平均精度定义为准确率和召回率在不同置信概率下的值,可以构成 P-R 曲线,AP 值即为 P-R 曲线与坐标轴所围的面积,面积越大表明模型检测性能越好,AP 的计算公式如下:

$$\text{AP} = \int_0^1 P(R) \, dR \tag{9-5}$$

2) 平均精度均值(mAP)

平均精度均值表示多个类别的 AP 值的平均值,计算公式如下:

$$\text{mAP} = \frac{1}{n} \sum_{i=1}^n \text{AP}_i \tag{9-6}$$

9.1.3 交通感知目标跟踪

目标跟踪评价指标应该满足三点要求:首先能高效识别视线范围内的所有目标,其次能够计算目标跟踪算法目标实际位置的精确度,最后可以保持追踪一致性,即同一个目标始终为同一个 ID,从而避免跟踪目标 ID 的跳变。

针对目标跟踪任务,评价指标有多目标跟踪准确度(Multiple Object Tracking Precision,MOTP)、多目标跟踪精确度(Multiple Object Tracking Accuracy,MOTA)、误检率(False Positive,FP)、漏检率(False Miss,FM)错误匹配率(False Negative,FN)等。

1) MOTP

MOTP 用来评价目标位置误差,即标注框和预测框之间的不重叠率,MOTP 计算方法如下:

$$\text{MOTP} = \frac{\sum_{i,t} d_t^i}{\sum_t C_t} \tag{9-7}$$

式中:d_t^i——在第 t 帧时,第 i 对关联成功的预测目标和真实目标之间的位置偏移距离;

C_t——第 t 帧时预测目标和真实目标正确关联的数目。

2) MOTA

MOTA 用来衡量检测物体保持轨迹的性能。该指标包含了在目标跟踪过程中有可能出现的错误，包括某一帧时的漏检率、误检率和错误匹配率。MOTA 计算方法如下：

$$\mathrm{MOTA} = 1 - \frac{\sum_t (m_t + \mathrm{fp}_t + \mathrm{mme}_t)}{\sum_t g_t} \tag{9-8}$$

式中：m_t——第 t 帧时，当所有目标完成关联后，没有被检测器检测到的目标数；

fp_t——第 t 帧时，当所有目标完成关联后，未关联到真实目标的预测目标数；

mme_t——第 t 帧时目标身份转变的次数；

g_t——第 t 帧时真实目标个数。

3) FP

误检率（FP）表示在跟踪过程中，目标预测框与检测框之间 IoU 计算值在一定阈值下没有吻合。FP 表示所有误检帧数的总和，则对应的误检与误检率为：

$$\mathrm{FP} = \sum_t f_t p \tag{9-9}$$

4) FM

漏检率（FM）表示在跟踪过程中，目标从跟踪状态变为未识别状态，经过 t 时刻继续跟踪原始轨迹的值。FM 表示所有漏检帧数的总和，则对应的漏检率为：

$$\mathrm{FM} = \sum_t m_t \tag{9-10}$$

5) FN

错误匹配率（FN）表示在跟踪过程中，目标预测框与检测框之间没匹配的次数，未被匹配的检测框次数为 FP，对应的失败匹配与失败匹配率为：

$$\mathrm{FN} = \sum_t \mathrm{mme}_t \tag{9-11}$$

9.2 超参数调优

9.2.1 超参数调优问题

深度学习模型存在大量的超参数，例如学习率或置信度等指标。从以下几个方面调整超参数，可得到良好的模型表达结果：

（1）迭代次数：神经网络训练需兼顾过拟合和泛化性能，需要找到合适的迭代次数防止模型过拟合。

（2）优化器：可以尝试使用多种优化器，如 SGD、Momentum、NAG、Adagrad、Rmsprop。

（3）激活函数：神经网络常用 ReLU 激活函数，针对具体任务，其他激活函数可能会有更好的效果,如 sigmoid、tanh 等。

(4)学习率:可以尝试使用 torch.optim.lr_scheduler 动态调整学习率。

(5)批量大小:少量数据采用大批量,大量数据使用小批量,寻找恰当的 batch size 提高网络训练效率。

(6)网络层数和神经元数量:尝试改变层数和各层的神经元数量。

9.2.2 网络结构优化及超参数调优

超参数无法被神经网络自动优化,网络结构搭建完成后,较难确定各个超参数最优搭配。因此,使用超参数调优,即通过实验确定各超参数具体值,并组成优化组合。

超参数调优常见的三种方法:网格搜索、随机搜索和贝叶斯优化。

1) 网格搜索

网格搜索的是参数,即在指定的参数范围内,按步长依次调整参数,利用调整的参数训练网络,从所有的参数中找到在验证集上精度最高的参数,是训练和比较的过程。网格搜索只需要定期尝试函数,并查看函数 $f(x)$ 对哪个 x 产生最高值。在两个 x 值 $x_{\min}$ 和 $x_{\max}$ 之间找到函数 $f(x)$ 的最大值,需要在 $x_{\min}$ 和 $x_{\max}$ 之间取 n 个等分点,并计算这些点的函数值。网格搜索方法仅适用于小数据的超参数调优,在面对大数据集和多参数的情况下,非常耗时。

应用实例:Batch_size 取值(8,128)之间步长为 2,学习率取值(0.00001,0.001),步长为 2.5,尝试通过调整参数接近最优解。网络搜索示例代码及输出见表 9-2。

表 9-2 网格搜索示例代码及输出

程序 9-1	输出

``
str_batch = 2
min_batch = 8
max_batch = 128
str_lr = 2.5
min_lr = 0.00001
max_lr = 0.001
for i in range(2):
    if min_batch * str_batch <= max_batch \
            or min_lr * str_lr <= max_lr:
        batch_size = min_batch * str_batch
        lr = min_lr * str_lr
        min_batch = batch_size
        min_lr = lr
        print(f'batch_size = {batch_size}')
        print(f'lr = {lr}')
``
	batch_size = 16
	lr = 0.000025
	batch_size = 32
	lr = 0.0000625
	batch_size = 64
	lr = 0.00015625
	batch_size = 128
	lr = 0.000390625

2) 随机搜索

随机搜索采用随机采样方式,在范围(x_{min}, x_{max})中随机采样 x 个点。这种方法的风险在于,偶然情况下随机选择的点不会接近实际最大值,但可能性很低。随机搜索始终优于网格搜索,在处理变量 x 的多维空间时,随机搜索和网格搜索之间的差异更加明显。超参数调优实际上始终是一个多维优化问题。

应用实例:Batch_size 取值[8,64]区间,学习率取值[0.00001,0.001]区间的 10 个随机搜索,代码及输出见表 9-3。

随机搜索代码及输出   表 9-3

程序 9-2	输出
| ```python
import numpy as np
for i in range(10):
    batch_size = np.random.randint(8, 64)
    lr = np.random.uniform(0.00001, 0.001)
    print(f'batch_size = {batch_size}')
    print(f'lr = {lr}')
``` | batch_size = 40<br>lr = 0.0005828437992370266<br>batch_size = 55<br>lr = 0.00045048191184453995<br>batch_size = 37<br>lr = 0.0009585432531209827<br>batch_size = 16<br>lr = 0.0009168220222221994<br>batch_size = 39<br>lr = 0.0001309799453834878<br>batch_size = 56<br>lr = 0.0003780136059788139<br>batch_size = 42<br>lr = 0.0003664780557147915<br>batch_size = 31<br>lr = 0.0002065058770593094<br>batch_size = 55<br>lr = 0.00037244424610747114<br>batch_size = 57<br>lr = 0.00025344554113950195 |

3) 贝叶斯优化

贝叶斯优化是一种逼近思想,当计算非常复杂、迭代次数较高时能起到很好的效果,多用于超参数确定。贝叶斯定理估计目标函数的后验分布,然后再根据分布选择下一个采样的超参数组合。贝叶斯定理估计充分利用了前一个采样点的信息,其优化的工作方式是通过对目标函数形状的学习,并找到使结果向全局最大提升的参数。高斯过程用于在贝叶斯优化中对目标函数建模,得到其后验分布。

应用实例:函数输入为随机森林模型所有参数,输出为模型交叉验证 5 次的 AUC 均值,代码及输出见表 9-4。
```

表9-4 贝叶斯优化

程序9-3	输出					
| ```python
from sklearn.datasets import make_classification
from sklearn.ensemble import RandomForestClassifier
from sklearn.model_selection import cross_val_score
from bayes_opt import BayesianOptimization

x, y = make_classification(
    n_samples = 1000,
    n_features = 10,
    n_classes = 2)
rf = RandomForestClassifier()
print(np.mean(cross_val_score(
    rf, x, y, cv = 20, scoring = 'roc_auc')))

def rf_cv(n_estimators,
          min_samples_split,
          max_features,
          max_depth):
    val = cross_val_score(RandomForestClassifier(
        n_estimators = int(n_estimators),
        min_samples_split = int(min_samples_split),
        max_features = min(max_features, 0.999),
        max_depth = int(max_depth),
        random_state = 2
    ),
    x, y, scoring = 'roc_auc', cv = 5
    ).mean()
    return val
rf_bo = BayesianOptimization(
    rf_cv,
    {'n_estimators': (10, 250),
     'min_samples_split': (2, 25),
     'max_features': (0.1, 0.999),
     'max_depth': (5, 15)}
)
rf_bo.maximize()
index = []
for i in rf_bo.res:
    index.append(i['target'])
max_index = index.index(max(index))
``` | iter | target | max_depth | max_features | min_samples_split | n_estimators |
	1	0.9546	8.493	0.6998	5.727	193.4
	2	0.9566	7.222	0.2975	17.05	18.22
	3	0.9588	5.67	0.8316	24.97	59.4
	4	0.9581	12.98	0.3793	23.98	104.0
	5	0.9517	11.81	0.4539	8.293	12.04
	6	0.9556	12.26	0.8636	24.79	218.4
	7	0.9588	10.65	0.2201	7.521	231.3
	8	0.9551	14.74	0.5722	18.9	35.17
	9	0.9576	13.11	0.6022	22.15	22.78
	10	0.9534	9.878	0.8239	7.847	232.2
	11	0.957	6.444	0.5334	13.98	52.35
	12	0.955	14.89	0.519	2.611	143.6
	13	0.9561	9.487	0.4416	16.67	49.44
	14	0.9539	14.99	0.9936	13.46	249.5
	15	0.9533	13.98	0.9003	12.47	15.06
	16	0.9551	9.336	0.5499	16.22	49.52
	17	0.9578	6.794	0.3948	12.44	144.0
	18	0.9552	8.262	0.6583	8.082	234.0
	19	0.9591	5.983	0.5518	8.574	150.4
	20	0.9574	6.575	0.7684	12.34	143.6
	21	0.9588	5.772	0.6251	8.465	149.9
	22	0.9566	11.27	0.1	7.244	230.7
	23	0.9529	6.669	0.1562	8.004	150.2
	24	0.9582	7.284	0.2915	12.13	143.9
	25	0.9548	13.2	0.7328	21.92	22.45
	26	0.9535	13.91	0.6266	11.55	23.4
	27	0.9589	5.611	0.6143	20.74	126.2
	28	0.9596	5.599	0.3484	21.16	126.1
	29	0.9553	8.658	0.4125	3.336	74.61
	30	0.9592	5.904	0.3401	3.633	128.2

9.2.3 随机搜索超参数调优实践

基于PyTorch深度学习框架,以AlexNet网络为基础构建车型识别模型,识别黑色小汽车、
```

白色小汽车、灰色小汽车、出租汽车、公共汽车、货车等六类车型。研究 Batch_size 取值[8, 128]区间,学习率取值[0.000001,0.001]区间的 10 个随机搜索。

1) 数据集

同 5.3.6 数据集。

2) 数据预处理

使用 torchvision.transforms 对训练集和验证集进行预处理。针对训练集,将输入图像随机剪裁为 224×224,在水平方向随机翻转,并把图片转换为 Tensor,用均值和标准差归一化张量图像。针对验证集,不进行随机翻转,代码及输出见表 9-5。

车辆图像样本数量分布　　　　　　　　　　　　　　　　　　表 9-5

程序 9-4
data_transform = { 　　　　　　　"train": transforms.Compose([transforms.RandomResizedCrop(224), 　　　　　　　　　　　　　　　　　transforms.RandomHorizontalFlip(), 　　　　　　　　　　　　　　　　　transforms.ToTensor(), 　　　　　　　　　　　　　　　　　transforms.Normalize((0.5, 0.5, 0.5), (0.5, 0.5, 0.5))]), 　　　　　　　"val": transforms.Compose([transforms.Resize((224, 224)), 　　　　　　　　　　　　　　　　　transforms.ToTensor(), 　　　　　　　　　　　　　　　　　transforms.Normalize((0.5, 0.5, 0.5), (0.5, 0.5, 0.5))])}

3) 程序代码

使用 PyTorch 中提供的典型的卷积神经网络结构 Alexnet 代码如下:

Github:https://github.com/pytorch/vision/blob/main/torchvision/models/alexnet.py

4) 模型训练

Batch_size 为[8,128]之间整数,学习率为[0.000001,0.001]之间的小数,随机搜索 20 次,每次训练 epoch 为 20,使用交叉熵损失函数和 Adam 优化器。20 次随机搜索后,训练损失汇总如图 9-1 所示。

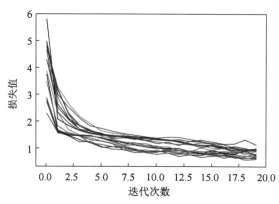

图 9-1　训练损失汇总

单次随机搜索准确率见表 9-6。以测试集准确率为标准,学习率为 3.940×10^{-4},batch size 设置为 61 时,模型效果相对最佳,准确率为 70.6%。随机搜索准确率见表 9-6。

随机搜索准确率　　　　表 9-6

序号	学习率(×10⁻⁴)	批量	准确率	序号	学习率(×10⁻⁴)	批量	准确率
0	1.653	9	0.622	10	2.634	82	0.606
1	6.825	18	0.661	11	1.752	20	0.561
2	0.838	12	0.472	12	1.184	17	0.667
3	6.196	34	0.606	13	2.080	104	0.522
4	4.668	102	0.550	14	9.185	55	0.578
5	0.788	73	0.567	15	9.489	30	0.583
6	3.940	61	0.706	16	6.978	94	0.450
7	5.589	79	0.544	17	7.646	107	0.594
8	3.891	114	0.461	18	4.490	73	0.583
9	8.129	46	0.394	19	4.951	107	0.650

9.3　预训练模型

torchvision.models 包含了大量用于处理不同任务的预训练模型,包括图像分类、逐像素语义分割、对象检测、实例分割、人物关键点检测、视频分类和光流等。以 resnet50 预训练模型为例：

from torchvision.models import resnet50, ResNet50_Weights
#采用预训练模型和权重：
resnet50(weights = ResNet50_Weights.IMAGENET1K_V1)
resnet50(weights = "IMAGENET1K_V1")
resnet50(pretrained = True)　　# deprecated
resnet50(True)　　# deprecated
#不采用预训练模型和权重：
resnet50(weights = None)
resnet50()
resnet50(pretrained = False)　　# deprecated
resnet50(False)　　# deprecated

使用预先训练的模型前,必须对图像进行预处理(使用正确的分辨率/插值调整大小、应用推理变换、重新缩放值等)。有无统一标准的方法进行处理,取决于拟使用预训练模型的特征提取机理,可能因模型结构和版本存在差异。使用正确的预处理方法至关重要,否则可能会导致精度下降或输出不正确。

预训练模型的推理过程,要求输入数据的转换可以通过 weight.transforms 属性访问：
#初始化模型权重：
weights = ResNet50_Weights.DEFAULT
preprocess = weights.transforms()

#图像预处理：

img_transformed = preprocess(img)

某些预训练模型使用训练和推理模块，训练和推理模式的转换，根据需要使用 model.train()或 model.eval()。

#初始化预训练模型和权重：

weights = ResNet50_Weights.DEFAULT

model = resnet50(weights = weights)

#设定模型进入推理模式

model.eval()

9.3.1 目标识别

torchvision.models 提供了 AlexNet、ConvNeXt、DenseNet、EfficientNet、EfficientNetV2、GoogLeNet、Inception V3、MaxVit、MNASNet、MobileNet V2、MobileNet V3、RegNet、ResNet、ResNeXt、ShuffleNet V2、SqueezeNet、SwinTransformer、VGG、VisionTransformer、Wide ResNet 等目标识别模型。

以 resnet50 预训练模型为例（第 1 次运行程序，需要下载模型和权重文件）：

Downloading:"https://download.pytorch.org/models/resnet50-11ad3fa6.pth" to C:\Users\xuhui/.cache\torch\hub\checkpoints\resnet50-11ad3fa6.pth

目标识别及输出见表 9-7。

表 9-7 目标识别及输出

程序 9-5	输出	说明
| ```
from torchvision.io import read_image
from torchvision.models import resnet50, ResNet50_Weights

img = read_image(r"C:\Users\xuhui\Desktop\car_4.jpg")

# Step 1: Initialize model with the best available weights
weights = ResNet50_Weights.DEFAULT
model = resnet50(weights = weights)
model.eval()

# Step 2: Initialize the inference transforms
preprocess = weights.transforms()

# Step 3: Apply inference preprocessing transforms
batch = preprocess(img).unsqueeze(0)

# Step 4: Use the model and print the predicted category
prediction = model(batch).squeeze(0).softmax(0)
class_id = prediction.argmax().item()
score = prediction[class_id].item()
category_name = weights.meta["categories"][class_id]
print(f"{category_name}: {100 * score:.1f}%")
``` | 原图<br>输出：<br>sports car：19.9% | sports car：19.9% 表示 19.9%的概率识别为运动型汽车 |
```

resnet5 采用 ImageNet（1K）数据集预训练模型，能够识别 1000 类的目标（表 9-8）。

文件夹名称与类别名称　　　　　　　　　　　　　　　　　　　　表 9-8

类别编号	文件夹名称	类别名称
0	n01440764	鱼，tench，Tinca tinca
1	n01443537	鱼，goldfish，Carassius auratus
...		
816	n04277352	毛线，spindle
817	n04285008	运动型轿车 check，sports car，sport car
818	n04286575	探照灯，spotlight，spot
819	n04296562	乐队，stage
...		
997	n13054560	菌菇，bolete
998	n13133613	玉米，ear，spike，capitulum
999	n15075141	卷筒纸，toilet tissue，toilet paper，bathroom tissue

9.3.2　目标检测

torchvision.models 提供了 Faster R-CNN、FCOS、RetinaNet、SSD、SSDlite 等目标检测模型，第 1 次运行程序，需要下载模型和权重文件。

以 torchvision.models.detection.faster_rcnn.FasterRCNN 基类为基础，提供了 fasterrcnn_resnet50_fpn（*[，weights，...]）、fasterrcnn_resnet50_fpn_v2（*[，weights，...]）、fasterrcnn_mobilenet_v3_large_fpn（*[，...]）、fasterrcnn_mobilenet_v3_large_320_fpn（*[，...]）等可实例化的模型。

以 fasterrcnn_resnet50_fpn，FasterRCNN_ResNet50_FPN_Weights 为例，说明如何采用预训练模型进行目标检测，程序及输出见表 9-9。

目标检测程序及输出　　　　　　　　　　　　　　　　　　　　表 9-9

程序 9-6	输出
| ```python
import torch
import numpy as np
import matplotlib.pyplot as plt
import torchvision.transforms.functional as F
from torchvision.io import read_image
from torchvision.utils import draw_bounding_boxes
from torchvision.models.detection import fasterrcnn_resnet50_fpn, FasterRCNN_ResNet50_FPN_Weights
from torchvision.utils import draw_segmentation_masks
from torchvision import transforms

import os
os.environ["KMP_DUPLICATE_LIB_OK"] = "TRUE"

def show(img):
    img = img.detach()
    img = F.to_pil_image(img)
    plt.imshow(img)
path = r'C:\Users\xuhui\Desktop\car_segment.jpg'
img = read_image(path)   #张量 [0, 255]
show(img)
``` | 原图<br><br>读取图像 |
```

续上表

程序9-6	输出
| ```
boxes = torch.tensor([[50, 50, 100, 200], [210, 150, 350, 430]],
dtype = torch.float)
colors = ["blue", "yellow"]
result = draw_bounding_boxes(img, boxes, colors = colors, width = 10)
show(result)
``` | |
| ```
#检测
weights = FasterRCNN_ResNet50_FPN_Weights.DEFAULT
transforms = weights.transforms()
img_1 = transforms(img)   #每个模型预处理模型均有差异,pytorch 提
供了transforms预处理方法？https://pytorch.org/vision/stable/models.html
img_1 = img_1.unsqueeze(0)
model = fasterrcnn_resnet50_fpn(weights = weights, progress = False)
model = model.eval()
output = model(img_1)
score_threshold = .8
img_with_boxes = draw_bounding_boxes(img, boxes = output[0]
['boxes'][output[0]['scores'] > score_threshold], width = 1)
show(img_with_boxes)
``` | |
| ```
#分割
weights = FCN_ResNet50_Weights.DEFAULT
transforms = weights.transforms(resize_size = None)
model = fcn_resnet50(weights = weights, progress = False)
model = model.eval()
img_2 = transforms(img)
img_2 = img_2.unsqueeze(0)   #整理形状
output_1 = model(img_2)['out']
sem_class_to_idx = {cls: idx for (idx, cls) in enumerate(weights.meta
["categories"])}   #查看预处理类别
print(sem_class_to_idx)
normalized_masks = torch.nn.functional.softmax(output_1, dim = 1)
print(normalized_masks.size())
car_masks = normalized_masks[0, sem_class_to_idx['car']]
show(car_masks)
``` | |
| ```
#布尔掩膜
class_dim = 1
boolean_car_masks = (normalized_masks.argmax(class_dim) == sem_
class_to_idx['car'])
print(f"shape = {boolean_car_masks.shape}, dtype = {boolean_car_
masks.dtype}")
show(boolean_car_masks.float())

car_with_masks = draw_segmentation_masks(img, masks = boolean_car_
masks, alpha = 0.7)
show(car_with_masks)
``` | |

9.3.3 语义分割和实例分割

torchvision.models 提供了 Mask R-CNN 语义分割和 DeepLabV3、FCN、LRASPP 实例分割等预训练模型,第 1 次运行程序,需要下载模型和权重文件。

以 torchvision.models.detection.faster_rcnn.Mask R-CNN 基类为基础,提供了 maskrcnn_resnet50_fpn(* [, weights,...])、maskrcnn_resnet50_fpn_v2(* [, weights,...])等可实例化的模型。

以 maskrcnn_resnet50_fpn,MaskRCNN_ResNet50_FPN_Weights 为例,说明如何采用预训练模型进行语义分割和实例分割,程序及输出见表 9-10。

语义分割和实例分割　　　　　　　　　　　　　　　　　　　　　　表 9-10

程序 9-7	输出
| ```python
import torch
import numpy as np
import matplotlib.pyplot as plt
import torchvision.transforms.functional as F
from torchvision.io import read_image
from torchvision.utils import draw_bounding_boxes
from torchvision.models.detection import fasterrcnn_resnet50_fpn, FasterRCNN_ResNet50_FPN_Weights
from torchvision.models.detection import maskrcnn_resnet50_fpn, MaskRCNN_ResNet50_FPN_Weights
from torchvision.models.segmentation import fcn_resnet50, FCN_ResNet50_Weights
from torchvision.utils import draw_segmentation_masks
from torchvision import transforms

import os
os.environ["KMP_DUPLICATE_LIB_OK"] = "TRUE"

def show(img):
    img = img.detach()
    img = F.to_pil_image(img)
    plt.imshow(img)

path = r'C:\Users\xuhui\Desktop\car_segment.jpg'
img = read_image(path)   #张量 [0, 255]
# show(img)

weights = MaskRCNN_ResNet50_FPN_Weights.DEFAULT
transforms = weights.transforms()

img_1 = transforms(img)

model = maskrcnn_resnet50_fpn(weights=weights, progress=False)
model = model.eval()
``` | 原图<br><br>分割图 |
```

续上表

程序 9-7	输出

`img_1 = img_1.unsqueeze(0)`
`output = model(img_1)`
`score_threshold = .8`
`img_with_boxes = draw_bounding_boxes(img, boxes = output[0]['boxes'][output[0]['scores'] > score_threshold], width = 1)`
`show(img_with_boxes)`
`img_2 = output[0]['masks']`
`# print([weights.meta["categories"][label] for label in output[0]['labels']])`
`# print(img_2.size())`
 	
`proba_threshold = 0.5`
`car_bool_masks = output[0]['masks'] > proba_threshold`
`print(f"shape = {car_bool_masks.shape}, dtype = {car_bool_masks.dtype}")`
`# There's an extra dimension (1) to the masks. We need to remove it`
`car_bool_masks = car_bool_masks.squeeze(1)`
`show(draw_segmentation_masks(img, car_bool_masks, alpha=0.9))`
	原图

`score_threshold = .75`
`boolean_masks = output[0]['masks'][output[0]['scores'] > score_threshold] > proba_threshold`
`car_with_masks = draw_segmentation_masks(img, boolean_masks.squeeze(1))`
`show(car_with_masks)`	

9.3.4 动作检测

torchvision.models 提供了 Keypoint R-CNN 动作检测预训练模型，程序及输出见表 9-11。

动作检测   表 9-11

程序 9-8	输出

`import torch`
`import numpy as np`
`import matplotlib.pyplot as plt`
`import torchvision.transforms.functional as F`
`from torchvision.io import read_image`
`from torchvision.models.detection import fasterrcnn_resnet50_fpn, FasterRCNN_ResNet50_FPN_Weights`
`from torchvision.models.detection import maskrcnn_resnet50_fpn, MaskRCNN_ResNet50_FPN_Weights`
`from torchvision.models.detection import keypointrcnn_resnet50_fpn, KeypointRCNN_ResNet50_FPN_Weights`
`from torchvision.models.segmentation import fcn_resnet50, FCN_ResNet50_Weights`
	原图

续上表

程序 9-8	输出
| ```
from torchvision.utils import draw_bounding_boxes
from torchvision.utils import draw_segmentation_masks
from torchvision.utils import draw_keypoints
from torchvision import transforms

import os
os.environ["KMP_DUPLICATE_LIB_OK"] = "TRUE"

def show(img):
    img = img.detach()
    img = F.to_pil_image(img)
    plt.imshow(img)

path = r'C:/Users/xuhui/Desktop/kid.JPG'
img = read_image(path)

weights = KeypointRCNN_ResNet50_FPN_Weights.DEFAULT
transforms = weights.transforms()

img_1 = transforms(img)
model = keypointrcnn_resnet50_fpn(weights=weights, progress=False)
model = model.eval()
img_1 = img_1.unsqueeze(0)
outputs = model(img_1)
print(outputs)

kpts = outputs[0]['keypoints']
scores = outputs[0]['scores']
detect_threshold = 0.75
idx = torch.where(scores > detect_threshold)
keypoints = kpts[idx]
res = draw_keypoints(img, keypoints, colors="blue", radius=20)
show(res)

coco_keypoints = [
    "nose", "left_eye", "right_eye", "left_ear", "right_ear",
    "left_shoulder", "right_shoulder", "left_elbow", "right_elbow",
    "left_wrist", "right_wrist", "left_hip", "right_hip",
    "left_knee", "right_knee", "left_ankle", "right_ankle",
]

connect_skeleton = [
    (0, 1), (0, 2), (1, 3), (2, 4), (0, 5), (0, 6), (5, 7), (6, 8),
    (7, 9), (8, 10), (5, 11), (6, 12), (11, 13), (12, 14), (13, 15), (14, 16)
]
res = draw_keypoints(img, keypoints, connectivity=connect_skeleton,
    colors="blue", radius=4, width=5)
show(res)
``` | [{'boxes': tensor([[102.0745, 95.1486, 252.1541, 577.6649]], grad_fn=<StackBackward0>), 'labels': tensor([1]), 'scores': tensor([0.9998], grad_fn=<IndexBackward0>), 'keypoints': tensor([[[190.8285, 146.6067, 1.0000], [199.1087, 138.3320, 1.0000], [182.5482, 138.3320, 1.0000], [208.9415, 140.9178, 1.0000], [167.5402, 140.9178, 1.0000], [224.9845, 196.7718, 1.0000], [142.1820, 192.1173, 1.0000], [231.1947, 268.6579, 1.0000], [118.8937, 264.0034, 1.0000], [240.5100, 333.8209, 1.0000], [116.3062, 329.1664, 1.0000], [206.3539, 328.6492, 1.0000], [155.6374, 312.0999, 1.0000], [184.6183, 441.3915, 1.0000], [165.4702, 385.5375, 1.0000], [163.9176, 548.4449, 1.0000], [148.9097, 507.0717, 1.0000]]], grad_fn=<CopySlices>), 'keypoints_scores': tensor([[16.9422, 17.9768, 18.7920, 14.0975, 16.7576, 10.7501, 8.9986, 11.7222, 10.7573, 12.0601, 11.2374, 11.7505, 8.4922, 15.0074, 13.5816, 8.6424, 7.1584]], grad_fn=<CopySlices>)}]<br><br>![keypoint detection output image] |
```

9.4 开源数据集

本节介绍 6 个经典的开源数据集,包含了图像分类、目标检测、图像分割、自动驾驶等方向,它们对深度学习网络的发展、网络训练任务的评测等具有较高价值。

9.4.1 MNIST 数据集

MNIST 是一个手写数字的数据集,来自美国国家标准与技术研究所(National Institute of Standards and Technology,NIST)。样本来自 250 个不同人的手写数字,其中,50% 是高中学生,50% 是人口普查局的工作人员,数字为 0~9,图片大小是 28×28 像素,训练数据集包含 60000 个样本,测试数据集包含 10000 个样本。MNIST 数据集地址为 http://yann.lecun.com/exdb/mnist/。图 9-2 显示了一些示例。

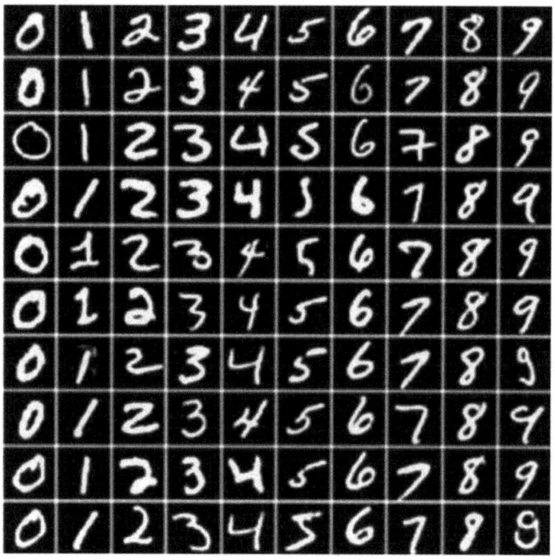

图 9-2 MNIST 数据集示例

9.4.2 CIFAR-10 和 CIFAR-100 数据集

CIFAR-10 数据集共有 60000 张彩色图像,图像大小是 32×32,共有 10 个类别,每类有 6000 张图。数据集包含 50000 张训练图像和 10000 张测试图像。训练集合中的每一类均等,都有 5000 张图,测试集合中的每一类也均等,各有 1000 张图。CIFAR10 数据集的 10 个类别分别是 airplane、automobile、bird、cat、deer、dog、frog、horse、ship 和 truck。

CIFAR-100 数据集则包含 100 个小类,每个小类包含 600 个图像,其中有 500 个训练图像和 100 个测试图像。与 CIFAR10 数据集不同的是,100 个类被分组为 20 个大类,而每一个大类又可以细分为子类,因此每个图像带有 1 个小类的 fine 标签和 1 个大类的 coarse 标签。大类之间没有重叠容易区分,但是小类之间会有一定的相似性。以大类 vehicles 为例,它是车辆分类,包括 bicycle、bus、motorcycle、pickup truck、train。

CIFAR10 和 CIFAR100 数据集地址为 http://www.cs.toronto.edu/~kriz/cifar.html。图 9-3 是每个类别中随机展示的图像。

图 9-3 CIFAR10 和 CIFAR100 数据集类别中随机展示图

9.4.3 ImageNet 数据集

ImageNet 项目是一个用于视觉对象识别软件研究的大型可视化数据库,ImageNet 数据集是深度学习图像领域应用非常多的数据集,包含 1400 多万幅图片,涵盖 20000 多个类别。其中,超过百万张图片有明确的类别标注和图像中物体位置的标注。

2009 年 CVPR 会议室李飞飞实验室正式发布了 ImageNet 数据集,此后从 2010 年到 2017 年共举办了 8 届 Large Scale Visual Recognition Challenge,即业界熟知的 ILSVRC 比赛,包括图像分类、目标检测和目标定位单元。2012—2015 年,ImageNet 比赛中提出了一些经典网络,比如 AlexNet、ZFNet、OverFeat、VGG、Inception、ResNet,2016 年之后提出的经典网络有 WideResNet、FractalNet、DenseNet、ResNeXt、DPN、SENet 等。

ImageNet 数据集对深度学习的浪潮起到了巨大的推动作用,深度学习领域专家 Hinton 在 2012 年发表的论文 *ImageNet Classificationwith Deep Convolutional Neural Networks* 在计算机视觉领域带来了一场革命,此论文的研究工作正是基于 ImageNet 数据集开展的。ImageNet 数据集文档详细,有专门的团队维护,在计算机视觉领域研究论文中应用非常广,几乎成了目前深度学习图像领域算法性能检验的标准数据集。

ImageNet 数据集大小为 1TB,下载地址为 http://www.image-net.org,识别物体为 1000 分类。图 9-4 展示了 ImageNet 的部分示例图像。

9.4.4 PASCAL VOC 数据集

PASCAL VOC 数据集是一个集 Flickr 社交网站图片、真值标签和标准评价软件于一身的数据集,它包含 5 个挑战性任务,分别为图像分类、目标检测、图像分割、动作识别、人体轮廓布局等。2007—2012 年,PASCAL VOC 数据集的图像识别比赛每年举办一次。目前 PASCAL

VOC 数据集已经成为评价目标检测方法的标准之一。创建 PASCAL VOC 数据集和举办比赛的原因主要有两方面：其一，为目标检测和识别等方法提供具有挑战性的图像、高质量的标注和标准的评价方法，用以客观地比较各种方法的性能；其二，展现每年在检测识别等视觉领域中顶级方法的性能。

图 9-4 ImageNet 的部分示例图像

该挑战是一个监督学习的问题，训练集以带标签的图像形式给出。数据集中的物体包括以下 4 大类 20 小类：

（1）Person：person。

（2）Animal：bird，cat，cow，dog，horse，sheep。

（3）Vehicle：aeroplane，bicycle，boat，bus，car，motorbike，train。

（4）Indoor：bottle，chair，dining table，potted plant，sofa，tv/ monitor。

PASCAL VOC 2007 中包含了 9963 张标注图像和 24640 个标注物体，每类物体平均包括 1232 个实例。PASCAL VOC 2012 中包含了 23080 张标注图像和 54900 个标注物体（由于 VOC 2012 数据集中测试部分的数据没有公布，因此 23080 和 54900 为估计数据）。

PASCAL 数据集地址为 http://host.robots.ox.ac.uk/pascal/VOC/，一些数据集的样本如图 9-5 所示。

图 9-5 PASCAL 数据集样本

9.4.5 MS COCO 数据集

Ms COCO(Microsoft Common Objects in Context)是微软团队提出的一个用于图像识别、图像分割和图像标注任务的数据集。Ms COCO 数据集以场景识别为目标,主要从复杂的日常场景中截取。图像中的目标通过精确分割进行位置的标定。数据集包括有 91 个常见物体类,其中有 82 个类包含超过 5000 个标注的实例,总计有 328000 幅图像和 2500000 个标记的实例。

MS COCO 数据集比 PASCAL VOC 包含了更多的类别和物体实例。MS COCO 数据集分为两个部分进行发布,2014 发布了第一部分,2015 年发布了第二部分。2014 年发布的数据中包含 82783 张训练图像、40504 张验证图像和 40775 张测试图像。这些图像中大致有 1/2 为训练集、1/4 为验证集和 1/4 为测试集。

与 ImageNet 竞赛一样,MS COCO 被视为计算机视觉领域最受关注和最权威的比赛之一。在 ImageNet 竞赛停办后,COCO 竞赛成了当前目标识别、检测等领域的最权威、最重要的标杆之一,也是目前该领域在国际上唯一能汇集 Google、微软、Facebook 以及国内外众多顶尖院校和优秀创新企业共同参与的大赛。MS COCO 数据集的开源促使图像分割语义理解取得巨大的进展,其几乎成了图像语义理解算法性能评价的"标准"数据集。

Ms COCO 数据集地址为 http://cocodataset.org,部分图像如图 9-6 所示。

9.4.6 KITTI 数据集

KITTI 数据集由德国卡尔斯鲁厄理工学院和丰田美国技术研究院联合创办,是目前国际上最大的自动驾驶场景下的计算机视觉算法评测数据集。该数据集用于评测立体图像(stereo)、光流(optical flow)、视觉里程计(visual odometry)、3D 物体检测(object detection)和 3D 跟踪(tracking)等计算机视觉技术在车载环境下的性能。KITTI 包含市区、乡村和高速公路等场景采集的真实图像数据,每张图像中最多达 15 辆车和 30 个行人,还有各种程度的遮挡与截断。

数据集通过一辆安装了摄像机、激光雷达和 GPS 的旅行车,采集了长达 6h 的实际行车过程中的复杂场景真实交通环境,数据集由整个数据集由 389 对立体图像和光流图、39.2km 视觉测距序列以及超过 20 万个 3D 标注物体的图像组成,以 10Hz 的频率采样及同步,数据集可以分为道路、城市、住宅、校园、人物几类。

图 9-6 Ms COCO 数据集部分图像

KITTI 数据集地址为 http://www.cvlibs.net/datasets/kitti/index.php,部分数据集示例图片如图 9-7 所示。

图 9-7 KITTI 数据集部分数据集示例图

参 考 文 献

[1] 全国信息技术标准化技术委员会.信息技术计算机视觉术语:GB/T 41864—2022[S].北京:国家标准化管理委员会,2022.

[2] 全国信息技术标准化技术委员会.信息技术人工智能术语:GB/T 41867—2022[S].北京:国家标准化管理委员会,2022.

[3] REN S, HE K, GIRSHICK R, et al. Faster R-CNN: Towards Real-Time Object Detection with Region Proposal Networks[C]. IEEE Transactions on Pattern Analysis and Machine Intelligence 2015, 28.

[4] SIMONYAN K, ZISSERMAN A. Very Deep Convolutional Networks for Large-Scale Image Recognition[C]. CoRR,2014.

[5] BADRINARAYANAN V, KENDALL A, CIPOLLA R. SegNet: A Deep Convolutional Encoder-Decoder Architecture for Image Segmentation[J]. IEEE Transactions on Pattern Analysis and Machine Intelligence 2017, 39 (12): 2481-2495.

[6] LIU W, ANGUELOV D, ERHAN D, et al. SSD: Single Shot MultiBox Detector[C]. In Computer Vision-ECCV 2016,2016.

[7] LEIBE B, MATAS J, SEBE N, et al. Lecture Notes in Computer Science[J]. Springer International Publishing,2016:21-37.

[8] REDMON J, DIVVALA S, GIRSHICK R, et al. You Only Look Once: Unified, Real-Time Object Detection[C]. In 2016 IEEE Conference on Computer Vision and Pattern Recognition (CVPR), 2016: 779-788.

[9] VASWANI A, SHAZEER N M, PARMAR N, et al. Attention Is All You Need[C]. ArXiv 2017,2017.

[10] WOJKE N, BEWLEY A, PAULUS D. Simple Online and Realtime Tracking with a Deep Association Metric[C]. In 2017 IEEE International Conference on Image Processing (ICIP), 2017: 3645-3649.

[11] HE K, GKIOXARI G, DOLLÁR P, et al. Mask R-CNN[C]. In 2017 IEEE International Conference on Computer Vision (ICCV),2017:2980-2988.

[12] SHAW P, USZKOREIT J, VASWANI A. Self-Attention with Relative Position Representations[C]. In Proceedings of the 2018 Conference of the North American Chapter of the Association for Computational Linguistics: Human Language Technologies, Volume 2 (Short Papers); Association for Computational Linguistics: New Orleans, Louisiana, 2018: 464-468.

[13] REDMON J, FARHADI A. YOLOv3: An Incremental Improvement[C]. ArXiv April 8, 2018.

[14] DOSOVITSKIY A, BEYER L, KOLESNIKOV A, et al. An Image Is Worth 16×16 Words: Transformers for Image Recognition at Scale[C]. ArXiv 2020,2020.

[15] LIU Z, LIN Y, CAO Y, et al. Swin Transformer: Hierarchical Vision Transformer Using

Shifted Windows[C]. In 2021 IEEE/CVF International Conference on Computer Vision (ICCV), 2021: 9992-10002.

[16] STEINER A, KOLESNIKOV A, ZHAI X, et al. How to Train Your ViT? Data, Augmentation, and Regularization in Vision Transformers[C]. ArXiv, 2021.